资助:
本教材的出版受"福建农林大学出版基金资助"。

管理会计

张瑞琛　主编

中国财经出版传媒集团
中国财政经济出版社

图书在版编目（CIP）数据

管理会计/张瑞琛主编. ——北京：中国财政经济出版社，2022.7
ISBN 978-7-5223-0762-6

Ⅰ.①管… Ⅱ.①张… Ⅲ.①管理会计 Ⅳ.①F234.3

中国版本图书馆 CIP 数据核字（2021）第 186430 号

责任编辑：彭　波　　　　　　　责任印制：史大鹏
封面设计：卜建辰　　　　　　　责任校对：张　凡

中国财政经济出版社 出版

URL：http://www.cfeph.cn
E-mail：cfeph@cfeph.cn

（版权所有　翻印必究）

社址：北京市海淀区阜成路甲 28 号　邮政编码：100142
营销中心电话：010-88191522
天猫网店：中国财政经济出版社旗舰店
网址：https://zgczjjcbs.tmall.com
北京密兴印刷有限公司印刷　各地新华书店经销
成品尺寸：185mm×260mm　16 开　19.75 印张　466 000 字
2022 年 7 月第 1 版　　2022 年 7 月北京第 1 次印刷
定价：68.00 元
ISBN 978-7-5223-0762-6
（图书出现印装问题，本社负责调换，电话：010-88190548）
本社质量投诉电话：010-88190744
打击盗版举报热线：010-88191661　QQ：2242791300

前　言

在现代企业制度下，财务会计、税务会计与管理会计提供的三类会计信息在经济界被广泛使用、不可或缺。管理会计作为会计类专业核心课程之一，是以运用一系列专门的方式方法，对各类经济信息收集汇总、分析和报告，借以预测和决策，制订计划，对经营业务进行控制，并对业绩进行评价，为企业改善经营管理、提高经济效益服务的学科。管理会计是现代企业管理的中心，随着市场经济的发展和竞争的加剧，管理会计在企业经济活动中已变得越来越重要。为了满足当前对高级技能型、应用型人才培养的需求，强化学生综合业务素质和实际操作能力的培养，我们编写了这本教材，全书包括：管理会计概论、企业成本管理、成本性态分析、"本—量—利"分析、短期经营决策、存货决策、长期投资决策、预算管理、标准成本法、责任会计、业绩考核与评价11章的内容。为了帮助读者加深对教材基本内容的理解，我们在各章节前都附上了学习目标，对教学内容的重难点进行了提纲挈领式的论述，并在章节后提供了案例资料及大量习题并附有习题参考答案。一方面提高和巩固学生对各章节知识的掌握也应用能力；另一方面让学生提前了解注会考试的难易程度，为之后的学习做准备。

虽然我们花费了较长的时间，力求把本书的编写工作做好，但限于水平，书中难免有不妥或错漏之处，恳请读者批评指正。

张瑞琛

2021年6月18日于福州金山

目　　录

第一章　管理会计概论 ……………………………………………………… 1
第一节　管理会计的定义 …………………………………………… 1
第二节　管理会计的形成与发展 …………………………………… 3
第三节　管理会计的基本理论 ……………………………………… 12
第四节　管理会计与财务会计的区别与联系 ……………………… 19
课后习题 ……………………………………………………………… 21

第二章　企业成本管理 ……………………………………………………… 26
第一节　基本成本概念 ……………………………………………… 26
第二节　作业成本法与作业基础管理 ……………………………… 33
第三节　目标成本法 ………………………………………………… 45
课后习题 ……………………………………………………………… 56

第三章　成本性态分析 ……………………………………………………… 62
第一节　成本的分类 ………………………………………………… 62
第二节　混合成本的分解 …………………………………………… 72
第三节　变动成本法与完全成本法 ………………………………… 78
课后习题 ……………………………………………………………… 87

第四章　"本—量—利"分析 ……………………………………………… 94
第一节　"本—量—利"分析的基本模型 ………………………… 94
第二节　保本分析 …………………………………………………… 99
第三节　保利分析 …………………………………………………… 103
第四节　敏感性分析 ………………………………………………… 104
课后习题 ……………………………………………………………… 107

第五章　短期经营决策 ································ 113

 第一节　短期经营决策概述 ···························· 113
 第二节　生产决策 ···································· 117
 第三节　定价决策 ···································· 124
 课后习题 ·· 128

第六章　存货决策 ···································· 134

 第一节　存货概述 ···································· 134
 第二节　经济订购量模型与扩展 ························ 137
 第三节　再订购点的确定与安全储备 ···················· 141
 课后习题 ·· 142

第七章　长期投资决策 ································ 148

 第一节　长期投资概述 ································ 148
 第二节　现金流量分析 ································ 150
 第三节　资本投资决策评价指标体系 ···················· 153
 课后习题 ·· 159

第八章　预算管理 ···································· 163

 第一节　预算管理 ···································· 163
 第二节　全面预算管理 ································ 166
 第三节　全面预算编制方法 ···························· 169
 第四节　营业预算 ···································· 173
 课后习题 ·· 178

第九章　标准成本法 ·································· 183

 第一节　标准成本及成本差异 ·························· 183
 第二节　变动成本差异的计算和控制 ···················· 185
 第三节　固定制造费用成本差异的计算、分析和控制 ······ 188
 第四节　成本差异的账务处理 ·························· 189
 课后习题 ·· 192

第十章　责任会计 ···································· 199

 第一节　企业组织结构与责任中心划分 ·················· 199

第二节　成本中心 201
　　第三节　利润中心 205
　　第四节　投资中心 209
　　课后习题 212

第十一章　业绩考核与评价 216

　　第一节　财务业绩评价与非财务业绩评价 216
　　第二节　关键绩效指标法 217
　　第三节　经济增加值 218
　　第四节　平衡计分卡 223
　　课后习题 227

课后试卷及答案 234

参考文献 303

致谢 304

第一章　管理会计概论

☞ **学习目标**
1. 了解管理会计的发展历程、定义、目标和工作程序。
2. 掌握管理会计的内容与方法。
3. 重点熟练管理会计与财务会计的相同与异同。

第一节　管理会计的定义

对于什么是管理会计，国内外会计学界众说纷纭。有的认为管理会计就是预测、决策会计，有的则认为管理会计是为企业内部管理提供决策信息的内部会计。

一、国外会计学界对管理会计定义的论述

国外会计学界对管理会计的定义先后经历了两个阶段。

（一）狭义管理会计阶段

20 世纪 20~70 年代，国外会计学界一直从狭义上定义管理会计，认为管理会计只是为企业内部管理者提供计划与控制所需信息的内部会计。

1958 年，美国会计学会管理会计委员会对管理会计作了以下定义：管理会计就是运用适当的技术和概念，处理企业历史的和计划的经济信息，以有助于管理人员制订合理的、能够实现经营目标的计划，以及为达到各项目标所进行的决策。管理会计包含进行有效计划的制定、替代方案的选择、对业绩的评价以及控制等所必需的各种方法和概念。另外，管理会计研究还包括经营管理者根据特殊调查取得的信息以及与决策的日常工作有关的会计信息的收集、综合、分析和报告的方法。

1966 年，美国会计学会的《基本会计理论》认为，所谓管理会计，就是运用适当的技术和概念，对经济主体的实际经济数据和预计经济数据进行处理，以帮助管理人员制订合理的经济目标，并为实现该目标而进行合理决策。

1982 年，美国学者罗伯特在《现代管理会计》一书中对管理会计作了以下定义：管理会计是一种收集、分类、总结、分析和报告信息的系统，它有助于管理者进行决策和控制。

综合上述定义，狭义管理会计的核心内容为：(1) 管理会计以企业为主体展开其管理活动；(2) 管理会计是为企业管理者的管理目标服务的；(3) 管理会计是一个信息系统。

（二）广义管理会计阶段

进入 20 世纪 70 年代，国外会计学界对管理会计的定义出现了新的变化：管理会计的外延开始扩大，出现了广义的管理会计概念。

1986 年，全美会计师协会管理会计实务委员会对管理会计的基本定义如下：管理会计是向管理者提供企业内部计划、评价、控制以及确保企业资源的合理使用和经管责任的履行所需财务信息，确认、计量、归集、分析、编报、解释和传递的过程。管理会计还包括编制供诸如股东、债权人、规章制定机构及税务当局等非管理集团使用的财务报表。在上述定义中，财务信息从广义上说，包括用于解释实际和计划的商业活动、经济环境以及资产和负债的估价的因果关系所必需的货币性和非货币性信息。

1982 年，英国成本与管理会计师协会修订后的管理会计定义，把管理会计的范围进一步扩大到除审计以外的会计的各个组成部分。

按照英国成本与管理会计师协会的解释。管理会计是对管理者提供有益信息的那部分会计的工作，使管理者得以：（1）制订方针政策；（2）对企业的各项活动进行计划和控制；（3）保护财产的安全；（4）向企业外部人员（股东等）反映财务状况；（5）向职工反映财务状况；（6）对各个行动的备选方案作出决策。

综合上述定义，广义管理会计的核心内容是：（1）管理会计以企业为主体展开其管理活动；（2）管理会计既为企业管理者的管理目标服务，也为股东、债权人、规章制度制定机构及税务当局等非管理集团服务；（3）管理会计作为一个信息系统，它所提供的财务信息包括解释实际和计划所必需的货币性和非货币性信息；（4）从内容上看，管理会计既包括财务会计，又包括成本会计和财务管理。

二、国内学者对管理会计定义的论述

在国内，对什么是管理会计也存在不同的观点。

汪家佑教授认为："管理会计是西方企业为了加强内部经营管理，实现最大利润的目的，灵活运用多种多样的方式方法，收集、加工和阐明管理当局合理地计划和有效地控制经济过程所需要的信息，围绕成本、利润、资本三个中心，分析过去、控制现在、规划未来的一个会计分支。"

李天民教授认为："管理会计主要是通过一系列专门方法，利用财务会计提供的资料及其他有关资料，进行整理、计算、对比和分析，使企业各级管理人员能据以对日常发生的一切经济活动进行规划与控制，并帮助企业领导做各种决策的一整套信息处理系统。"

温坤教授认为："管理会计是企业会计的一个分支。它运用一系列专门的方式方法，收集、分类、汇总、分析和报告各种经济信息，借以进行预测和决策，制订计划，对经营业务进行控制，并对业绩进行评价，以保证企业改善经营管理，提高经济效益。"

可见，我国学者通常是从狭义上定义管理会计的。

国内外学者对管理会计的各种定义虽有差异，但是又有许多共同的地方，这些论述对于理解和研究管理会计是十分重要的。

三、管理会计的定义

2014年10月27日,中华人民共和国财政部印发的《关于全面推进管理会计体系建设的指导意见》认为,管理会计是会计的重要分支,主要服务于单位(包括企业和行政事业单位)内部管理需要,是通过利用相关信息,有机融合财务与业务活动,在单位规划、决策、控制和评价等方面发挥重要作用的管理活动。这一定义从广义上展开了对管理会计本质和应用的研究。

本书认为,管理会计是以使用价值管理为基础的价值管理活动,它运用一系列专门的方式方法,通过确认、计量、归集、分析、编制与解释、传递等一系列工作,为规划、决策、控制和评价提供信息,并参与企业经营管理。

正确研究和理解管理会计应注意以下四点:

第一,从属性看,管理会计属于管理学中会计学科的边缘学科,是以提高经济效益为最终目的的会计信息处理系统。

第二,从范围看,管理会计主要为企业管理当局的管理目标服务,同时也为股东、债权人、规章制度制定机构及国家行政机构(如税务当局)等非管理集团服务。也就是说,其管理应用的范围并不局限于企业,有扩大应用范围的倾向。

第三,从对象看,管理会计是以使用价值管理为基础进行的价值管理活动,因而应关注物流、资金流、信息流,进行价值最大化管理。

第四,从方法看,管理会计要运用一系列专门的方法,通过确认、计量、归集、分析、编制与解释、传递等一系列工作,为规划、决策、控制和评价提供信息,并参与企业经营管理。

第二节 管理会计的形成与发展

管理会计的历史证明,管理会计的形成和发展受社会实践及经济理论的双重影响:一方面,社会经济的发展要求加强企业管理;另一方面,经济理论的形成又使这种要求得以实现。管理会计在其形成和发展的各个阶段,无不体现这两个方面的影响。

一、以成本控制为基本特征的管理会计阶段

(一)社会经济发展的基本特征

19世纪的英国工业革命促使企业生产规模迅速扩大,合伙经营、股份公司等企业组织形式相继出现,企业的所有者逐渐将企业经营权委托给专门的管理阶层。为适应所有权与经营权的分离,满足各有关方面(如股东、债权人、经营者等)对公司财务状况和经营成果的关心,需要编制会计报表,于是形成了从填制和审核凭证、登记账簿到编制会计报表的近代会计。

20世纪初,随着社会化大生产程度的提高,生产规模的日益扩大,竞争开始激烈起

来,所有者和经营者都意识到,企业的生存和发展并不仅取决于产量的增长,更重要的是取决于成本的高低。也就是说,企业利润的多少在收入已定的情况下,取决于成本的高低。因此,为在激烈的市场竞争中战胜对手,必须要求企业加强内部管理,提高生产效率,以降低成本、费用,最大限度地获取利润。

(二) 经济理论的发展

适应该阶段社会经济发展的客观要求,经济理论有了很大的发展,其中古典组织理论对管理会计形成的影响最大。

1. 官僚学派。官僚学派是德国社会学家韦伯于20世纪初创立的。其强调的是一个正式的、机械性的组织结构,由组织中的统治集团实行控制。这种控制的实现要通过以下四个方面:(1) 劳动分工;(2) 规范化的权力体制;(3) 经营过程的规划与标准;(4) 工作责任的详细说明。韦伯从正式的和技术的观点,将官僚体制描述为管理复杂组织所不可缺少的一种形式。

2. 科学管理学派。科学管理学派由泰罗创立,该理论旨在解决如何提高生产和工作效率,并认为对于完成每项工作来说总存在一种"最佳途径"。管理的职责在于为工作提供明确的指导,选拔最适合该项工作的工人来完成该项工作,并用最有效的方法对这些工人进行培训。同时,假设工人只受经济奖励的激励。即如果工人生产的产品产量达到最大化、最有效率,那么就会得到最多的报酬,为了提高生产和工作效率,泰罗在诸如时间研究、动作研究等科学试验的基础上,制定出在一定客观条件下认为可以实现并且最有效率的标准操作方法,并以此方法训练全体工人,从而制定出较高的标准,标准制定后,要求严格遵照执行,不允许浪费的存在。为了使工人完成较高的标准,除了使工人掌握标准的操作方法外,还对工人使用的工具、机械、材料以及作业环境加以标准化。

3. 行政管理学派,行政管理学派的重点不是经营水平的最大效率问题,而是注重组织内较高一级的管理问题,20世纪20年代,法约尔发展了一系列管理原则,强调劳动分配与个人权责的明确划分、命令与纪律、集权以及个人的首创精神与集体团结精神。随后,到20世纪60年代,该学派又进一步发展,包括金字塔组织结构学说,管理控制跨度的限制,平行协调与工人参与,以及权力的上下分派以保证下属人员愿意接受管理权威,等等。斯隆将协调分权的概念加以公式化,说明经营活动的分权化与政策决策的集权化是组织管理的一种极为有效的手段。

古典学派最大的缺陷在于,其侧重点放在"没有人的组织"上,强调的是"机器模型",而完全忽视了人的因素,但同时,他们也认为完成任何一件工作都有一种最佳途径,并以此引出一系列管理原则。该学派的优点在于强调了正式结构的重要性,这为该理论的发展奠定了一定的基础。

(三) 管理会计的形成

古典组织理论特别是科学管理理论的出现促使现代会计分化为财务会计和管理会计,现代会计的管理职能得以表现出来。该阶段,管理会计以成本控制为基本特征,以提高企业的生产效率和工作效率为目的,其主要内容包括以下几个方面:

1. 标准成本。是指按照科学的方法制定在一定客观条件下能够实现的人工、材料消耗标准，并以此为基础，形成产品标准成本中的标准人工成本、标准材料成本、标准制造费用等，标准成本的制定使成本计算由事后的计算和利用转变为事前的计算和利用，是现代会计管理职能的一大体现。

2. 预算控制。是指按照人工、材料消耗标准及费用分配率标准，将标准人工成本、标准材料成本、标准制造费用以预算形式表现出来，据以控制料、工、费的发生，使之符合预算的要求。

3. 差异分析。即在一定期间终了时，对料、工、费脱离标准的差异进行计算和分析，查明差异形成的原因和责任，借以评价和考核各有关方面的工作业绩，促使其改进工作。

此外，服务于企业内部经营管理的经营分析得到一定程度的发展，如部门之间的比较分析等已开始具备管理会计的性质。

二、以预测、决策为基本特征的管理会计阶段

（一）社会经济发展的基本特征

第二次世界大战以后，科学技术日新月异，社会生产力得到了迅速的发展，企业的规模也在不断扩大，跨国公司大量涌现，与此同时，市场竞争愈演愈烈，企业获利能力普遍下降。上述各个方面影响到了企业内部，使企业生产经营出现以下变化：

1. 广泛推行职能管理，利用行为科学研究的最新成果来改善人际关系，调动职工的主观能动性，以激励职工提高产品质量、降低产品成本、扩大企业盈利。

2. 产品生产从重视单品种的大批量生产转向按顾客要求进行多品种的小批量生产，以提高市场竞争力。

3. 市场竞争的日趋激烈迫使企业不得不重视对市场的调查研究，借助最新研究成果，加强生产经营的预测和决策工作。与此同时，进一步强化了生产经营的日常控制和考评工作。

4. 计算机技术的迅速发展为量化管理提供了保障。

由此可见，企业如果简单地依靠提高生产和工作效率及内部标准化管理，就显得力不从心了。于是，将企业管理的重心转向提高经济效益已经水到渠成。

（二）经济理论的迅速发展

为适应企业管理重心由提高生产和工作效率转向提高经济效益的需要，西方管理理论有了迅速的发展，各种管理理论和管理学派的出现极大地推动了管理会计的发展。

1. 行为科学。行为科学是运用心理学、社会学、社会心理学等方面的研究成果，研究人的各种行为的规律性，分析其产生各种行为的客观原因和主观动机的一门科学。行为科学认为，不能把企业的职工看作只追求经济利益的"经济人"，而应看作有感情、思想、需要、爱好及主动性、积极性的"社会人"；企业是一个社会组织，从长远的观点看，企业的目标应该是长远健康发展。行为科学旨在创造一种适当的激励机制，激励人们确定这样的行为准则；每一个组织成员只有依靠组织才能有所作为，脱离组织则事无成，从而在

组织与组织成员之间形成一种同舟共济、患难与共的关系；每个组织的成员只有在组织整体目标实现的同时，才能最大限度地实现个人目标；整个组织的各个方面均应以组织整体目标与组织成员个人目标的协调一致为出发点，只有这样才能充分发挥各方面的积极性和创造性，才能不断增强企业的活力和凝聚力，才能为企业长期健康发展提供有力的组织保障。

行为科学的产生主要是为了满足管理界日益增长的"应该注重组织内人的因素"的需要。其侧重点在于人际关系和人力资源，其主要贡献在于提出了群体动态、非正式组织、管理监督风格、参与管理和自我实现等几个概念。

美国管理学家梅奥率领一个小组在1927~1932年进行了著名的"霍桑实验"，提出了群体动态即群体行为方式的概念。他们研究了不论灯光照明强度如何变化，工人的生产率都在增加的现象，这点与事先所做的假设灯光照明强度减小，生产率会降低截然相反。由此，研究者得出结论，相对于实物条件，社会和心理的变量如激励等，对于生产有很大影响。

2. 系统理论。系统是一个有组织的、多元化的整体，它包括两个或两个以上的独立部分、元素或子元素，其界限由环境决定。系统理论认为，组织系统的各个部分是相互联系、相互依存、相互制约的；系统内部、系统之间以及系统与外部，要进行物质、能量和信息交换，并通过交换形成一种稳定有序的状态。早期的系统理论认为组织（如企业）是一个封闭系统，因而对组织的研究只限于组织内部，而不考虑其所处的环境因素。其后的一般系统理论则将组织看作开放的系统，因此强调组织对其所处环境的依赖性；对组织的研究不是组织的目的，而是帮助组织适应环境的手段。由于环境影响而产生的组织业绩水平的不规则性是组织实现其功能不可分割的因素，应认真进行研究。总之，一般系统理论认为，对不同的环境而言，没有一种最佳的组织结构可以通用。

3. 决策理论。决策理论认为：（1）决策贯彻管理的全过程，管理就是决策。（2）由于个人能力所限，只能在某时间内处理较少数量的信息，因而不可避免地显示出有限理性。当面对一个问题时，他们只寻求解决该问题的第一方式，而不会不断寻找直至找到最优的解决方式，这就是著名的"以满意代替最优"的思想。（3）由于一个决策者可能同时面对几个目标，有时这些目标之间还会相互冲突，这时就应找出该期间最主要的目标，并设法予以完成。随着时间的推移，其他目标的重要性也会显现出来，这时，就要再排个顺序，依次予以完成，这就是所谓的"目标排列"思想。

（三）管理会计的发展

社会经济的发展和经济理论的丰富，使管理会计的理论体系逐渐完善，内容更加丰富，逐步形成了预测、决策、预算、控制、考核、评价的管理会计体系。

在此期间，以标准成本制度为主要内容的管理控制继续得到强化并有了新的发展。责任会计将行为科学的理论与管理控制的理论结合起来，不仅进一步加强了对企业经营的全面控制（不仅仅是成本控制），而且将责任者的责、权、利结合起来，考核、评价责任者的工作业绩，从而极大地激发了经营者的积极性和主动性。

管理会计在强化控制职能的同时，开始行使预测、决策职能。管理的关键在于决策，决策的关键在于预测。随着各种预测、决策的理论和方法广泛引入会计工作，逐步形成了以预测、决策为主要特征并与管理现代化要求相适应的行之有效的会计信息管理系统。

其主要内容包括以下几个方面：

1. 预测。是指运用科学的方法，根据历史资料和现实情况，预计和推测经济活动未来趋势和变化程度的过程，包括销售预测、成本预测、利润预测、资金需要量预测等内容。

2. 决策。是指按照既定的目标，通过预测、分析、比较和判断，从两个或两个以上的备选方案中选择最优方案的过程，包括经营决策（如产品品种决策、产品组合决策、生产组织决策、定价决策）和投资决策等内容。

3. 预算。是指用货币度量和非货币度量反映企业定期间收入、成本、利润、对资产的要求及资金的需要，反映经营目标和结果的计划，包括业务预算、专门决策预算和财务预算等内容。

4. 控制。是指按预算要求，控制经济活动使之符合预算的过程，包括标准成本法和责任会计等内容。

5. 考核和评价。是指通过实际与预算的比较，确定差异，分析差异形成的原因。并据以对责任者的业绩进行评价和对生产经营进行调整的过程，这一过程往往在标准成本法和责任会计的实施中表现出来。

可见，在该阶段，狭义管理会计的内容体系已经建立。

三、以重视环境适应性为基本特征的战略管理会计阶段

（一）社会经济发展的基本特征

进入20世纪70年代，社会经济发展表现出以下基本特征：

1. 竞争要求企业进行"顾客化生产"。市场全球化使企业面临更加激烈的市场竞争，企业面临的市场已从过去的已知顾客群转向包括潜在顾客群在内的多样化的顾客群体。为适应这种变化，企业的生产组织必须从以追求规模效益为目标的大批量生产方式转向能对顾客不同需求迅速作出反应的"顾客化生产"，即以顾客为中心，以顾客的满意程度为判断依据，在对顾客需要进行动态掌握的基础上，在较短的时间内完成从产品设计、制造到投放市场的全过程。

2. 科学技术的发展为"顾客化生产"提供了可能。数控机床、电脑辅助设计、电脑辅助制造、电脑管理系统等的广泛应用，使产品的订货、设计、制造、销售等各环节综合成一个整体，设计人员可以据此取得新产品的功能、形状、成本构成等的最佳结合，从而实现新产品技术先进性和经济可行性的统一。这不仅为企业进行灵活多样的"顾客化生产"提供了技术上的可能，而且提高了劳动生产率和产品的市场竞争力。

（二）经济理论

由于市场竞争的日趋激烈，人们认识到对外部环境的准确预测几乎是不可能的，企业的计划必须以外部环境的变化为基础，更加留心市场变化的动态，更加密切关注竞争对手。与此相适应，战略管理的理论有了长足的发展。

战略管理是管理者确立企业长期目标，在综合分析全部内外相关因素的基础上，制定达到目标的战略，并执行和控制整个战略的实施过程。战略管理过程一般分为三个阶段：战略的制定、战略的实施、战略的评估和控制。企业管理过程包括从企业内部和外部环境因素的分析到对企业战略管理的结果进行评价和控制的一系列活动。

为了制定企业战略，高层管理者必须分析企业的内外环境，明确企业的优势、劣势、机会和威胁。战略管理的关键是在不断审视企业内外环境变化的前提下，寻找一个能够运用优势，抓住机会，管理者根据对企业优势、劣势、机会和威胁的分析、比较，明确企业的宗旨，树立企业的目标，选择企业的战略，制定企业的政策，这就是企业战略制定阶段的主要内容。

企业战略确定以后，首先要建立一个战略实施的计划体系，其中包括各种行动方案、预算、程序，目的是将企业战略具体化，使之在时间安排和资源分配上有所保障。然后要根据新战略来调整企业的组织结构、人员安排、领导方式、财务政策、生产管理制度、研究与发展的政策、企业文化等，目的是通过这项战略措施使企业战略的实施更有效率。

战略评估和控制的关键在于及时、准确地将有关信息反馈到企业战略管理的各个环节上，以便企业各级领导采取必要的纠正行动。造成战略实施的进度和结果与原来计划不同的原因是多方面的，管理者在发现这些偏差之后，首先应重新检查或调整战略实施的计划体系或实施措施；其次是检查企业的政策、战略、目标是否正确；最后是重新考虑企业的宗旨。如果造成这种偏差的原因是企业内外环境中的关键因素发生了重大和根本性的变化，那么整个企业战略都要重新制定。可见，重视环境对企业经营的影响是企业战略管理的基本点。

（三）战略管理会计的产生

随着战略管理理论的发展和完善，管理学家西蒙于1981年首次提出了"战略管理会计"，之后很多学者的研究成果也在不断丰富和完善战略管理会计，并形成了以下内容为主体的基本体系。

1. 价值链分析。"价值链"由迈克尔·波特于1985年提出，他将一个企业的经营活动分解为若干战略性相关的价值活动，每一种价值活动都会对企业的相对成本产生影响，进而成为企业采取差异化战略的基础。供应商通过向企业出售产品对企业价值链产生影响，而企业通过向顾客销售产品影响买方的价值链。

（1）纵向价值链。波特曾指出："联系不仅存在于一个企业价值链内部，而且存在于企业价值链与供应商和顾客的价值链之间。"企业价值链与供应商价值链之间的联系可以通过采购活动等多个接触点实现，与顾客价值链之间的联系则通过销售和服务活动等多个接触点实现。由此将企业、供应商和顾客视为相互联系和相互作用的整体。这种联系可以向上延伸至原材料的最初生产者（或供应者），向下延伸到使用产成品的最终用户，形成一条由从原材料投入到产成品提供给最终用户之间的所有价值转移和增值环节构成的纵向价值链。

纵向价值链将最终产品看作一系列价值活动的集合体，企业是整个价值链中的一环或几环。这样，企业可以从整体价值链的层次上分析产品的成本和收益，从合理分享利润的角度进行战略规划。

纵向价值链分析旨在确定企业在哪一个或哪几个价值链中参与竞争,具体包括:①产业进入和产业退出的决策。企业可以通过对某一产业(可能包括若干价值链环节)在整个纵向价值链利润共享情况的分析,以及对该产业未来发展趋势的合理预期,作出进入或者退出该产业的战略决策。②纵向整合的决策。企业可以在某一产业范围内对企业现有生产过程进行扩张或收缩。

对纵向价值链的研究能保证企业准确确定市场定位,并且考虑更广泛的有关整合和利用市场之间的战略问题,使投资决策有了新的内容。

(2)横向价值链。某一最终产品的生产可以通过多种途径和组合方式来完成,在整个社会空间上必然存在系列互相平行的纵向价值链,所有在一组互相平行的纵向价值链上的企业之间就形成了一种相互影响、相互作用的内在联系(即横向价值链)。这种横向价值链实际是一个产业的内部联系,其相互影响和相互作用的结果决定了产业内部各企业之间的相对竞争地位,并对企业价值最大化的实现产生重要影响。

横向价值链分析就是对一个产业内部的各个企业之间的相互作用的分析,通过横向价值链分析可以确定企业与竞争对手之间的差异,从而确定能够为企业取得相对竞争优势的战略。

对横向价值链的研究能保证企业准确确定竞争定位,因此,诸如功能成本分析、质量成本管理及竞争博弈分析等都可纳入横向价值链分析的范畴。

(3)内部价值链。企业内部价值活动是企业在经济和技术上有明确界限的各项活动,是创造对顾客有价值的产品的基础。这些相互联系的价值活动往往被看作服务于顾客需要而设计的一系列作业的集合体,并形成一个有机联系的作业链。

按照"产品消耗作业,作业消耗资源"的原理,企业最终产品是全部作业的集合,同时也是全部作业价值的体现,企业作业的推移也表现为产品的价值在企业内部的逐步积累和转移,所以作业链的形成也表现为企业的价值链的形成。

按照上述观点,可以把企业内部价值链分为:①基本职能活动,即企业履行基本管理职能的各种活动,包括企业的总体管理、计划、财务与会计、法律管理等诸多方面的活动。基本职能活动是通过整个企业内部价值链而不是单个价值活动对企业的生产经营起辅助作用的。②人力资源管理活动,包括各类人员的招聘、雇用、培训、开发、报酬和激励等诸多方面的活动。其具体包括:人的行为问题的研究,人力资源的成本、价值确定和相关投资分析研究。人力资源管理活动不仅支持企业各种具体的价值活动,而且支撑整个企业内部价值链。③生产经营活动,即从原材料投入到最终生产出满足顾客需要的产品的生产过程,又可分解为供应、生产、销售三大价值活动,而每一价值活动又可以根据具体的行业和企业特点进一步分解为若干子价值活动。

纵向价值链分析的结果在于确定企业应该生产什么,横向价值链分析则指出企业生产该种产品的竞争优势所在和相关的限制条件。上述分析的结果要通过企业内部价值链的优化来落实。

2. SWOT 分析。SWOT 是英文 Strength(强势)、Weakness(弱势)、Opportunity(机会)、Threat(威胁)的首字母的组合,旨在确认企业各项经营业务面临的强势与弱势、机会与威胁,并据此选择企业战略。其理论基础是有效的战略,能最大限度地利用业务优势和环境机会,同时使弱势和环境威胁降到最低。

强势是企业相对于竞争对手而言所具有的资源、技术以及其他方面的优势,反映了企业能在市场上具有竞争力的特殊实力;弱势是严重影响企业经营效率的资源、技术和能力限制,企业的设施、资金、管理能力、营销技术等都可以成为造成企业弱势的原因。

机会是企业业务环境中的重大有利因素,如环境发展的趋势和政府控制的变化、技术变化、买方及供应关系的改善等因素都可视为机会;威胁是环境中的重大不利因素,构成企业发展的障碍。

SWOT 分析法将企业面临的外部机会和威胁与企业内部具有的强势和弱势进行对比,得出四种组合方式,分别以四个区域表示,如图 1-1 所示。

图 1-1 中区域 1 是最理想的组合,企业面临较多的机会和优势,应采取发展战略;区域 2 的业务以主要强势面对不利环境,这时企业要么利用现有强势在其他产品或市场上建立长期机会,要么以其优势克服环境设立的障碍;区域 3 的业务具有较大的市场机会,同时内部弱势也较明显,这时企业应有效地利用市场机会,并努力减少内部弱势;区域 4 是最不理想的情况,企业应采取减少产品或市场,或者改变产品或市场战略。

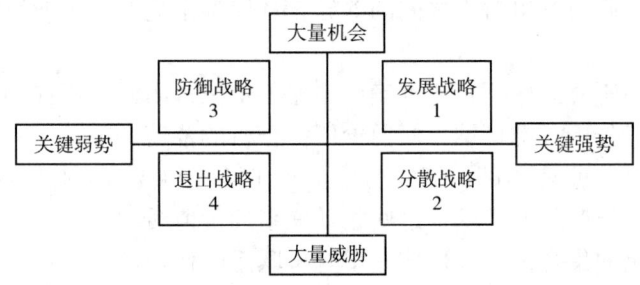

图 1-1　SWOT 分析法

3. 战略成本管理。战略成本管理是战略管理会计的重要内容,它是为了提高和保持企业持久的竞争优势而建立的成本管理系统。这一系统主要由价值链分析、战略定位分析、成本动因分析三个主要部分构成。价值链分析是通过行业价值链分析,明确企业价值链位置,讨论利用上下游管理成本的可能性。战略定位分析的基本观点是企业在不同时期采取的战略可能不同,不同产品采取的战略也可能不同,对于不同的战略,企业应采取的成本管理系统也不同,成本动因分析就是要帮助企业选择有利于自身的成本动因作为成本竞争的突破口,以控制企业日常经营中大量潜在的成本问题。

以日本的战略成本管理为例,由于竞争十分激烈,顾客对众多供应厂家也变得越来越挑剔,品牌忠诚度明显下降,从而使企业面对越来越复杂的顾客群体。企业生产战略的制定需要以产品价格、性能、质量三个方面为坐标进行综合考虑,确立自己的产品生存空间,并注意顾客对这三个方面的接受程度,即在适当的价位,生产出适当性能与质量的产品。因此,企业必须制定一套质量、性能、成本的综合管理体系,使企业能够对顾客的变化迅速做出反应。日本的这套成本管理体系包括以下三个部分。

(1) 确定现有产品与未来产品的产品组合。确定这一组合时,要考虑以下几个方面的因素:

①企业应该明确成本管理在竞争中的关键程度。随着日本经济的滑坡和外部环境的变化多端,许多企业把成功的关键因素从产品的性能、质量转向了成本控制。

②产品技术的成熟性。它决定了新产品进入市场的速度及新产品与现有产品的差异程度。当产品的性能和质量已达到顾客要求,而成熟的生产技术已经很难降低现有产品的成本时,就是新产品面市的时机。

③产品生命周期。一般产品都要经历试制、成长、成熟和衰退四个时期,对于生命周期很短的产品,企业往往没有充分的时间降低成本,产品的市场机会就已经消失了。因此,企业应该及早确定现有产品与未来产品的产品组合,以防产品断代、成本失控。

(2) 对未来产品进行成本管理。企业对未来产品的成本管理主要采用以下几种方法:

①目标成本法。目标成本 = 目标价格 - 目标利润,其中,目标价格指市场上顾客可以接受的价格;目标利润指企业根据历史数据和竞争优势分析,通过计算机模拟出来的预期利润。这与传统管理会计中所提到的目标成本法类似,但是更强调目标成本是硬性指标,在未来产品设计开发阶段绝不能突破,从而保证投产以后的盈利。

②价值工程。未来产品在目标成本范围之内。为达到一定的质量可靠性,对产品成本的影响因素进行系列检测,参与检测的包括设计部门、供应部门、生产部门等,以保证未来产品质量、性能和成本的配比。

为降低未来产品成本,不仅要求本企业成本管理有效,还要求产品原材料的整个供应链成本管理有效。为达到这一目的,企业之间的界限模糊了,两个或多个企业之间建立起紧密联系,部分资源(特别是信息资源)共享,从而为未来产品成本的降低创造更大的空间。

(3) 对现有产品进行成本管理。企业对现有产品的成本管理主要采用三种方法:

①作业成本法。日本战略管理会计中的作业成本法与本章前面提到的作业成本法有一点不同,即制造费用归于每一作业后,再由每作业直接分配到生产线中,不再向生产线上的单个产品分配。这样做的主要原因是:企业根据顾客对产品性能的不同需求设计出一系列产品,形成一条完整的生产线,可以使顾客没有理由到竞争对手那里去购买产品,从而最大限度地吸引顾客。所以,企业并不因为一种产品的亏损而停止该产品的生产,而是以整个生产线所有产品的盈亏之和作为决策的依据。

②生产过程控制。即在生产过程中建立责任中心,进行差异分析,以控制成本预算的完成情况,也就是常说的责任会计。

③完善成本计划。是使企业现有产品成本持续降低的计划。它不同于目标成本法,后者用于产品的设计开发阶段,其降低成本的手段是通过合理化设计实现的。而完善成本计划是在产品生产阶段,通过不断提高生产过程的效率和工人劳动的熟练程度实现的。

(4) 人力资源管理。在当今社会,技术已成为经济发展的首要和关键因素,所以必须注重发挥人的价值和知识创新能力。人力资源既是重要的产权因素,也是战略管理会计的重要内容。其核心是以人为本,通过一定的方法和技能来激励员工以获取最大的人力资源价值,并采用一定的方法来确认和计量人力资源的成本、价值、收益,进行人力资源的投资分析,帮助企业构建人力资源战略。人力资源管理的内容包括人的行为问题研究、人力资源的价值、成本的确定以及为提高企业和个人绩效而进行的人事战略规划、日常人事管理和一年一度的员工绩效评价等。

(5) 战略性绩效评价。传统管理会计的业绩评价主要使用财务指标,信息来源也主要取自会计信息系统。由于管理会计和财务会计有各自的侧重点,财务会计人员的主要任务是依据企业财务会计准则，定期编制对外公布的财务报告，向投资者、债权人及有关方面报告企业的财务状况和经营业绩；管理会计人员的主要任务是为企业内部管理层提供及时、有用的管理决策信息，因此，使用财务指标。作为业绩评价的依据，不仅时效性较差，而且与决策的相关性也较低。

随着企业的生产组织方式向"顾客化生产"转变。管理者的目光开始从企业内部转向企业外部，扩大市场份额、提高企业竞争优势已成为企业关注的重点。在这种情况下，以衡量企业内部经营管理的财务指标作为管理会计业绩评价的依据，显然已经不能满足管理者的要求。引入与战略决策相关性高的其他非财务指标作为业绩评价指标，已成为一种必然趋势。

战略管理会计中的业绩评价称为整体业绩评价，它是指获取成本和其他信息，并在战略管理的每一步应用的过程中，强调业绩评价必须满足管理者的信息需求，以利于企业寻找战略优势。例如，在战略形成过程中，管理者需要获取多方面的信息，整体业绩评价通过对相关顾客需求状况的评价来帮助管理者决策。意大利的贝瑞特公司是一家军火制造商，20世纪80年代采用了全面质量管理但是成效不大。当企业的整体业绩评价转向评价顾客对质量的看法时，他们发现顾客正视的质量只是枪的防锈能力和随身武器百分之百的可靠性。这些直接的战略评价最终使企业提高了利润率，并获得了向美国军方出售手枪的订单。因此，战略管理会计认为，有效的评价并不在于使用财务指标还是非财务指标，而是在于它能够发现企业存在的问题。从战略层面来讲，非财务指标往往比财务指标更能说明问题。

可见，传统管理会计绩效评价指标通常只看结果而不重视过程。战略性绩效评价是将评价指标与企业所实施的战略相结合，根据不同的战略采取不同的评价指标。这不仅突破了传统管理会计的局限，而且将业绩评价由财务指标系统扩展到了非财务指标系统。如果采取产品差异战略，则既注重新产品收入占全部收入的比例等财务指标，又注重新产品上市时间、产品市场占有份额、产品创新率、技术进步率等非财务指标。战略性绩效评价强调绩效指标，既能肯定内部绩效的改进，又能借助外部标准衡量企业的竞争地位和能力；既能考核分析企业战略的执行结果和最初目标的实现情况，又能评价分析取得这一结果的业务经营过程。

第三节　管理会计的基本理论

一、管理会计的对象

围绕什么是管理会计的对象，国内理论界基本形成以下几种观点。

（一）现金流动论

持该观点的学者认为管理会计的对象是企业的现金流动，其主要理由是：
1. 作为一门学科研究的对象，应该贯穿于该学科的始终。因为它是该学科有关内容的集中和概括。从内容上看，现金流动贯穿于管理会计的始终，表现在预测、决策、预算、控制、考核、评价等各个环节。

2. 通过现金流动，可以把企业生产经营中的资金、成本、利润等方面联系起来，进行统一评价，为改善生产经营、提高经济效益提供重要的、综合性的信息。现金流动表现为现金流入和现金流出两个方面，这两个方面在数量上和时间上的差别，最终会影响企业的经济效益。

①收入减成本等于利润。虽然一定期间内收入的现金与支出的现金不等于该期间的收入和成本，但从根本上讲，企业是否真正盈利受现金流入量与现金流出量的制约。

②现金流入与现金流出时间上的差别，制约着企业资金占用水平。现金支出表现为现金流出，如果它能够很快回收，形成现金流入，则生产经营中占用的资金就少。

③通过货币时间价值的换算，把现金流动时间上的差别表现为数量的差别，从而可以对生产经营中的成本耗费水平、资金占用水平和盈利水平进行综合、统一的评价。

3. 现金流动具有最大的综合性和敏感性，可以在预测、决策、预算、控制、考核、评价等各个环节发挥积极的能动作用。

（二）价值差量论

持该观点的学者认为，管理会计的对象是价值差量，其主要理由是：

1. 一般来说，现代管理会计的基本内容包括成本性态分析与变动成本计算、盈亏临界点与"本—量—利"分析、经营决策的分析与评价、资本支出决策的分析与评价、标准成本系统、责任会计等方面，而价值差量是对每一项内容进行研究的基本方法，并能贯彻始终。

2. 价值差量具有很大的综合性，管理会计研究的"差量"问题，既有价值差量，又包括实物差量和劳动差量，后者是前者的基础，前者是后者的综合表现。

3. 现金流动不能作为管理会计的对象，因为现金流动仅在经营决策和资本支出决策的分析和评价中涉及，其他内容均不直接涉及现金流动，因此，现金流动并不能在现代管理会计中贯穿始终，现金流动恰是企业财务管理学所研究的对象。

（三）资金总运动论

持该观点的学者认为管理会计的对象是企业及所属各级机构过去、现在和将来的资金总运动，主要理由是：

1. 管理会计与财务会计是并列的分支，两者同属于会计这一范畴之下，因而管理会计与财务会计有着共同的对象资金运动。运动的基本形式是空间和时间。就资金运动而言，从空间方面看，可分为企业一级和企业所属机构、各分支机构中的多层次运动；从时间方面看，又是由过去、现在和将来的资金运动形成的一个不断的流。时空交错便构成了一个网络结构的资金运动系统。在这一资金运动系统中，管理会计的对象涵盖了所有时空的资金运动，而财务会计仅以过去的资金运动为对象。

2. 把资金总运动作为管理会计的对象，与管理会计的实践及历史发展相吻合。

（四）以使用价值管理为基础的价值管理

上述观点从不同角度对管理会计的对象进行了论证，各有各的道理，但都不能将管理会计的对象始终贯彻在管理会计的活动之中。本书认为，管理会计的对象是以使用价值管理为基础的价值管理，这是因为：

1. 从实质上讲，管理会计的对象是企业的生产经营活动。可以说，企业的生产经营活动是管理学各门课程共同研究的对象，各门课程之所以能够相互区分开来，是因为它们基于不同目的，从不同角度、采用不同方法、在不同层面上展开研究。例如，财务会计主要是从外部报表使用者的角度出发，通过凭证、账簿、报表、记账、算账、报账等会计循环工作，对已经发生或已经完成的生产经营活动进行核算，以提供其所需的会计信息。而财务管理主要是从内部使用者的角度出发，通过筹资、投资、营运和分配等工作，对未来生产经营活动产生的现金流动进行规划和控制，以提高资金的使用效果。

2. 从管理体现经济效益的角度来看，管理会计的对象是企业生产经营活动中的价值运动。在商品经济条件下，企业的生产经营活动表现为两个方面：一方面表现为使用价值的生产和交换过程，另一方面表现为价值形成和价值增值过程。管理会计以生产经营活动中价值形成和价值增值过程为对象，通过对使用价值的生产和交换过程的优化，提供信息并参与决策，以实现价值最大增值的目的。

3. 从实践角度来看，管理会计的对象具有复合性的特点。一方面，管理会计致力于使用价值生产和交换过程的优化，强调加强作业管理，其目的在于提高生产和工作效率。因此，作业管理必然强调有用作业和无用作业的区分，并致力于消除无用作业。为此，必须按生产经营的内在联系，设计作业环节和作业链，为作业管理和管理会计的实施奠定基础。可以说，作业管理使管理会计的重新构架成为可能。另一方面，在价值形成和价值增值过程中，管理会计强调加强价值管理，其目的在于提高经济效益，实现价值的最大增值。因此，价值管理必然强调价值转移、价值增值与价值损耗之间的关系；价值转移是价值增值的前提，减少价值损耗是增加价值增值的手段。为此，必须按照价值转移和增值的环节，设计价值环节和价值链。可以说，价值管理使管理会计的重新构架成为现实。

正是管理会计对象所具有的复合性特征，才使作业管理和价值管理得以统一并构成完整的管理会计对象，从而与其他课程区别开来。一方面，价值环节和价值链与作业环节和作业链密切联系，基本形成一一对应的关系；另一方面，价值的增值取决于作业环节的减少和无用作业的消除（当然，整个纵向价值链的优化也是价值增值的重要方面），因为作业环节的减少和无用作业的消除将减少资源的耗费，在整个纵向价值链的价值增值额不变的情况下，必然会增加企业的价值增值额。可以说，作业管理和价值管理是管理会计的两个轮子。

二、管理会计的目标

管理会计是适应企业加强内部经营管理、提高企业竞争力的需要而产生和发展起来的，因此，管理会计的最终目标是提高企业的经济效益。为实现提高经济效益的最终目标，管理会计应实现以下两个分目标。

（一）为管理和决策提供信息

管理会计应向各级管理人员提供以下经过选择和加工的信息：

1. 与计划、评价和控制企业经营活动有关的各类信息，包括历史的信息和未来的信息。这些信息有利于各级管理者加强对经营过程的控制，实现最佳化经营。

2. 与维护企业资产安全、完整及资源有效利用有关的各类信息。

3. 与股东、债权人及其他企业外部利益关系者的决策有关的信息，这些信息将有利于投资、借贷及有关法规的实施。

（二）参与企业的经营管理

在现代管理理论的指导下，管理会计正在以各种方式积极参与企业的经营管理，将会计核算推向会计管理。

从实践角度看，管理会计以制订各种战略、战术及经营决策，帮助协调组织企业工作等方式参与管理，不仅有利于各项决策方案的落实，而且有利于企业在总体上兼顾长期、中期和短期利益的最佳化运行。

三、管理会计的职能

为了实现上述目标，管理会计应具有以下基本职能。

（一）计划

计划是对企业未来经济活动的规划，它以预测、决策为基础。以数字、文字、图表等形式将管理会计目标落实下来，以协调各单位的工作，控制各单位的经济活动，考核各单位的工作业绩。

执行计划职能，要求管理会计提供高质量的历史和未来信息，采用适当的方式，量化并说明未来经济活动对企业的影响。为此，管理会计人员必须参与计划体系的长远、可行目标的设计，适当地督促目标实现方式的选择等工作，以便顺利地完成计划工作。

（二）评价

在对未来经济活动进行计划的过程中，管理人员应提供预测、决策的备选方案及相关的信息，并准确判断历史信息和未来事项的影响程度，以便选择最优方案。在这一过程中，管理人员应对有关信息进行加工处理，去粗取精，去伪存真，以确保所选用信息能够反映经济活动的未来趋势，揭示经济活动的内在比例关系。

（三）控制

控制是对企业经济活动按计划要求进行的监督和调整。一方面，企业应监督计划的执行过程，确保经济活动按照计划的要求进行，从而为完成目标奠定基础；另一方面，企业也应对采取的行动及计划本身的质量进行反馈，以确定计划阶段对未来期间影响经济变动各因素的估计是否充分、准确，从而调整计划或工作方式，确保目标的实现。

为了实现控制职能，企业应建立完善的控制体系，确保该控制体系所提供的与经济活动有关的信息真实、完整，从而能够适时、有效地调整计划及管理人员的行为。

（四）确保资源的有效利用

管理会计在确定各责任单位应负责任、赋予相应权力的同时，必须对其责任履行情况进行考核，以确保企业有限资源的有效利用。由于管理目标以指标分解的形式将责任落实到企业内部的各个单位和工作环节，因此，建立健全责任计量、责任确认及责任考核的责任报告体系，将有助于资源的有效利用和资源经营管理责任的履行。

（五）报告

向有关管理层汇报管理工作的进行情况和结果，是信息反馈的重要内容，其目的是使管理者进行有效的控制。从目前看，管理会计提交报告的对象不局限于企业内部和管理层，也包括向企业外部有关方面提供适当的管理会计报告。

四、实现职能应完成的管理会计工作

为实现管理会计的职能，管理会计人员应组织和完成以下管理会计工作。

（一）报告

管理会计人员应向企业内部各单位及外部利益关系人报告其所需的历史或未来事项的信息，以便作出目标一致的决策。这些报告的信息可能涉及财务会计、材料物资、人力资源、市场以及受规章限制的环境。除向组织内部报告外，管理会计人员还向股东、债权人、政府规章制定机构和税务当局等外部组织提供相应的信息。

（二）解释

管理会计人员应对与企业不同部门管理活动有关的各种内外信息作出解释，并传递信息所隐含的内容，如相关性、可靠性。因此，管理会计人员不仅要了解信息的来源，还要了解信息的用途。

（三）资源管理

管理会计人员必须建立各种便于计划制定和利用资源的控制制度，以确保资源的使用符合既定的政策。这些制度也必须满足管理者、债权人、其他利益相关集团的下列需要：（1）监督、管理营运资本，包括信用、应收款项和存货管理；（2）创立、维持最佳资本结构；（3）建立并执行厂房、财产、设备的控制制度；（4）管理养老金或类似的计划；（5）税务计划的制定与执行；（6）保险管理；（7）建立并执行资产管理的内部会计控制制度。

（四）管理信息系统的开发

管理人员应针对企业管理的需要，设计、开发全面的管理信息系统，以便对经济活动进行适时、有效的管理。在设计、开发中，管理人员应做好以下工作：（1）确定信息使用者对所需信息的要求；（2）根据输出信息的要求，确定需要输入的资料；（3）提出将输入资料加工处理为输出信息的各种需求；（4）加强对各种基础数据资料的保管工作，重要资料必须备份。

（五）完善管理技术

随着企业生产经营活动的日益复杂和社会竞争的加剧，为适应适时管理的需要，管理人员应采用现代化的设备和技术，以加强管理信息的选择归类、传送、分析及保护。因此，管理人员应当熟悉与信息生成过程相关的现代技术以及与控制、利用信息相应的各种会计技术。

（六）鉴定

管理人员必须确保从会计系统或相关来源取得并应用于整个组织的信息的正确性和可靠性。为此，一方面应加强企业的内部控制系统，适时鉴定信息的正确性和可靠性；另一方面应加强内部审计工作，对内部控制制度的适当性、有效性进行鉴定，以最终保障信息的正确性和可靠性。

（七）管理

管理包括建立并维持一个有效、胜任的管理会计组织。该组织应提出并解决会计与财务结构有关的问题，例如，（1）管理会计职责的分派；（2）协调会计与其他业务；（3）授权并决定集权制或分权制；（4）招募、训练、发展各个职责范围的员工；（5）细分任务。

五、管理会计信息的质量特征

管理会计有效地履行预测、决策、预算、控制、考核等职能，取决于管理会计信息的有用性，也就是取决于管理会计信息的质量特征。

国外对管理会计信息的质量特征的讨论，是基于"为内部管理人员服务的信息"而展开的。1996年，美国会计学会在《基本会计理论》第四章"为内部管理人员服务的信息"中主要探讨了五项标准，即相关性、可认证性、不偏性、计量可能性和传递适应性，同时指出了这些标准在用于内部报告和用于外部报告时的主要不同点。1974年，美国会计学会内部规划与控制的概念与准则委员会提出了下列与效益信息有关的几项特征：（1）相关性及目标间的相互关系；（2）准确性、精确性和可靠性；（3）一贯性、可比性和统性；（4）可验证性、客观性、中立性和可追溯性；（5）综合性；（6）灵活性和适应性；（7）及时性；（8）可理解性、可接受性、激励性和公允性。1987年，海尔康编写的《管理会计》一书对管理会计信息的基本特征提出了新的见解，认为有价值的管理会计信息应具有相关性、准确性、及时性、可理解性和注重成本—效益原则等特征。1988年，国际会计师联合会的《论管理会计概念（征求意见稿）》中又提出了对提高决策者信息质量有益的六个管理会计概念和标准：（1）经管责任；（2）可控性；（3）可靠性；（4）增量性；（5）相互依赖性；（6）相关性。

综合各种论述，管理会计所提供的信息必须具有以下质量特征。

（一）相关性

相关性是指管理会计所提供的信息应该具有对决策有影响或对预期产生结果有用的特征。例如，在运用差量分析法进行短期经营决策时，差量收入、差量成本、差量收益就是对预期结果有用的信息，并且上述概念所依据的相关收入、相关成本也是对预期结果有用的信息。

相关性取决于目标函数的结构。即相关性是就特定目的而言的，对某一决策目的是相关的信息，对另一决策目的就不一定相关了；此外，相关性还强调各信息用户的目标与整个组织的最高管理层的目标之间的一致性与和谐性。内部报告提供的信息，如果其成功或失败对整个组织及其不同的部门都具有同样的意义，那么也将有助于内部目标的和谐性。

（二）准确性

准确性是指管理会计所提供的信息在相关范围内必须正确地反映客观事实。根据不正确甚至错误的信息是无法作出正确的决策的。强调准确性必须明确准确性和精确性之间的关系。正确的信息并不意味着越精确越好，事实上，管理会计更重视信息的准确性。

（三）一贯性

一贯性是指同一企业不同时期应使用相同的规则、程序和方法，其目的在于使企业本身各个年度的管理会计信息能够相互可比；否则，管理会计就无法确定单位财务状况和经营成果的变化是来自单位的运营活动，还是由于采用了不同的规则、程序和方法所造成的。

应注意的是，一贯性并不排斥因客观条件变化而采用不同的规则、程序和方法，只要这种变化能够提高管理会计信息的有用性。

（四）客观性

客观性是指由两个以上有资格的人利用相同的规则、程序和方法，对同样一组数据进行检验，可以得出基本相同的计量结果和验证结论。客观性要求管理会计信息是中立的，不带任何偏向，特别是当数据用来对业绩进行评价或作为分配资源和解决争端的根据时，更应如此。

（五）灵活性

灵活性是指数据能够成为几种不同类型的信息，从而为不同管理目的服务的程度。它既取决于把所应用的基本数据分为哪几个明确的类型，又取决于每个类型的综合程度。

例如，我们既可以按成本性态将成本分为固定成本和变动成本，以满足预测、决策的需要，又可以按可控性将成本分为可控成本和不可控成本，以便进行成本控制和责任考核。

灵活的信息分类能够更好地适应不同的管理要求，并减少管理所需要的信息数量。

（六）及时性

及时性是指管理会计必须为管理者决策提供最及时、迅速的信息。及时的信息有利于正确的决策；相反，过时的信息则会导致决策的失误。

在准确性和及时性之间，管理会计更重视及时性，甚至愿意牺牲部分准确性以换取信息的及时性。提高信息的及时性，可以通过缩短信息的经历时间来实现。信息的经历时间由两部分组成：间隔时间和延迟时间。间隔时间是指编制彼此相毗连报告的时间差；延迟时间则是指处理数据、编制报表和分发报告所必需的时间。有效地缩短上述两个部分的时间间隔，就可以提高管理会计的及时性。

（七）简明性

简明性是指管理会计所提供的信息，无论在内容上还是形式上都应当简单明确、易于理解，使信息使用者理解它的含义和用途，并懂得如何加以使用。简明性强调：（1）凡是对管理者作出某种判断或者评价有重要影响的信息，必须详细提供；（2）凡是对管理者作出某种判断和评价没有重要影响的信息，可以合并、简化提供。

明确且易于理解的信息，有助于管理人员将注意力集中于计划与控制活动中的重大因素。例如，在为管理者提供有关成本控制的信息时，提示成本差异的信息将有助于管理者重视差异并采取有效措施，消除不利差异、保持有利差异，促进企业的健康发展。

（八）成本效益平衡性

管理会计信息的取得都要花费一定的代价。因此，必须将形成、使用一种信息所花费的代价与其在决策和控制上所取得的效果进行对比分析，借以确定在信息的形成、使用上如何以较小的代价取得较好的效果。不论信息有多么重要，只要其成本超过其所得，就不应形成和使用该信息。

第四节 管理会计与财务会计的区别与联系

管理会计和财务会计是现代企业会计的两大分支，分别服务于企业内部管理的需要和外部决策的需要，两者之间既有区别又有联系。

一、管理会计信息与财务会计的区别

（一）职能不同

管理会计是规划未来的会计，其职能侧重于对未来的预测、决策和规划，对现在的控制、考核和评价，属于经营管理型会计；而财务会计是反映过去的会计，其职能侧重于核算和监督，属于报账型会计。

（二）服务对象不同

管理会计主要向企业内部各管理层级提供有效经营和最优化决策所需的管理信息，是对内报告会计；而财务会计主要向企业外部各利益相关者（如股东、潜在投资人、债权人、税务机关、证券监管机关等）提供信息，是对外报告会计。

（三）约束条件不同

管理会计不受会计准则、会计制度的制约，其处理方法可以根据企业管理的实际情况和需要确定，具有很大的灵活性；而财务会计进行会计核算、财务监督，必须受会计准则、会计制度及其他法规的制约，其处理方法只能在允许的范围内选用，灵活性较小。

（四）报告期间不同

管理会计面向未来进行预测、决策，因此其报告的编制不受固定会计期间（如月、季、年）的限制，而是根据管理需要，编制反映不同影响期间经济活动的各种报告，只要需要，它可以按小时、天、月、年甚至若干年编制报告；财务会计面向过去进行核算和监督，反映一定期间的财务状况、经营成果和资金变动情况，应按规定的会计期间（如月、季、年）编制报告。

（五）会计主体不同

适应管理的需要，管理会计既要提供反映企业整体情况的资料，又要提供反映企业内部各责任单位经营活动情况的资料，因而其会计主体是多层次的；财务会计以企业为会计主体提供反映整个企业财务状况、经营成果和资金变动的会计资料，通常不以企业内部各部门、各单位为会计主体提供相关资料。

（六）计算方法不同

由于未来经济活动的复杂性和不确定性，管理会计在进行预测、决策时，要大量应用现代数学方法（如微积分、线性规划、概率论等）和计算机技术；而财务会计多采用一般的数学方法（如加、减、乘、除）进行会计核算。

（七）信息精确程度不同

由于管理会计的工作重点是面向未来，未来期间影响经济活动的不确定因素比较多，加之管理会计对信息及时性的要求，这决定了管理会计所提供的信息不能绝对精确，一般只能相对精确；而财务会计反映已经发生或已经完成的经济活动，因此其提供的信息应力求精确，数字必须平衡。

（八）计量尺度不同

适应不同管理活动的需要，管理会计虽然主要使用货币量度，但也大量采用非货币量度，如实物量度、劳动量度、关系量度（如市场占有率、销售增长率）等；为了综合反映企业的经济活动，财务会计几乎全部使用货币量度。

二、管理会计信息与财务会计的联系

（一）起源相同

管理会计与财务会计都是在传统会计中孕育、发展和分离出来的，作为会计管理的重要组成部分，标志着会计学的发展和完善。

（二）目标相同

尽管管理会计、财务会计分别向企业内部和外部提供信息，但最终目标都是使企业能够获得最大利润，提高经济效益。

（三）基本信息同源

管理会计所使用的信息尽管广泛多样，但基本信息都来源于财务会计，有的是财务会计资料的直接使用，有的则是财务会计资料的调整和延伸。

（四）服务对象交叉

虽然管理会计与财务会计有内外之分，但服务对象并不严格、唯一，在许多情况下，管理会计的信息可以为外部利益集团所利用（如盈利预测），财务会计信息对企业内部决策也至关重要。

（五）某些概念相同

管理会计使用的某些概念，如成本、收益、利润等与财务会计完全相同，有些概念则是根据财务会计的概念引申出来的，如边际成本、边际收益、机会成本等。

实践与巩固

案例资料

课后习题

一、单项选择题

1. 下列各项中，与传统的财务会计相对立概念而存在的是（   ）。
    A. 现代会计　　　　B. 企业会计　　　　C. 管理会计　　　　D. 成本会计学
2. 下列会计子系统中，能够履行管理会计"考核评价经营业绩"职能的是（   ）。

A. 预测决策会计　　B. 规划控制会计　　C. 对外报告会计　　D. 财务会计

3. 下列说法正确的是（　　）。
A. 管理会计是经营管理型会计，财务会计是报账型会计
B. 财务会计是经营管理型会计，管理会计是报账型会计
C. 管理会计是对外报告会计
D. 财务会计是对内报告会计

4. 一名经理在决策中使用的会计信息（　　）。
A. 只是财务会计信息
B. 只是自己所在部门的信息，不考虑其他部门的成本和作业信息
C. 必须符合一般公认会计准则的信息
D. 与决策相关的信息，即使该信息不符合一般公认会计准则

5. 在西方，企业内部的管理会计部门属于（　　）。
A. 服务部门　　B. 生产部门　　C. 领导部门　　D. 非会计部门

6. 管理会计与财务会计的关系是（　　）。
A. 起源相同、目标不同　　　　B. 目标相同、基本信息同源
C. 基本信息不同源、服务对象交叉　　D. 服务对象交叉、概念相同

7. 管理会计信息在质量上符合相关性和可信性的要求，则说明管理会计信息符合（　　）。
A. 效益性原则　　B. 最优化原则　　C. 及时性原则　　D. 决策有用性原则

8. 从服务对象上看，现代管理会计侧重服务于（　　）。
A. 企业的投资人　　　　　　　B. 企业的债权人
C. 企业内部各级经营管理者　　D. A + B + C

9. 服务行业运用管理会计（　　）。
A. 无意义，因为服务行业不生产有形产品
B. 提供给经理们及时、相关和准确的信息
C. 要比制造企业运用得更加频繁
D. 由监管机构要求

10. 管理会计在企业的经营过程中无法做到的是（　　）。
A. 提供产品、服务、作业等成本对象的多样化的成本信息，发现问题的征兆以及找出有效的解决办法
B. 从各种备选方案中最终选择一个方案
C. 将企业未来一定时期的战略规划以数字的形式落实到部门、责任人，并据以进行事前、事中和事后控制
D. 为企业进行评价与激励提供依据

11. 在管理会计学中，将为实现管理会计目标，合理界定管理会计工作的时空范围，统一管理会计操作方法和程序，组织管理会计工作不可缺少的前提条件称为（　　）。
A. 管理会计假设　　B. 管理会计原则　　C. 管理会计术语　　D. 管理会计概念

12. 管理会计的服务侧重于（　　）。
A. 股东　　　　　　B. 外部集团　　　　C. 债权人　　　　D. 企业

13. 管理会计信息在质量上符合相关性和可信性的要求，则说明管理会计信息符合（　　）。
   A. 效益性原则　　　B. 最优化原则　　　C. 及时性原则　　　D. 决策有用性原则
14. 下列项目中，能够规定管理会计工作对象基本活动空间的假设是（　　）。
   A. 多层主体假设　　B. 理性行为假设　　C. 合理预期假设　　D. 充分占有信息假设

二、多项选择题

1. 下列各项中，属于管理会计职能的有（　　）。
   A. 预测经济前景　　B. 参与经济决策　　C. 规划经营目标　　D. 控制经济过程
   E. 考核评价经营业绩
2. 下列各项中，属于现代管理会计内容的有（　　）。
   A. 预测决策会计　　B. 规划控制会计　　C. 成本会计　　　　D. 预算会计
   E. 非营利性组织会计
3. 下列关于管理会计的叙述，正确的有（　　）。
   A. 工作程序性较差　　　　　　　　B. 可以提供未来信息
   C. 以责任单位为主体　　　　　　　D. 必须严格遵循公认会计原则
   E. 重视管理过程和职工的作用
4. 企业管理具有以下职能（　　）。
   A. 决策　　　　　B. 规划　　　　　C. 考核评价　　　D. 预测
   E. 控制
5. 管理会计与财务会计之间有许多不同之处，如（　　）。
   A. 会计主体不同　　　　　　　　　B. 基本职能不同
   C. 依据的原则不同　　　　　　　　D. 信息特征不同
   E. 观念取向不同
6. 管理会计信息与财务会计信息相比，有许多不同之处，包括（　　）。
   A. 时间特征不同　　　　　　　　　B. 信息载体不同
   C. 信息属性不同　　　　　　　　　D. 规范程度不同
   E. 观念取向不同
7. 管理会计的会计主体可以是（　　）。
   A. 整个企业　　　B. 销售部门　　　C. 生产车间　　　D. 个人
8. 管理会计属于（　　）。
   A. 现代企业会计　B. 经营型会计　　C. 外部会计　　　D. 报账型会计
   E. 规划控制会计
9. （　　）的出现标志管理会计的原始雏形的形成。
   A. 标准成本计算制度　　　　　　　B. 变动成本法
   C. 预算控制　　　　　　　　　　　D. 责任考评
   E. 以上都是
10. 下列项目中，属于在现代管理会计阶段产生和发展起来的有（　　）。
    A. 规划控制会计　　　　　　　　　B. 管理会计师职业
    C. 责任会计　　　　　　　　　　　D. 管理会计专业团体

E. 预测决策会计

11. 下列项目中，可以作为管理会计主体的有（　　）。
   A. 企业整体　　　B. 分厂　　　C. 车间　　　D. 班组
   E. 个人

12. 管理会计是（　　）。
   A. 活账　　　B. 呆账　　　C. 报账型会计　　　D. 外部会计
   E. 经营型会计

13. 下列关于管理会计的叙述，正确的有（　　）。
   A. 工作程序性较差　　　　　　B. 可以提供未来信息
   C. 以责任单位为主体　　　　　D. 必须严格遵循公认会计原则
   E. 重视管理过程和职工的作用

14. 可以将现代管理会计的发展趋势简单地概括为（　　）。
   A. 系统化　　　B. 规范化　　　C. 职业化　　　D. 社会化
   E. 国际化

15. 西方管理会计师职业团体主要从事的工作包括（　　）。
   A. 组织纯学术研究　　　　　　B. 组织专业资格考试
   C. 安排后续教育　　　　　　　D. 制定规范和标准

三、判断题

1. 因为管理会计只为企业内部管理服务，因此与对外服务的财务会计有本质的区别。（　　）

2. 管理会计的计量基础不是历史成本，而是现行成本或未来现金流量的现值。（　　）

3. 管理会计是以提高经济效益为最终目标的会计信息处理系统。（　　）

4. 在广义管理会计的范围中，管理会计既包括财务会计，也包括成本会计和财务管理。（　　）

5. 管理会计与财务会计的奋斗目标完全是一致的。（　　）

6. 既然企业会计中包括财务会计和管理会计两个分支，那么我国颁布的《企业会计准则》同样适用于管理会计。（　　）

7. 战略管理会计是当今管理会计理论研究的新热点之一。（　　）

8. 管理会计的职能是客观的，但它所起到的作用大小却受到人的主观能动性影响。（　　）

四、简答题

1. 什么是管理会计？
2. 管理会计有哪些职能？
3. 简述管理会计工作的基本内容。
4. 简述管理会计的目标。
5. 管理会计信息的质量特征。
6. 管理会计与财务会计之间存在哪些主要联系？
7. 管理会计与财务会计之间有哪些主要区别？

五、案例分析题

　　凌云电子公司的产品质量优异,而且产品畅销,信誉好,因此在国内外是一个口碑极好的企业。可是就是这样一个生产新兴高科技材料的公司却负债累累,几乎破产,工人的工资收入也只能解决温饱问题。某咨询公司人员经过调查,发现了以下情况:公司下属多个分公司,这些分公司承包给个人,使企业生产销售更加灵活,但是由于产品原料采购是各分公司分别到全国各地采购,公司内部的分公司之间产生了竞争,致使分公司原料采购成本增加,给总公司带来利润损失。公司的研发需要大量的投入,考虑到资金状况,这一点很难实现,因此公司把研发单位的任务设定为质量控制,使公司的产品一直得不到很好的改进。企业的生产采用工人轮流坐班的形式,产品生产的每个环节都包含人工操作,其产品是劳动密集型产品,因此人是生产中的主要成本,但生产车间的生产条件低下,工人的劳动效率因此大打折扣。同时,大量的人工操作使批量生产困难,而国外需求一次性量很大,因而不能独自生产,致使丧失很多国外企业大金额的订单。公司地处比较偏僻的地方,公路狭窄,容易堵塞,企业运输成本很大。销售采用的是各个分公司自行进行定价销售,各分公司恶意竞争,使得原料高成本进入,产品低价卖出,中间商赚取了高额利润。

　　如果你是这名咨询人员,运用"新的企业观",你将提出怎样的解决方案?

第二章　企业成本管理

☞ **学习目标**
1. 学习成本的内在构造，了解成本的分类与用途。
2. 掌握作业成本法与目标成本法两种计算方法。
3. 学习怎样通过成本分析企业经营现状，将成本管理融入企业经营管理全过程。

第一节　基本成本概念

一、成本、成本对象

（一）成本

所谓成本，是指为了达到一定目的而做出的牺牲。美国会计学会（AAA）下属的"成本与标准委员会"对成本所下定义是"成本是为了达到特定目的而发生或未发生的价值牺牲，它可用货币单位加以衡量"；中国成本协会2005年发布的《成本管理体系术语》第2.1.2条中界定成本为"为过程增值和结果有效已付出或应付出的资源代价"。就企业而言，成本是企业为获取既定利益而发生的资源耗费的货币计量。企业成本因盈利目的而发生，在企业的利润表中，成本是收入的扣除项，扣除后的剩余才构成期间利润。因此，成本低于收入是企业经营有利的最低要求，相同条件下成本越低意味着经济效益越高。

此外，实现成本领先是企业获取竞争优势的重要途径之一。首先，低成本的企业可以获得高于产业平均水平的利润率，获得更多的经济资源；其次，当别的企业因剧烈的竞争而丧失利润时，成本领先企业仍可依靠其相对成本优势获得利润，实现竞争中的自我保护；最后，成本领先企业还可能凭借其成本优势设计和实施战略，如以规模经济等形式建立进入壁垒，甚至将竞争对手挤出市场，实现低成本向高收益的转化。

（二）成本对象

成本对象，是指为了进行成本计量和分配而确定的归集经营费用的各个对象，是成本的承担者。合理确定成本对象，是准确分配成本的关键。

由于作业成本计算及作业管理的兴起，作业成为越来越重要的成本对象。所谓作业，是指组织内部工作的基本单元或组织内行动的集合。有关作业的例子包括原材料和产成品的转移、产品的检验、发票的开立、设备的调整、记账凭证的编制等。以作业为媒介计算出来的产品成本将更符合实际，也可以为企业决策提供更多的有用信息。

二、成本分类

为适应不同的决策目的,成本可以按不同标准进行分类。

(一)按经济用途分类

按经济用途的不同,可以将成本划分为制造成本和非制造成本。

1. 制造成本。

制造成本,也称生产成本,是指为将材料转变为产成品而发生的成本,通常又细分为直接材料、直接人工、制造费用三个大项。

直接材料,是指在产品制造过程中直接用来构成产品主要实体的材料耗用。确认直接材料有两个基本的限定条件:(1)该材料成本须构成最终制成的产成品的实体部分;(2)可以简便地追溯转移到相关产品上,例如,钟表制作中的各类金属材料、船舶生产中使用的钢材、木材等,酿造葡萄酒所需的葡萄鲜果等。

直接人工,是指在产品制造过程中对材料进行直接加工使之形成产品所耗用的人工成本。这些人员的工作与产成品直接相关,可追溯到产成品上。直接材料和直接人工共同构成产品生产的主要成本。

制造费用,是指那些在产品制造过程中发生但是又不能归入直接材料或直接人工的所有支出。制造费用包含的内容繁杂,通常可以进一步细分为间接材料、间接人工和其他制造费用。所谓间接材料,是指在制造过程中耗用,又不便直接归入某一特定产品的材料消耗,如设备维修耗用的材料。所谓间接人工,是指为制造过程服务,但又不直接进行产品加工的人工消耗,如辅助生产部门的人工费用。所谓间接费用,是指那些属于制造费用,又不能归入间接材料和间接人工的费用,如固定资产折旧和维修费、财产保险费、生产用电力动力费等。随着资本密集化趋势的发展,制造费用在产品制造成本总额中所占的比重不断上升,准确合理分配制造费用就成为成本计算的核心问题之一。

2. 非制造成本。

非制造成本,具体指与企业营销、行政管理有关的销售费用和管理费用项目。

销售费用是指企业在销售产品半成品和提供劳务过程中发生的费用,主要包括由企业负担的包装运输费、广告费、销售佣金、保险费、委托代销手续费、展览费、销售人员的工资和差旅费等。设有独立销售机构(如门市部、经销部)的制造业企业,其独立销售机构所发生的一切费用均列入销售费用;未设立独立销售机构且销售费用很小的工业企业,有时也将销售费用并入管理费用。

管理费用是指制造费用和营销费用之外的其他费用开支,是企业行政管理部门为组织和管理生产经营活动而发生的各项费用,主要包括管理人员工资、办公费、有关固定资产折旧、保险费、财产税、工会经费、职工教育经费、业务招待费、无形资产摊销、开办费摊销、坏账损失、董事会费及其他管理费用。

(二)按成本的可追溯性分类

成本的可追溯性,是指采用某一经济可行方法并遵循因果关系可以将成本分配至各成本对象的可能性。成本的可追溯性越强，成本计算的准确性就越高。按可追溯性的差异，成本可以划分为直接成本和间接成本。

1. 直接成本。

直接成本是指那些可以容易并准确地归属到某特定成本对象的成本。所谓"容易地"，是指成本分配可以以一种经济可行的方式进行；所谓"准确地"，是指成本的分配存在并遵循一定的因果关系。企业生产经营过程中所消耗的原材料、备品配件、外购半成品、生产工人计件工资通常属于直接成本。

2. 间接成本。

间接成本是指那些无法容易或准确地归属于特定成本对象的成本，主要包括一些共同性的成本。由于间接成本与成本对象之间缺乏明确的联系，进行间接成本分配时，在一定程度上要依靠主观判断。

需要明确的是，直接成本与间接成本是一对相对的概念，有时一项成本可能同时是直接成本又是间接成本，这完全取决于考察成本的角度。例如，以分公司为成本考察对象时，分公司经理的工资是直接成本；以该分公司的部门为成本考察对象时，该费用就属于间接成本。成本管理的一个目标就是要尽可能地把成本追溯到引起成本的作业活动中，这样，一方面可以提高成本计算的准确性，另一方面也可以提供有用的管理信息。

（三）按成本的性态分类

所谓成本性态是指成本发生额与业务量之间的依存性。以成本性态为基础将成本划分为不同种类，将有助于考察成本与业务量之间的规律性的联系，可以为企业经营决策提供许多有用的信息。

（四）按成本的可控性分类

按可控性的差异，成本可以划分为可控成本和不可控成本。从一个部门或单位的角度来看，所谓可控成本，就是那些发生与否、发生多少受该部门或单位所控制或受其工作好坏所影响的成本；与之相反的，属于不可控成本。明确成本的可控性，对责任会计具有重要的意义。

可控成本和不可控成本同样是一组相对的概念，它们与特定的空间和时间相联系。实务中经常出现这样的情况：某个单位的不可控成本，可能是另一个单位的可控成本；某个时期的不可控成本，可能是另一个时期的可控成本。例如，购买会计账簿的开支是研发部门的不可控成本，但对财务部门而言就属于可控成本范畴；总公司决定更换集团内各成员公司的会计软件，其相关成本对下属公司而言是不可控成本，而对总公司管理层而言就属于可控成本。成本可控性往往与级别相关联，基层的不可控成本可以由高层领导所控制；现有设备的折旧费用，在设备原值和折旧方法既定的条件下，对使用部门而言，在设备继续使用的期间内是不可控的，但是一旦决定购置新设备，那么与新设备有关的费用由新的政策决定，则新设备的折旧又属于可控成本。即，一些从较短的时间周期看来是不可控的成本，从较长的时间周期来看又成为可控的了。

三、制造业企业中的产品成本流转

产品成本指为采购或制造产品所发生的成本。制造业企业的产品成本主要包括直接材料、直接人工和制造费用三种主要生产成本,在产品形成销售前,这部分成本一直以存货的形式存在。

成本的流转过程实际上是按成本对象进行成本归集、成本分配以及实现成本补偿的过程。企业在产品生产制造的过程中需要逐步消耗直接材料、直接人工和制造费用。在会计上,通常设置"在产品"账户归集尚处于制造过程中、未完成全部生产环节的已消耗资源的成本(包括直接材料成本、直接人工成本和制造费用)。设置"产成品"账户记录由"在产品"账户转入的已生产完工的产品成本。已销售产品的成本则由"产成品"账户转入"产品销售成本"账户。产品销售成本则在会计期末与该期的所有其他费用一起结转到"收益汇总"账户。在对外报告中,产品制造成本是确定损益表中的产品销售成本与资产负债表中的存货(产成品与在产品)成本的基础,因此,传统的成本会计十分关注产品制造成本的计算。

前面我们介绍成本流转的过程中是以产品制造成本为主要介绍对象的,与产品制造成本相对应的还有一个概念:产品完全成本。其中,产品制造成本则专指产品制造环节上耗用的资源的成本;而产品完全成本,则是指产品从研究开发阶段到设计、制造、市场营销、配送以及最后向客户提供售后服务等。一系列环节中所耗用的全部资源的成本,其涵盖的内容除了产品制造成本之外还包括销售费用、管理费用等期间费用项目。

对比产品制造成本与期间费用的差异主要包括以下几点。

1. 内涵不同。

产品制造成本是对象化归集到特定产品的成本,它随产品的实物流动而流动。其中,待售产品的制造成本表现为资产负债表上的存货成本,已销售产品的成本则表现为损益表上的产品销售成本,构成当期费用的一部分。

期间费用包括产品销售费用、行政管理费用和财务费用等项目,它们与产品的生产没有直接的联系,因此也就不能追踪至具体产品,不随产品的实物流动而流动。期间费用应全部列为当期费用,与当期收入相配比。

2. 与产品生产的关系不同。

产品制造成本是明确地与生产产品相关的直接费用和间接费用,将直接计入或分配后计入所生产的产品的成本中;期间费用是为生产产品提供正常的条件,加强对生产或销售的管理,与具体产品的生产无直接关系。

3. 与会计期间的关系不同。

产品制造成本中当期完工的部分转为产成品,未完工部分则先归入期末在产品,结转至下一会计期间继续加工,因此与前后会计期间有明显的联系;期间费用只与费用发生当期相关,不会分摊至其他会计期间,也就不会对其他会计期间产生影响。

4. 与会计报表的关系不同。

产品制造成本中完工部分转为产成品,已销售产成品的成本结转为产品销售成本,直接列入损益表,而未销售产成品和未完工的在产品在资产负债表中列示,期间费用则于发生当期直接列入损益表,扣除当期损益。

四、应用于经营决策的其他成本概念

(一)机会成本与假计成本

1. 机会成本。

所谓机会成本,也称为择机成本,是指执行一种方案而放弃其他备选方案所损失的潜在收益。也就是说,企业资源的运用是以牺牲掉其在其他投向上可能取得的利益为代价的,机会成本就是为了计量这种代价的。例如,企业空置的厂房可用于扩大再生产也可以出租,出租可得的租金就是选择扩大再生产这一决策的机会成本。

机会成本不但可以应用于投资计划的决策,而且可以应用于日常的成本计算。

[例 2-1] 某企业目前生产一种产品:甲产品,生产成本 800 万元,销售收入 1 000 万元,毛利 200 万元。现有三个备选方:A. 生产甲产品并直接销售;B. 将甲产品深加工为乙产品;C. 将甲产品深加工为丙产品,有关的新增成本及可实现的销售收入数据如表 2-1 所示。

表 2-1　　　　　某企业产品新增成本及收入　　　　　单位:万元

方案	新增成本	总成本	可实现的销售收入	毛利
A	—	800	1 000	200
B	100	900	1 050	150
C	200	1 000	1 300	300

如果采取方案 B,虽然表面上可以实现 150 万元的毛利,但其经济成本是总的生产成本 900 万元加上因放弃方案 A 而失去的利益(即机会成本)200 万元,实际经济利益是 -50 万元,这样方案 B 就是不可行的;如果采取方案 C,则可以实现新增经济利益 100 万元,因此方案 C 是最佳的方案。

虽然机会成本没有实际发生,也不在会计分录中反映,但却是企业决策中所必须考虑的成本项目。

2. 假计成本。

假计成本,又称估算成本,是机会成本的一种表现形式。假计成本并未实际支付,因此也不在企业的利润表上列示,但在决策中却需要估计其发生额。例如,企业自有资金的利息在不实际计算支付的情况下就是假计成本。决策中忽略假计成本,势必会影响对经营成果的正确判断。

(二)差别成本、平均成本与边际成本

1. 差别成本。

差别成本有广义和狭义之分。

广义差别成本,是指不同备选方案的成本差额。不同方案在产品构成、制造方法、产

销水平、固定资产使用情况等方面都可能存在差异，决策时须将一个方案涉及的成本与其他方案的成本进行比较，该成本概念具有比较和预测的性质，主要应用于经营计划的编制。

狭义差别成本，专指由于生产能力利用程度的不同而引起的成本差额，具体表现为因产量增加或减少而引起的变动性费用的差额。但在实际应用中，通常会将狭义差别成本概念扩大一些，把一部分受生产设备能力影响的固定性费用也包括进去。例如，当业务量的变动超出了固定成本的相关范围时，差别成本也包括部分固定成本的差异。狭义的差别成本概念接近于边际成本概念。

2. 平均成本、边际成本。

平均成本，是指每单位产品平均的生产成本。由于生产过程的效率有所变动，平均成本一般随产量范围的变动而变动。

边际成本理论上是指业务量无限小变动时成本的变化量。但由于实际业务量的变动不可能是无限小的，因此，边际成本的经济含义就是指增加或减少一个单位产品所引起的成本变化量，也就是业务量变动一个单位时的差别成本。与变动成本一样，边际成本一般随产量范围的变动而变动。

决策中，常用到两条有关边际成本的规律：

（1）当产品的平均成本等于边际成本时，平均成本最低。即当实际产量低于理想产量时，增加产量的边际成本小于总的平均成本；反之，亦反之。

（2）产品的边际收入等于边际成本时，企业的利润最大化。

[例2-2] 设某企业的产品生产总成本函数为：

$TC(Q) = 20000 + 12Q + 0.02Q^2$

其中，Q = 产量；$TC(Q)$ = 生产的总成本；$AC(Q)$ = 单位产品平均成本。

根据微积分原理，可知边际成本等于总成本的一阶导数，即：

$TC'(Q) = 12 + 0.04Q$

$AC(Q) = \dfrac{20\,000 + 12Q + 0.02Q^2}{Q} = \dfrac{20\,000}{Q} + 12 + 0.02Q$

假设产品的单位售价为每件24元，则企业的总收入 $TR(Q)$ 的函数为：

$TR(Q) = 24Q$

边际收入 $TR'(Q)$ 等于总收入函数的一阶导数，则：

$TR'(Q) = 24$

由前面两条规律可以知道，当平均成本等于边际成本时平均成本最低，即：

$TC'(Q) = AC(Q) \Rightarrow 12 + 0.04Q = \dfrac{20\,000}{Q} + 12 + 0202Q \Rightarrow Q = 1\,000$

也就是说，当产量为1 000件时，平均成本最小，为52元/件。而当边际收入等于边际成本时企业总收益最大，即：

$TR'(Q) = TC'(Q) \Rightarrow 24 = 12 + 0.04Q$

$Q = 300$

也就是说，当产销量为300件时，企业的总利润最大。

差别成本、边际成本以及变动成本之间既有差别又有联系。当处在固定成本的相关范围内，差别成本就等于变动成本；而如果考察业务量变动一个单位的成本变动时，这三个成本概念是一致的。但在更多情况下，这三个成本概念存在一定的差别。

（三）可避免成本与不可避免成本

1. 可避免成本。

可避免成本，是指成本的发生与否或发生额的大小受到经营决策影响的成本。也就是说，如果企业采用了某一特定方案，与之联系的某项支出就必然发生；但如果不采用该方案，则该项支出就不会发生，这些成本就属于可避免成本。

例如，添置办公设备可能有助于企业经营，但也可以认为这并非必要的；而即使决定了要添置，购买什么档次的设备可以由管理者决定。又如，半成品可以直接出售也可以深加工后出售，后一种情况中的深加工费用就属于可避免成本。也就是说，可避免成本的发生与否取决于经营者的决策。

2. 不可避免成本。

不可避免成本，是与可避免成本相对应的成本概念，具体指那些在企业经营中必然要发生的、与特定的决策方案没有直接联系的成本。也就是说，其发生与否、发生额的多少不受某一特定的决策行动的影响。例如，只要一装电话，就必须缴纳月租费，其金额固定并不受电话使用量变动的影响，从这个意义上说月租费就属于不可避免成本。

（四）可延缓成本与不可延缓成本

1. 可延缓成本。

可延缓成本，是指与可以推迟到以后执行而暂时不会对企业的整体经营活动产生太大影响的成本项目，如设备维修和保养费用等。

与可避免成本不同，可延缓成本虽然目前可以不支付，但将来仍必须支出，属于不可避免成本范畴。

2. 不可延缓成本。

不可延缓成本，是与可延缓成本相对应的成本概念，指必须马上支付、不可以推迟到以后再支付的成本，或者虽可以推迟支付但推迟会对企业的正常运转产生重大不利影响的成本。前者如生产人员工资、税金，后者如研究开发费等。

（五）沉落成本、重置成本与付现成本

1. 沉落成本。

沉落成本，也称旁置成本，原指已发生的不能回收的成本。沉落成本与特定的经营决策无关，不可能通过现在或将来的任何决策改变，因而在决策时可以旁置不理。例如，设备一经购置而不管使用与否，企业在该设备上的投资就是一种沉落成本。

目前，多将沉落成本理解为与差别成本相对应的非相关成本。

2. 重置成本。

重置成本，是指假设以现在的价格重新购置或重新建造目前持有的资产所发生的成本。存货的重置成本就是以当前的市场价格重新购入同样的原材料产成品所需支付的费用；固定资产的重置成本是指现在重新建造或购置安装同样的固定资产所需要的全部支

出,再扣除累计折旧后的金额。考虑通货膨胀因素的影响,在产品定价决策中大多也要以重置成本为基础。

3. 付现成本。

付现成本,也称现金支付成本,是指某个项目计划实施时需要立即支付现款或需要在短期内支付现金的成本。该成本概念对现金紧缺、支付能力受到限制的企业有特别重要的意义,这些企业往往会采取付现成本最小的方案取代总成本最小的方案。

(六) 相关成本与非相关成本

成本的相关性是针对特定决策而言的。相关成本是指决策时应考虑的未来成本,而非相关成本则是指决策时不必考虑的那部分成本。

在实务中,可以依如下方法大致区分相关成本与非相关成本:
(1) 沉落成本,属于非相关成本;
(2) 对各方案均相同的未来成本属于非相关成本;
(3) 除(1)、(2) 外的属于相关成本。

企业决策时只要就相关成本做分析,通过计算两个方案的相关成本的差额即相关成本净额,就可以判断哪一个方案在财务上更有利,而可以不考虑非相关成本的影响。

第二节 作业成本法与作业基础管理

一、作业成本法概述

(一) 作业成本法的产生背景及其含义

1. 作业成本法的产生背景。

随着"机器取代人"的自动化制造时代来临,企业的经营环境正在发生巨大改变。伴随这种改变,产品或劳务的成本结构亦发生重大改变,其特征就是直接人工成本比重大大下降,制造费用(主要是折旧费用等固定成本)比重大大增加,因此,制造费用的分配科学与否将很大程度上决定产品成本计算的准确性和成本控制的有效性。

传统的成本计算方法存在两个重要缺陷:

一个缺陷是将固定成本分摊给不同种类产品。按照这种做法,随着产量的增加,单位产品分摊的固定成本下降,即使单位变动成本不变,平均成本也会随产量增加而下降。在销售收入不变的情况下,增加生产量可以使部分固定成本被存货吸收,减少当期销货成本,增加当期利润,从而刺激经理人员过度生产。变动成本法是针对这个缺点提出来的。

另一个缺陷是产生误导决策的成本信息。在传统的成本计算方法下,制造费用通常按直接人工等产量基础分配。实际上,有许多制造费用项目不是产量的函数,而与生产批次等其他变量存在因果关系。全部按产量基础分配制造费用,会产生误导决策的成本信息。作业成本法是针对后一个缺陷提出来的。

2. 作业成本法的含义。

作业成本法是将间接成本和辅助费用更准确地分配到产品和服务的一种成本计算方法。依据作业成本法的观念，企业的全部经营活动是由一系列相互关联的作业组成的，企业每进行一项作业都要耗用一定的资源；与此同时，产品（包括提供的服务）被一系列的作业生产出来。产品成本是全部作业所消耗资源的总和，产品是消耗全部作业的成果。在计算产品成本时，首先按经营活动中发生的各项作业来归集成本，计算出作业成本；然后再按各项作业成本与成本对象（产品、服务或顾客）之间的因果关系，将作业成本分配到成本对象，最终完成成本计算过程。

在作业成本法下，直接成本可以直接计入有关产品，与传统的成本计算方法并无差异，只是直接成本的范围比传统成本计算的要大，凡是便于追溯产品的材料、人工和其他成本都可以直接归属于特定产品，尽量减少不准确的分配。不能追溯产品的成本，则先追溯有关作业或分配到有关作业，计算作业成本，然后再将作业成本分配到有关作业。

（二）作业成本法的核心概念

作业成本法的核心概念是作业和成本动因。

1. 作业。

作业是指企业中特定组织（成本中心、部门或产品线）重复执行的任务或活动。例如，签订材料采购合同、将材料运达仓库、对材料进行质量检验、办理入库手续、登记材料明细账等。每一项作业，是针对加工或服务对象重复执行特定的或标准化的活动。例如，轴承工厂的车工作业，无论加工何种规格型号的轴承外套，都须经过将加工对象（工件）的毛坯固定在车床的卡盘上，开动机器进行切削，然后将加工完毕的工件从卡盘上取下等相同的特定动作和程序。

一项作业可能是一项非常具体的活动，如车工作业；也可能泛指一类活动，如机加工车间的车、铣、刨、磨等所有作业可以统称为机加工作业；甚至可以将机加工作业、产品组装作业等统称为生产作业（相对于产品研发、设计、销售等作业而言）。由若干个相互关联的具体作业组成的作业集合，被称为作业中心。

执行任何一项作业都需要耗费一定的资源。资源是指作业耗费的人工、能源和实物资产（车床和厂房等）。任何一项产品的形成都要消耗一定的作业。作业是连接资源和产品的纽带，它在消耗资源的同时生产出产品。

2. 成本动因。

成本动因是指作业成本或产品成本的驱动因素。例如，当产量增加时，直接材料成本就增加，产量是直接材料成本的驱动因素，即直接材料的成本动因。再如，检验成本随着检验次数的增加而增加，检验次数就是检验成本的驱动因素，即检验成本的成本动因。在作业成本法中，成本动因分为资源成本动因和作业成本动因两类。

（1）资源成本动因。

资源成本动因是引起作业成本增加的驱动因素，用来衡量一项作业的资源消耗量。依据资源成本动因可以将资源成本分配给各有关作业。例如，产品质量检验工作（作业）需要有检验人员、专用的设备，并耗用一定的能源（电力）等。检验作业作为成本对象（也称成本库），耗用的各项资源构成了检验作业的成本。其中，检验人员的工资、专用设备的折旧费等成本，一般可以直接归属于检验作业；而能源成本往往不能直接计入，需要根据设备额定功率（或根据历史资料统计的每小时平均耗电数量）和设备开动时间来分配。这里，"设备的额定功率乘以开动时间"就是能源成本的动因。设备开动导致能源成本发生，设备的功率乘以开动时间的数值（即动因数量）越大，耗用的能源越多。按"设备的额定功率乘以开动时间"这一动因作为能源成本的分配基础，可以将检验专用设备耗用的能源成本分配到检验作业当中。

（2）作业成本动因。

作业成本动因是衡量一个成本对象（产品、服务或顾客）需要的作业量，是产品成本增加的驱动因素。作业成本动因计量各成本对象耗用作业的情况，并被用来作为作业成本的分配基础。例如，每批产品完工后都需要进行质量检验，如果对任何产品的每一批次进行质量检验所发生的成本相同，则检验的"次数"就是检验作业的成本动因，它是引起产品检验成本增加的驱动因素。某一会计期间发生的检验作业总成本（包括检验人工成本、设备折旧、能源成本等）除以检验的次数，即为每次检验所发生的成本。某种产品应承担的检验作业成本，等于该种产品的批次乘以每次检验发生的成本。产品完成的批次越多，则需要进行检验的次数越多，应承担的检验作业成本越多；反之，则应承担的检验作业成本越少。

（三）作业成本法的特点

作业成本法的主要特点，是相对于以产量基础的传统成本计算方法而言的。

1. 成本计算分为两个阶段。

作业成本法的基本指导思想是："作业消耗资源、产品（服务或顾客）消耗作业。"根据这一指导思想，作业成本法把成本计算过程划分为两个阶段。

第一阶段，将作业执行中耗费的资源分配（包括追溯和间接分配）到作业，计算作业的成本。

第二阶段，根据第一阶段计算的作业成本分配（包括追溯和动因分配）到各有关成本对象（产品或服务）。

传统的成本计算方法也是分两步进行，但中间的成本中心是按部门建立的。第一步，除了把直接成本追溯到产品之外，还要把不同性质的各种间接费用按部门归集在一起。第二步，以产量为基础，将间接费用分配到各种产品。在传统成本计算方法下，间接成本的分配路径是"资源→部门→产品"。作业成本法下成本计算的第一阶段，除了把直接成本追溯到产品以外，还要将各项间接费用分配到各有关作业，并把作业看作按产品生产需求重新组合的"资源"；在第二阶段，按照作业消耗与产品之间不同的因果关系，将作业成本分配到产品。因此，作业成本法下间接成本的分配路径是"资源→作业→产品"。

2. 成本分配强调因果关系。

虽然作业成本法和传统成本法都分为两步分配程序，但是如何进行成本分配，两者有很大区别。作业成本法认为，将成本分配到成本对象有三种不同的形式：追溯、动因分配和分摊。

成本追溯，是指把成本直接分配给相关的成本对象。一项成本能否追溯到产品，可以通过实地观察来判断。例如，确认一台电视机耗用的液晶板、集成电路板、扬声器及其他零部件的数量是可以通过观察实现的。再如,确认某种产品专用生产线所耗用的人工工时数,也是可以通过观察投入该生产线的工人人数和工作时间而实现的。显然,使用追溯方式得到的产品成本是最准确的。作业成本法强调尽可能地扩大追溯到个别产品的成本比例,以减少成本分配引起的信息失真。传统成本计算的直接成本,通常仅限于直接人工和直接材料,其他成本都归集于制造费用进行统一分配。作业成本法认为,有些"制造费用"的项目可以直接归属于成本对象,如特定产品的专用设备折旧费等。凡是能够追溯到个别产品、个别批次、个别品种的成本,就应追溯,而不要间接分配。

动因分配,是指根据成本动因将成本分配到各成本对象的过程。生产活动中耗费的各项资源,其成本不是都能追溯到成本对象的。对不能追溯的成本,作业成本法则强调使用动因(包括资源动因或作业动因)分配方式,将成本分配到有关成本对象(作业或产品)。传统成本计算,以产品数量作为间接费用唯一的成本动因,是不符合实际情况的。采用动因分配,首先必须找到引起成本变动的真正原因,即成本与成本动因之间的因果关系。如前面所说到的检验作业应承担的能源成本,以设备单位时间耗电数量和设备开动时间(即耗电量)作为资源动因进行分配,是因为设备单位时间耗电量和开动时间与检验作业应承担的能源成本之间存在着因果关系。又如,各种产品应承担的检验成本,以产品投产的批次数(即质量检验次数)作为作业动因进行分配,是因为检验次数与产品应承担的检验成本之间存在着因果关系。动因分配虽然不像追溯那样准确,但只要因果关系建立恰当,成本分配的结果同样可以达到较高的准确程度。

有些成本既不能追溯,也不能合理、方便地找到成本动因,只好使用产量作为分配基础,将其强制分摊给成本对象。

作业成本法的成本分配主要使用追溯和动因分配,尽可能地减少不准确的分摊,因此能够提供更加真实、准确的成本信息。

3. 成本分配使用众多不同层面的成本动因。

在传统的成本计算方法下,产量(或生产量相关的业务量,如人工工时、机器工时、人工工资等)被认为是能够解释产品成本变动的唯一动因,并以此作为分配基础进行间接费用的分配。而制造费用是一个由多种不同性质的间接费用组成的集合,这些性质不同的费用有些是随产量变动的,而多数则并不随产量变动,因此用单一的产量作为分配制造费用的基础显然是不合适的。

作业成本法的独到之处,在于它把资源的消耗首先追溯或分配到作业,然后使用不同层面和数量众多的作业动因将作业成本分配到产品。采用不同层面的、众多的成本动因进行成本分配,要比采用单一分配基础更加合理,更能保证产品成本计算的准确性。

二、作业成本计算

(一)作业成本的计算原理

1. 作业的认定。

建立作业成本系统从作业认定开始,即确认每一项作业完成的工作以及执行该作业耗用的资源成本。作业的认定需要对每项消耗资源的作业进行定义,识别每项作业在生产活动中的作用、与其他作业的区别,以及每项作业与耗用资源的联系。

作业认定有两种形式:一种是根据企业总的生产流程,自上而下进行分解;另一种形式是通过与员工和经理进行交谈,自下而上地确定他们所做的工作,并逐一认定各项作业。例如,根据生产流程分析和工厂的布局可知,由于原材料仓库与生产车间之间有5公里的距离,必然存在材料搬运作业,这项作业就是将生产用的原材料从仓库运送到生产车间。通过另一种形式,即与从事相关作业的员工或经理交谈,也可以识别和认定该项作业,如与搬运作业的员工进行交谈,问"你是做什么的?"也很容易得出生产过程中有这样一项搬运作业,它的主要作用是把原材料从仓库运往车间。在实务中,自上而下和自下而上这两种方式往往需要结合起来运用。经过这样的程序,就可以把生产过程中全部作业一一识别出来,并加以认定。为了对认定的作业进一步分析和归类,在作业认定后,需要按顺序列出作业清单。表2-2是一个以变速箱制造企业为背景的作业清单示例。需要说明的是,这仅仅是一个示例,实际上对一个企业在产品生产过程中认定作业数量的多少,取决于该企业自身的产品生产特点。

表2-2　　　　　　　　　　某企业作业清单

作业名称	作业说明
材料订购	包括选择供应商、签订合同、明确供应方式等
材料检验	对每批购入的材料进行质量、数量检验
生产准备	每批产品投产前,进行设备调整等准备工作
发放材料	每批产品投产前,将生产所需材料发往各生产车间
材料切割	将管材、圆钢切割成适于机加工的毛坯工件
车床加工	使用车床加工零件(轴和连杆)
铣床加工	使用铣床加工零件(齿轮)
刨床加工	使用刨床加工零件(变速箱外壳)
产品组装	人工装配变速箱
产品质量检验	人工检验产品质量
包装	用木箱将产品包装
车间管理	组织和管理车间生产、提供维持生产的条件

2. 作业成本库的设计。

作业认定后,接下来的工作是设计作业成本库,作业成本库包括以下四类:

(1) 单位级作业成本库。

单位级作业是指每一单位产品至少要执行一次的作业,如机器加工、组装。这些作业对每个产品都必须执行。这类作业的成本包括直接材料、直接人工工时、机器成本和直接能源消耗等。

单位级作业成本是直接成本,可以追溯到每个单位产品上,即直接计入成本对象的成本计算单。

(2) 批次级作业成本库。

批次级作业是指同时服务于每批产品或许多产品的作业，如生产前机器调试、成批产品转移至下一工序的运输、成批采购和检验等。它们的成本取决于批次，而不是每批中单位产品的数量。

批次级作业成本需要单独进行归集，计算每一批的成本，然后分配给不同批次（如某订单），最后根据产品的数量在单个产品之间进行分配。

(3) 品种级作业成本库。

品种级作业是指服务于某种型号或样式产品的作业，如产品设计、产品生产工艺规程制定、工艺改造、产品更新等。这些作业的成本依赖于产品的品种数或规格型号数，而不是产品数量或生产批次。

品种级作业成本仅仅因为某个特定的产品品种线存在而发生，随产品品种数而变化，不随产量、批次数而变化。例如，维护某一产品的工程师数量取决于产品的复杂程度，而生产的复杂程度是产品零件多少的函数，因此可以按零件数量为基础分配品种级成本至每一种产品，然后再分配给不同的批次（如某订单），最后根据产品的数量在单个产品之间进行分配。

(4) 生产维持级作业成本库。

生产维持级作业，是指服务于整个工厂的作业，如工厂保安、维修、行政管理、保险、财产税等。它们是为了维护生产能力而进行的作业，不依赖于产品的数量、批次和种类。

无法追溯到单位产品，并且和产品批次、产品品种无明显关系的成本，都属于生产维持级成本。这些成本首先被分配到不同产品品种，然后再分配到成本对象（如某订单），最后分配给单位产品。这种分配顺序不是唯一选择，也可以直接依据直接人工或机器工时分配给成本对象，这是一种不准确的成本分摊。

3. 资本成本分配到作业。

资本成本借助于资源成本动因分配到各项作业。资源成本动因和作业成本之间一定要存在因果关系。

常用的资源成本动因如表 2-3 所示。

表 2-3　　　　　　　　　　资源成本动因

作 业	资源成本动因
机器运行作业	机器小时
安装作业	安装小时
清洁作业	平方米
材料移动作业	搬运次数、搬运距离、吨公里
人事管理作业	雇员人数、工作时间
能源消耗	电表、流量表、装机功率和运行时间
制作订单作业	订单数量
顾客服务作业	服务电话次数、服务产品品种数等

4. 作业成本分配到成本对象。

在确定了作业成本之后，根据作业成本动因计算单位作业成本，再根据作业量计算成本对象应负担的作业成本。

单位作业成本＝本期作业成本库归集总成本÷作业量

作业量的计量单位有三类：即业务动因、持续动因和强度动因。

（1）业务动因。

业务动因通常以执行的次数作为作业动因，并假定执行每次作业的成本（包括耗用的时间和单位时间耗用的资源）相等，如前面我们所说的检验完工产品质量作业的次数就属于业务动因的范畴。

分配率＝归集期内作业成本总成本÷归集期内总作业次数

某产品应分配的作业成本＝分配率×该产品耗用的作业次数

（2）持续动因。

持续动因是指执行一项作业所需的时间标准，在不同产品所需作业量差异较大的情况下，例如，如果检验不同产品所耗用的时间长短差别较大，则不宜采用业务动因作为分配成本的基础，而应改用持续动因作为分配的基础。否则，会直接影响作业成本分配的准确性。持续动因的假设前提是：执行作业的单位时间内耗用的资源是相等的。以持续动因为分配基础，分配不同产品应负担的作业成本，其计算公式如下：

分配率＝归集期内作业总成本÷归集期内总作业时间

某产品应分配的作业成本＝分配率×该产品耗用的作业时间

（3）强度动因。

强度动因是在某些特殊情况下，将作业执行中实际耗用的全部资源单独归集，并将该项单独归集的作业成本直接计入某一特定的产品。强度动因一般适用于某一特殊订单或某种新产品试制等，用产品订单或工作单记录每次执行作业时耗用的所有资源及其成本，订单或工作单记录的全部作业成本也就是应计入该订单产品的成本。

在上述三类作业动因中，业务动因的精确度最差，但其执行成本最低；强度动因的精确度最高，但其执行成本最昂贵；而持续动因的精确度和成本则居中。

如同传统成本计算法一样，作业成本分配时可以采用实际分配率或者预算分配率。采用预算分配率时，发生的成本差异可以直接结转本期营业成本，也可以计算作业成本差异率并据以分配给有关产品。

（二）作业成本的计算示例

现举例说明作业成本的计算方法。

[例2-3] DBX公司的主要业务是生产服装服饰。该公司的服装车间生产3种款式的夹克衫和2种款式的休闲西服。夹克衫和西服分别由两个独立的生产线进行加工，每个生产线有自己的技术部门。五款服装均按批组织生产，每批1 000件。

1. 成本资料。

该公司本月每种款式的产量和直接成本如表2-4所示。

表2-4　　　　　　　　　产量与直接人工和直接材料资料　　　　　　　　单位：元

产品品种	夹克			西服		合计
型号	夹克1	夹克2	夹克3	西服1	西服2	
本月批次	8	10	6	4	2	30
每批产量（件）	100	100	100	100	100	
产量（件）	800	1 000	600	400	200	3 000
每批直接人工成本	3 300	3 400	3 500	4 400	4 200	
直接人工总成本	26 400	34 000	21 000	17 600	8 400	107 400
每批直接材料成本	6 200	6 300	6 400	7 000	8 000	
直接材料总成本	49 600	63 000	38 400	28 000	16 000	195 000

本月制造费用发生额如表2-5所示。

表2-5　　　　　　　　　　　制造费用发生额　　　　　　　　　　　　单位：元

项目	金额
生产准备、检验和供应成本（批次级成本）	84 000
夹克产品线成本（产品级作业成本）	54 000
西服产品线成本（产品级作业成本）	66 000
其他成本（生产维持级成本）	10 800
制造费用合计	214 800
制造费用分配率（直接人工）	200%

2. 按传统完全成本法计算成本。

采用传统的完全成本法时，制造费用使用统一的分配率，如表2-6所示。
制造费用分配率＝制造费用/直接人工成本＝214 800/107 400＝200%。

表2-6　　　　　　　　　　完全成本法汇总成本计算单　　　　　　　　　单位：元

产品型号	夹克1	夹克2	夹克3	西服1	西服2	合计
直接人工	26 400	34 000	21 000	17 600	8 400	107 400
直接材料	49 600	63 000	38 400	28 000	16 000	195 000
制造费用分配率	200%	200%	200%	200%	200%	
制造费用	52 800	68 000	42 000	35 200	16 800	214 800
总成本	128 800	165 000	101 400	80 800	41 200	517 200
每批成本	16 100	16 500	16 900	20 200	20 600	
每件成本	161	165	169	202	206	

3. 按作业成本法计算成本。

作业成本法先将间接制造费用归集到 4 个成本库，具体如下：

（1）批次级作业成本库：生产准备、抽样检验和供应材料均属于批次级成本。由于每批产品都需要一次生产准备、一次抽样检验和一次送料，并且不同产品品种的上述成本没有重要差别，因此可以归入一个作业成本库，按生产批次数分配该作业成本。如果不是这样，就需要建立分品种（夹克和西服）、分作业的成本库（生产准备成本、检验成本和送料成本），并分别进行分配。

（2）夹克产品线作业成本库：本例选择生产批次作为产品级作业成本的分配基础，也可选择夹克产品的产量、相关成本等作为分配基础。

（3）西服产品线作业成本库：本例选择生产批次作为产品级作业成本的分配基础，也可选择夹克产品的产量、相关成本等作为分配基础。

（4）生产维持成本库：本例分配基础选择直接人工成本，据此分配给每批产品。也可以根据情况先将其分配给夹克西服和夹克产品，然后再分配给不同批次，最后按产品数量分配给单位产品。

作业成本分配的第一步是计算作业成本动因的单位成本，作为作业成本的分配率，如表 2-7 所示。

表 2-7　　　　　　　　　　作业成本分配率的计算　　　　　　　　　　单位：元

作业	成本（元）	批次（批数）	直接人（元）	分配率
批次级作业成本	84 000	30		2 800（元/批）
夹克产品线成本	54 000	24		2 250（元/批）
西服产品线成本 1	66 000	6		11 000（元/批）
生产维持级成本 1	10 800		107 400	10.06%

作业成本分配的第二步是根据单位作业成本和作业量，将作业成本分配到产品，如表 2-8 所示。

表 2-8　　　　　　　　　　汇总成本计算单　　　　　　　　　　单位：元

型号	夹克1	夹克2	夹克3	西服1	西服2	合计
本月批次	8	10	6	4	2	
直接人工	26 400	34 000	21 000	17 600	8 400	107 400
直接材料	49 600	63 000	38 400	28 000	16 000	195 000
制造费用：						
分配率（元/批）	2 800	2 800	2 800	2 800	2 800	
批次相关总成本	22 400	28 000	16 800	11 200	5 600	84 000
产品相关成本：						
分配率（元/批）	2 250	2 250	2 250	11 000	11 000	

续表

型号	夹克1	夹克2	夹克3	西服1	西服2	合计
产品相关总成本	18 000	22 500	13 500	44 000	22 000	120 000
分配率（元/每元直接人工成本）	10.06%	10.06%	10.06%	10.06%	10.06%	
生产维持成本	2 655	3 419	2 112	1 770	845	10 800
间接费用合计	43 055	53 919	32 412	56 970	28 445	214 800
总成本	119 055	150 919	91 812	102 570	52 845	517 200
每批成本	14 882	15 092	15 302	25 642	26 422	
单件成本（作业成本法）	148.82	15 092	153.02	256.42	264.22	
单件成本（完全成本法）	161.00	165.00	169.00	202.00	206.00	
差异（作业成本－完全成本）	－12.18	－14.08	－15.98	54.42	58.22	
差异率（差异/完全成本）	－7.57%	－8.53%	－9.46%	26.94%	28.26%	

通过比较完全成本法和作业成本法的计算结果，可以看出：

首先，完全成本法扭曲了产品成本，即高估了简单产品夹克衫的成本，而低估了复杂产品西服的成本。例如，在完全成本法下，夹克1负担间接制造费用52 800元，而作业成本法负担间接费用43 055元。引起差别的原因是由完全成本法按直接人工的200%分配全部制造费用，而不管这些费用的驱动因素是什么。在作业成本法下，制造费用归集于三类（共4个）成本库，分别按不同成本动因分配，提高了合理性。

其次，作业成本法和完全成本法都是对全部生产成本进行分配，不区分固定成本和变动成本，这与变动成本法不同。从长远来看，所有成本都是变动成本，都应当分配给产品。

最后，在作业成本法下，所有夹克产品的单位成本都比完全成本法低，而西服产品的单位成本比完全成本法高。其原因是完全成本法以直接人工作为间接费用的唯一分配率，夸大了高产量产品的单位成本。例如，夹克的人工成本合计81 400元，占总人工成本107 400元的75.79%，并因此负担产品线总成本120 000元（54 000 + 66 000）的75.79%，即90 949元。实际上，夹克的产品线成本只有54 000元。西服的产品复杂程度高，产品线成本较高，但只是因为产量小，只负担了29 051元（120 000×24.21%），低于实际的西服的产品线成本（66 000元）。

三、作业成本管理

将产品或服务的成本准确计算出来是成本管理的先决条件，但不是目的，成本管理的根本目的是把成本管控住，努力降低成本，增强企业的竞争优势，为企业创造价值。作业成本管理的核心就是分析哪些作业是增值作业，哪些作业是不增值作业。实行基于作业的成本管理，消除转化或降低不增值作业，提高增值作业效率，降低成本，增加价值，创建企业的竞争优势。

(一) 增值作业与非增值作业的划分

增值作业与非增值作业是站在顾客角度划分的。最终增加顾客价值的作业是增值作业；否则就是非增值作业。在一个企业中，区别增值作业和非增值作业的标准就是看这个作业的发生是否有利于增加顾客的价值，或者说增加顾客的效用。作业管理的核心就是识别出不增加顾客价值的作业，从而找到进行改进的地方。一般而言，在一个制造企业中，非增值作业有：等待作业、材料或者在产品堆积作业、产品或者在产品在企业内部迂回运送作业、废品清理作业、次品处理作业、返工作业、无效率重复某工序作业、由于订单信息不准确造成没有准确送达需要再次送达的无效率作业等。

(二) 基于作业进行成本管理

作业成本管理是应用作业成本计算提供的信息，从成本的角度，在管理中努力提高增加顾客价值的作业效率，消除或遏制不增加顾客价值的作业，实现企业生产流程和生产经营效率效果的持续改善，增加企业价值。作业成本管理主要从成本方面来优化企业的作业链和价值链，是作业管理的中介，是作业管理的核心。不增加顾客价值的作业是非增值作业，由非增值作业引发的成本是非增值作业成本。作业成本管理就是要努力找到非增值作业成本并努力消除它、转化它或将之降到最低。作业成本管理一般包括确认和分析作业、作业链—价值链分析和成本动因分析、业绩评价以及报告非增值作业成本四个步骤。作业分析又包括辨别不必要或非增值的作业、对重点增值作业进行分析、将作业与先进水平比较、分析作业之间的联系等。

(三) 作业成本法的优点、局限性与适用情景条件

1. 作业成本法的优点。
(1) 可以获得更准确的产品和产品线成本。

作业成本法的主要优点是减少了传统成本信息对于决策的误导。一方面，作业成本法扩大了追溯到个别产品的成本比例，减少了成本分配对于产品成本的扭曲；另一方面，采用多种成本动因作为间接成本的分配基础，使分配基础与被分配成本的相关性得到改善。准确的成本信息可以提高经营决策的质量，包括定价决策、扩大生产规模、放弃产品线等经营决策。

(2) 有助于改进成本控制。

作业成本法提供了了解产品作业过程的途径，使管理人员知道成本是如何发生的。成本动因的确定，使他们将注意力集中于成本动因的耗用上，而不仅只关心产量和直接人工。从成本动因上改进成本控制，包括改进产品设计和生产流程等，可以消除非增值作业、提高增值作业的效率，有助于持续降低成本和不断消除浪费。

(3) 为战略管理提供信息支持。

战略管理需要相应的信息支持。例如，价值链分析是指企业用于评估客户价值感知重要性的一个战略分析工具。它包括确定当前成本和绩效标准，并评估整个供应链中哪些环节可以增加客户价值、减少成本费用的一整套工具和程序。由于产品价值是由一系列作业创造的，企业的价值链也就是其作业链。价值链分析需要识别供应作业、生产作业和分销

作业,并且识别每项作业的成本驱动因素,以及各项作业之间的关系。作业成本法与价值链分析概念一致,可以为其提供信息支持。再如,成本领先战略是公司竞争战略的选择之一。实现成本领先战略,除了规模经济之外,需要有低成本完成作业的资源和技能。这种有别于竞争对手的资源和技能,来源于技术创新和持续的作业管理。作业管理包括成本动因分析、作业分析和绩效衡量等,其主要数据来源于作业成本计算。

2. 作业成本法的局限性。

(1) 开发和维护费用较高。

作业成本法的成本动因多于完全成本法,成本动因的数量越大,开发和维护费用越高。即使有了计算机和数据库技术,采用传统的作业成本法仍然是一件成本很高的事情。如果将作业成本法仅仅作为一项会计创举,不能通过作业成本数据的使用改善决策和作业管理,提高公司的竞争力,则很可能得不偿失。

(2) 作业成本法不符合对外财务报告的需要。

采用作业成本法的企业,为了使对外财务报表符合会计准则的要求,需要重新调整成本数据。这种调整与变动成本法的调整相比,不仅工作量大,而且技术难度大,有可能出现混乱。

(3) 确定成本动因比较困难。

间接成本并非都与特定的成本动因相关联。有时找不到与成本相关的驱动因素,或者设想的若干驱动因素与成本的相关程度都很低,或者取得驱动因素数据的成本很高。此时,就会出现人为主观分配,扭曲产品成本数据。

(4) 不利于管理控制。

完全成本法按部门建立成本中心,为实施责任会计和业绩评价提供了方便。作业成本系统的成本库与企业的组织结构不一致,不利于提供管理控制的信息,因此许多管理人员和会计人员持反对态度。作业成本法倾向于以牺牲管理控制信息为代价,换取经营决策信息的改善,减少了会计数据对管理控制的有用性。

3. 作业成本法的适用情景条件。

采用作业成本法的公司一般应具备以下条件:

(1) 从成本结构看,这些公司的制造费用在产品成本中占有较大比重。它们若使用单一的分配率,成本信息的扭曲会比较严重。

(2) 从产品品种看,这些公司的产品多样性程度高,包括产品产量的多样性、规模的多样性、产品制造或服务复杂程度的多样性、原材料的多样性和产品组装的多样性。产品的多样性是引起传统成本系统在计算产品成本时发生信息扭曲的原因之一。

(3) 从外部环境看,这些公司面临的竞争激烈。传统的成本计算方法是在竞争较弱、产品多样性较低的背景下设计的。当竞争变得激烈、产品的多样性增加时,传统成本计算方法的缺点被放大了,实施作业成本法变得有利。由于经济环境越来越动荡,竞争越来越激烈,相对于作业成本法而言,传统成本系统增加了决策失误引起的成本。

(4) 从公司规模看,这些公司的规模比较大。由于大公司拥有更为强大的信息沟通渠道和完善的信息管理基础设施,并且对信息的需求更为强烈,因此它们比小公司对作业成本法更感兴趣。

总之,在企业生产自动化程度较高、直接人工比较少、企业的作业流程比较清晰、企业相关业务数据完备而且可获得、企业信息化基础工作较好、易产生成本扭曲并且准确的成本信息具有较大价值时，适宜采用作业成本法。企业可以根据自身经营管理的特点和条件，利用现代信息技术，采用作业成本法对不能直接归属于成本核算对象的成本进行归集和分配，通过作业成本法对产品的盈利能力、客户的获利能力、企业经营中的增值作业和非增值作业等进行分析，发挥更强大的管理作用。

第三节　目标成本法

一、目标成本法概述

目标成本法或称为目标成本管理，是现代企业成本管理的一种重要方法。目标成本管理之所以重要，与企业面临的全球化竞争环境、产业环境以及产品生命周期的变化息息相关。

（一）目标成本法的产生

目标成本法起源于日本，目前世界范围内越来越多的公司都在采用这种方法，第一方面的原因在于企业在全球化竞争环境中，竞争者之间的产品质量差异正在逐渐缩小，企业对产品市场价格的影响能力越来越有限，为了实现预定的利润，必须从成本控制入手；第二方面的原因是，市场已由"卖方市场"向"买方市场"转变，这意味着生产什么、生产多少、卖多少钱都由消费者说了算，企业可以做的就是当价格、产品品种和数量都定下来后，为了实现预定利润，如何有效进行成本控制；第三方面的原因是产品生命周期，它缩短了给企业管理者预留的事后控制和调整成本的时间，从产生成本的原因上看，往往在产品生命周期早期的设计阶段，产品的价值和属性就已经将大量的成本固化，这给制定目标成本提供了条件，即不需要等到产品投入生产和销售，就可以预测成本和利润，也可以根据市场和用户的需求，调控成本。

（二）目标成本法的内涵

直观地看，目标成本是基于某一特定产品的销售价格，在考虑必要利润因素后倒推出的产品预期成本。例如，某产品的竞争性市场价格为100元，企业需要达到15%的利润率才能生存下去，那么该产品的目标成本为85元（100－100×15%）。在这里，竞争性市场价格取决于市场竞争情况，而必要利润率则由企业根据收益期望自主确定。但是，目标成本法的内涵远远不仅限于此，目标成本仅仅是设定目标成本的开始。

从具体内涵看，目标成本法是确定目标成本以及围绕目标成本落实而展开一系列成本控制活动的总称。它不仅是一种成本控制方法，还是企业在既定营销策略下进行利润规划的一种方法。美国国际制造业协会（CAM-I）等将目标成本管理直接定义为"企业成本管理和利润规划的一种系统性管理程序"。目标成本管理过程由价格引导，关注顾客，以产品和流程设计为中心，并依赖跨职能团队。目标成本管理从产品开发的最初阶段开始，贯穿产品生命周期始终，并将整个价值链纳入其中。

(三) 目标成本法与标准成本法的区别

值得注意的是,目标成本法有时会与另一种成本方法——标准成本法相混淆。从某种意义上说,标准成本是目标成本的一种形式,因为标准成本也是在产品投产前由企业的设计部门制定的、在成本上要求实现的目标。但是,在如何降低产品成本上(尤其表现在产品设计阶段),两种方法则采取了两种不尽相同的管理思路。

在目标成本法中,在产品设计之前事先确定"目标成本",且所确定的目标成本要"嵌入"产品设计、工程及工艺规划等流程之中,成为产品设计、工程优化等环节的约束条件,也就是说,企业是围绕目标成本的实现来展开成本设计的,这一管理行为在日本企业被精确地定义为"成本企画"。

标准成本法同样高度重视产品设计环节的成本效应,但是并未在产品设计中事先注入"目标成本"理念,而是通过产品的不断设计、市场试错过程以控制产品成本的。具体地说:

1. 在产品的设计阶段,标准成本也需要事先收集市场需要情况,确定产品的具体要求,据此进行设计、制定工艺和确定所耗用原材料与零件的价格,从而估计产品成本。如果认为成本太高,就从设计阶段开始,再估一遍。预期的销售价格与估计成本之差,即为企业的预期利润。

2. 一旦估计成本达到预期利润的要求,企业就按最后确定的设计方案、工艺流程进行生产。

3. 在产品制造过程中,标准成本作为"成本计划",被用于制造过程中的成本控制。在这里,标准成本可能是"估计成本",也可能是为已投产并正常生产的产品所制订的计划成本。在成本控制过程中,企业根据标准成本用以衡量实际成本的绩效,并借"例外管理"原则对实际成本进行控制。

总体来看,目标成本法把降低成本的重点放在企业产品的研究、开发、规划与设计阶段,而标准成本则把主要注意力放在产品投产后的制造阶段。现实的状况是:产品成本的大部分份额在设计研发阶段就已经确定下来,目标成本法在产品设计之初就将成本设定与控制放在首要位置,以保证成本控制不错过其关键时期。

(四) 目标成本管理核心程序与实施原则

1. 目标成本管理的核心程序。

根据日本企业(尤其是汽车企业)的管理经验,目标成本管理核心程序主要包括以下部分:(1)在市场调查、产品特性分析的基础上,确定目标成本;(2)组建跨职能团队并运用价值工程法(或价值分析法)等,将目标成本嵌入产品设计、工程、外购材料等的过程控制之中,以使产品设计等符合目标成本要求;(3)将设计完的产品生产方案投入生产制造环节,并通过制造环节的"持续改善策略",进一步降低产品制造成本。

2. 目标成本管理的实施原则。

企业实施目标成本管理时大体遵循以下六项基本原则:

(1)价格引导的成本管理。目标成本管理体系通过竞争性的市场价格减去期望利润来确定成本目标,价格通常由市场上的竞争情况决定,而目标利润则由公司及其所在行业的财务状况决定。

（2）关注顾客。目标成本管理体系由市场驱动。顾客对质量、成本、时间的要求在产品及流程设计决策中应同时考虑，并以此引导成本分析。

（3）关注产品与流程设计。在设计阶段投入更多的时间，消除那些昂贵而又费时的暂时不必要的改动，可以大大缩短产品投放市场的时间。

（4）跨职能合作。目标成本管理体系下，产品与流程团队由来自各职能部门的成员组成，包括设计与制造部门、生产部门、销售部门、原材料采购部门、成本会计部门等。跨职能团队要对整个产品负责，而不是各职能部门各司其职。

（5）生命周期成本削减。目标成本管理关注产品整个生命周期的成本，包括购买价格、使用成本、维护与修理成本以及处置成本。

（6）价值链参与。目标成本管理过程有赖于价值链上全部成员的参与，包括供应商、批发商、零售商以及服务提供商。

二、目标成本的设定

"目标成本"是基于产品的竞争性市场价格，在满足企业从该产品中取得必要利润情况下所确定的产品或服务的最高期望成本。用公式表达即：

产品目标成本 = 产品竞争性市场价格 – 产品的必要利润

目标成本设定是实施目标成本法的第一个阶段，设定目标成本主要包括以下三个方面。

（一）市场调查

市场调查的核心是真实了解顾客对产品特性、功能、质量、销售价格等各方面需求。其中，借助市场调查展开"产品特性"分析是关键。产品特性分析要求企业重点关注顾客对产品性能、质量等各方面的多元化需求偏好，明确不同顾客群体对产品性能意愿及其乐意承担或支付的"产品价格"，以平衡产品"功能—价格—成本"的联动关系。在这里，满足顾客需求即增加顾客价值。有些产品存在功能缺陷，即使是以再低的价格、再低的成本销售，顾客也不会愿意花钱来"享受"它，因为它们对顾客没有价值。同样，有些产品的功能、质量可能过多、过高，超出顾客对产品功能、质量等的正常需求，即使企业花再大的成本，顾客也不会为此而"买单"。因此，产品功能分析旨在通过确认那些对顾客来说并不增值的产品或服务——非增值部分来减少产品成本。

通常，市场调查的方法有三种：（1）对经济、政治、人口、产业等宏观或总体性资料的收集与预测；（2）对现实和潜在顾客的需求问卷调查；（3）选取特定顾客群体对他们的需求偏好做深入研究。

（二）竞争性价格的确定

竞争性价格是指在买方市场结构下由顾客、竞争对手等所决定的产品价格。一些产品的功能可能并不为顾客所接受（低于或高于顾客的预期），对顾客是没有价值的，在这些功能上所付出的成本并不为顾客所承认。同样，一些在功能上能满足顾客需要的产品，其价格很高也不可能为顾客所接受。另外，顾客是否愿意为一项产生支付成本还要考虑该产品竞争对手的情况，竞争对手产品的功能、质量和价格等因素都会影响顾客对该产品的接受程度。一般而言，竞争性价格的确定需要综合考虑以下三个因素：

1. 可接受价格。它是指顾客愿意为他们所要求的功能与特性支付的价格，企业应根据顾客的价格承受能力来设计产品的功能、特性和审美外观，并以此调整产品的价格。

2. 竞争对手分析。它是指分析竞争对手所提供的产品功能、特性、审美外观和价格，以及由此发生的成本和顾客满意度的评价。

3. 目标市场份额。即估计怎样的价格可以实现企业特定战略之下的目标市场份额。

确定竞争性价格的具体方法主要有两种：

（1）市价比较法，即以已上市产品的市场价格为基础，加减新产品增加或减少的功能或特性（特性包括质量、外观等）的市场价值。

（2）目标份额法，即预测在既定预期市场占有率目标下的市场售价。

（三）必要利润的确定

在目标成本确定模型中，除竞争性市场价格外，另一重要参数即产品的"必要利润"。

必要利润是指企业在特定竞争战略下所要求的目标利润。这一变量既是客观的（它应反映投资者的必要报酬率），同时也是主观的（它因不同投资者、管理者的风险感受不同而不同）。其中，投资者的必要报酬率是指投资者投入资本所要求的收益率，从资本市场角度则体现为企业加权平均资本成本（WACC）。

从成本管理角度，企业在确定产品必要利润并借此确定新产品目标成本时，除考虑投资者必要报酬率之外，还应当考虑以下两种不同行为动机对目标成本测定的影响：（1）采用相对激进的方法确定成本目标（如提高必要利润水平），人为"调低"目标成本，增强目标成本对产品设计过程的"硬预算"约束力，并辅以成本目标实现的"激励"属性，以最终实现目标利润；（2）采用相对宽松的方法确定目标成本（如调低必要利润水平），从而为产品设计提供相对较多的备选项，以提高产品设计的灵活性。归根到底，任何管理都是人的行为，不同动机、取向有不同的行为结果。因此，企业管理者在确定目标成本时，应当考虑不同动机所带来的不同"经济后果"。根据产品的目标价格和必要利润，即可测定产品的目标成本。此为目标成本管理的第一阶段。

[例2－4] 丰田汽车设定目标成本。

日本丰田汽车在实施目标成本管理过程中，其目标成本的设定主要包括两个步骤：

（1）以产品经理为中心，对产品计划构想加以推敲，编制新型车开发提案。内容包括：汽车式样及规格、开发计划、目标售价及预计销量等，其中，目标售价及预计销量是与业务部门充分讨论（考虑市场变动趋向、竞争车种情况、新车型所增加新机能的价值等）后确定的。开发提案经高级主管所组成的产品规划委员会核准承认后，即进入制订目标成本的阶段。

（2）制订目标成本与目标成本的分解。公司参考长期的利润率目标来决定目标利润率，再将目标销售价格减去目标利润即得目标成本。在确定目标成本之后，将成本规划目标进一步细分给负责设计的各个设计部。在设计过程中，并不是要求每个设计部一律按规定其成本降低的百分比，而是由产品经理根据以往业绩、经验及合理要求等，与各设计部进行数次协调讨论后，确定各设计部的成本降低目标。另外，各设计部为实现目标成本，还需要将成本目标进一步细分到构件、零件之中。

三、目标成本控制与产品设计

目标成本法的关键环节在于如何将已确定的目标成本真正地落到"实处"。这里的"实处"包括两层含义：（1）事前控制。将目标成本落实到产品设计中，落实到可以实现的"图纸"上，用目标成本来真正约束产品设计。"一个完成了的产品设计，某种意义上是图纸上就制造过程进行了一次'预演'。预演时赋予的各种条件就是实际生产过程中具体各项要求事项的体现。因此，设计就是在图纸上'制造'产品"。此为目标成本管理的第二阶段。（2）事中控制。将产品设计"图纸"上的目标成本真正转化为产品制造过程的成本发生，并通过产品制造过程的持续改善，最终实现目标利润。此为目标成本管理的第三阶段。下面具体介绍目标成本的实现过程。

（一）用目标成本约束产品设计

一旦设计完成，发生在产品制造环节的要素成本必然发生，也就是说，这些成本项目均已"固化"。这意味着，企业在完成产品设计并将其转入生产制作、产品销售等流程时，人们将无法从总体上改变该产品成本的基本结构：产品设计在很大程度上"固化"了产品制造环节中的材料投入与用料结构、"固化"了产品生产流程和基本工艺方法、"固化"了产品制造中的人工投入，而且也固化了产品的性能与品质等。据研究测算，产品设计环节将决定产品制造成本的80%~85%。举例来说，如果设计部门已"确定"B产品需要投入10种部件，那么，降低这10种部件的成本只能借助于与供应商的讨价还价、减少部件损耗等较难控制的成本因素，但如果设计部门通过产品优化设计，将10种部件投入降低为3~4个，则它所降低的成本将远远大于其在经营控制环节由"讨价还价"带来的成本节约。可见，从产品设计环节入手，从满足客户需求，平衡产品的价格与功能，需要将"目标成本"嵌入产品设计过程，使目标成本能够真正"约束"产品设计。

通常，在目标成本确定过程中，新产品"目标成本"与基于现时可比产品、现时设计、现时制造能力等"所能估算的成本目标"之间，存在一定差距。找到这些差距在一定程度上即为产品设计、制造等环节的成本降低，找到了空间和机会。例如，福特汽车公司在设计 Taurus 这款车型过程中，工程师们在模型制造环节中就开始了削减成本，对设计环节提出以下建议并节约相关成本：（1）改用新型的一体化空调托架（节约4美元）；（2）在防溅挡泥板中用再生塑料而不是新塑料（节约45美分）；（3）从金属丝制安全带中去掉一个塑料部件（节约10美分）；（4）重新设计车门铰链栓（节约2美元）；（5）用塑料铸模天花板代替金属铸模天花板（节约7.85美元）；（6）在系统之外不再为汽车安装防盗锁电路（节约1美元）。通过这种精细化的产品设计，以"点滴"方式降低产品成本。

［例2-5］丰田汽车是如何在设计阶段实现目标成本的？

设计是降低成本的核心。丰田汽车在产品设计阶段实现目标成本的举措主要包括两项核心内容：

（1）计算成本差距。将目标成本与公司目前的相关估计产品成本（即在现有技术等水准下，不积极从事降低成本活动下会产生的成本）相比较，从而确定成本差距。这一成本差距即为成本规划的目标，需要通过设计活动降低成本的目标值。

（2）采用跨部门团队方式，利用价值工程寻求最佳产品设计组合。以产品经理为中心主导，结合各相关部门的一些人员加入产品开发计划，组成跨职能的成本规划委员会。然后，各设计部根据产品规划书，设计出产品原型，并结合原型把成本降低的目标分解到各个产品构件上。如果成本的降低能达到目标成本要求，就可转入基本设计阶段，否则还需要运用价值工程重新加以调整，以达到目标要求。进入基本设计阶段，需要运用同样方法以挤压成本，再转入详细设计，最后进入工序设计。在工序设计阶段，成本降低额达到后，挤压暂告一段落，可转向试生产。试生产阶段是对前期成本规划与管理工作的分析和评价，它主要解决可能存在的潜在问题。一旦在试生产阶段发现产品成本超过目标成本要求，就得重新返回设计阶段，运用价值工程法进行再设计。只有在目标成本实现的前提下，产品才能进入最后的生产阶段。

（二）应用价值工程技术进行产品设计

如何在产品设计中体现目标成本的硬约束，这就需要借助工程、技术、财务、营销等各部门的通力合作，并运用一定的方法来完成。其中，价值工程就是一种普遍应用的管理技术和方法。在目标成本管理中，价值工程主要用于产品的设计分析，它旨在权衡"产品特性"与"产品成本"两者间的关系，通过产品设计以提升产品对顾客的价值。在这里，产品对顾客的"价值"也有两层基本含义：一是使用价值，它是指产品性能，即产品或服务的能力；二是形象价值，它是指产品所有者和使用者所传达的形象价值。价值工程分析的目的在于最大化产品使用价值、形象价值的同时，减少产品的成本。例如，针对香水这种产品，包装设计就显得非常重要，这是因为，企业采用塑料或普通瓶子包装并不影响产品的使用价值，但却损害着产品的自我实现价值，因此，如果企业试图在包装上过于经济，就难以被顾客接受。

利用价值分析进行产品设计，主要包括两个方面。

1. 以顾客需求为导向利用价值分析指导产品设计。

它要求企业在产品设计过程中，高度关注来自顾客对产品性能、质量、成本等的期望。产品设计一般可以区分为构想设计、基本设计、详细设计与工序设计等不同阶段。不论处于何一阶段，都应以目标成本为依据。以波音公司为例。波音公司在引入目标成本管理之前，公司设计师、工程师无论在哪一设计阶段，只关注产品设计"工程领先、奇特新颖"，而不考虑或较少考虑成本因素；在引入目标成本法之后，设计师在设计理念上产生了重大变化，他们认为，新机型的性能取决于市场规模（可售架数）、座位数、顾客对新技术需求选择等。例如，公司在其目标成本管理中发现，某一顾客要求为其机型增加地板地热系统，在实施目标成本法前，波音公司的设计师们总是"不计成本"地满足顾客的此类需求；而当引入目标成本法后，公司将追加的性能系统作为独立"产品"进行定价，而当顾客得知额外性能的成本超出100万美元时，顾客则对这一额外功能的追加进行自我评估，并最终放弃了这一产品功能。

2. 产品的设计分析。

产品的设计分析是建立在产品特性定位基础上的。它通过对各种不同的备选设计方案进行比较，并对各种方案下的产品功能、成本水平等进行测试，以选择出最符合顾客偏好、同时未超出目标成本的设计方案。在目标成本管理实践中，企业在产品设计环节常常需要对下述问题进行决策（但不仅限于）：

(1) 在确定了产品特性前提下，企业是否存在"过度设计"？
(2) 新产品所需部件的数量？
(3) 新产品拟采用的部件是否能标准化？
(4) 在哪里生产这些产品？
(5) 所涉及的产品部件，有多少属于自制，多少属于外包？其成本、质量如何？
(6) 如何保证新产品的最终质量？
(7) 在新产品制造过程中，哪些部件或产品可以采用批次模式生产？

所有上述决策，都促使企业应立足于产品性能与产品成本之间的平衡关系（如避免过度设计、产品功能或质量超过顾客期望等），立足于通过设计来降低制造成本，强调"部件的标准化""产品批次化生产模式"等。因此，在产品设计环节正确作出决策，将直接降低产品的后续成本。

[例 2-6] 产品过度设计的表现及后果。

多数情况下，由工程师主导的产品设计会强调产品的技术先进性，而可能会忽视产品的经济性。过度设计的产品不仅得不到顾客响应，而且会加大生产成本。现实中，过度设计主要表现在以下方面：（1）没有明确的用户要求，企业确定的产品基本性能和主要参数高于实际需要；（2）产品结构过于复杂或结构工艺性能差，从而造成加工成本大量上升；（3）采用过大的安全系数，设计的零部件的重量、体积过大，或者是使用了功能或精度过高的材料和外协件，从而增加材料成本；（4）把零部件的加工精度、配合公差或技术性能要求的指标定得过高，增加制造和检查的工作量并增加产品废品率；（5）产品设计中没有做好产品系列化、通用化与标准化审查工作，特殊规格的零部件过多，大大增加了产品试制和生产准备费用，且不利于提高生产效率和产品质量。

四、供应链管理与生命周期成本管理理念

实施目标成本法的第三个阶段即在生产过程中的目标成本过程控制与持续改善。在战略成本管理中，持续改善是一个重要概念。由于产品设计和生产规划已经确定，因此，成本的持续改善策略主要针对在产品制造环节可能存在的成本降低空间。当然，在目标成本管理中，"产品设计"与"产品制造"并不是两个完全独立的环节，它们之间是一个连续互动的动态过程。在产品价格、产品质量、产品性能等面临全面竞争的情况下，企业需要重新确定产品的目标成本、需要重新设计产品，与此同时，企业需要在新的产品设计、生产线规划之下，持续改善制造环节的成本，以增强企业竞争优势。

目标成本管理在具体实施中不应该是"一次性"的，而应被视为一个连续的循环过程。企业总是循着目标成本的"确定→分解→实现→（再确定）→再分解……"这样一个循环过程，以达到成本的持续改善目标。之所以它是一个循环过程，原因就在于：（1）产品的销售价格是竞争性的，而且可能是不断下降的。因此，需要根据竞争性市场价格的波动而不断调整目标利润、目标成本。（2）企业因学习曲线效应等，在不断深化目标成本管

理及大力推广制造过程中持续改善策略，从而有可能改变原来设定的"目标成本"。例如，因持续改善而使原来的目标成本不再适用或目标要求过低，从而使目标成本管理失去应有的管理"激励"。(3)物料等投入品的成本也会随着市场变化而变化，因此需要及时调整产品的目标成本，以适时反映产品"真实"的目标成本。由此，企业在应用目标成本法时，并不是一时、一地的，它是一个交互循环的"持续改善"过程。

另外，成本管理的持续改善需要通过引入新的制造技术或方式、管理控制程序与方法等，以降低既定设计、产品功能定位下的产品制造环节成本。在这里，供应链管理、生命周期成本管理、跨职能团队组织运作是促进目标成本控制、促进成本持续改善的重要保障。

(一) 供应链管理

根据企业间价值链原理，任何一家企业在市场竞争中都依赖于其他企业，并进而形成产业簇群。在目标成本法中，价值链上所有成员（包括供应商、分销商、服务提供商、顾客等）都应被纳入目标成本管理之中。其中，作为价值链上游的供应链，是企业成本管理的重中之重。以戴姆勒—克莱斯勒公司为例，其产品价值的大约75%来自外购原材料及部件，在这种情形下，目标成本如果不介入供应商的参与将无法实现。供应链在某种程度上被当作企业的外部延伸，企业与企业之间通过互享设计信息、成本信息等，建立跨企业团队以实现成本削减目标。

如何强化供应链管理？合格供应商的评定、建档管理及信息更新非常重要，但更重要的是加强企业与供应商之间的联动，并为供应商降低供货成本提供足够激励。例如，为鼓励供应商提高其流程效率，戴姆勒—克莱斯勒公司每年对供应商业绩进行打分排名，其打分系统被称为"SCORE"（即Supplier Cost Reduction Effort，供应商成本削减系统），公司要求各家供应商达到相当于5%的年度成本削减目标（基于各供应商对戴姆勒—克莱斯勒公司的年度销售收入总额）。而且，这一成本削减目标将任何可导致戴姆勒—克莱斯勒公司成本削减的各种好的建议也包括在内。例如，某供应商建议公司的汽车前风挡系统由多个部件变为单一组件，尽管该建议并未减少该供应商对公司的供应成本，却有助于提高公司的产品质量，并减少了公司生产线成本，由此在戴姆勒—克莱斯勒公司打分系统中，这一建议所带来的成本节约额，也被纳入计算该供应商的成本削减目标之中，从而对供应商的良好建议提供同样的激励。

如何激励供应商？一种普遍做法是企业要让供应商分享因跨组织合作产生成本削减所带来的各种好处（包括信息共享、财务激励等）。

(二) 生命周期成本管理理念

企业向市场提供的产品或服务都能被视为企业内部的有序作业或流程，这一流程大体可描述为："研究与开发→产品设计→产品的生产制造→产品销售→产品售后服务。"人们通常将这一有序流程称为产品的成本生命周期。

与生命周期相对应的成本即为生命周期成本，它是指新产品或服务在成本生命周期中所花费的资源总和，包括产品研发、产品设计、产品制造、产品销售、售后服务等各环节所发生的成本费用。其中，产品研发、设计成本等环节所发生的成本属于"上游成本"，产品制造环节所发生的成本即为"中游成本"，而产品营销、售后服务等环节所发生的成本称为"下游成本"。

在成本控制中，如果不考虑上游、下游成本，而只涉及中游成本，将有可能得出错误的决策结果。在生命周期成本看来，只有当新产品销售所带来的"产品营业收入"，大于新产品所付出的"生命周期成本"，新产品销售或服务提供在财务上才是值当、可行的。

（三）目标成本管理中的跨职能团队

目标成本管理的有效实施必须以高效的组织结构作为支撑。在这里，公司的组织结构可能是矩阵式的，也可能是纵向功能式的，但组建横向的跨职能团队则是目标成本管理所必需的。这些跨职能团队包括：设计中的跨职能团队、制造过程中的跨职能团队、一体化的跨职能团队等。在目标成本管理中，跨职能团队要自始至终地对产品设计、制造的全过程负责。仍以戴姆勒—克莱斯勒公司为例。该公司在实施目标成本管理时，设立了五个一体化的跨职能团队，范围涉及大型汽车、小汽车、微型汽车、货车和吉普车等产品系列，且每个团队的人员均来自设计、制造、采购、生产、财务等各部门；每个团队的成员少至5人，多至30人，会面次数少则1天，多则5天，他们利用头脑风暴法等来解决产品设计、制造过程中的问题。在目标成本管理过程中，公司为每个平台团队确定了成本目标、业绩目标，且将这些目标的实现作为团队成员年度业绩评价的重要依据。

五、目标成本法的应用实例

[例2-7] C公司的有关资料如下：

（一）C公司概述

C公司成立于1984年，是一家国家级高新技术企业，拥有两个工厂，主要从事高端印制电路板（PCB）研发和生产，产品涵盖背板、系统板、微波射频板等，涉及通信、航空航天、医疗、汽车电子和工控等领域，市场覆盖北美、欧洲、东南亚、中国等国家和地区。

全球金融危机严重冲击了全球PCB市场，行业需求大幅萎缩，产品价格大幅下降，市场竞争日趋加剧。2009年，全球PCB行业产值比2008年下降约15%。然而，在如此困难的市场环境中，2009年C公司产品的销售毛利率仍然高达20%（较上年同期下降2%），营业收入也实现逆势增长（增长率为24%）。之所以取得良好的业绩，除了真正落实"以客户为导向"的营销管理策略外，更关键之处在于公司利用目标成本法加大成本控制力度，积极开展各项降低成本费用活动，并进一步强化供应链管理和质量管理。

（二）C公司目标成本法的具体做法

1. 从产品价值链角度提出目标成本管理的基本思想。

C公司将产品生产归结为"下游客户需求分析→产品研发设计→产品生产制造→上游材料采购"这样一个逆向、有序的价值链流程。具体包括：

（1）以"客户需求分析"为起点确定新产品的目标成本。在成本管理中，重点分析客户对产品性能、价值等方面的需求，并结合企业自身的预期利润目标，确定新产品的"目标成本"。

(2) 高度关注产品研发设计过程。在设计过程中,将供应商、销售商等相关利益集团纳入新产品设计过程之中,组建跨组织团队参与新产品的设计,以使设计的产品在特性上满足顾客的需求,同时找到新产品所降低的成本空间及各部件的预期成本目标。

(3) 在"产品制造"环节,高度关注制造过程的流程成本、质量成本等项目控制,实施全方位的成本"持续改善"策略。

(4) 进行供应链管理,降低材料采购成本。

2. 进行全价值链的目标成本管理,落实成本目标。

根据"产品研发与设计→产品生产制造→物料采购"这一有序链条,在确定"目标成本"的基础上,C 公司将重点放在产品制造环节的"流程成本""质量成本",降低物料采购环节的"物料成本"等,以使产品实际成本低于目标成本。

(1) 确定目标成本,明确具体的成本控制目标。

C 公司生产的 Z 型号 PCB 产品,2009 年的销售价格约为 45 万元/单位(此为竞争性市场销售价格)。公司根据当时的生产技术、工艺水平及材料价格等,估算出该产品的预计成本(参照可比产品的现时成本来估算)为 35 万元/单位,该产品利润低于公司目标利润要求(假定公司要求的成本毛利率为 50%。Z 型号 PCB 产品的目标成本测算及成本差异情况如表 2-9 所示。

表 2-9　　　　　　　　　　C 公司目标成本测算及成本差异　　　　　　　　　单位:万元

A. 成本估算	可比产品的现时成本	35
B. 目标成本测定	新产品销售价格	45
	减:要求的目标利润	$x \times 50\%$ (15)
	新产品的目标成本	$x = 30$
C. 目标成本控制的"具体目标"	成本控制的目标差异	35 - 30 = 5

(2) 梳理产品成本发生的流程,找出成本降低空间。

C 公司在明确 Z 型号 PCB 产品的目标成本及成本控制的"具体目标"之后,采用其特有分析工具以梳理成本生命周期环节可能存在的成本降低空间。表 2-10 表明,C 公司将该产品的成本控制方向具体框定在产品研究设计、生产制造、物料采购等环节的 12 个方面。

表 2-10　　　　　　　　　　C 公司目标成本细分表　　　　　　　　　　单位:万元

现时成本(35 万元)	目标成本(30 万元)	成本控制的"具体目标"=5 万元
成本控制阶段	目标成本管理举措	预期成本降低效果(万元)
1. 产品设计和优化阶段		
(1) 工程优化	通过产品结构设计优化,用一张厚的原材料代替原来两张薄的原材料,厚度相同,在不影响产品性能前提下节约原材料成本	0.5

续表

现时成本（35万元）	目标成本（30万元）	成本控制的"具体目标"=5万元
（2）工艺优化	缩短工艺流程，提升工艺加工能力，运用普通的设备替代个性设备，消除加工瓶颈，减少加工流程，节约加工时间40小时	0.8
2. 产品生产控制阶段		
（3）物料管理	控制物料消耗或浪费，建立物料消耗标杆，降低物料成本	0.1
（4）节能降耗	错峰用水用电，降低单位电耗成本	0.05
（5）操作效率	员工操作流程标准化、改善员工轮班制，提高员工效率	0.1
（6）精益流程	钻孔精益流程梳理，利用价值分析识别不增值作业，改"串行"为"并行"，提高团队协作并提升钻机有效利用	1.1
（7）变革质量标准	根据顾客质量个性需求，不提供超出客户质量标准之外的产品或服务	0.4
（8）提高执行力	全面参与，开展产品生产"零差错"行动，降低质量检测成本、售后服务成本等	0.2
（9）降低物料质量风险	提升外购物料的质量检测能力，降低质量成本	—
3. 物料采购阶段		
（10）供应链管理降低采购成本	对材料进行分类管理，并利用电子招标平台进行采购，与供应商一道共同降低物料成本	1.2
（11）物料替代	在不影响产品性能前提下采用替代性材料，降低成本	0.5
（12）降低库存	优化物料计划模式，与供应商互动，缩短材料供货周期	0.2
4. 其他方面		0.1
5. 成本降低额合计		5.25

（3）全面落实目标成本管理举措，最终降低成本。

C公司在所有产品生产中都引入目标成本管理，落实各项成本管理举措。2009年因各项成本管理举措而节约的成本高达4 000多万元。

（三）C公司目标成本管理基本经验

通过C公司案例的简要分析，可以归纳出以下基本经验：

1. 根据企业现实，确定产品设计的重点。对于大多数企业而言，企业所生产的产品大多数并非属于"全新开发"的新产品，因此，根据顾客个性化需求，尤其是产品特性需求分析等进行的产品"开发"，大多属于产品设计中"优化"、优化中的再"设计"，它将产品设计、工程优化等融为一体。在C公司案例中，其提供的大多数产品并非完全属于新产品，也不属于传统市场结构中的"标准化"产品，在这种情形下，产品设计、工程优化、工艺流程优化等，均集中于"产品设计"环节之中。

2. 跨职能团队的建立与运作。可以说，没有跨组织、跨职能团队的建立与高效运行，就没有目标成本法。作为企业设立的横向组织形式，跨职能团队的成员大多来自设计、制造、采购供应、财务等各职能部门，团队成员相互依存、相互交流并分享知识，提升了组织应对市场的能力。

3. 任何一种管理模式的引入都要强化其管理激励业目标。只有这样才能真正实现企业目标。目标成本法有效实施离不开目标成本责任的落实，以及为此而进行的"团队和个人激励"。

4. 价值链管理与跨组织协作。无论是产品特性分析还是供应商选择决策，企业都将涉及与上游企业间的协作关系问题。只有让上、下游企业参与目标成本的设定、分享成本信息、改善成本管理过程，以"合作双赢"替代"不平等竞争"等，才能使目标成本管理的有效性得以持续。

实践与巩固

案例资料

课后习题

一、单项选择题

1. 作业成本法的成本计算是以（　　）为中心。
A. 产品　　　　　B. 作业　　　　　C. 费用　　　　　D. 资源

2. 下列属于增值作业的是（　　）。

A. 原材料储存作业 　　　　　　　　B. 原材料等待作业
C. 包装作业 　　　　　　　　　　　D. 质量检查作业

3. （　　）是作业成本的核心内容。
   A. 作业　　　B. 产品　　　C. 资源　　　D. 成本动因

4. 使用作业成本法计算技术含量较高、生产量较小的产品，其单位成本与使用传统成本法计算相比，要（　　）。
   A. 高　　　B. 低　　　C. 两者一样

5. 传统成本计算法的计算对象为（　　）。
   A. 资源　　　B. 作业中心　　　C. 费用　　　D. 最终产品

6. 按照管理会计的解释，成本的相关性是指（　　）。
   A. 与决策方案有关的成本特性　　　B. 与控制标准有关的成本特性
   C. 与资产价值有关的成本特性　　　D. 与归集对象有关的成本特性

7. 阶梯式混合成本又可称为（　　）。
   A. 半固定成本　　　　　　　　　　B. 半变动成本
   C. 延期变动成本　　　　　　　　　D. 曲线式成本

8. 将全部成本分为固定成本、变动成本和混合成本所采用的分类标志是（　　）。
   A. 成本的目标　　　　　　　　　　B. 成本的可辨认性
   C. 成本的经济用途　　　　　　　　D. 成本的性态

9. 在历史资料分析法的具体应用方法中，计算结果最为精确的方法是（　　）。
   A. 高低点法　　　　　　　　　　　B. 散布图法
   C. 回归直线法　　　　　　　　　　D. 直接分析法

10. 当相关系数 r 等于 +1 时，表明成本与业务量之间的关系是（　　）。
    A. 基本正相关　　B. 完全正相关　　C. 完全无关　　D. 基本无关

11. 在不改变企业生产经营能力的前提下，采取降低固定成本总额的措施通常是指降低（　　）。
    A. 约束性固定成本　　　　　　　　B. 酌量性固定成本
    C. 半固定成本　　　　　　　　　　D. 单位固定成本

12. 单耗相对稳定的外购零部件成本属于（　　）。
    A. 约束性固定成本　　　　　　　　B. 酌量性固定成本
    C. 技术性变动成本　　　　　　　　D. 约束性变动成本

13. 下列项目中，只能在发生当期予以补偿，不可能递延到下期的成本是（　　）。
    A. 直接成本　　B. 间接成本　　C. 产品成本　　D. 期间成本

14. 为排除业务量因素的影响，在管理会计中，反映变动成本水平的指标一般是指（　　）。
    A. 变动成本总额　　　　　　　　　B. 单位变动成本
    C. 变动成本的总额与单位额　　　　D. 变动成本率

15. 在管理会计中，狭义相关范围是指（　　）。
    A. 成本的变动范围　　　　　　　　B. 业务量的变动范围
    C. 时间的变动范围　　　　　　　　D. 市场容量的变动范围

16. 在应用历史资料分析法进行成本形态分析时，必须首先确定 a，然后才能计算出 b 的方法是（   ）。

   A. 直接分析法　　　　B. 高低点法　　　　C. 散布图法　　　　D. 回归直线法

17. 某企业在进行成本形态分析时，需要对混合成本进行分解。据此可以断定：该企业应用的是（   ）。

   A. 高低点法　　　　B. 回归直线法　　　　C. 多步分析程序　　　　D. 同步分析程序

18. 在应用高低点法进行成本性态分析时，选择高点坐标的依据是（   ）。

   A. 最高的业务量　　　　　　　　　　　　B. 最高的成本
   C. 最高的业务量和最高的成本　　　　　　D. 最高的业务量或最高的成本

二、多项选择题

1. 作业按受益范围通常分为（   ）。

   A. 单位作业　　　　B. 批制作业　　　　C. 产品作业　　　　D. 过程作业

2. 成本动因选择主要考虑的因素有（   ）。

   A. 成本计量　　　　　　　　　　　　　　B. 成本动因与所耗资源成本的相关程度
   C. 成本库　　　　　　　　　　　　　　　D. 成本中心

3. 下列说法正确的是（   ）。

   A. 作业量决定资源的耗用量
   B. 最终产品产出量决定着作业量
   C. 资源耗用量与最终产品产出量由直接关系
   D. 成本库的作业就是成本动因

4. 与作业成本法相比，关于传统成本计算方法下列说法错误的是（   ）。

   A. 传统成本法低估了产量大而技术复杂程度低的产品成本
   B. 传统成本法高估了产量大而技术复杂程度低的产品成本
   C. 传统成本法低估了产量小而技术复杂程度高的产品成本
   D. 传统成本法高估了产量小而技术复杂程度高的产品成本

5. 关于作业成本法有点说法正确的是（   ）。

   A. 作业成本法有利于提高成本信息质量，完全克服传统成本分配主观因素影响
   B. 作业成本法有利于分析成本升降的原因
   C. 作业成本法有利于完善成本责任管理
   D. 有利于成本的预测和决策

6. 成本按其核算的目标分类为（   ）。

   A. 质量成本　　　　B. 未来成本　　　　C. 责任成本　　　　D. 业务成本
   E. 历史成本

7. 固定成本具有的特征是（   ）。

   A. 固定成本总额的不变性　　　　　　　　B. 单位固定成本的反比例变动性
   C. 固定成本总额的正比例变动性　　　　　D. 单位固定成本的不变性
   E. 固定成本总额变动性

8. 变动成本具有的特征是（   ）。

   A. 变动成本总额的不变性　　　　　　　　B. 单位变动成本的反比例变动性

C. 变动成本总额的不变性　　　　　　D. 变动成本总额的正比例变动性
E. 单位变动成本的不变性

9. 下列成本项目中，（　　）是酌量性固定成本。
A. 新产品开发费　　B. 房屋租金　　C. 管理人员工资　　D. 广告费
E. 职工培训费

10. 成本性态分析最终将全部成本区分为（　　）。
A. 固定成本　　B. 变动成本　　C. 混合成本　　D. 半变动成本
E. 半固定成本

11. 成本性态分析的方法有（　　）。
A. 直接分析法　　　　　　　　　　B. 历史资料分析法
C. 高低点法　　　　　　　　　　　D. 散步图法
E. 技术测定法

12. 在我国，下列成本项目中属于固定成本的有（　　）。
A. 按平均年限法计提的折旧费　　　B. 保险费
C. 广告费　　　　　　　　　　　　D. 生产工人工资
E. 材料费

13. 以下属于半变动成本的有（　　）。
A. 电话费　　B. 煤气费　　C. 水电费　　D. 折旧费
E. 工资

14. 历史资料分析法具体包括（　　）。
A. 高低点法　　B. 散布图法　　C. 回归直线法　　D. 阶梯法
E. 定量法

15. 下列各项中，属于未来成本的有（　　）。
A. 变动成本　　B. 固定成本　　C. 标准成本　　D. 责任成本
E. 预算成本

16. 由于相关范围的存在，使得成本性态具有以下特点，即（　　）。
A. 相对性　　B. 暂时性　　C. 可转化性　　D. 不变性
E. 正比例变动性

17. 在应用回归直线法时，只有当相关系数符合以下条件之一时才能继续计算回归系数，即（　　）。
A. r = −1　　B. r = 0　　C. r = +1　　D. r→ +1
E. r 为任意值

18. 下列各项中，应纳入变动成本的有（　　）。
A. 直接材料　　　　　　　　　　　B. 职工的工资
C. 单独核算的包装物成本　　　　　D. 按产量法计提的折旧
E. 临时发生的职工培训费

三、判断题

1. 传统成本计算所采用的是单一数量分配基准，作业成本计算采用多种成本动因作为分配基准。　　　　　　　　　　　　　　　　　　　　　　　　　　　　（　　）

2. 作业链通常就是价值链。( )

3. 资源动因是指资源被各种作业消耗的方式和原因,是作业中心的成本分配到产品中的标准。( )

4. 产品质量检查属于增值作业。( )

5. 作业成本计算法是资源—作业—产品,传统成本计算法是资源—成本—产品。( )

6. 在作业成本法下,产品成本是指完全成本,包括与生产产品相关的、合理的、有效的费用,并按照作业类别设置成本项目。( )

7. 作业成本法能完全消除主观分配因素。( )

四、简答题

1. 产品制造成本与期间费用有何差异?正确区分产品制造成本和期间费用有何意义?
2. 什么是机会成本?什么是假计成本?在分析决策中为什么要考虑这一组成本概念?
3. 简述作业成本法的基本原理。
4. 简述作业成本法的基本思路。
5. 目标成本法应用的基础条件有哪些?
6. 简述目标成本管理的实施原则。

五、计算题

1. 资料:某企业生产甲、乙两种产品,其中甲产品900件,乙产品300件,其作业情况数据如下表所示:

单位:元

作业中心	资源耗用(元)	动因	动因量(甲产品)	动因量(乙产品)	合计(件)
材料处理	18 000	移动次数	400	200	600
材料采购	25 000	订单件数	350	150	500
使用机器	35 000	机器小时	1 200	800	2 000
设备维修	22 000	维修小时	700	400	1 100
质量控制	20 000	质检次数	250	150	400
产品运输	16 000	运输次数	50	30	80
合计	136 000				

要求:按作业成本法计算甲、乙两种产品的成本,并填制下表。

单位:元

作业中心	成本库(元)	动因量(件)	动因率	甲产品(件)	乙产品(件)
材料处理	18 000	600			
材料采购	25 000	500			

续表

作业中心	成本库（元）	动因量（件）	动因率	甲产品（件）	乙产品（件）
使用机器	35 000	2 000			
设备维修	22 000	1 100			
质量控制	20 000	400			
产品运输	16 000	80			
合计总成本	136 000				
单位成本					

2. A公司是一家专业生产移动硬盘的高科技企业，由于现在市场上大容量U盘热销，公司现在准备推出一种容量为50G的U盘。公司确定采用目标成本法，为此，需要确定竞争性价格，从而确定生产U盘的目标成本。

已知：生产新型大容量的U盘可以利用现有的生产设备，现有的生产设备生产能力利用率为60%，生产新型大容量的U盘后，生产设备生产能力利用率可以提高到85%，现有生产设备的年固定成本为1 000万元。

经调查，确定竞争性价格确定为100元。

已知A公司权益乘数为2，股权资本成本为15%，负债平均利率为7%，公司所得税率25%。A公司对于大容量U盘项目在加权平均资本成本的基础上要求的额外利润率为15%。

要求：

（1）为确定目标成本，需要确定竞争性价格。简述确定竞争性价格应该考试的因素和具体方法。

（2）从成本管理角度，确定必要利润需要考虑哪些因素？

（3）不考虑其他因素，确定新型大容量的U盘的目标成本。

第三章　成本性态分析

☞ **学习目标**

1. 掌握成本性态分类和混合成本的分解。
2. 理解成本性态及其在决策特别是短期决策中的重要作用。
3. 了解变动成本法与完全成本法的具体应用。

第一节　成本的分类

传统意义上的成本或者财务会计中的成本，专指按某种产品或商品所归集的与其有某种关联的费用，其本质属性是"对象性"或"归属性"，其归集的方法和过程以制造企业最为典型。

管理会计的出现使成本概念多样化，人们在各种场合，以许多不同的方式使用成本这个概念。管理会计被西方某些会计学家称为"用于企业决策的会计"或直接称为"决策会计"。不同的决策有不同的信息需求，而任何与会计相关的决策都离不开相应的成本信息，也就是说，企业管理者决策的多样化直接导致成本信息的多样化，即所谓的"不同目标，不同成本"。这样，一些新的成本概念就出现了，人们按照决策的不同需要也有了对成本的一些非传统的分类。

一、成本按经济用途分类

成本按经济用途可以分为制造成本和非制造成本两大类，这是财务会计中有关成本分类的最主要的方法，也是一种传统的分类方法。其分类结果主要用来确定存货成本和期间损益，满足对外财务报告的需要。

（一）制造成本

制造成本也称为生产成本或生产经营成本，是指为制造（生产）产品或提供劳务而发生的支出。就制造企业而言，制造成本可根据其具体经济用途分为直接人工、直接材料和制造费用三类。

直接人工。指在制造过程中直接对制造对象施加影响以改变其性质或形态所耗费的人工成本。核算上即生产工人的工资。

直接材料。指在制造过程中直接用以构成产品主要实体的各种材料成本。这里所说的材料，是指构成其产品的各种物资，当然也包括外购半成品，而不仅仅指各种天然的、初级的原材料。例如，汽车制造厂所用的汽车轮胎购自橡胶厂，对橡胶厂而言，轮胎当然是产成品；而对汽车厂来说，轮胎只不过是汽车这一产品的原材料之一。

直接人工与直接材料的共同特征是，都可以将其成本准确直接地归属于某一种产品，最能体现成本"对象性"这一传统的本质属性。

制造费用。指为制造产品或提供劳务而发生的各项间接费用。从核算的角度讲，制造费用包括直接人工、直接材料以外的为制造产品或提供劳务而发生的全部支出，这部分支出一般情况下需要分配计入不同产品。制造费用内容比较繁杂，通常将其细分为：

（1）间接人工。指为生产提供劳务而不直接进行产品制造的人工成本，如设备养护、维修人员的工资。

（2）间接材料。指在产品制造过程中被耗用，但不容易归入某一特定产品的材料成本，或者是不必要单独选择分配标准以确定其归属某一特定产品份额的材料成本，如各种工具、物料的消耗成本。

（3）其他制造费用。指不属于直接人工和直接材料的其他各种间接费用，如固定资产的折旧费、维修费、保险费；车间用动力费、照明费等。

应该指出的是，生产方式的改变和改进对上述直接人工、直接材料和制造费用的划分或三者的构成有直接的影响。例如，生产自动化水平的提高会导致制造费用在生产成本总量中所占的比重增大；生产专业化分工的加深会导致制造费用在形象上更加"直接"。

当制造费用按一定的标准在各受益对象即产品中分配完毕后，制造成本也就演化成为所谓的"产品成本"，即以产品品种来识别的成本。

（二）非制造成本

非制造成本也称为期间成本或期间费用，通常可分为销售成本、管理成本和财务成本。销售成本指为销售产品而发生的各项成本，如专职销售人员的工资、津贴和差旅费，专门销售机构固定资产的折旧费、保险费、广告费、运输费等；管理成本指制造成本和销售成本以外的所有办公和管理费用，如董事经费、行政管理人员的工资、差旅费、办公费，行政管理部门固定资产的折旧费及相应的保险费和财产税等；财务成本则是企业理财过程中发生的各种成本，如借款的利息支出。

销售成本与管理成本的共同点是其成本支出可以使企业整体受益，但难以描述这项支出与特定产品之间的关系。销售成本中某些支出如运输费、差旅费可能与某种产品有直接关系，但由于这种关系涉及客户和供应商两方，本次支出对未来收益的影响需要进行评估，这种关系仍难以描述，这些支出也就难以直接归属到某一特定产品或服务了。因此，销售成本和管理成本在财务上被处理为期间成本，直接计入了当期损益，国际惯例如此，我国《企业会计准则》也对此作出了明确规定。

二、成本按性态分类

成本性态也称成本习性，是指成本总额对业务总量（产量或销售量）的依存关系。成本总额对业务总量的依存关系是客观存在的，而且具有规律性。对成本按性态进行划分可以说是管理会计这一学科的重要基石，管理会计作为决策会计的角色，其许多决策方法尤其是短期决策方法都需要借助成本性态这一概念。

成本按性态可以分为固定成本、变动成本和混合成本三类。

（一）固定成本

1. 什么是固定成本？固定成本是指其总额在一定期间和一定业务量范围内，不受业务量变动的影响而保持固定不变的成本。行政管理人员的工资、办公费、财产保险费、不动产税、按直线法计提的固定资产折旧费、职工教育培训费等，均属于固定成本。固定成本总额不受业务总量变动的影响，但单位业务量所负担的固定成本却直接受业务总量变动的影响。

[例 3-1] 某企业生产一种产品，其专用生产设备的月折旧额为 10 000 元。该设备最大加工能力为 4 000 件/月，当该设备分别生产 1 000 件、2 000 件、3 000 件和 4 000 件时，单位产品所负担的固定成本如表 3-1 所示。

表 3-1　　　　　　　　某企业单位产品固定成本　　　　　　　单位：元

产量（件）	总成本	单位产品负担的固定成本
1 000	10 000	10.1
2 000	10 000	5
3 000	10 000	3.33
4 000	10 000	2.50

从例 3-1 中可以看出，单位产品所负担的固定成本与产量呈反比关系，即产量的增加会导致单位产品负担的固定成本下降，反之则相反。我们若以 F 表示固定成本，m 表示业务量，a 表示单位业务量所负担的固定成本，则上述关系（即固定成本的性态）可以通过 $a = F/m$ 这样一个简单的数学模型来表达。

将例 3-1 的有关数据在坐标图中表示，固定成本的性态模型如图 3-1 所示。

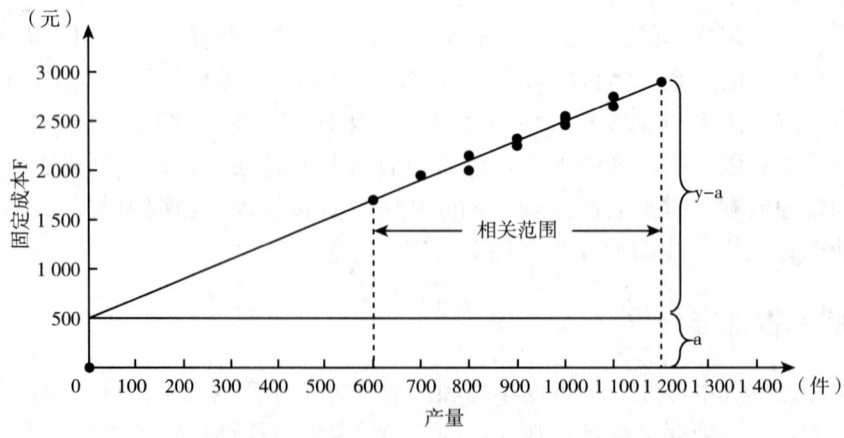

图 3-1　固定成本的性态模型

2. 固定成本的分类。符合固定成本概念的支出在"固定性"的强弱上是有差别的，所以固定成本又细分为酌量性固定成本和约束性固定成本。

酌量性固定成本也称为选择性固定成本或者任意性固定成本，是指管理者的决策可以改变其支出数额的固定成本，如广告费、职工教育培训费、技术开发费等。这些成本的基本特征是，其数额的大小直接取决于企业管理者根据企业的经营状况所作出的决策。当然，这并不意味着酌量性固定成本可有可无。因为从性质上讲，酌量性固定成本仍是企业的一种"存在成本"，其支出的大小直接关系到企业未来竞争能力的大小，企业管理者应权衡预期未来竞争能力的大小和为取得这种未来竞争能力所付出的现时成本，对酌量性固定成本作出合理决策。

企业管理者通常应在每一会计年度开始前，制定酌量性固定成本年度开支预算，决定每一项开支的多寡以及新增或取消某项开支。因此，管理者的判断力显得非常重要。

约束性固定成本与酌量性固定成本相反，是指管理者的决策无法改变其支出数额的固定成本，因而也称为承诺性固定成本。例如，厂房及机器设备按直线法计提的折旧费、房屋及设备租金、不动产税、财产保险费、照明费、行政管理人员的薪金等，均属于约束性固定成本。约束性固定成本是企业维持正常生产经营能力所必须负担的最低固定成本，其支出数额的大小只取决于企业生产经营的规模与质量，因而具有很大的约束性，企业管理者的决策不能改变其数额。正是由于约束性固定成本与企业的经营能力相关，因而又称为"经营能力成本"；又由于企业的经营能力一旦形成，短期内难以改变，即使经营暂时中断，该项固定成本仍将维持不变，因而也称为"能量成本"。

约束性固定成本的性质决定了该项成本的预算期通常比较长，如果说酌量性固定成本预算着眼于总量上进行控制，那么约束性固定成本预算则只能着眼于经济合理地利用企业的生产经营能力。

酌量性固定成本及约束性固定成本与企业的业务量水平均无直接关系，从短期决策的角度看，这一点更为突出。

3. 固定成本的相关范围。前面在给固定成本下定义时，曾冠以"在一定期间和一定业务量范围内"这样一个定语，也就是说固定成本的"固定性"不是绝对的，而是有限定条件的，或者说是有范围的。这种限定条件或范围在管理会计中被称为"相关范围"，表现为一定的时间范围和一定的空间范围。

就时间范围而言，固定成本表现为在某一特定期间内具有固定性。因为从较长时期看，所有成本都具有变动性，即使"约束性"很强的约束性固定成本，也会随着时间的拉长而越来越具有变动性。随着时间的推移，一个正常成长的企业，其经营能力无论是从规模上还是从质量上均会发生变化：厂房势必扩大，设备势必更新，行政管理人员也势必增加，这些均会导致折旧费用、财产保险费、不动产税以及行政管理人员薪金的增加，经营能力的逆向变化当然也会导致上述费用发生变化。

就空间范围而言，固定成本表现为在某一特定业务量水平内具有固定性。因为业务量一旦超出这一水平，同样势必扩大厂房、更新设备和增加行政管理人员，相应的费用也势必增加。业务量的变化，无论是渐变还是突变，当然是表现在特定期间内的，但就固定成本的时间范围限定和空间范围限定而言，空间范围的限定也就是业务量水平的限定更具有实际操作意义，成本按性态划分也正是体现了这一意义。

正确理解固定成本的相关范围还必须解决这样一个问题：当原有的相关范围被打破、固定成本是否还表现为某种固定性？答案是肯定的。原有的相关范围被打破，自然就有了新的相关范围；原有的固定成本变化了，自然又有了新的固定成本，只不过其固定性体现在新的相关范围内罢了。我们沿用例3-1的条件，假定该企业生产设备增加了1倍，最大加工能力达到8 000件，月折旧费用由10 000元增加到20 000元，那么折旧费用（固定成本）的变化如图3-2所示。

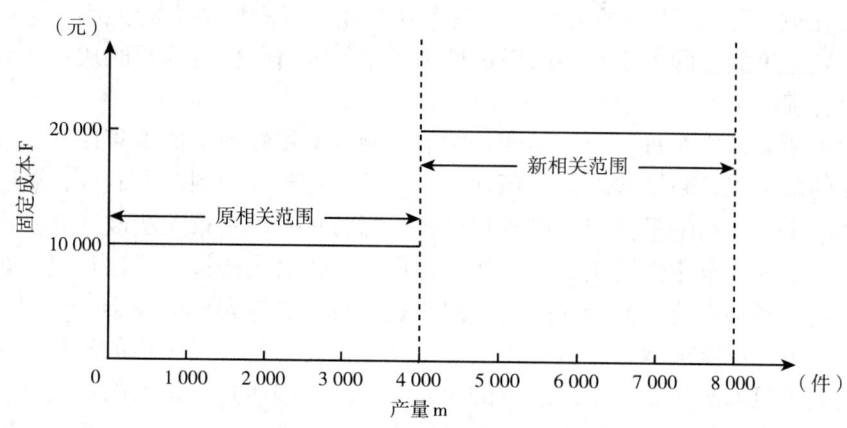

图3-2　固定成本的相关范围

（二）变动成本

1. 变动成本是指在一定期间和一定业务量范围内，其总额随着业务量的变动而呈正比例变动的成本。例如，直接材料费、产品包装费、按件计酬的工人薪金、推销佣金以及按加工量计算的固定资产折旧费等，均属于变动成本。与固定成本形成鲜明对照的是，变动成本的总量随业务量的变化呈正比例变动关系，而单位业务量中的变动成本则是一个定量。

[例3-2] 假定例3-1中单位产品的直接材料成本为20元，当产量分别为1 000件、2 000件、3 000件和4 000件时，材料的总成本和单位产品的材料成本如表3-2所示。

表3-2　　　　　　　　　　　材料成本明细　　　　　　　　　　　单位：元

产量（件）	材料总成本	单位产品材料成本
1 000	20 000	20
2 000	40 000	20
3 000	60 000	20
4 000	80 000	20

若以 v 表示变动成本总额，m 表示业务量，b 表示单位变动成本，则变动成本的性态可以通过 $v = bm$ 这样一个数学模型来表达。

将例3-2中的有关数据在坐标图中表示，则变动成本的性态模型如图3-3所示。

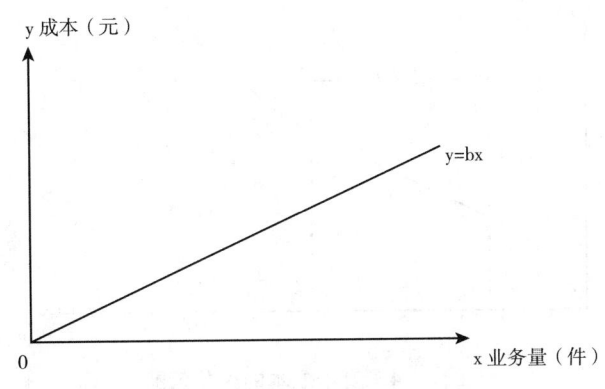

图 3-3 变动成本的性态模型

2. 变动成本的分类。借用固定成本分类的思想，变动成本也可以分为酌量性变动成本和约束性变动成本。

酌量性变动成本是指企业管理者的当前决策可以改变其支出数额的变动成本，如按产量计酬的工人薪金、按销售收入的一定比例计算的销售佣金等。这些支出的比例或标准取决于企业管理者的决策，当然，企业管理者在作上述决策时不能脱离当时的各种市场环境。例如，在确定计件工资时就必须考虑当时的劳动力市场情况，在确定销售佣金时必须考虑所销产品的市场情况等。

约束性变动成本是指企业管理者的当前决策无法改变其支出数额的变动成本。这类成本通常表现为企业所生产产品的直接物耗成本，以直接材料成本最为典型。当企业所生产的产品定型（包括外形、大小、色彩、重量、性能等方面）后，上述成本的大小对企业管理者而言就有了很大程度的约束性，这类成本的改变往往也意味着企业的产品改型了。

对特定产品而言，酌量性变动成本和约束性变动成本的单位量是确定的，其总量均随着产品产量（或销量）的变动而呈正比例变动。

3. 变动成本的相关范围。与固定成本一样，变动成本的变动性，即"随着业务量的变动而呈正比例变动"，也有其相关范围。也就是说，变动成本总额与业务量之间的这种正比例变动关系（即完全线性关系）只是在一定业务量范围内才能实现，超出这一业务量范围，两者之间就不再是这样一种正比例变动关系。

例如，当企业的产品产量较小时，单位产品的材料成本和人工成本可能比较高。但当产量逐渐上升到一定范围内时，由于材料的利用可能更加充分、工人的作业安排可能更加合理等原因，单位产品的材料成本和人工成本会逐渐下降。而当产量突破上述范围继续上升时，可能使某些变动成本项目超量上升（如加倍支付工人的加班工资）从而导致单位产品中的变动成本由降转升。上述情况变化可以用图 3-4 来表示。

图 3-4 表明，当产量开始上升时，变动成本总额不一定总是与产量的变动呈正比例变化，而通常是前者的增长幅度小于后者的增长幅度，表现在图中就是变动成本总额线呈现向下弯曲的趋势（即其斜率随着产量的上升而变小）；当产量继续上升时，变动成本总额的增长幅度又会大于产量的增长幅度，表现在图中就是变动成本总额线呈现一种下凸的

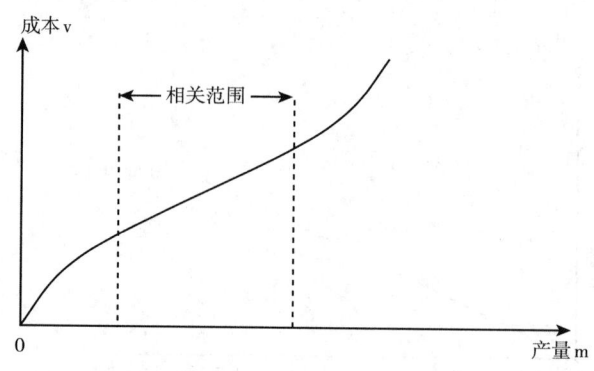

图3-4 变动成本的相关范围

趋势（即其斜率随着产量的上升而变大）；而在产量上升的中间阶段，变动成本总额线弯曲程度平缓，基本呈直线状态（即线性关系）。变动成本的相关范围指的就是这个中间阶段。

需要说明的是，现实经济生活中几乎不存在可以将变动成本总额与业务量的关系描述为绝对线性关系的例子，但这并不妨碍我们在一定的业务量范围内假设它们之间存在这种线性关系，并依此进行成本性态分析。而且，如果我们能够合理地确定上述相关范围，即使将变动成本总额与业务量之间的非线性关系描述为线性关系，也不妨碍为相关的预测和决策行为提供数据支持，这样成本性态分析方法的适用范围也就更广了。

此外，正如在固定成本相关范围问题中所讲的，原有的相关范围被打破，也就有了新的相关范围。不过由于固定成本呈现跳跃性变化，相关范围之间的界限相对来说容易划分，而变动成本由于呈现渐进性变化，划分起来要困难一些。

（三）混合成本

混合成本顾名思义是指"混合"了固定成本和变动成本两种不同性态的成本。如前所述，为了进行决策特别是短期决策，需要将成本按性态划分为固定成本和变动成本。但在现实经济生活中有许多成本项目并不直接表现为固定成本性态或者变动成本性态，这类成本的基本特征是：其发生额的高低虽然直接受业务量大小的影响，但不存在严格的比例关系，人们需要对混合成本按性态进行近似的描述，只有这样才能为决策所用。其实，企业的总成本就是一项混合成本，一项最大的混合成本。

混合成本根据其发生的具体情况，通常可以分为以下三类。

1. 半变动成本。此类成本的特征是：当业务量为零时，成本为一个非零基数；当业务发生时，成本以该基数为起点，随业务量的变化而呈比例变化，呈现出变动成本性态。企业的公用事业费，如电费、水费、电话费等，均属半变动成本。企业支付的上述费用通常都有一个基数部分，超出部分则随业务量的增加而增大。

以电费为例，假设企业每月电费支出的基数为1 000元，超基数费用为0.2元/千瓦，每生产1件产品需耗电5千瓦。那么，当企业本月共生产2 000件产品时，其支付的电费总额为3 000元。如以 y 代表企业支付的电费总额，a 代表每月电费基数（1 000），b 代表单位产品所需电费（0.2×5），x 代表产品产量（2 000），则本例各数据之间的关系可以

通过 $y = a + bx = 1\,000 + 1 \times x$ 这一数学模型来表示。

半变动成本是混合成本中较为普遍的一种类型，具有广泛的代表性。所以有人干脆将混合成本直接称为半变动成本。

2. 半固定成本。此类成本的特征是：在一定业务量范围内，其发生额的数量是不变的，体现固定成本性态，但当业务量的增长达到一定限额时，其发生额会突然跃升到一个新的水平，然后在业务量增长的一定限度内（即一个新的相关范围内），其发生额的数量又保持不变，直到另一个新的跃升为止。

从前面的描述中不难看出，在每一个相关范围内，半固定成本均体现固定成本性态。那么，半固定成本与前述的固定成本有何差异呢？就特定企业而言，两者的差异表现在针对固定成本的业务量相关范围较大，直接取决于企业的经营能力，而针对半固定成本的业务量相关范围相对较小。从另一角度讲，固定成本的相关范围可以分割为若干个半固定成本的相关范围，半固定成本在这若干个相关范围内呈阶梯式跃升，因而也称为"阶梯式变动成本"。企业工资费用中化验员、质检员的工资，受开工班次影响的设备动力费，按订单进行批量生产并按开机次数计算的联动设备的折旧费等，均属于这种成本。

3. 延伸变动成本。此类成本的特征是：在业务量的某一临界点以下表现为固定成本，超过这一临界点则表现为变动成本。比较典型的例子是：当企业实行计时工资制时，其支付给职工的正常工作时间内的工资总额是固定不变的；当职工的工作时间超过了正常水平，企业需要按规定支付加班工资，并且加班工资的大小与加班时间的长短存在正比例关系。

需要说明的是，现实经济生活中，成本的种类繁杂、形态各异，前面所讲的变动成本、固定成本和各种混合成本当然不能囊括成本的全部内容，但我们总是可以将其近似地描述为某种性态。

三、其他成本概念及分类

企业经营决策中，需要通过比较不同备选方案经济效益的大小进行最优化选择。而影响经济效益大小的一个重要因素就是成本的高低，在某些情况下（如成本型决策中、成本的高低甚至决定了备选方案的优劣）。当然，与财务会计相比，管理会计进行决策所应用的成本概念在内涵和外延上都有很大不同。

（一）机会成本

企业在进行经营决策时，必须从多个备选方案中选择一个最优方案，而放弃另外的方案。此时，被放弃的方案可能获得的潜在利益就称为已选中的最优方案的机会成本。也就是说，不选其他方案而选最优方案的代价，就是已放弃方案的获利可能。选择方案时，将机会成本的影响考虑进去，有利于对所选方案的最终效益进行全面评价。

［例3-3］某公司现有一空置的车间，既可以用于 A 产品的生产，也可以用于出租。如果用来生产 A 产品，其收入为 35 000 元，成本费用为 18 000 元，可获净利 17 000 元；用于出租则可获得租金收入 12 000 元。在决策中，如果选择用于生产 A 产品，则必然放弃出租方案，其本来可能获得的租金收入 12 000 元应作为生产 A 产品的机会成本，由生产

的 A 产品负担。这时，我们可以得出正确的判断结论：生产 A 产品将比出租多获净利 5 000 元。

可见，机会成本产生于公司的某项资产的用途选择。具体来讲，如果一项资产只能用来实现某一职能而不能用于实现其他职能，不会产生机会成本，如公司购买的一次还本付息债券，只能在到期时获得约定的收益，因而不会产生机会成本；如果一项资产可以同时用来实现若干职能，则可能产生机会成本，如公司购买的可转让债券，既可以到期获得约定收益，又可以在未到期前中途转让以获得转让收益，从而可能产生机会成本。

此外，应注意的是，由于机会成本只是被放弃方案的潜在利益，而非实际支出，因而不能据以登记入账。但由于公司资源的有限性，必须充分利用资源效益，所以机会成本在经营决策中应作为一个现实的重要因素予以考虑。

（二）边际成本

从理论上讲，边际成本是指产量（业务量）向无限小变化时成本的变动数额。当然，这是从纯经济学角度来讲的，事实上产量不可能向无限小变化，至少应为 1 个单位。因此，边际成本也就是产量每增加或减少 1 个单位所引起的成本变动数额。

[例 3-4] 某企业每增加 1 个单位产量的生产引起总成本的变化及追加成本的变化，如表 3-3 所示。

表 3-3　　　　　　　　　某企业边际成本变化

产量（件）	总成本（元）	边际成本（元）
100	800	
101	802	2
102	804	2
103	806	2
104	808	2
105	918	110
106	920	2
107	922	2

从表 3-3 可以看出，产量每增加 1 个单位，边际成本并不总是一个固定的数值。当产量从 100 件递增至 104 件时，每增加 1 个单位产量的边际成本为 2 元；但从 104 件增到 105 件时，增加 1 个单位产量的边际成本就上升为 110 元，总成本又以每增加 1 个单位产量边际成本为 2 元的趋势变化。这是因为当产量从 100 件增加到 104 件时，是在相关范围内，固定成本不随产量变化，而只是变动成本随产量发生变化；而当产量从 104 件增加到 105 件时，边际成本上升为 110 元，这表明第 105 件产品已超出了原来的相关范围，达到这个产量需增加固定成本。在这之后，边际成本又以一个固定的数值（2 元），在新的相关范围内，随着单位产量的增加而增加。

由此看来，边际成本和变动成本是有区别的，变动成本反映的是增加单位产量所追加成本的平均变动额,而边际成本是每增加1个单位产量所追加的成本的实际数额。所以,只有在相关范围内,增加1个单位产量的单位变动成本才能与边际成本相一致。

此外,如果把不同产量作为不同方案来理解的话,边际成本实际上就是不同方案形成的差量成本。

(三) 沉没成本与付现成本

沉没成本是指过去已经发生并无法由现在或将来的任何决策所改变的成本。由于沉没成本是对现在或将来的任何决策都无影响的成本,因此决策时不予考虑。

付现成本是指由现在或将来的任何决策所能够改变其支出数额的成本。付现成本是决策必须考虑的重要影响因素。

[例3-5] 某企业有一台旧设备要提前报废,其原始成本为10 000元,已提折旧8 000元,折余净值为2 000元,这2 000元的折余价值就是沉没成本。假设处理这台旧设备有两个方案可以考虑:一是将旧设备直接出售,可获得变价收入500元;二是经修理后再出售,需支出修理费用1 000元,但可获得1 800元。

在进行决策时,由于旧设备折余价值2 000元属于过去已经支出再无法收回的沉没成本,因而不予考虑,只需将这两个方案的收入加以比较。直接出售可得收入500元,而修理后出售可得净收入800元(1 800 - 1 000),显然,采用第二方案比采用第一方案可多得300元(800 - 500),所以应将旧设备修理后再出售。

可见,沉没成本是企业在以前经营活动中已经支付现金,而在现在或将来经营期间摊入成本费用的支出,如固定资产、无形资产、递延资产等均属于企业的沉没成本。

(四) 专属成本与联合成本

固定成本按其所涉及范围的大小,划分为专属成本和联合成本。

专属成本是指可以明确归属于企业生产的某种产品,或为企业设置的某个部门而发生的固定成本。没有这些产品或部门,就不会发生这些成本,所以专属成本是与特定的产品或部门相联系的特定成本。例如,专门生产某种产品的专用设备折旧费、保险费等。

联合成本是指为多种产品的生产或为多个部门的设置而发生的,应由这些产品或这些部门共同负担的成本。例如,在企业生产过程中,几种产品共同的设备折旧费、辅助车间成本等都属于联合成本。

在进行方案选择时,专属成本是与决策有关的成本,必须予以考虑;而联合成本则是与决策无关的成本,可以不予考虑。

[例3-6] 某企业计划进行A产品的生产。现有甲设备一台,原始价值50 000元,已提折旧35 000元,折余净值15 000元。生产A产品时,还需对甲设备进行技术改造,为此需追加支出10 000元。如果市场上有乙设备出售,其性能与改造后的甲设备相同,售价为20 000元。

在是否改造旧设备的决策中,如果简单地用旧设备的折余净值及追加支出之和(25 000元)与新设备买价(20 000元)进行比较选择的话,就会作出错误的选择:选择新设备将比改造旧设备节约支出5 000元。因为旧设备的折余净值属于沉没成本,不影响我们的决策,正确的决策应该是:将改造旧设备的付现成本10 000元与购买新设备的

20 000 元进行比较,选择改造旧设备将比购买新设备节约支出 10 000 元。当然,如果在买新设备的同时可以将旧设备以 12 000 元的价格变卖,那么正确的决策应该是:将改造旧设备的成本 10 000 元及变卖旧设备的收入 12 000 元(机会成本)之和与购买新设备的价款 20 000 元比较,从而作出正确的选择:改造旧设备将比购买新设备多支出 2 000 元,应选择购买新的设备。

(五)相关成本与无关成本

企业在进行经营决策时,可供选择的多种方案中涉及的各种成本,有些与方案的选择有关,而有些则无关。

相关成本是对决策有影响的各种形式的未来成本,如机会成本、边际成本、付现成本、专属成本、差量成本、酌量性成本等。

那些对决策没有影响的成本,称为无关成本。这类成本过去已经发生,或对未来决策没有影响,因而在决策时不予考虑,如沉没成本、联合成本、约束性成本等。

需要指出的是,某项成本到底属于相关成本还是无关成本,必须结合具体的决策来论,抛开决策内容而论成本的相关性是没有意义的。换句话说,成本的无关性是相对的,相关性是绝对的。举例来说,假设一条货船不幸沉入海底,当决策内容是应购买一条多大吨位的、哪里生产的、以什么作为燃料的货船时,沉没货船的公允市价当然是无关成本;但当决策内容是应否将沉船打捞上来时,沉没货船的公允市价当然就是相关成本,人们至少会将其与打捞费用进行比较。

第二节 混合成本的分解

如前所述,成本按性态分类是管理会计这一学科的重要贡献之一,对各项成本性态分析也是采用变动成本计算法的前提条件。但是,固定成本与变动成本只是经济生活中诸多成本性态的两种极端类型,多数成本是以混合成本的形式存在的,需要将其进一步分解为固定成本和变动成本。如果我们可以对费用支出逐笔、逐次地进行分析、分解,那么结果无疑是最为准确的,但这种分解工作的成本(属固定成本或混合成本,也需要分析或分解)无疑是相当大的,即使有可能使混合成本准确分解,恐怕也无必要。在实践中,往往在一类成本中选择具有代表性的成本项目进行性态分析,并以此为基础推断该类成本的性态。这样做,只要分类合理、选样得当,就可以以较低的分解成本获得一个相对较为准确的结果。

混合成本的分解方法很多,通常有历史成本法、账户分析法和工程分析法。

一、历史成本法

历史成本法的基本做法是:根据以往若干时期(若干月或若干年)的数据所表现出来的实际成本与业务量之间的依存关系来描述成本的性态,并以此来确定决策所需要的未来成本数据。历史成本法的基本原理是:在既定的生产流程和工艺设计条件下,历史数据可以比较准确地表达成本与业务量之间的依存关系，而且只要生产流程和工艺不变，这种相互关系还可以应用到现在或将来的决策当中。

历史成本法通常又分为高低点法、散布图法两种。

（一）高低点法

高低点法是历史成本法中最简便的一种分解方法。基本做法是：以某一期间内最高业务量（即高点）的混合成本与最低业务量（即低点）的混合成本的差数，除以最高与最低业务量的差数，得出的商数即为业务量的成本变量（即单位业务量的变动成本额），进而可以确定混合成本中的变动成本部分和固定成本部分。

如前所述，混合成本是混合了固定成本与变动成本的成本，在一定的相关范围内，总可以用 y = a + bx 这样一个数学模型来近似地描述，这也是高低点法的基本原理。在这个相关范围内，固定成本既然不变，那么总成本随业务量的变动而产生的变化量就全部为变动成本。高点和低点的选择完全是出于尽可能覆盖相关范围的考虑。

高低点法分解混合成本的运算过程如下：

设高点的成本性态为：

$$y_1 = a + bx_1 \tag{3-1}$$

低点的成本性态为：

$$y_2 = a + bx_2 \tag{3-2}$$

用式（3-1）减式（3-2），有：

$$y_1 - y_2 = b(x_1 - bx_2) \tag{3-3}$$

式（3-3）表明总成本的差量是业务量的差量与单位变动成本的乘积，即全部为变动成本。

移项后则可求解 b：

$$b = \frac{y_1 - y_2}{x_1 - x_2} \tag{3-4}$$

将式（3-4）求解的结果代入式（3-1）并移项，则可求解 a：

$$a = y_1 - bx_1$$

将式（3-4）求解的结果代入式（3-2）并移项，则可求解 a：

$$a = y_2 - bx_2$$

[例 3-7] 假定某企业某年 12 个月的产量和电费支出的有关数据如表 3-4 所示。

表 3-4　　　　　　　假定某企业某年 12 个月的产量和电费支出

月份	产量（件）	电费（元）
1	800	2 000
2	600	1 700
3	900	2 250
4	1 000	2 550
5	800	2 150

续表

月份	产量（件）	电费（元）
6	1 100	2 750
7	1 000	2 460
8	1 000	2 520
9	900	2 320
10	700	1 950
11	1 100	2 650
12	1 200	2 900

该年产量最高的月份是12月，为1 200件，相应电费为2 900元；产量最低的月份是2月，为600件，相应电费为1 700元。按前面的运算过程进行计算如下：

$$b = \frac{2\,900 - 1\,700}{1\,200 - 600} = 2（元/件）$$

$$a = 2\,900 - 2 \times 1\,200 = 500（元）$$

或　$a = 1\,700 - 2 \times 600 = 500（元）$

以上计算表明，该企业电费这项混合成本属固定成本的为500元；单位变动成本为每件2元。用数学模型来描述这项混合成本即为：

$$y = 500 + 2x$$

运用高低点法分解混合成本应注意以下几个问题。

第一，高点和低点的业务量（即上例中的1 200件和600件）为该项混合成本相关范围的两个极点，超出这个范围则不一定适用所得出的数学模型（即上例中的 $y = 500 + 2x$），之所以说"不一定"是因为假设在上例中只需延长设备的运转时间（电费当然也随之增加），并且设备可以延长运转时间时，产量即可超过1 200件，则上述数学模型的适用范围也就扩大了。

第二，高低点法根据高点和低点的数据来描述成本性态，其结果会带有一定的偶然性（事实上高低两点的偶然性比其他各点一般要大）。根据这种带有一定偶然性的成本性态模型进行决策，势必会造成一些偏差，因此，在使用高低点法描述成本性态时，往往会对其模型进行一些修正。

第三，当高点或低点业务量不止一个（即有多个期间的业务量相同且同属高点或低点）而成本又不同时，高点应取成本最大者，低点应取成本最小者。

（二）散布图法

散布图法的基本原理与高低点法一样，也认为混合成本的性态可以近似地描述为 $y = a + bx$，区别在于 a 和 b 是通过坐标图而非方程式计算得到的。散布图法的基本做法就是：在坐标图中，以横轴代表业务量 x，以纵轴代表 y，将各种业务量水平下的混合成本逐一标在坐标图上，然后通过目测，在各成本点之间画出一条反映成本变动平均趋势的直线（理论上这条直线距各成本点之间的离差平方和最小）。这条直线与纵轴的交点就是固定成本，斜率则是单位变动成本。

仍以例 3-7 的数据为依据，采用散布图法对该企业的电费进行分解如下。

第一步，在平面直角坐标系中标出电费成本的散布点。以横轴代表产量，以纵轴代表电费成本，标出该企业 12 个月不同产量下的电费成本点。

第二步，通过目测，在坐标图中画出一条能反映电费成本平均变动趋势的直线。这样，电费这项混合成本的性态就可以通过坐标图的方式来表达，如图 3-4 所示。

第三步，确定固定成本 a，即所画直线与纵轴的交点，如图所示为 600 元。

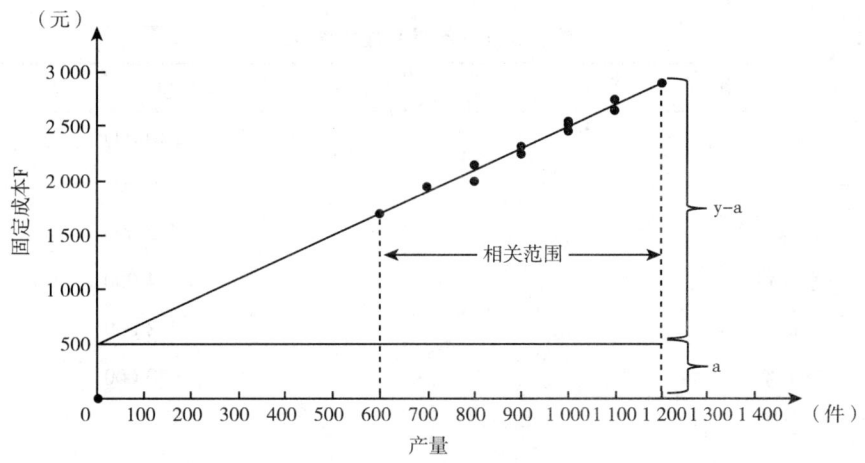

图 3-5 散布图

第四步，计算单位变动成本，即所画直线的斜率。根据所画直线，选择相关范围内任一产量，即可得出相应的电费成本。若选产量为 800 件，电费成本按坐标图查得为 2 180 元，则单位变动成本为：

$$b = \frac{y-a}{x} = \frac{2\,180 - 600}{800} = 1.975 \text{（元/件）}$$

根据散布图法得到 a 和 b 的值后，电费这项混合成本可用数学模型表示为：

$y = 600 + 1.975x$

散布图法与高低点法原理相同，但两者除基本做法的差异之外，还有两点区别：一是高低点法先有 b 值而后有 a 值，散布图法则正好相反；二是虽然散布图法下通过目测得到的结果不免带有一定程度的主观臆断性，但由于该方法是将全部成本数据作为描述混合成本性态的依据，因而相比高低点法还是要准确一些。

二、账户分析法

账户分析法是根据各个成本、费用账户（包括明细账户）的内容，直接判断其与业务量之间的相互变动关系，从而确定其成本性态的一种成本分解方法。

账户分析法的基本做法是：根据各成本、费用账户的具体内容，判断其特征是更接近于固定成本还是更接近于变动成本，进而直接将其确定为固定成本或变动成本。例如，如果"管理费用"账户内各项目发生额的大小在正常产量范围内与产量变动没有关系，或没有明显关系，那么就将管理费用全部视为固定成本；"制造费用"账户中的车间管理部门办公费、按折旧年限计算的设备折旧费等，虽与产量的关系比管理费用密切一些，但基本特征仍属"固定"，所以也应视为固定成本；而"制造费用"账户内的燃料动力费、维修费等，虽然不像直接材料费那样与产量成正比例变动，但其发生额的大小与产量变动的关系很明显，因而可以将其视为变动成本。

[**例 3-8**] 假设以某企业的某一生产车间作为分析对象，某月的成本数据如表 3-5 所示。

表 3-5　　　　　某企业某车间某月成本账户　　　　　单位：元

账　　户	总成本
生产成本——材料	240 000
——工资	30 000
制造费用——燃料、动力	12 000
——修理费	4 000
——工资	8 000
——折旧费	20 000
——办公费	6 000
合计	320 000

如果该车间只生产单一产品，那么本月发生的 320 000 元费用将全部构成该产品的成本。如生产多种产品，假定上述属于共同费用的数据，是在合理进行分配的基础上得到的，有关成本的分解过程如表 3-6 所示。

表 3-6　　　　　某企业某车间成本性态分布　　　　　单位：元

账　　户	总成本	固定成本	变动成本
生产成本——材料	240 000		240 000
——工资	30 000		30 000
制造费用——燃料、动力	12 000		12 000
——修理费	4 000		4 000
——工资	8 000		8 000
——折旧费	20 000	20 000	
——办公费	6 000	6 000	
合计	320 000	26 000	294 000

表 3-6 的分解理由是：直接材料和直接人工（即"生产成本"账户项目）通常为变动成本；燃料动力费、修理费、间接人工费虽然不与产量的变动成正比例变动关系，但有

明显的变动关系,所以也确定为变动成本;折旧费和办公费与产量变动没有明显关系,因而确定为固定成本。不难看出,上述分解过程是在一定的假设条件下进行的:假设生产工人的工资实行计件工资制,那么直接人工就是变动成本;假设生产设备的折旧额不是按加工量或加工时间计算的,那么折旧费就属于固定成本。如果假设条件不是这样的,分解的结果当然就不一样了。不过,相对于特定的分解对象而言,相应的假设条件由于经常使用而约定俗成为既定前提,所以对于一些常见的成本费用,如直接材料、直接人工等,可以依据前述的既定前提,直接将其确定为固定成本或变动成本。

根据表3-6,该车间的总成本被分解为固定成本和变动成本两部分,其中:

a = 26 000(元)

如设该车间当月产量为1 000件,那么有:

$b = \dfrac{294\ 000}{1\ 000} = 294$(元/件)

以数学模型来描述该车间的总成本,即:

y = 26 000 + 294x

账户分析法是混合成本分解的诸多方法中最为简便的一种,同时也是相关决策分析中应用比较广泛的一种。但由于其分析结果的可靠性在很大程度上取决于有关分析人员的判断能力,因而不可避免地带有一定的片面性和局限性。

就账户分析法的对象而言,这一方法通常用于特定期间总成本的分解,而且对成本性态的确认通常也只限于成本性态相对比较典型的成本项目,而对于成本性态不那么典型的成本项目,则应该选择其他的成本分解方法。

三、工程分析法

工程分析法是运用工业工程的研究方法来研究影响有关成本项目数额的每个因素,并在此基础上直接估算出固定成本和单位变动成本的一种成本分解方法。

工程分析法分解成本的基本步骤是:(1)确定研究的成本项目;(2)对形成成本的生产过程进行观察和分析;(3)确定生产过程的最佳操作方法;(4)以最佳操作方法为标准方法,测定标准方法下成本项目的每一项构成内容,并按成本性态分别确定为固定成本或变动成本。

[例3-9] 设某粉末冶金车间对精密金属零件采取一次模压成型、电磁炉烧结的方式进行加工。如果以电费作为成本研究对象,经观察,电费成本与电磁炉的预热和烧结两个过程的操作有关。按照最佳的操作方法,电磁炉从开始预热至达到可烧结的温度需耗电1 500千瓦时,烧结每千克零件耗电500千瓦时。每一工作日加工一班,每班电磁炉预热一次,全月共22个工作日。电费价格为0.7元/千瓦时。

设每月电费总成本为y,每月固定电费成本为a,单位电费成本为b,x为烧结零件重量,则有:

a = 22 × 1 500 × 0.7 = 23 100(元)

b = 500 × 0.7 = 350(元)

该车间电费总成本分解的数学模型即为:

y = 23 100 + 350x

工程分析法适用于任何可以从客观立场上进行观察、分析和测定的投入产出过程，如对直接材料、直接人工等制造成本的测定；也可以用于仓储、运输等非制造成本的测定。与历史成本法和账户分析法相比，工程分析法的优点十分突出。

1. 历史成本法和账户分析法都只适用于有历史成本数据可供分析的情况，而工程分析法是一种独立的分析方法，即使在缺乏历史成本数据的情况下也可以采用。同时，当需要对历史成本分析的结论进行验证时，工程分析法也是最有效的方法。

2. 与历史成本法或账户分析法相比，工程分析法可以排除那些发生在分析期间的无效或者不正常的支出，还可以排除那些具有隐蔽性的无效或不正常的支出。由于工程分析法是从投入与产出之间的关系入手，通过观察和分析，直接测定在一定的生产流程、工艺水平和管理水平条件下应该达到的各种消耗标准，也就是一种较为理想的投入与产出关系，这种关系是企业的各种经济资源利用最优化的结果，所以工程分析法在排除无效或不正常支出方面，具有历史成本法或账户分析法无法比拟的优势。

3. 企业在制定标准成本和编制预算时，采用工程分析法的分析结果更具有客观性、科学性和先进性，分析过程也大为简化。

当然，工程分析法的分析成本较高，因为对投入产出过程进行观察、分析和测定，往往要耗费较多的人力、物力、财力和时间。而且，对于那些不能直接将其归属于特定投入与产出过程的成本，或者属于不能单独进行观察的联合生产过程中的成本，如各种间接成本，就不能使用工程分析法。

从混合成本分解的各种方法中不难看出，成本分解的过程实际上是一个对成本性态进行研究的过程。就成本分解的各种方法而言，应该说是短长互见，因此，应该根据不同的分解对象所需的精确程度和所能承担的成本支出来选择适当的分解方法。得到分解结果后，还应当尽可能采用其他方法进行印证，以获得比较准确的成本数据。

第三节 变动成本法与完全成本法

所谓完全成本法，是指在计算产品成本时，不仅包括产品生产过程中所消耗的直接材料、直接人工，还包括全部的制造费用（变动性的制造费用和固定性的制造费用）。由于完全成本法是将所有的制造成本，无论是固定的还是变动的，都"吸收"到单位产品上，因而也称为"成本吸收法"。

所谓变动成本法，则是指在计算产品成本时，只包括产品生产过程中所消耗的直接材料、直接人工和制造费用中的变动性部分，而不包括制造费用中的固定性部分。制造费用中的固定性部分被视为期间成本而从相应期间的收入中全部扣除。

对于变动成本法的起源，国外有关会计著作中的说法并不一致。不过有一点是可以肯定的，那就是发生于20世纪30年代末的那场资本主义世界前所未有的经济危机，对变动成本法由理论到实践的发展起到了极大的推进作用。第二次世界大战后，随着科学技术的迅猛发展和市场环境的日趋严峻，预测、决策和控制的重要性日益突出，人们要求会计工作能提供更为广泛、深入和适用的信息，当然也包括成本方面的信息。与完全成本法相比，变动成本法能够为预测、决策、控制提供更为有用的信息，于是变动成本法作为一种非传统的计算方法,广泛应用于西方企业的内部管理。

变动成本法产生以后,人们就把财务会计中传统的成本计算方法称为完全成本法,以示两者的区别。

一、完全成本法和变动成本法的特点

从完全成本法和变动成本法的概念中不难发现,两种成本计算方法的根本区别或者说分歧在于如何看待固定性制造费用,换句话说,固定性制造费用到底是一种可以在将来换取收益的资产,还是为取得收益已然丧失的资产。这一区别也决定了两种成本计算方法各自的特点。

(一) 完全成本法的特点

完全成本法的特点如下:

1. 符合公认会计准则的要求。公认会计准则认为会计分期是对持续经营的人为分割,应该加深这种人为因素对企业经营成果的影响,尽量保证持续经营假设下经营的均衡性。完全成本法强调持续经营假设下经营的"均衡性",认为会计分期是对持续经营的人为分割,这种分割受到企业内部和外部多种因素的共同影响。因此,固定性制造费用转销的时间选择并不十分重要,它应该是一种可以在将来换取收益的资产。

2. 强调固定性制造费用和变动性制造费用在成本补偿方式上的一致性。完全成本法认为,只要是与产品生产有关的耗费,均应从产品销售收入中得到补偿,固定性制造费用也不例外。因为从成本补偿的角度讲,用于直接材料的成本支出与用于固定性制造费用的支出并无区别,所以固定性制造费用应与直接材料、直接人工和变动性制造费用共同构成产品的成本,而不能人为地将它们割裂开来。

3. 强调生产环节对企业利润的贡献。由于完全成本法下固定性制造费用也被归集于产品而随产品流动,因此本期已销产品和期末未销产品在成本构成上是完全一致的。在一定销售量的条件下,产量大则利润高,所以客观上完全成本法有刺激生产的作用。也就是说,从一定意义上讲,完全成本法强调了固定性制造费用对企业利润的影响。

(二) 变动成本法的特点

变动成本法的特点如下:

1. 以成本性态分析为基础计算产品成本。变动成本法将产品的制造成本按成本性态划分为变动性制造费用和固定性制造费用两个部分,认为只有变动性制造费用才构成产品成本,而固定性制造费用应作为期间成本处理。换句话说,变动成本法认为固定性制造费用转销的时间选择十分重要,它应该属于为取得收益已然丧失的资产。

2. 强调不同的制造成本在补偿方式上存在差异性。变动成本法认为产品的成本应该在其销售的收入中获得补偿,而固定性制造费用与产品的销量无关,只与企业是否经营有关,因此不应该将其纳入产品成本,而应在发生的当期确认为费用。

3. 强调销售环节对企业利润的贡献。由于变动成本法将固定,制造费用作为期间成本,因而在一定产量条件下,期间内发生的固定性制造费全部计入当期成本,导致损益对销量的变化更为敏感，客观上有刺激销售的作用。产品销售收入与变动成本（包括变动性制造成本和其他变动成本）的差量是管理会计中的一个重要概念，即贡献毛益。以贡献毛益减去期间成本（包括固定性制造费用和其他固定性费用）就是利润。由贡献毛益这个概念不难看出，变动成本法强调的是变动成本对企业利润的影响。

二、变动成本法与完全成本法的比较

变动成本法与完全成本法对固定性制造费用的不同处理方式导致了两种方法的一系列差异，主要表现在产品成本的构成内容不同、存货成本的构成内容不同以及各期损益有所不同三个方面。

（一）产品成本的构成内容不同

完全成本法将所有成本分为制造成本（或称生产成本，包括直接材料、直接人工和制造费用）和非制造成本（包括管理费用、销售费用和财务费用）两大类，将制造成本完全计入产品成本（完全成本法即因此而得名），而将非制造成本作为期间成本，全额计入当期损益。

变动成本法则是先将制造成本按成本性态划分为变动性制造费用和固定性制造费用两类，再将变动性制造费用和直接材料、直接人工一起计入产品成本，而将固定性制造费用与非制造成本一起列为期间成本。当然，按照变动成本法的要求，非制造成本也应划分为固定与变动两部分，但与制造费用划分后分别归属不同对象有所不同的是，非制造成本划分的无论是固定部分还是变动部分都计入期间成本。

现举例说明两种成本法下产品成本计算的差异。

［例3-10］设某企业月初没有在产品和产成品存货。当月共生产某种产品50件，销售40件，月末结存10件。该种产品的制造成本资料和企业的非制造成本资料如表3-7所示。

表3-7　　　　　　　　　某企业项目总成本　　　　　　　　　单位：元

成本项目	单位产品项目成本	项目总成本
直接材料	200	10 000
直接人工	60	3 000
变动性制造费用	20	1 000
固定性制造费用		2 000
管理费用		4 000
销售费用		3 000
合计		23 000

如果采用变动成本法，则单位产品成本为280元（200+60+20）；如果采用完全成本法，则单位产品成本为320元（200+60+20+2 000/50）。

由于变动成本法将固定性制造费用处理为期间成本，因此单位产品成本比完全成本法要低。当然，变动成本法下的期间成本比完全成本法下就高了。变动成本法下的期间成本为 9 000 元（2 000 + 4 000 + 3 000）；而完全成本法下则为 7 000 元（4 000 + 3 000）。

产品成本构成内容上的区别是变动成本法与完全成本法的主要区别，两种方法其他方面的区别均由此而生。

（二）存货成本的构成内容不同

由于变动成本法与完全成本法下产品成本构成内容不同，因此产成品和在产品存货的成本构成内容也不同。采用变动成本法，不论是库存产成品、在产品还是已销产品，其成本均只包括制造成本中的变动部分，期末存货计价也只是这一部分。而采用完全成本法，无论是库存产成品、在产品还是已销产品，其成本中均包括一定份额的固定性制造费用，期末存货计价相应地也包括这一份额（在会计实务中，期末在产品计价也有不计算制造费用而只计算材料成本的情况，但这只是一种变通或者简便的做法，而且从均衡滚动的角度讲，也等于全部计算了）。

很显然，变动成本法下的期末存货计价必然小于完全成本法下的期末存货计价。例 3 - 10 中如假设该月月末无在产品，当按变动成本法计算时，期末存货的成本为 2 800 元（280 × 10）；而按完全成本法计算，期末存货的成本则为 3 200 元（320 × 10）。

变动成本法与完全成本法下"产品成本的构成内容不同"与"存货成本的构成内容不同"是相关联的两个问题，也可以说是同一问题的两个方面。产品成本的构成内容不同，自然存货成本的构成内容也就不同，而存货成本上的差异又会对损益的计算产生影响。

（三）各期损益不同

如前所述，变动成本法下的产品成本只包括变动成本（变动性制造成本），而将固定成本（固定性制造费用）当作期间成本，也就是说，对固定成本的补偿由当期销售的产品承担。而完全成本法下的产品成本既包括变动成本，又包括固定成本。换句话说，完全成本法下对固定成本的补偿是由当期生产的产品承担的，期末未销售的产品与当期已销售的产品承担相同的份额。固定成本处理上的分歧对两种方法下的损益计算会产生影响，影响的程度取决于产量和销量的均衡程度，即产销越均衡，两种成本法下所计算的损益相差越小，反之则越大；只有当实现所谓的"零存货"即产销绝对均衡时，损益计算上的差异才会消失。而事实上，产销绝对均衡只是个别的、相对的和理想化的，不均衡才是普遍的、绝对的和现实化的，这也是研究本问题的意义所在。下面举例来具体说明这一问题。

[例 3 - 11] 仍以表 3 - 7 的数据和所设条件为资料，再假设每件产品售价为 500 元；销售费用中有变动性费用，为 20 元/件。当分别采用变动成本法和完全成本法时，所计算出的当期税前利润如表 3 - 8 所示。

表3-8　　　　　　　　　　某企业两成本方法下计算表　　　　　　　　　　单位：元

产品成本计算方法	变动成本法	完全成本法
销售收入 40×500	20 000	20 000
销售成本		
期初存货成本	0	0
当期产品成本		
50×280	14 000	
50×320		16 000
期末存货成本		
10×280	2 800	
10×320		3 200
销售成本		
40×280	11 200	
40×320		12 800
贡献毛益（生产阶段）	8 800	7 200
管理费用		4 000
销售费用		3 000
变动销售费用 40×20	800	
贡献毛益（全部）	8 000	
固定成本		
固定性制造费用	2 000	
管理费用和固定销售费用	6 200	
小计	8 200	
税前利润	-200	200

　　从表3-8可以看出，不同成本计算法下所计算出的税前利润不同。采用变动成本法时为-200元（亏损），采用完全成本法时则为200元（盈利），相差400元。这400元正是完全成本法所确认的应由期末存货负担的固定性制造费用部分（2 000/50×10），而在变动成本法下，这400元全部作为期间成本计入了当期损益。换句话说，这400元在完全成本法下被视为"一种可以在将来换取收益的资产"列入了资产负债表，而在变动成本法下则被视为"为取得收益而已然丧失的资产"列入了利润表。

　　上例中假设企业期初没有存货，那么当所生产的产品未全部销售出去时，按变动成本法计算的损益就小于按完全成本法所计算的损益。就产品的整个寿命周期而言，销售总量最多也只能等于生产总量，但就某个或某些会计期间而言，也可能出现销量大于产量的情况（即销售了以前会计期间生产而未销售的产品）。

三、对变动成本法和完全成本法的评价

(一) 变动成本法的优缺点

变动成本法从无到有再到被人们普遍重视并且广泛应用,根本原因在于其本身所具有的突出优点,而这恰恰是传统的成本计算方法所不具有的。

1. 变动成本法增强了成本信息的有用性,有利于企业的短期决策。从前面的例子中可以看出,完全成本法下计算的利润受到存货变动的影响,而这种影响是有悖逻辑的:尽管产品的生产是企业实现利润的必要条件之一,但不是充分条件,只有产品销售出去,其价值才为社会所承认,企业也才能取得收入和利润。产品的销售,不仅是企业实现收入和利润的必要条件,还是充分条件,多销售才会多得利润。至于在产销均衡的条件下,多生产当然会多得利润,但在变动成本法和完全成本法下计算结果是完全一样的。

完全成本法下由于产量波动而导致的利润波动,有时会达到令人无法忍受的程度,即当期增加销售以前生产的亏损产品时,不仅不会提高利润,反而会使利润下降。也就是说,完全成本法下提供的成本信息不仅无助于进行正确的决策,有时还可能是有害的,而在变动成本法下则可以避免上述问题的发生。

2. 变动成本法更符合配比原则中的"期间配比"。变动成本法的基本原理就是将当期所确认的费用,按照成本性态分为两大部分:一部分是与产品生产数量直接相关的成本(即变动成本\包括直接材料、直接人工和变动性制造费用),这部分成本中应由已销售产品负担的部分(即当期销售成本)需要与销售收入相配比;未销售产品负担的部分(即期末存货成本)则需要与未来收入相配比。另一部分则是与产品生产数量无直接联系的成本,即固定性制造费用,这部分成本是企业为维持正常生产能力所必须负担的成本,它们与生产能力的利用程度无关,既不会因为产量的提高而增加,也不会因为产量的下降而减少,只会随着时间的推延而丧失,所以是一种为取得收益而已然丧失的成本,当然应全部列为期间成本而与当期的收入相配比,故更符合期间配比原则。至于销售费用、管理费用与财务费用,变动成本法下同样是作为期间成本,只不过在进行相关决策时,也需要按成本性态进行划分。

3. 变动成本法便于进行各部门的业绩评价。制定标准成本和费用预算、考核执行情况、兑现奖惩是加强企业管理的一种有效做法,变动成本法为这一做法提供了正确的思路和恰当的操作方法。

(1) 关于供应部门。供应部门的业绩如何,通常可以从以下两个方面来评价:一是供应总成本即供应资金的占用情况。在不影响产品生产需要的前提下,供应资金占用越小越好,因此应当进行总量控制。二是单位供应成本,包括采购成本和保管成本。采购成本包括买价、包装费、运输费、途中保险费、途中损耗、入库前的挑选整理费、差旅费等;保管成本则主要包括保险费、财产税以及库中损耗等。上述单位供应成本基本上是变动成本法下的变动成本概念,应建立标准成本进行控制和业绩评价。至于供应部门的其他费用,要么可控程度不高,如工资、办公费、维修费等;要么根本不可控,如自设仓库的折旧费、水电费、空调费、取暖费等,基本上属于固定成本而与存货的供应数量没有关系,对

供应部门的业绩评价也基本上不包括上述内容。

（2）关于生产部门。变动成本法便于业绩评价这一优点在生产部门表现最为突出。生产部门应该只对生产产品的物耗水平负责，直接材料、直接人工和变动性制造费用等方面如有节约或超支，会立即从产品的变动生产成本指标上反映出来。至于固定性制造费用如按期计提的厂房和设备折旧费，其高低通常由管理部门而不是由生产部门负责，对生产部门的业绩评价当然不应包括这部分内容。

（3）关于销售部门。变动成本法便于业绩评价这一优点在销售部门表现得最为直接。销售部门只对销售数量负责，销售越多则业绩越好。生产数量与销售数量之间只是简单的生产数量是销售数量的上限这种关系，销售部门业绩的好与坏只能根据特定时期销售数量的多少独立进行评价，当然不能根据前述的"销量相同而产量不同时各期损益不同"这一不合逻辑的情况来评价。

4. 变动成本法能够促使企业管理者重视销售，防止盲目生产。扩大产品销售从而增加企业利润是一种常识，但是在完全成本法下，却会出现"销售量下降而由于产量大幅上升导致利润不减反增"这样一种极端不正常的现象，这种信息会导致企业盲目生产，结果造成产品积压，而产品积压不仅会导致资金长期占用和保管成本上升，还可能会导致产品的永久性损失，如折价、毁损、报废等。

采用变动成本法后，由于产量的高低与存货的增减对企业的利润均无影响，因此，当销售品种构成、销售价格、单位变动成本不变时，企业利润将只随销售数量的变化而变化，销售量大则利润高。这种信息必然会使管理者更加重视销售环节，把注意力更多地集中在分析市场动态、开拓销售渠道、搞好售后服务这些方面，从而防止盲目生产这一情况的出现。

在分析"完全成本法重视生产而变动成本法重视销售"这一问题时，还必须注意到，随着生产力水平的不断提高，资本有机构成不断上升，设备折旧费这项重要的固定性制造费用在两种成本法下的杠杆作用也会越来越大。也就是说，两种成本计算方法对损益计算的影响差异有可能进一步拉大。

5. 变动成本法可以简化成本计算工作，还可以避免固定性制造费用分摊中的主观臆断性。在变动成本法下，固定性制造费用全部作为期间成本而从贡献毛益中一笔扣除，从而省却了各种固定性制造费用的分摊工作（在完全成本法下则必须分摊）。这样做不仅大大简化了产品成本的计算工作，而且避免了各种固定性制造费用分摊中的主观随意性。在多品种生产的企业，变动成本法的上述优点更为突出。

与完全成本法相比，应该说变动成本法的优点是主要的。正因为如此，不少人认知变动成本法不仅适用于提供与短期决策相关的成本信息，也适用于提供对外报告的成本信息。当然，变动成本法也有一定局限性，主要表现在：

（1）按变动成本法计算的产品成本至少目前还不合乎税法的有关要求。

（2）按成本性态将成本划分为固定成本与变动成本本身的局限性，即这种划分在很大程度上是假设的结果。

（3）当面临长期决策时，变动成本法的作用会随决策期的延长而削弱。

（二）完全成本法的优缺点

完全成本法的优缺点是相对变动成本法而言的，正如变动成本法的优缺点是相对完全成本法而言一样。例如，变动成本法下的产品成本不符合传统的成本概念，而完全成本法下的产品成本就符合传统的成本概念。但变动成本法与完全成本法之间也并不是一种简单的非此即彼的关系。例如，变动成本法使人们更加重视销售环节，当然是优点；而完全成本法使人们重视生产环节（有刺激生产的作用）也不一定就是缺点，至少不一定总是缺点（如当产品供不应求时，生产就是第一位的）。值得一提的是，完全成本法更符合配比原则中的"因果配比"，因为生产产品的成本，无论是直接人工、直接材料还是制造费用，全部都要归集到产品中，并在产品实现销售时从收入中一次扣除。

此外，变动成本法与完全成本法还有共同的局限性：决策是面向未来的，而无论是完全成本法还是变动成本法，都是面向过去的，都是对有关过去经济活动的反映，所以除非它们能协助决策，否则它们所提供的成本信息就没有价值可言。

在评价变动成本法与完全成本法的优劣时，有一个问题应该引起足够的重视，那就是社会经济的发展必然导致资本有机构成的提高，固定性制造费用当然也会提高，相对而言，直接成本特别是直接人工成本在制造成本中所占的比重会越来越小，变动成本法下的成本信息对决策的作用恐怕要进一步分析。

（三）变动成本法的应用

从前面的内容可以看出，完全成本法与变动成本法各有优点和不足，而且从某种意义上讲，双方的不足之处可以通过对方来弥补。例如，完全成本法对企业内部经营管理有很大的局限性，尤其不利于企业的短期决策，而变动成本法则对企业内部经营管理有很大帮助，有利于企业的短期决策。再如，变动成本法不适用于编制对外的会计报表，而完全成本法适用。这些都说明变动成本法与完全成本法之间不会也不应该是排斥关系，而应该是相互结合、相互补充的关系。

完全成本法就是传统的成本计算方法，企业都有一套成熟的计算程序和方法，如何在这个基础上应用变动成本法呢？显然不宜搞两套平行的成本计算系统，而只能以一种成本计算方法为基础来建立统一的成本计算系统。那么，应该以哪一种成本计算方法为基础呢？如前所述，变动成本法的优点是主要的，而且是多方面的，这一方法下的成本信息可以满足企业内部经营管理多方面的需要，而完全成本法的优点主要表现在会计报表的编制上，但这只是一项非经常性的工作（真正意义上的对外报表年报一年只编制一次）。所以，应该以变动成本法为基础建立统一的成本计算系统。以变动成本法为基础还有另一个理由：变动成本法将固定性制造费用全部作为期间成本，只是在编制对外会计报表时作适当的分配调整，以确定应由当期已销产品和期末存货分别负担的份额。这样做不仅可以大大减轻工作量，从手法上讲也更合乎逻辑。这种成本计算系统既在账户层面上将制造费用按成本性态进行划分和归类，满足管理的要求，也兼顾了会计报表对账户信息的要求。

以变动成本法为基础建立统一的成本计算系统，具体做法是：

1. 日常核算以变动成本法为基础，"在产品""产成品"账户均登记变动成本。

2. 设置"变动制造费用"账户，借方用以核算生产过程中发生的变动费用，期末则将其发生额转入"在产品"账户。也可以将"变动制造费用"账户作为"在产品"账户的二级账户处理，这样做更符合传统的成本计算习惯。

3. 设置"固定制造费用"账户，借方用以归集当期发生的固定性制造费用，期末则将应由已销产品负担的部分自贷方转入"销售成本"账户的借方而列入利润表;该账户的期末余额为期末在产品和产成品所应负担的固定性制造费用,期末与"在产品"和"产成品"账户的余额一起合计列入资产负债表的"存货"项下。

4. 设置"变动非制造费用"和"固定非制造费用"账户,借方用以分别归集销售费用和管理费用中的变动部分和固定部分,期末则全部由贷方转入"本年利润"账户。

[例3-12] 设某企业生产单一产品,且期末无在产品,其他有关资料如下:

期初存货	0
当期产量	5 000 件
当期销量	4 000 件
期末存货	1 000 件
单位变动成本	
直接材料	10 元
直接人工	6 元
变动性制造费用	4 元
固定性制造费用	30 000 元
变动性非制造费用(设随销量变动)	16 000 元
固定性非制造费用	50 000 元
单位产品售价	45 元

按照上述账务处理程序计算的结果,列入利润表的产品销售成本为104 000元(变动制造成本80 000元+由已销产品负担的固定制造费用24 000元),与完全成本法下计算的结果104 000元[4 000×(10+6+4+30 000/5 000)]完全一致;而"固定制造费用"的期末余额(即6 000元)则作为期末存货成本的一部分,与"产成品"期末余额一起列入了资产负债表。

建立以变动成本法为基础的统一的成本计算系统,还需要注意以下几个问题:

(1) 企业如生产多种产品,对于某些变动性的共同费用,如服装厂联合剪裁的布料费,仍需首先在各种产品之间进行划分,而且在以这种成本信息进行决策时,还应考虑到关联产品。这是一项基础工作,即使在完全成本法下也要这样做。

(2) 企业如期末有在产品,则需要对在产品的成本进行计算,基本做法和完全成本法一样,只不过"在产品"账户本身只核算变动制造成本。

(3) 企业期末如有存货,则在计算应列入利润表的销售成本时,应注意在连续各期中"固定制造费用"与存货之间的匹配关系。

此外,在以变动成本法为基础设置账户时,企业应结合自己的经营特点设置账户。例如,将直接材料、直接人工和变动制造费用直接作为"在产品(生产成本)"的二级账户;对销售费用和管理费用(它们中绝大多数属于固定成本)仍可沿用企业通常采用的多栏式记账方式,只不过对于其中的变动性费用需要单独列项登记。

如前所述,成本按性态划分具有一定的假设性,当然不能十分精确。事实上,"十分精确"对于企业的决策而言往往是不划算的,因为这样做不仅效率低,而且成本高。尽管如此,做好划分的基础工作仍十分重要,这直接关系到以变动成本法为基础的成本核算系统下的成本信息是否真的有利于企业的决策。此外,现在的会计核算技术手段已经十分发达，数据的分类、汇总、累加、提取和输出均十分方便，只要思路正确、设计得当，其实无论是以变动成本法还是以完全成本法作为成本计算的基础，均可以满足决策和对外报告对成本信息的需求。

实践与巩固

案例资料

课后习题

一、单项选择题

1. 将全部成本分为固定成本、变动成本和混合成本所采用的分类依据是（   ）。
   A. 成本核算目标　　　　　　　　B. 成本的可辨认性
   C. 成本的经济用途　　　　　　　D. 成本的性态
2. 将全部成本分为固定成本、变动成本和混合成本所采用的分类标志是（   ）。
   A. 成本的目标　　　　　　　　　B. 成本的可辨认性
   C. 成本的经济用途　　　　　　　D. 成本的性态
3. 下列各项中，能构成变动成本法产品成本内容的是（   ）。
   A. 变动成本　　　B. 固定成本　　　C. 生产成本　　　D. 变动生产成本
4. 在变动成本法下，固定性制造费用应当列作（   ）。
   A. 非生产成本　　B. 期间成本　　　C. 产品成本　　　D. 直接成本
5. 房屋和机器设备的折旧一般属于（   ）。
   A. 变动成本　　　B. 固定成本　　　C. 混合成本　　　D. 半变动成本
6. 若本期完全成本法计算下的利润小于变动成本法计算下的利润，则（   ）。
   A. 本期生产量大于本期销售量　　　B. 本期生产量等于本期销售量
   C. 期末存货量大于期初存货量　　　D. 期末存货量小于期初存货量
7. 下列叙述正确的是（   ）。
   A. 间接成本是指与成本对象相关联的成本中不能追溯到成本对象的那一部分产品成本
   B. 直接材料、直接人工、燃料和动力、制造费用是现行制度明确规定的四个成本项目，企业不能增加或减少
   C. 凡是在制造过程中耗费的材料，都应该计入直接材料
   D. 管理用的成本数据通常不受统一财务会计制度约束，也不能从财务报表直接获取，故与财务会计中使用的成本概念无关

8. 下列选项中，不属于酌量性固定成本的是（　　）。
   A. 研究开发费　　　　　　　　B. 技术转让费
   C. 管理人员基本工资　　　　　D. 人员培训费

9. 在 Y = a +（　　）x 中，Y 表示总成本，a 表示固定成本，x 表示销售额，则 x 的系数应是（　　）。
   A. 单位变动成本　　B. 单位边际贡献　　C. 变动成本率　　D. 边际贡献率

10. 下列项目中，不能列入变动成本法下的产品成本的是（　　）。
    A. 直接材料　　B. 直接人工　　C. 固定性制造费用　　D. 变动制造费用

11. 单位产品售价减去单位变动成本的差额称为（　　）。
    A. 单位收入　　B. 单位利润　　C. 单位边际贡献　　D. 单位边际贡献率

12. 在应用历史资料分析法进行成本性态分析时，必须首先确定 a，然后才能计算出 b 的方法是（　　）。
    A. 直接分析法　　B. 高低点法　　C. 散布图法　　D. 回归直线法

13. 下列费用中属于约束性固定成本的是（　　）。
    A. 照明费　　B. 广告费　　C. 职工教育培训费　　D. 业务招待费

14. 如果完全成本法期末存货吸收的固定性制造费用大于期初存货释放的固定性制造费用，则两种方法计算的营业利润的差额（　　）。
    A. 一定等于零　　B. 可能等于零　　C. 一定大于零　　D. 一定小于零

15. 下列应计入产品成本的费用是（　　）。
    A. 职工教育经费　　　　　　　B. 生产车间管理人员工资和福利费
    C. 职工死亡丧葬补助费　　　　D. 支付给银行的手续费

16. 在变动成本法中，产品成本是指（　　）。
    A. 制造费用　　B. 生产成本　　C. 变动生产成本　　D. 变动成本

17. 在变动成本法下，销售收入减去变动成本等于（　　）。
    A. 销售毛利　　B. 税后利润　　C. 税前利润　　D. 贡献边际

18. 如果本期销售量比上期增加，则可断定按变动成本法计算的本期营业利润（　　）。
    A. 本期一定等于上期　　　　　B. 本期应当大于上期
    C. 本期应当小于上期　　　　　D. 本期可能等于上期

19. 如果完全成本法期末存货吸收的固定性制造费用大于期初存货释放的固定性制造费用，则两种方法营业利润的差额（　　）。
    A. 一定等于零　　B. 可能等于零　　C. 一定大于零　　D. 一定小于零

20. 在变动成本法下，固定性制造费用应当列作（　　）。
    A. 非生产成本　　B. 期间成本　　C. 产品成本　　D. 直接成本

21. 下列项目中，不能列入变动成本法下产品成本的是（　　）。
    A. 直接材料　　　　　　　　　B. 直接人工
    C. 变动性制造费用　　　　　　D. 固定性制造费用

22. 如果完全成本法的期末存货成本比期初存货成本多 10 000 元，而变动成本法的期末存货成本比期初存货成本多 4 000 元，则可断定两种成本法的营业利润之差为（　　）。
    A. 14 000 元　　B. 10 000 元　　C. 6 000 元　　D. 4 000 元

23. 下列各项中，能反映变动成本法局限性的说法是（　　）。
A. 导致企业盲目生产　　　　　　B. 不利于成本控制
C. 不利于短期决策　　　　　　　D. 不符合传统的成本观念

24. 用变动成本法计算产品成本时，对固定性制造费用的处理时（　　）。
A. 不将其作为费用
B. 将其作为期间费用，全额列入利润表
C. 将其作为期间费用，部分列入利润表
D. 在每单位产品间分摊

二、多项选择题

1. 一般说来，计件工资制下的直接人工费属于（　　）。
A. 固定成本　　　B. 变动成本　　　C. 混合成本　　　D. 半变动成本

2. 变动成本具有以下特征（　　）。
A. 变动成本总额的不变性　　　　B. 单位变动成本的反比例变动性
C. 变动成本总额的变动性　　　　D. 变动成本总额的正比例变动性
E. 单位变动成本的不变性

3. 下列姓名中，属于酌量性固定成本的有（　　）。
A. 研究开发费　　B. 广告费　　　C. 职工培训费　　D. 保险费
E. 财产税

4. 下列费用中，属于约束性固定成本的有（　　）。
A. 折旧费　　　　B. 保险费　　　C. 广告费　　　　D. 职工培训费
E. 财产税

5. 下列成本项目中，（　　）是酌量性固定成本。
A. 新产品开发费　B. 房屋租金　　C. 管理人员工资　D. 广告费
E. 职工培训费

6. 成本性态分析的方法有（　　）。
A. 直接分析法　　B. 历史资料分析法　C. 高低点法　　D. 散布图法
E. 技术测定法

7. 在变动成本法下，产品成本包括（　　）。
A. 变动管理费用　B. 变动销售费用　C. 变动制造费用　D. 直接材料
E. 直接人工

8. 在变动成本下，期间成本通常包括（　　）。
A. 间接人工费　　B. 间接材料费　　C. 固定性制造费用　D. 管理费用
E. 销售费用

9. 以下属于半变动成本的有（　　）。
A. 电话费　　　　B. 煤气费　　　　C. 水电费　　　　D. 折旧费
E. 工资费

10. 完全成本法与变动成本法的区别在于（　　）。
A. 应用的前提条件不同　　　　　B. 产品成本构成内容不同
C. 对固定成本的认识与处理方法不同　D. 常用的销货成本计算公式不同

E. 损益计算程序不同

11. 下列项目中，不会导致完全成本法和变动成本法确定的分期损益不同的是（   ）。
    A. 直接材料　　　　B. 管理费用　　　　C. 财务费用　　　　D. 销售费用
    E. 固定性制造费用

12. 企业中发生的固定资产折旧费用可能是（   ）。
    A. 制造成本　　　　　　　　　　　　B. 非制造成本
    C. 约束性固定成本　　　　　　　　　D. 酌量性固定成本
    E. 可控成本　　　　　　　　　　　　F. 不可控成本

13. 下列属于酌量性变动成本的是（   ）。
    A. 按销售量提取的销售佣金　　　　　B. 商标使用费
    C. 生产一箱啤酒所需的定量啤酒　　　D. 为销售而支付的广告宣传费

14. 下列各项中，属变动成本特征的有（   ）。
    A. 在相关范围内，其成本总额不受产量增减变动的影响
    B. 在相关范围内，其成本总额随着产量的增减成比例变动
    C. 在相关范围内，其单位产品成本不受产量变动的影响而保持不变
    D. 成本总额的变动与产量的变动不保持严格的比例
    E. 其单位产品成本随着产量的增加而相应减少

15. 变动成本法所提供的信息对强化企业管理有相当大的积极作用，比如可以（   ）。
    A. 加强成本管理　　　　　　　　　　B. 促进以销定产
    C. 调动企业增产的积极性　　　　　　D. 简化成本计算
    E. 满足对外报告的需要

16. 在完全成本法下，期间费用包括（   ）。
    A. 制造费用　　　　B. 变动制造费用　　C. 固定制造费用　　D. 推销成本
    E. 管理费用

17. 变动成本法下期间成本包括（   ）。
    A. 管理费用　　　　B. 销售费用　　　　C. 制造费用　　　　D. 固定生产成本
    E. 非生产成本

18. 变动成本法与完全成本法的区别表现在（   ）。
    A. 产品成本的构成　　　　　　　　　B. 存货成本水平不同
    C. 损益确定程序不同　　　　　　　　D. 编制的损益表格式不同
    E. 计算出的营业利润不同

19. 成本按习性进行分类，变动成本包括（   ）。
    A. 变动生产成本　　　　　　　　　　B. 直接材料
    C. 变动制造费用　　　　　　　　　　D. 变动推销及管理费用
    E. 制造费用

20. 在变动成本法下，确定销售产品变动成本主要依据（   ）进行计算。
    A. 销售产品变动生产成本　　　　　　B. 期末存货成本
    C. 期初存货成本　　　　　　　　　　D. 销售收入总额
    E. 销售产品变动推销及管理费用

21. 根据成本按习性分类，（　　）不随产量的变化而变化。
   A. 固定制造费用总额　　　　　　　　B. 单位变动成本
   C. 单位销售成本　　　　　　　　　　D. 单位固定制造费用
   E. 变动生产成本总额

22. 如果两种方法营业利润差额不等于零，则完全成本法期末存货吸收的固定性制造费用与期初存货释放的固定性制造费用的数量关系可能是（　　）。
   A. 前者等于后者　　　　　　　　　　B. 前者大于后者
   C. 前者小于后者　　　　　　　　　　D. 两者为零
   E. 两者不为零

23. 在管理会计中，变动成本法也可称为（　　）。
   A. 直接成本法　　B. 边际成本法　　C. 吸收成本法　　D. 制造成本法
   E. 完全成本法

24. 下列各项中，不可能导致狭义营业利润差额发生的因素包括（　　）。
   A. 单价　　　　B. 销售量　　　C. 变动生产成本　　D. 推销成本
   E. 管理成本

25. 完全成本法计入当期利润表的期间成本包括（　　）。
   A. 固定性制造费用　　　　　　　　　B. 变动性制造费用
   C. 固定性销售和管理费用　　　　　　D. 变动性销售和管理费用
   E. 制造费用

三、判断题

1. 在任何情况下，回归直线法都可以对未来将会发生的成本额进行准确的预测。
   　　　　　　　　　　　　　　　　　　　　　　　　　　　　　　（　　）
2. 成本管理的一个重要目标就是要尽可能地把成本追溯到引起成本的作业活动中。
   　　　　　　　　　　　　　　　　　　　　　　　　　　　　　　（　　）
3. 在采用作业成本计算法以后，间接成本与成本对象之间一般都存在明确的联系，所以间接成本的分配不需要依靠主观判断。　　　　　　　　　　　　　（　　）
4. 分部经理的工资属于间接成本。　　　　　　　　　　　　　　　（　　）
5. 成本发生额与成本动因之间存在完全线性关系时才能够采用回归直线法，不满足完全线性的条件就不能采用。　　　　　　　　　　　　　　　　　　（　　）
6. 管理会计中的成本概念不强调成本发生的时态。　　　　　　　　（　　）
7. 将成本按其可辨认性分为直接成本与间接成本有利于分清各部门责任，考核其工作业绩。　　　　　　　　　　　　　　　　　　　　　　　　　　　（　　）
8. 按变动成本法的解释，期间成本中只包括固定成本。　　　　　　（　　）
9. 当存货量不为零时，按变动成本法确定的存货成本必然小于完全成本法下的存货成本。　　　　　　　　　　　　　　　　　　　　　　　　　　　　（　　）
10. 固定成本在任何条件下，其总额均不随业务量的增减变动发生变化。（　　）
11. 变动成本法与完全成本法的最本质的区别就是两者所提供的信息的用途不同。
    　　　　　　　　　　　　　　　　　　　　　　　　　　　　　　（　　）
12. 变动成本法既有利于短期决策，也有利于长期决策。　　　　　　（　　）

13. 成本性态是指成本发生额和产量之间的依存性。（ ）

14. 电话费和机器的维护费用都可以视为以一定初始量为基础的变动成本。（ ）

15. 高低点法和散布图法精确度较差，但是在某些情况下，可以得到和回归直线法相同的结论。（ ）

四、简答题

1. 简述成本性态的特点。

2. 简述成本性态分析的程序。

3. 变动成本法与完全成本法相比有哪些区别？

4. 变动成本法与完全成本法相比在损益确定方面与哪些不同？

五、计算题

1. 某企业生产 A 产品（单一产品），本月发生有关费用如下。

（1）耗用原材料 600 000 元。其中：产品生产耗用 500 000 元，车间一般耗用 80 000 元，行政管理部门耗用 20 000 元。

（2）本月发生工资费用 200 000 元，其中：产品生产工人工资 120 000 元，车间管理人员工资 30 000 元，行政管理部门人员工资 50 000 元。

（3）按工资总额的 14% 计提职工福利费。

（4）计提本月折旧 100 000 元，其中车间应提 60 000 元，厂部应提 40 000 元。

（5）预提短期借款利息 80 000 元。

（6）支付购买印花税票款 300 元。

（7）本月应交房产税、土地使用税和车船使用税共 50 000 元。

（8）本月支付办公费等其他费用 40 000 元，其中：生产车间耗用 10 000 元，行政管理部门耗用 30 000 元。

要求：如果按产品的经济用途分类，计算产品成本各个项目的金额。

2. 宏达公司 2008 年下半年各月的机器设备维修费资料如下所示：

月份	业务量（千机器小时）	维修费（元）
7	40	580
8	32	500
9	52	700
10	48	660
11	56	740
12	44	625

要求：

（1）根据上述资料采用高低点法将维修费分解为固定成本和变动成本，并写出成本公式。

（2）根据上述资料采用回归直线法将维修费分解为固定成本和变动成本，并写出成本公式。

（3）2009年1月，该公司计划使用机器时数为55千机器小时，则预计的机器设备维修费应为多少？

3. 讯达工厂过去一年十二个月中最高业务量和最低业务量下的制造费用总额如下：

摘要	高点（10月）	低点（3月）
业务量（机器小时）	75 000	50 000
制造费用总额（元）	176 250	142 500

上表制造费用总额中包括变动成本、固定成本和混合成本三类。该厂会计部门对低点月份业务量为50 000机器小时的制造费用总额做了分析，其各类成本的组成情况如下：

变动成本总额　　50 000元
固定成本总额　　60 000元
混合成本总额　　32 500元
制造费用总额　　142 500

要求：

（1）采用高低点法将该厂的混合成本分解为变动成本与固定成本，并写出成本公式。
（2）若该厂计划期的生产能量为65 000机器小时，则其制造费用总额将为多少？

4. 假定某企业只产销一种产品，其有关资料如下：生产量2 000件，销售量1 800件，期初存货0件，边际贡献率60%，原材料6 000元，计件工资4 000元，其他变动性制造费用每件0.4元，固定性制造费用总额2 000元，变动性销售与管理费用每件0.2元，固定性销售与管理费用总额为300元。要求：

（1）根据给定的边际贡献率确定售价；
（2）用两种方法计算单位产品成本；
（3）用两种成本法编制损益表；
（4）说明两种成本法计算的营业利润不同的原因。

5. 已知：某企业本期有关资料如下：单位直接材料成本10元，单位直接人工成本5元，单位变动性制造费用7元，固定性制造费用总额4 000元，单位变动性销售与管理费用4元，固定性销售与管理费用1 000元。期初存货为零，本期生产量1 000件，销售量600件，单位售价40元。

要求：分别按两种成本法的有关公式计算下列指标：（1）单位产品成本；（2）期间成本；（3）销货成本；（4）营业利润。

6. 某公司只生产一种产品，第一年和第二年产量分别为8 000件和5 000件，销售量分别为7 000件和6 000件。每件产品售价为50元，生产成本为：每件变动生产成本10元，固定生产成本每件发生额80 000元，变动性销售与管理费用为每件5元，固定性销售与管理费用每年60 000元。要求：

（1）分别采用两种成本法计算产品单位成本；
（2）分别采用两种成本法计算营业利润；
（3）分析两种成本计算的营业利润发生差异的原因，并进行调整。

第四章 "本—量—利"分析

☞ **学习目标**
1. 掌握"本—量—利"的基本原理和分析方法。
2. 理解"本—量—利"分析的基本假设和成本按性态划分的意义。
3. 了解"本—量—利"分析在预测、决策中的作用。

第一节 "本—量—利"分析的基本模型

促使人们研究成本、数量和利润之间关系的动因,是传统的成本分类不能满足企业决策、计划和控制的要求。企业的这些内部经营管理工作,通常以数量为起点,以利润为目标。企业管理人员在决定生产和销售数量时,需要认知对企业利润的影响,这又需要确定收入和成本。对于收入,很容易根据数量和单价来估计,而成本则不然。无论是总成本还是单位成本,企业管理人员都感到难以把握。他们不能简单直接地按产品单位成本乘以产销数量来估计总成本,因为数量变化之后,单位成本也会变化。管理人员需要一个数学模型,这个模型应当除了业务量和利润之外都是常数,使业务量和利润之间建立起直接的函数关系。这样,他们可以利用这个模型,在业务量变动时估计其对利润的影响,或者在目标利润变动时计算出完成目标所需要的业务量水平。建立这样一个模型的主要障碍是成本与业务量之间的数量关系不清楚。为此,人们首先研究成本和业务量之间的关系,并确立了成本按性态的分类,然后在此基础上明确成本、数量和利润之间的相互关系。

在把成本分解成固定成本和变动成本两部分之后,再把收入和利润加进来,成本、销量和利润的关系就可以统一于一个数学模型中。

一、损益方程式

(一) 基本的损益方程式

目前企业通常运用损益法来计算利润,即首先确定一定期间的收入,然后计算与收入相配比的成本,两者之差为期间利润。基本的损益方程式推演如下(式中,"单位售价"简写为"单价"。下同):

利润 = 销售收入 − 总成本

由于:

总成本＝变动成本＋固定成本＝单位变动成本×产量＋固定成本

销售收入＝单价×销量

假设产量和销量相等，则有：

利润＝单价×销量－单位变动成本×销量－固定成本

这个方程式是明确表达"本—量—利"之间数量关系的基本方程式，它含有5个相互联系的变量，给定其中4个，便可求出第5个变量的值。

在规划期间利润时，通常把单价、单位变动成本和固定成本视为稳定的常量，只有销量和利润两个自由变量。给定销量时，可利用方程式直接计算出预期利润；给定目标利润时，可直接计算出应达到的销售量。

[例4-1] 某企业每月固定成本为1 000元，仅生产一种产品，销售单价为10元，单位变动成本为6元，本月计划销量500件，问预期利润是多少？

将有关数据代入损益方程式：

利润＝单价×销量－单位变动成本×销量－固定成本
　　　＝10×500－6×500－1 000＝1 000（元）

这个方程式是一种最基本的形式，它可以根据所需计算的问题变换成其他形式，或者根据企业具体情况增加一些变量，成为更复杂、更接近实际的方程式。损益方程式实际上是损益表的模型化表达，不同的损益表可以构造出不同的模型。

（二）包含期间成本的损益方程式

为符合多步式利润表的结构，不但要分解产品的生产成本，而且要分解销售费用、管理费用等期间成本。将它们分解以后，方程式为：

税前利润＝单价×销量－（单位变动产品成本＋单位变动销售和管理费）×销量
　　　　　－（固定产品成本＋固定销售和管理费）

该损益方程式假设税前利润的影响因素只有销售收入、生产成本、管理费用和销售费用，省略了税金及附加、财务费用、资产减值损失、投资收益和营业外收支等因素。

（三）计算税后利润的损益方程式

企业所得税费用是基于企业利润总额和适用的企业所得税税率计算的，并从利润总额中减除，既不是变动成本也不是固定成本。计算税后利润的损益方程式推演如下：

税后利润＝利润总额－所得税费用＝利润总额－利润总额×所得税税率
　　　　　＝利润总额×(1－所得税税率)

将损益方程式代入上式的"利润总额"：

税后利润＝(单价×销量－单位变动成本×销量－固定成本)×(1－所得税税率)

此方程式经常被用来计算实现目标利润所需的销量，为此，常用下式表达：

$$销量 = \frac{固定成本 + \dfrac{税后利润}{1-所得税税率}}{单价 - 单位变动成本}$$

二、边际贡献方程式

(一) 边际贡献

边际贡献是指销售收入减去变动成本后的差额。其基本表达式为:

边际贡献 = 销售收入 − 变动成本

计算单位产品边际贡献的表达式如下:

单位边际贡献 = 单价 − 单位变动成本

边际贡献是产品扣除自身变动成本后给企业所作的贡献。它首先用于补偿企业的固定成本,如果还有剩余才形成利润,如果不足以补偿固定成本则产生亏损。

由于变动成本既包括生产制造过程的变动成本,即产品的生产变动成本(简称产品变动成本),也包括销售、管理费用中的变动成本,即期间变动成本,所以边际贡献也可以具体分为制造边际贡献(生产边际贡献)和产品边际贡献(总营业边际贡献)。

销售收入 − 产品变动成本 = 制造边际贡献

制造边际贡献 − 变动销售和管理费用 = 产品边际贡献

通常,如果在"边际贡献"前未加任何定语时,则是指"产品边际贡献"。

(二) 边际贡献率

边际贡献率是指边际贡献在销售收入中所占的百分率。其表达式为:

$$边际贡献率 = \frac{单位边际贡献}{单价} \times 100\%$$

通常,"边际贡献率"是指产品边际贡献率。

边际贡献率,可以理解为每 1 元销售收入中边际贡献所占的比重,它反映产品给企业作出贡献的能力。

与边际贡献率相对应的概念是变动成本率。

$$边际贡献率 = \frac{边际贡献}{销售收入} \times 100\% = \frac{单位边际贡献 \times 销量}{单价 \times 销量} \times 100\%$$

即变动成本在销售收入中所占的百分率。

$$变动成本率 = \frac{变动成本}{销售收入} \times 100\% = \frac{单位变动成本 \times 销量}{单价 \times 销量} \times 100\%$$

$$= \frac{单位变动成本}{单价} \times 100\%$$

由于销售收入被分为变动成本和边际贡献两部分,前者是产品自身的耗费,后者是给企业作的贡献,两者百分率之和应等于 1。

$$变动成本率 + 边际贡献率 = \frac{单位变动成本}{单价} + \frac{单位边际贡献}{单价}$$

$$= \frac{单位变动成本 + (单价 − 单位变动成本)}{单价}$$

$$= 1$$

(三) 边际贡献方程式

由于创造了"边际贡献"这个新概念，前列的基本的损益方程式可以改写成新的形式。
因为：利润 = 销售收入 − 变动成本 − 固定成本 = 边际贡献 − 固定成本；
所以：利润 = 销量 × 单位边际贡献 − 固定成本。
这个方程式，也可以明确表达"本—量—利"之间的数量关系。

(四) 边际贡献率方程式

上述边际贡献方程式，还可以利用"边际贡献率"改写成下列形式。
因为：

$$边际贡献率 = \frac{边际贡献}{销售收入} \times 100\%$$

边际贡献 = 销售收入 × 边际贡献率
利润 = 边际贡献 − 固定成本
所以：
利润 = 销售收入 × 边际贡献率 − 固定成本
边际贡献率方程式可以用于多品种企业。由于多种产品的销售收入可以直接相加，因此，问题的关键是计算多种产品的加权平均边际贡献率。

三、"本—量—利"关系图

将成本、销量、利润的关系反映在直角坐标系中，即成为"本—量—利"关系图，因其能清晰地显示企业不盈不亏时应达到的产销量，故又称为盈亏临界图或损益平衡图。用图示表达"本—量—利"的相互关系，不仅形象直观、一目了然，而且容易理解。

根据资料的多少和目的不同，"本—量—利"关系图有多种形式。

(一) 基本的"本—量—利"关系图

图 4−1 是根据例 4−1 中的有关数据绘制的基本的"本—量—利"关系图。

(1) 基本的"本—量—利"关系图绘制步骤：①选定直角坐标系，以横轴表示销售数量，纵轴表示成本和销售收入的金额；②在纵轴上找出固定成本数值，以此点（0，固定成本值）为起点，绘制一条与横轴平行的固定成本线 P；③以点（0，固定成本值）为起点，以单位变动成本为斜率，绘制总成本线 V；④以坐标原点（0，0）为起点，以单价为斜率，绘制销售收入线 S。

(2) 基本的"本—量—利"关系图表达的意义：①固定成本线与横轴之间的距离为固定成本值，它不因产量增减而变动；②总成本线与固定成本线之间的距离为变动成本，它随产量而呈正比例变化；③总成本线与横轴之间的距离为总成本，它是固定成本与变动成本之和；④销售收入线与总成本线的交点（P）R 是盈亏临界点。它在横轴上对应的销售量是 250 件，表明企业在此销售量下总收入与总成本相等，既没有利润，也不发生亏损。在此基础上，增加销售量，销售收入超过总成本，S 和 V 的距离为利润值，形成利润区；反之，形成亏损区。

图 4-1 中的销售量（横轴）不仅可以使用实物量表示，也可以使用金额来表示，其绘制方法与前面介绍的大体相同。通常，这种图画呈正方形，如图 4-2 所示。

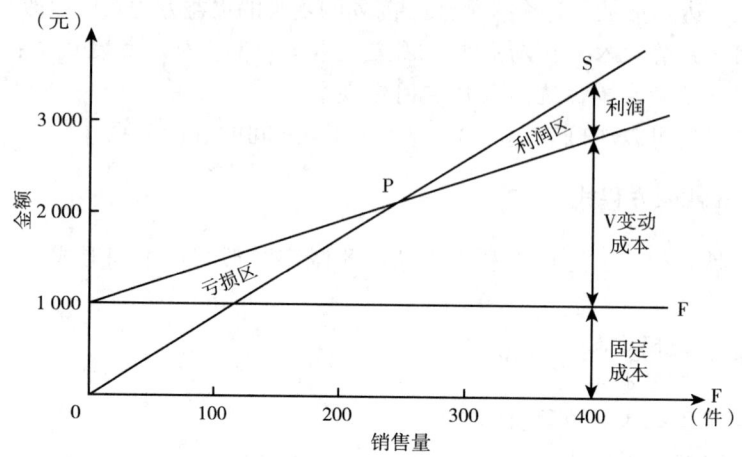

图 4-1 基本的"本—量—利"关系

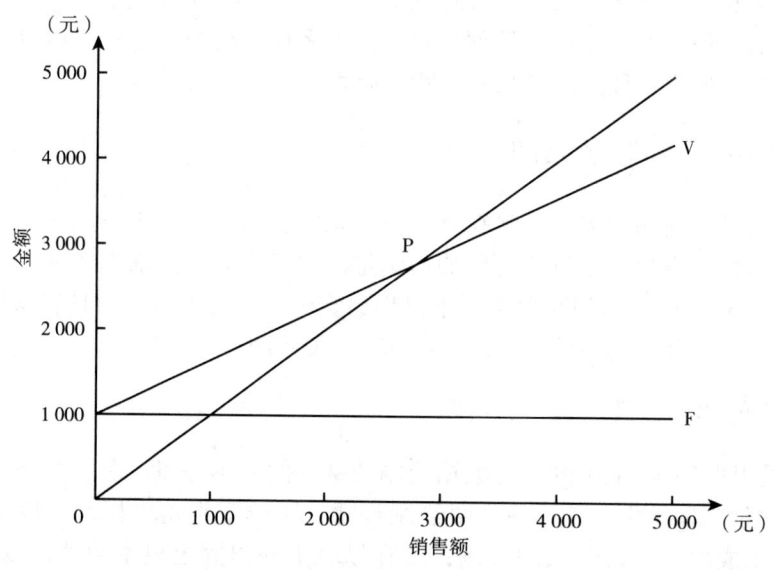

图 4-2 正方形"本—量—利"关系

在绘制时，销售收入线 S 为从原点出发的对角线，其斜率为 1；总成本线 V 从点（0，固定成本值）出发，斜率为变动成本率。这种图不仅用于单一产品，还可用于多种产品的情况，只不过需要计算加权平均的变动成本率。

（二）边际贡献式的"本—量—利"关系图

图 4-3 是根据例 4-1 中的有关资料绘制的边际贡献式的"本—量—利"关系图。

绘制边际贡献式"本—量—利"关系图，是先画变动成本线 V，然后在此基础上以点（0，固定成本值）为起点画一条与变动成本线 V 平行的总成本线 T。其他部分，绘制方法与基本的"本—量—利"关系图相同。

这种图的主要优点是可以表示边际贡献的数值。企业的销售收入 S 随销售量呈正比例增长。这些销售收入首先用于补偿产品自身的变动成本,剩余额是边际贡献即 SV。边际贡献随销量增加而扩大,当其达到固定成本值(P 点)时,企业处于盈亏临界(或平衡)状态,即保本状态;当边际贡献超过固定成本后,企业进入盈利状态。

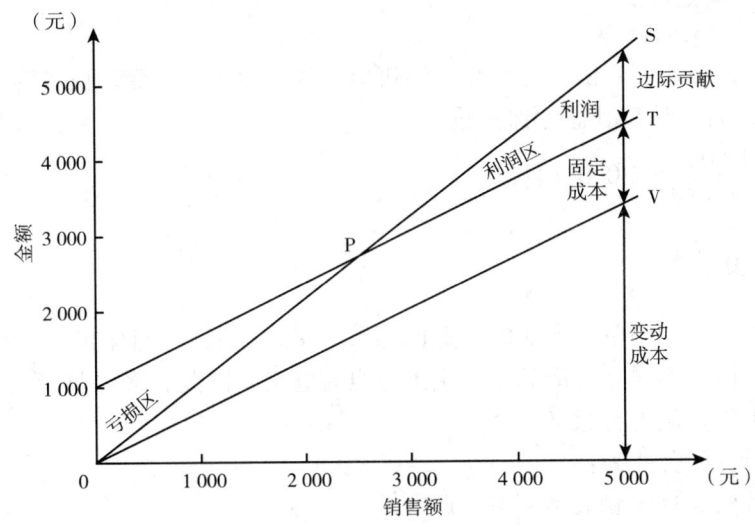

图 4-3 边际贡献式"本—量—利"关系

利用上述损益式方程、边际贡献方程和本量利关系图,可以分析销量、成本和价格发生变动时对利润的影响,以及实现目标利润所需的产销量、收入和成本。

第二节 保本分析

保本分析是基于本量利基本关系原理进行的损益平衡分析或盈亏临界分析。它主要研究如何确定保本点,以及有关因素变动的影响,为决策提供超过哪个业务量企业会有盈利,或者低于哪个业务量企业会亏损等信息。

保本点,亦称盈亏临界点(本书中"保本点"与"盈亏临界点"同义),是指企业收入和成本相等的经营状态,即边际贡献等于固定成本时企业所处的既不盈利又不亏损的状态。通常用一定的业务量(保本量或保本额)来表示。

一、保本量分析

对生产销售单一产品的企业来说,保本点的计算并不困难。
由于计算利润的公式为:
利润 = 单价 × 销量 − 单位变动成本 × 销量 − 固定成本
令利润 = 0,此时的销售量即为保本量:
0 = 单价 × 保本量 − 单位变动成本 × 保本量 − 固定成本

$$\text{保本量} = \frac{\text{固定成本}}{\text{单价} - \text{单位变动成本}}$$

又由于:

单价 - 单位变动成本 = 单位边际贡献

所以,上式又可写成:

$$\text{保本量} = \frac{\text{固定成本}}{\text{单位边际贡献}}$$

[**例 4-2**] 某企业仅产销一种产品,销售单价为 2 元,单位变动成本为 1.20 元,固定成本为 1 600 元/月,计算其盈亏保本量。

$$\text{保本量} = \frac{1\ 600}{2 - 1.20} = 2\ 000\ (\text{件})$$

二、保本额分析

在现代经济中,产销单一产品的企业已为数不多,大多数企业同时产销多种产品。在多品种情况下,由于不同品种产品销售量加总没有意义,因此,多品种情况下总体或综合盈亏平衡状态下销售额更有意义。

由于利润计算的公式为:

利润 = 销售额 × 边际贡献率 - 固定成本

令利润 = 0,此时的销售额即为保本额:

0 = 保本额 × 边际贡献率 - 固定成本

$$\text{保本额} = \frac{\text{固定成本}}{\text{边际贡献率}}$$

根据例 4-2 的资料:

$$\text{保本额} = \frac{1\ 600}{(2 - 1.20) \div 2} = \frac{1\ 600}{40\%} = 4\ 000\ (\text{元})$$

三、与保本点有关的指标

(一)盈亏临界点作业率

盈亏临界点作业率,是指盈亏临界点销售量占企业实际或预计销售量的比重。由于管理会计的主要任务是控制现在或规划未来,因此,实际或预计的销售量(额)就是指现在或未来的正常销售量(额),所谓正常销售量,是指正常市场和正常开工情况下企业的销售数量,也可以用销售额来计算。

盈亏临界点作业率的计算公式如下:

$$\text{盈亏临界点作业率} = \frac{\text{盈亏临界点销售量}}{\text{实际或预计销售量}} \times 100\%$$

这个比率表明企业保本的业务量在实际或预计业务量中所占的比重。由于多数企业的生产经营能力是按实际或预计销售量来规划的,生产经营能力与实际或预计销售量基本相同,因此,盈亏临界点作业率还表明保本状态下的生产经营能力的利用程度。

如果例 4-2 中的企业实际或预计销售额为 5 600 元，盈亏临界点销售额为 4 000 元，则：

盈亏临界点作业 ×100% =80%

计算表明，该企业的作业率必须达到正常作业的 80% 以上才能获得盈利，否则就会发生亏损。

（二）安全边际和安全边际率

安全边际，是指实际或预计的销售额超过盈亏临界点销售额的差额，表明销售额下降多少企业仍不至亏损。

安全边际的计算公式如下：

安全边际 = 实际或预计销售额 - 盈亏临界点销售额

根据例 4-2 中的有关数据计算：

安全边际 = 5 000 - 4 000 = 1 000（元）

企业有时为了考察当年的生产经营安全情况，还可以用本年实际订货额代替实际或预计销售额来计算安全边际。企业生产经营的安全性，还可以用安全边际率来表示，即安全边际与实际或预计销售额（或当年实际订货额）的比值。安全边际率的计算公式如下：

$$安全边际率 = \frac{安全边际}{实际或预计销售额（或实际订货额）} \times 100\%$$

根据例 4-2 的有关资料计算：

$$安全边际率 = \frac{1\ 000}{5\ 000} \times 100\% = 20\%$$

安全边际和安全边际率的数值越大，企业发生亏损的可能性越小，企业就越安全。安全边际率是相对指标，便于不同企业和不同行业的比较。盈亏临界点作业率和安全边际率可用图 4-4 来表示。

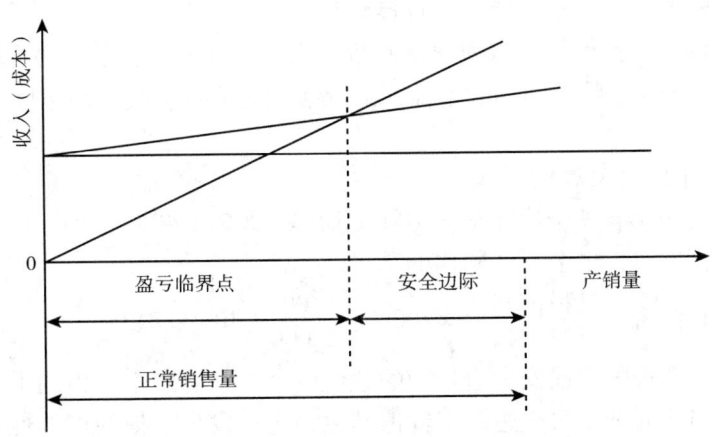

图 4-4　盈亏临界点作业率和安全边际率

从图 4-4 可以看出，盈亏临界点正常销售分为两部分：一部分是盈亏临界点销售额；另一部分是安全边际。即：

正常销售额 = 盈亏临界点销售额 + 安全边际额

上述公式两端同时除以正常销售额得：

1 = 盈亏临界点作业率 + 安全边际率

根据例 4-2 中的有关数据计算：

盈亏临界点作业率 + 安全边际率 = 80% + 20% = 1

从图 4-4 还可以看出，只有安全边际才能为企业提供利润，而盈亏临界点销售额扣除变动成本后只能为企业补偿固定成本。安全边际部分的销售额减去其自身变动成本后成为企业息税前利润，即安全边际中的边际贡献等于企业利润。这个结论可以通过下式证明：

息税前利润 = 销售收入 − 变动成本 − 固定成本 = 边际贡献 − 固定成本
　　　　　 = 销售收入 × 边际贡献率 − 固定成本
　　　　　 = 销售收入 × 边际贡献率 − 盈亏临界点销售收入 × 边际贡献率
　　　　　 = (销售收入 − 盈亏临界点销售收入) × 边际贡献率

所以有：

息税前利润 = 安全边际 × 边际贡献率

根据例 4-2 中有关数据计算：

边际贡献率 = $\frac{单价 - 单位变动成本}{单价} \times 100\% = \frac{2 - 1.2}{2} \times 100\% = 40\%$

安全边际 = 5 000 − 4 000 = 1 000（元）

利润 = 安全边际 × 边际贡献率 = 1 000 × 40% = 400（元）

用常规的方法计算利润，也会得到相同的结果。

息税前利润 = 销售收入 − 变动成本 − 固定成本
　　　　　 = 5 000 − 2 500 × 1.2 − 1 600 = 400（元）

$\frac{息税前利润}{销售收入} = \frac{安全边际}{销售收入} \times 边际贡献率$

销售息税前利润率 = 安全边际率 × 边际贡献率

这为我们提供了一种计算销售利润率的新方法，并且表明，企业要提高销售息税前利润率，就必须提高安全边际率（即降低盈亏临界点作业率），或提高边际贡献率（即降低变动成本率）。

根据例 4-2 中的有关数据计算：

销售息税前利润率 = 安全边际率 × 边际贡献率 = 20% × 40% = 8%

用常规的计算方法，也会得到同样的结果：

销售息税前利润率 = $\frac{息税前利润}{销售收入} \times 100\% = \frac{400}{5\ 000} \times 100\% = 8\%$

一般而言，安全边际量或安全边际额的数值越大，企业发生亏损的可能性就越小，企业也就越安全。与此同理，安全边际率数值越大，企业发生亏损的可能性就越小，说明企业的业务经营也就越安全。

第三节　保利分析

保利分析是基于本—量—利基本关系原理进行的确保达到既定的目标利润的分析。它主要研究如何确定保利点，以及有关因素变动的影响（即敏感分析，将于下一节讨论）。

前述盈亏平衡分析或保利分析是以企业利润为零即不盈不亏为前提的，然而，企业不会满足于盈亏平衡，更需要有盈利目标，否则就无法生存和发展。

这里保利分析需确定的保利点，是在单价和成本水平一定的情况下，为确保预先制定的目标利润可以实现，而必须达到的销售量或销售额。

一、保利量分析

保利量就是使企业实现目标利润所需完成的业务量。

假设在没有企业所得税的情况下：

目标利润 = 单价 × 销量 − 单位变动成本 × 销量 − 固定成本

$$保利量 = \frac{固定成本 + 目标利润}{单价 - 单位变动成本} = \frac{固定成本 + 目标利润}{单位边际贡献}$$

假设存在企业所得税：

税后目标利润 =（单价 × 销量 − 单位变动成本 × 销量 − 固定成本）
　　　　　　× (1 − 企业所得税税率)

$$保利量 = \frac{固定成本 + \dfrac{税后目标利润}{1 - 企业所得税税率}}{单价 - 单位变动成本}$$

$$= \frac{固定成本 + \dfrac{税后目标利润}{1 - 企业所得税税率}}{单位边际贡献}$$

二、保利额分析

保利额是企业为实现既定的目标利润所需的业务额。保利额可在保利量计算公式的基础上乘以单价加以计算，在不存在企业所得税的情况下，公式为：

$$保利额 = \frac{固定成本 + 目标利润}{单价 - 单位变动成本} \times 单价 = \frac{固定成本 + 目标利润}{边际贡献率}$$

假设存在企业所得税，计算保利额的公式为：

$$保利额 = \frac{固定成本 + \dfrac{税后目标利润}{1 - 企业所得税税率}}{单价 - 单位变动成本} \times 单价$$

$$= \frac{固定成本 + \dfrac{税后目标利润}{1 - 企业所得税税率}}{边际贡献率}$$

如果例 4 − 2 中目标利润为 1 500 元，不存在企业所得税，则：

$$\text{保利量} = \frac{1\,600 + 1\,500}{2 - 1.20} = 3\,875 \text{（件）}$$

$$\text{保利额} = \frac{1\,600 + 1\,500}{(2 - 1.20) \div 2} = 7\,750 \text{（元）}$$

假设企业所得税税率为25%，则：

$$\text{保利量} = \frac{1\,600 + 1\,500 \div (1 - 25\%)}{2 - 1.20} = 4\,500 \text{（件）}$$

$$\text{保利额} = \frac{1\,600 + 1\,500 \div (1 - 25\%)}{(2 - 1.20) \div 2} = 9\,000 \text{（元）}$$

第四节　敏感性分析

一、利润敏感分析的含义

在前述保本分析和保利分析中，隐含着一个假定，即除待求变量外的其他参数都是确定不变的。实际上，由于商品市场的变化（如供求数量、原材料价格、产品价格等的变动）和企业生产技术条件的变化（如原材料消耗、工时消耗水平等的变动），会引起模型中的参数发生变化，势必对原已计算的盈亏临界点、目标利润或目标销售量产生影响。经营者希望事先预知掌握有关参数可能变化的影响程度，以便在变化发生时及时采取对策，调整企业计划，使生产经营活动始终控制在最有利的状态。敏感性是解决类似问题的一种可取方法。

基于本—量—利关系的利润敏感分析，主要研究分析有关参数发生多大变化会使盈利转为亏损，各参数变化对利润变化的影响程度，以及各因素变动时如何调整应对，以保证原目标利润的实现。

[例4-3] 某企业只生产一种产品，销售单价为2元，单位变动成本为1.20元，预计明年固定成本为40 000元，产销量计划达100 000件。假设没有利息支出和所得税，则明年预计利润为：

$P = 100\,000 \times (2 - 1.20) - 40\,000 = 40\,000$（元）

有关的敏感分析如下：

销售单价、单位变动成本、产销量和固定成本的变化，会影响利润的高低。这种变化达到一定程度，会使企业利润消失，进入盈亏临界状态，使企业的经营状况发生质变。敏感分析的目的之一，就是提供能引起目标发生质变的各参数变化的界限，其方法称为最大取小法。

1. 销售单价的最小值。单价下降会使利润下降，下降到一定程度，利润将变为零，它是企业能忍受的销售单价最小值。

设销售单价为SP：

$100\,000 \times (SP - 1.20) - 40\,000 = 0$

$SP = 1.60$（元）

销售单价降至1.60元，即降低20%（0.4÷2）时企业由盈利转入亏损。

2. 单位变动成本的最大值。单位变动成本上升会使利润下降，并逐渐趋近于零，此时的单位变动成本是企业能忍受的最大值。

设单位变动成本为 VC：

$100\,000 \times (2 - VC) - 40\,000 = 0$

$VC = 1.60$（元）

单位变动成本由 1.20 元上升至 1.60 元时，企业利润由 40 000 元降至零。此时，单位变动成本上升了 33%（$0.40 \div 1.20$）。

3. 固定成本最大值。固定成本上升也会使利润下降，并趋近于零。

设固定成本为 FC：

$100\,000 \times (2 - 1.20) - FC = 0$

$FC = 80\,000$（元）

固定成本增至 80 000 元时，企业由盈利转为亏损，此时固定成本增加了 100%（$40\,000 + 40\,000$）。

4. 销售量最小值。销售量最小值，是指使企业利润为零的销售量，它就是盈亏临界点销售量，其计算方法在前面已介绍过。

$B = \dfrac{40\,000}{2 - 1.20} = 50\,000$（件）

销售计划如果只完成 50%（$50\,000 \div 100\,000$），则企业利润为零。

二、各参数的敏感系数计算

各参数变化都会引起利润的变化，但其影响程度不相同。有的参数发生微小变化，就会使利润发生很大的变动，如果利润对这些参数的敏感系数绝对值大于 1，我们称这类参数为敏感因素。如果利润对这些参数的敏感系数绝对值小于 1，则我们称这类参数为不敏感因素。

反映敏感程度的指标是敏感系数：

$$敏感系数 = \dfrac{目标值变动百分比}{参量值变动百分比}$$

下面仍以例 4-3 中的数字为基础，进行敏感程度的分析：

1. 单价的敏感程度。设单价增长 20%，则：

$SP = 2 \times (1 + 20\%) = 2.40$（元）

按此单价计算，利润为：

$P = 100\,000 \times (2.40 - 1.20) - 40\,000 = 80\,000$（元）

按例 4-3 利润为 40 000 元，其变化率为：

$$目标值变动百分比 = \dfrac{80\,000 - 40\,000}{40\,000} = 100\%$$

$$单价的敏感系数 = \dfrac{100\%}{20\%} = 5$$

这就是说，单价对利润的影响很大，从百分率来看，利润以 5 倍的速率随单价变化。提价似乎是提高盈利的最有效手段，价格下跌也将是企业的最大威胁。经营者根据敏感系数知道，每降价企业将失去 5% 的利润，必须格外予以关注。

2. 单位变动成本的敏感程度。设单位变动成本增长 20%，则：

VC = 1.20 × (1 + 20%) = 1.44（元）

按此单位变动成本计算，利润为：

P = 100 000 × (2 - 1.44) - 40 000 = 16 000（元）

按例 4 - 3 利润为 40 000 元，其变化率为：

$$目标值变动百分比 = \frac{16\,000 - 40\,000}{40\,000} = -60\%$$

$$单位变动成本的敏感系数 = \frac{-60\%}{20\%} = -3$$

由此可见，单位变动成本对利润的影响比单价要小，单位变动成本每上升 1%，利润将减少 3%。但是，敏感系数绝对值大于 1，说明变动成本的变化会造成利润更大的变化，仍属于敏感因素。

3. 固定成本的敏感程度。设固定成本增长 20%，则：

FC = 40 000 × (1 + 20%) = 48 000（元）

按此固定成本计算，利润为：

P = 100 000 × (2 - 1.20) - 48 000 = 32 000（元）

按原例利润为 40 000 元，其变化率为：

$$目标值变动百分比 = \frac{32\,000 - 40\,000}{40\,000} = -20\%$$

$$固定成本的敏感系数 = \frac{-20\%}{20\%} = -1$$

4. 销售量的敏感程度。设销量增长 20%，则：

Q = 100 000 × (1 + 20%) = 120 000（件）

按此计算利润：

P = 120 000 × (2 - 1.20) - 40 000 = 56 000（元）

利润的变化率：

$$目标值变动百分比 = \frac{56\,000 - 40\,000}{40\,000} = 40\%$$

$$销量的敏感系数 = \frac{40\%}{20\%} = 2$$

就本例而言，影响利润的各因素中，敏感因素依次为：

(1) 销售单价，敏感系数为 5；

(2) 单位变动成本，敏感系数为 -3；

(3) 销量敏感系数；

(4) 固定成本，敏感系数为 -1。其中，敏感系数为正值的，表明它与利润为同向增减；敏感系数为负值的，表明它与利润为反向增减。

敏感系数提供了各因素变动百分比和利润变动百分比之间的比例，但不能直接显示变化后的利润额。为了弥补这种局限，有时需要编制利润的敏感分析表，列示各因素变动百分率及相应的利润金额，如表 4 - 1 所示。

表 4-1　　　　　　　各因素变动百分率及相应利润　　　　　　单位：元

项目利润额变动百分比	-20%	-10%	0	+10%	+20%
单价	0	20 000	40 000	60 000	80 000
单位变动成本	64 000	52 000	40 000	28 000	16 000
固定成本	48 000	44 000	40 000	36 000	32 000
销量	24 000	32 000	40 000	48 000	56 000

在表 4-1 中，各因素变动的百分比通常以 ±20% 为范围，便可以满足实际需要。表 4-1 以 10% 为间隔，也可以根据实际需要改为 5%。

实践与巩固

案例资料

课后习题

一、单项选择题

1. 下列（　　）会使盈亏临界点发生变化。
   A. 由于增加设备而增加固定成本　　B. 变动成本总额随产量增加而增加的部分
   C. 销售量增加　　　　　　　　　　D. 产量减少

2. 下列指标中，可据以判定企业经营安全程度的指标是（　　）。
   A. 保本量　　B. 贡献边际　　C. 保本作业率　　D. 保本额

3. 当企业的业务量达到盈亏临界点时，其贡献毛益总额等于（　　）。
   A. 总成本　　B. 变动成本总额　　C. 固定成本总额　　D. 零

4. （　　）被称为本量利分析的基础，也是本量利分析最基本的出发点。
   A. 成本性态分析假设　　　　　　　B. 相关范围及线性假设
   C. 产销平衡假设　　　　　　　　　D. 品种结构不变假设

5. 在各种类型的盈亏临界图中，（　　）更符合变动成本法的思路。
   A. 传统式　　B. 单位式　　C. 量利式　　D. 贡献毛益式

6. 当单价单独变动时，安全边际（　　）。
   A. 不会随之变动　　　　　　　　　B. 不一定随之变动
   C. 将随之发生同方向变动　　　　　D. 将随之发生反方向变动

7. 已知企业只生产一种产品，单价 5 元，单位变动成本 3 元，固定成本总额 600 元，则保本销售量为（　　）。

A. 200 件　　　　B. 300 件　　　　C. 120 件　　　　D. 400 件

8. 下列关于安全边际和贡献毛益的表述中，错误的是（　　）。
A. 贡献毛益的大小与固定成本的多少无关
B. 提高安全边际或提高贡献毛益率，可以提高利润
C. 降低安全边际率或提高贡献毛益率，可以提高销售利润率
D. 提高安全边际或提高边际贡献率，可以提高利润

9. 根据"本—量—利"分析原理，只提高安全边际而不会降低盈亏临界点的措施是（　　）。
A. 提高单价　　　　　　　　　　B. 增加产销量
C. 压缩固定成本　　　　　　　　D. 降低单位变动成本

10. 已知企业只生产一种产品，单位变动成本为每件45元，固定成本总额60 000元，产品单价为120元，为使安全边际率达到60%，该企业当期至少应销售的产品为（　　）。
A. 2 000 件　　　B. 1 333 件　　　C. 800 件　　　D. 1 280 件

11. 若某产品销售量的敏感系数为3，去年的销售量为100 000件，计划期的销售量预计为120 000件，去年的利润额为300 000元，则计划期的预计利润为（　　）元。
A. 180 000　　　B. 900 000　　　C. 360 000　　　D. 480 000

12. 在作业成本体系中，相当于传统成本计算中的单位变动成本的是（　　）。
A. 产品作业成本分配率　　　　　B. 批作业成本分配率
C. 单位作业成本分配率　　　　　D. 能量作业成本

13. 生产单一品种产品企业，保本销售额 =（　　）。
A. 保本销售量×单位利润
B. 固定成本总额÷贡献边际率
C. 固定成本总额÷（单价－单位变动成本）
D. 固定成本总额÷综合贡献边际率
E. 固定成本总额÷贡献边际

14. 生产多品种产品企业测算综合保本销售额 = 固定成本总额÷（　　）。
A. 单位贡献边际　　　　　　　　B. 贡献边际率
C. 单价－单位变动成本　　　　　D. 综合贡献边际率

15. 从保本图上得知，对单一产品分析，（　　）。
A. 单位变动成本越大，总成本斜线率越大，保本点越高
B. 单位变动成本越大，总成本斜线率越小，保本点越高
C. 单位变动成本越小，总成本斜线率越小，保本点越高
D. 单位变动成本越小，总成本斜线率越小，保本点越低

16. 利润 =（实际销售量－保本销售量）×（　　）。
A. 贡献边际率　　　　　　　　　B. 单位利润
C. 单位售价　　　　　　　　　　D. 单位贡献边际

17. 某企业只生产一种产品，单价6元，单位变动生产成本4元，单位销售和管理变动成本0.5元，销量为500件，则其产品贡献边际为（　　）元。
A. 650　　　　　B. 750　　　　　C. 850　　　　　D. 950

18. 下列因素中导致保本销售量上升的是（　　）。
   A. 销售量上升　　　　　　　　B. 产品单价下降
   C. 固定成本下降　　　　　　　D. 产品单位变动成本下降

19. 已知产品销售单价为 24 元，保本销售量为 150 件，销售额可达 4 800 元，则安全边际率为（　　）。
   A. 33.33%　　　B. 25%　　　C. 50%　　　D. 20%

20. 在变动成本法下，其利润表所提供的中间指标是（　　）。
   A. 贡献边际　　B. 营业利润　　C. 营业毛利　　D. 期间成本

21. 在下列指标中，可据以判断企业经营安全程度的指标是（　　）。
   A. 保本量　　　B. 贡献边际　　C. 保本作业率　　D. 保本额

22. 如果产品的单价与单位变动成本上升的百分率相同，其他因素不变，则保本销售量（　　）。
   A. 上升　　　B. 下降　　　C. 不变　　　D. 不确定

23. 在"本—量—利"分析中，必须假定产品成本的计算基础是（　　）。
   A. 完全成本法　　B. 变动成本法　　C. 吸收成本法　　D. 制造成本法

24. 保本作业率与安全边际率之间的关系是（　　）。
   A. 两者相等　　　　　　　　B. 前者一般大于后者
   C. 后者一般大于前者　　　　D. 两者之和等于 1

25. 销售量不变，保本点越高，则能实现的利润（　　）。
   A. 越小　　　B. 不变　　　C. 越大　　　D. 不一定

26. 某企业只生产一种产品，月计划销售 600 件，单位变动成本 6 元，月固定成本 1 000 元，欲实现利润 1 640 元，则单价应为（　　）元。
   A. 16.40　　　B. 14.60　　　C. 10.60　　　D. 10.40

27. 销售收入为 20 万元，贡献边际率为 60%，其变动成本总额为（　　）万元。
   A. 8　　　B. 12　　　C. 4　　　D. 16

28. 单价单独变动时，会使安全边际（　　）。
   A. 不变　　　B. 不一定变动　　　C. 同方向变动　　　D. 反方向变动

29. 下列因素单独变动时，不对保利点产生影响的是（　　）。
   A. 单价　　　B. 目标利润　　　C. 成本水平　　　D. 销售量

30. 某企业每月固定成本 1 000 元，单价 10 元，计划销售量 600 件，欲实现目标利润 800 元，其单位变动成本为（　　）元。
   A. 10　　　B. 9　　　C. 8　　　D. 7

二、多项选择题

1. 下列各项中，属于"本—量—利"分析内容的有（　　）。
   A. 单一产品下的保本分析
   B. 盈利条件下单一品种的"本—量—利"分析
   C. 单一品种下的"本—量—利"关系图
   D. 多品种下的"本—量—利"分析
   E. 目标利润的预测

2. "本—量—利"分析的基本假设包括（   ）。
   A. 相关范围假设　　　　　　　　　　B. 线性假设
   C. 产销平衡假设　　　　　　　　　　D. 品种结构不变假设
   E. 目标利润假设

3. 下列项目中，属于"本—量—利"分析研究内容的有（   ）。
   A. 销售量与利润的关系　　　　　　　B. 销售量、成本与利润的关系
   C. 成本与利润的关系　　　　　　　　D. 产品质量与成本的关系
   E. 设备质量与成本的关系

4. 安全边际指标包括的内容有（   ）。
   A. 安全边际量　　B. 安全边际额　　C. 安全边际率　　D. 保本作业率
   E. 贡献边际率

5. 保本点的表现形式包括（   ）。
   A. 保本额　　B. 保本量　　C. 保本作业率　　D. 变动成本率
   E. 贡献边际率

6. 下列各项中，可据以判定企业是否处于保本状态的标志有（   ）。
   A. 安全边际率为零　　　　　　　　　B. 贡献边际等于固定成本
   C. 收支相等　　　　　　　　　　　　D. 保本作业率为零
   E. 贡献边际率等于变动成本率

7. 下列与安全边际率有关的说法中，正确的有（   ）。
   A. 安全边际与当年实际订货量的比值
   B. 安全边际率与保本作业率的和为1
   C. 安全边际与销售量的比率
   D. 安全边际率越小，企业发生亏损的可能性越小
   E. 安全边际率越大，企业发生亏损的可能性越小

8. 关于安全边际及安全边际率的说法中，正确的有（   ）。
   A. 安全边际是正常销售额超过盈亏临界点销售额的部分
   B. 安全边际率是安全边际量与正常销售量之比
   C. 安全边际率和保本作业率之和为1
   D. 安全边际率数值越大，企业发生亏损的可能性越大
   E. 安全边际表明销售下降多少，企业仍不至于亏损

9. 下列各式计算结果等于贡献边际率的有（   ）。
   A. 单位贡献边际/单价　　　　　　　B. 1－变动成本率
   C. 贡献边际/销售收入　　　　　　　D. 固定成本/保本销售量
   E. 固定成本/保本销售额

10. 贡献边际除了以总额的形式表现外，还包括以下表现形式（   ）。
    A. 单位贡献边际　　B. 税前利润　　C. 营业收入　　D. 贡献边际率
    E. 净利润

11. 安全边际指标的表现形式包括（   ）。
    A. 安全边际量　　B. 安全边际率　　C. 安全边际额　　D. 保本作业率

E. 贡献边际率

12. 下列因素中，其水平提高会导致保利点升高的有（　　）。
   A. 单位变动成本　　B. 固定成本总额　　C. 目标利润　　D. 销售量
   E. 单价

13. 下列指标中，会随单价同方向变动的有（　　）。
   A. 保本点　　B. 保利点　　C. 变动成本率　　D. 单位贡献边际
   E. 贡献边际率

14. 在单一品种条件下，影响保利点的因素包括（　　）。
   A. 现金净流量　　B. 单价　　C. 固定成本总额　　D. 单位变动成本
   E. 目标利润

15. 在传统式本量利关系图上，保本点的位置是由下列线段决定的，即（　　）。
   A. 总成本线　　B. 固定成本线　　C. 变动成本线　　D. 销售收入线
   E. 贡献边际线

16. 下列项目中，其变动可以改变保本点位置的因素包括（　　）。
   A. 单价　　B. 单位变动成本　　C. 销售量　　D. 固定成本
   E. 目标利润

17. 在企业组织多品种经营的情况下，可用于进行保本分析的方法有（　　）。
   A. 加权平均法　　B. 分算法　　C. 顺序法　　D. 回归分析法
   E. 主要品种法

18. 影响保净利量指标的因素有（　　）。
   A. 固定成本　　B. 目标利润　　C. 单价　　D. 单位变动成本
   E. 所得税率

19. 下列指标中，会随着单价变动反方向变动的有（　　）。
   A. 保本点　　B. 保利点　　C. 变动成本率　　D. 单位贡献边际
   E. 安全边际率

20. 下列各项中，能同时影响保本点、保利点及保净利点的因素有（　　）。
   A. 所得税率　　B. 目标利润　　C. 单位贡献边际　　D. 贡献边际率
   E. 固定成本总额

三、判断题

1. 盈亏临界点的贡献毛益刚好等于总成本，超过盈亏临界点的贡献毛益大于总成本，也就是实现了利润。（　　）

2. 利用量利式盈亏临界图分析多品种的"本—量—利"关系时，应按各种产品的销售量高低排序。（　　）

3. 销售利润率可以通过贡献毛益率和安全边际率相乘求得。（　　）

4. 固定成本为0时，经营杠杆系数为1，即销量变动对利润的敏感系数等于1。（　　）

5. 由于安全边际是正常销售额超过盈亏临界点销售额的差量，并表明销售额下降多少企业仍不至于亏损，所以安全边际部分的销售额也就是企业的利润。（　　）

6. 所谓保本是指企业的贡献边际等于固定成本。（　　）

7. 通常，贡献边际是指产品贡献边际，即销售收入减去生产制造过程中的变动成本和销售费用、管理费用中的变动部分之后的差额。（ ）

8. 本量利分析的各种模型既然是建立在多种假设的前提条件下，因而我们在实际应用时，不能忽视它们的局限性。（ ）

9. 单价、单位变动成本和固定成本同时变化，则利润也必定发生变化。（ ）

10. 保本作业率能够反映保本状态下，生产经营能力的利用程度。（ ）

11. 已知固定成本、盈亏临界点销售额和销售单价，即可计算得出单位变动成本。（ ）

12. 在生产多种产品的条件下，若整个企业的利润为零，则说明各产品均已达到盈亏临界点状态。（ ）

13. 在其他条件不变时，若使利润上升100%，单位变动成本需要下降40%；若使利润上升80%，销售量需上升35%。那么，销售量对利润的影响比单位变动成本对利润的影响更为敏感。（ ）

14. 企业经营水平不同时，各因素的敏感系数是不一样的。总体上说，经营水平越接近盈亏临界状态，敏感系数越小。（ ）

15. 盈亏临界点作业率指标与安全边际率指标之和等于1。（ ）

四、简答题

1. 简述本量利的前提条件。
2. 边际贡献率指标的含义是什么？它和变动成本率的关系如何？
3. 单一品种保本点的确定方法有哪些？
4. 试比较利润对固定成本、单位变动成本、单价以及销售量等因素变化的敏感程度。
5. 简要说明在作业成本体系下，"本—量—利"分析有哪些新的特点。

五、计算题

1. 某公司只产销一种产品，本年度的销售收入为150 000元，净利为12 000元。预计下年度销售量将减少10%，销售量降低后公司净利将减少75%。如果下能够产品的销售单价仍维持40元，单位变动产总额与固定成本总均维持不变，试预测该公司下年度的保本销售量。

2. 某企业保本点的月销售额为50 000元，在其他指标不变而固定成本增加5 000元时，为了实现保本需要增加销售额8 000元。要求计算：
   （1）原固定成本总额；
   （2）贡献边际率；
   （3）变动成本率。

3. 甲产品单位售价为30元，单位变动成本为21元，固定成本为450元。要求：
   （1）计算保本点销售量；
   （2）若要实现目标利润180元的销售量是多少？
   （3）若销售净利润为销售额的20%，计算销售量；
   （4）若每单位产品变动成本增加2元，固定成本减少170元，计算此时的保本点销售量；
   （5）就上列资料，若销售量为200件，计算单价应调整到多少才能实现利润350元。假定单位变动成本和固定成本不变。

第五章 短期经营决策

☞ 学习目标
  1. 了解短期经营决策的有关概念和方法。
  2. 熟练掌握各种短期经营决策的应用程序、内容和方法原理,并能够结合实际融会贯通地应用短期经营决策的相关内容。

第一节 短期经营决策概述

一、短期经营决策的含义与成本分类

企业的决策按照时间长短可以分为长期投资决策(也可以称为资本预算决策)和短期经营决策。长期投资决策是指对长期经营所进行的决策,已在本书投资项目资本预算做了阐述。短期经营决策是指对企业一年以内或者维持当前的经营规模的条件下所进行的决策。短期经营决策的主要特点是在既定的规模条件下决定如何有效地进行资源的配置,以获得最大的经济效益。通常不涉及固定资产投资和经营规模的改变,因此,短期经营决策通常是在成本性态分析时提到的"相关范围"内所进行的决策。

短期经营决策过程主要包括以下四个步骤。

(一) 明确决策问题和目标

制定决策首先必须明确决策的问题和目标,例如,是否接受某一客户的特殊订单,或者生产何种产品。在一项决策作出之前,必须首先弄清楚该问题。弄清楚问题以后,就应该对决策的标准进行界定,目标是利润最大化。是尽可能扩大市场的份额,还是使成本最小化?在决策之前,必须清晰界定决策的标准,作为选择最优方案的依据和准则。

(二) 收集相关资料并制定备选方案

对决策问题明确之后,应该收集相关资料和数据,并充分考虑现实与可能,设计制定各种可能实现目标的备选方案。备选方案的制定要集思广益,充分考虑各种可能的情况和因素。各备选方案要尽可能详细,以便有利于分析各方案的优劣。

(三) 对备选方案作出评价,选择最优方案

这一过程需要对各备选方案进行详细的定性和定量分析,从各个方面分析各方案的可行性和优劣。这个过程是正确决策的关键,它要求对各方案的决策标准(如利润)作出细

致的分析，进而通过各方案的决策标准进行比较，从而得出最优方案。

（四）决策方案的实施与控制

最优方案选定以后，就要组织实施，在方案的实施过程中，可能会出现不曾预料的新情况，根据新情况可能要调整和修改原方案，对方案实施过程的监控，可以保证决策的顺利实施，同时能够积累经验和数据，为今后的类似决策制定提供指导。

企业决策就在于从各个备选方案中选出最优方案。判断方案优劣的经济标准有两个：成本和经济效益，而成本又是影响经济效益高低的一个重要的制约因素。因此，为了使企业的决策更加准确可靠，我们首先必须弄清各种成本和决策之间的关系。从与企业决策是否相关划分，成本可分为两大类：相关成本和不相关成本。

二、相关成本与不相关成本

（一）相关信息的特点

相关信息必须同时具备两个特点：

第一，相关信息是面向未来的。决策影响的是未来，不是过去。决策依据的信息必须是涉及未来的信息。由于相关信息面向未来事件，管理人员必须预测相关成本与效益的数额。作为预测的方法之一就是利用过去的数据进行分析。因此，对历史数据的分析是为了找到数据之间的适当关系，进而有利于未来进行更为准确的预测。

第二，相关信息在各备选方案之间应该有所差异。在所有可获取的备选方案中，同样都发生的那部分成本或者收益对决策不会产生任何影响。例如，在选择生产何种产品的决策中，如果各种产品的固定成本是相同的，那么固定成本信息就属于无关信息，它并不影响决策过程。合理地选择相关信息是进行决策分析的基础，如果不区分相关信息与无关信息，则往往会使信息的收集和加工陷入无序的信息陷阱中，分散决策者的注意力，降低决策的效率。

决策的相关信息应该同时具备上述两个特点，这两个特点也是区分相关成本和不相关成本的标准。在决策过程中，区分相关信息与无关信息是管理人员的十分重要的工作，企业经营的信息涉及面广，纷繁复杂。管理者每天要面对大量的信息，如果不能区分出决策有用的相关信息和无用的无关信息，就可能会落入信息"陷阱"中去。一方面，任何管理者的精力都是有限的，无关信息会占用管理者的时间和精力，从而降低决策的效率；另一方面，大量无关信息可能会干扰管理者的决策，甚至造成决策错误。面对大量的信息，管理会计师需要根据其职业判断，区分哪些信息是与决策相关的，哪些是不相关的，对于不相关的信息，应该在决策时予以剔除。

（二）相关成本

相关成本是指与决策相关的成本，在分析评价时必须加以考虑，它随着决策的改变而改变。

相关成本的表现形式有很多，如边际成本、机会成本、重置成本、付现成本、可避免成本、可延缓成本、专属成本、差量成本等，熟悉并掌握这些成本概念对于企业的决策分析具有十分重要的意义。下面就这些成本概念做详细的介绍。

1. 边际成本。

边际成本是西方经济学上的一个理论概念，它是指业务量变动一个单位时成本的变动部分。在实际的计量中，产量的无限小的变化也只能小到一个单位。所以边际成本的确切含义，就是产量增加或减少一个单位所引起的成本变动。

2. 机会成本。

机会成本是指放弃另一个方案提供收益的机会。实行本方案时，失去所放弃方案的潜在收益是实行本方案一种代价，称为本方案的机会成本。

机会成本不是我们通常意义上的成本，它实际上不是一种支出和费用，而是失去的收益，是辩证的概念。这种收益不是实际的而是潜在的。

例如，有 A 和 B 两种方案可供选择，现在选择了 B 方案。如果选择 A 方案的话可以获利 1 万元，那么该 1 万元潜在收益就是选择方案 B 的机会成本。所以机会成本总是针对具体方案的，离开了被放弃的方案就无从确定。

机会成本要求我们在决策中全面考虑可能采取的各种方案，以便为既定资源寻求最为有利的使用途径。

3. 重置成本。

重置成本是指目前从市场上购置一项原有资产所需支付的成本，也可以称为现时成本或现行成本，它带有现时估计的性质。与重置成本直接对应的概念是账面成本，即一项资产在账簿中所记录的成本。

有些备选方案需要动用企业现有的资产，在分析评价时不能根据账面成本来估价，而应该以重置成本为依据。

例如，某企业有库存商品账面单位成本为 200 元，重置成本为 250 元。若按历史成本考虑，售价定为 230 元，认为可获利 30 元；但是这些商品售出后再依据重置成本补进时，反而每件亏损 20 元。不难看出，重置成本在定价决策中是不可忽视的重要因素。

4. 付现成本。

付现成本是指需要在将来或最近期间支付现金的成本，是一种未来成本。付现成本是在某项决策需要付现但又要全面衡量该项决策在经济上是否真正有利时，应予以认真考虑的，尤其是在企业资金紧张时更应慎重对待。在实际工作中，企业往往宁愿采纳总成本高而付现成本较低的方案，而不采纳总成本较低而付现成本较高的方案。在这种情况下，付现成本比总成本意义更大。只有符合企业目前实际支付能力的方案才能算得上最优的方案。

例如，某企业需要更新设备一台，但企业资金紧张，银行存款余额为 6 000 元。有 A 和 B 两家工厂可提供设备，A 厂售价 50 000 元，一次付清货款；B 厂售价 60 000 元，只要求预付 4 000 元，余款 10 个月内付清，很显然在这种情况下，企业以选择 B 厂设备为最优，它可以使企业迅速恢复生产，多付总成本可以从提早恢复生产所获取的利润中得到补偿。

5. 可避免成本。

可避免成本，如酌量性固定成本就属此类。当方案或者决策改变时，这项成本可以避免或其数额发生变化。例如，利用挖掘潜力、改进劳动组织的办法去代替原先增加人员的方案节省下来的人工支出，就是可避免成本。有时几个方案在决策中，那些与落选方案关联的成本也称为可避免成本。

6. 可延缓成本。

可延缓成本是指同已经选定但可以延期实施而不会影响大局的某方案相关联的成本。例如，企业原定在计划年度新建办公大楼，预计共需资金3亿元，现因资金紧张而决定推迟该计划的实施，那么这3亿元的基建成本即为可延缓成本。

7. 专属成本。

专属成本是指可以明确归属于某种、某批或某个部门的固定成本。例如，专门生产某种零件或某批产品而专用的厂房、机器的折旧费、某种物资的商品保险费等。

8. 差量成本。

差量成本通常指两个备选方案的预期成本之间的差异数，也称差别成本或差额成本。不同方案的经济效益，一般可通过差量成本的计算明显地反映出来。例如，某公司的甲零件若自制，预期自制单位成本为48元；而若外购，预期单位购价为52元，后者与前者比较，有差量成本4元，说明自制方案较外购方案优越。

（三）不相关成本

不相关成本是相关成本的反义，它是指与决策没有关联的成本。或者说不相关成本不随决策的改变而改变。不相关成本或者是过去已经发生的成本，或者是虽未发生，但在各种替代方案下数额相同，对未来决策没有影响，因此在决策分析中可以不考虑。不相关成本的表现形式主要有沉没成本、不可延缓成本、不可避免成本和共同成本等，下面分别作一介绍。

1. 沉没成本。

沉没成本是指由于过去已经发生的，现在和未来的决策无法改变的成本。从广义上说，凡是过去已经发生，不是目前决策所能改变的成本，都是沉没成本。从狭义上说，沉没成本是指过去发生的，在一定情况下无法补偿的成本，与"历史成本"同义。例如，假定某企业有一台生产设备，原价20 000元，累计折旧18 000元，账面价值（净值）2 000元就是沉没成本。很明显，沉没成本一经耗费就一去不复返了。

2. 不可避免成本。

不可避免成本是指通过管理决策行动而不能改变其数额的成本，如约束性固定成本就属此类。企业的生产经营能力和生产组织机构一旦确定，约束性固定成本就不可避免地要发生，其发生的数额也不是企业的短期经营决策所能改变的。此外，企业现有厂房、建筑物等固定资产的年折旧费也属不可避免成本。

3. 不可延缓成本。

不可延缓成本是相对于可延缓成本而言的，它是指即使财力有限也必须在企业计划期间发生，否则就会影响企业大局的已选定方案的成本。例如，某企业的旧厂房因暴雨冲击而发生较大裂痕，必须在计划期内大修，否则会造成严重后果，那么这次大修费用则属于不可延缓成本。

4. 共同成本。

共同成本是指那些需要由几种、几批或有关部门共同分担的固定成本。例如，企业的管理人员工资、车间中的照明费，以及需要由各种产品共同负担的联合成本等都是。

需要特别指出的是，将成本划分为相关成本和不相关成本两大类对于企业进行短期经营决策具有十分重要的意义，它可以使企业在决策中避免把精力耗费在收集那些无关紧要的信息和资料上，减少得不偿失的劳动。当然，在实际的决策中，我们一定要根据具体情况作细致的分析，切不可根据一般的原则进行机械的分类。

第二节　生产决策

生产决策是企业短期经营决策的重要内容，它主要针对企业短期内（或者当前经营规模范围内）是否生产、生产什么、怎样组织生产等问题进行的相关决策。典型的生产决策包括亏损产品是否需要停产的决策、零部件自制还是外购的决策、特殊订单是否接受的决策、限制资源如何最有效利用的决策、产品是否进一步深加工的决策等。

一、生产决策的主要方法

（一）差量分析法

差量分析法就是分析备选方案之间的差额收入和差额成本，根据差额利润进行选择的方法。在差量分析中，差额利润等于差额收入减去差额成本。差额收入等于两个方案的相关收入之差，差额成本等于两个方案相关成本之差。如果差额大于零，则前一个方案优于后一个方案；反之，则后一个方案优于前一个方案。通常可以通过编制差量分析表来计算差额利润的高低。

这种方法在分析过程中，只考虑相关收入和相关成本，对不相关因素不予考虑，因此较为简单明了，但对于两个以上的备选方案，只能两两进行比较，逐次筛选，故比较烦琐。

（二）边际贡献分析法

边际贡献分析法，就是通过对比各个备选方案的边际贡献额的大小来确定最优方案的决策方法。边际贡献是销售收入与变动成本的差额。在短期生产决策过程中，固定成本往往稳定不变，因此，直接比较各备选方案边际贡献额的大小就可以作出判断。但当决策中涉及追加专属成本时，就无法直接使用边际贡献大小进行比较，此时应该使用相关损益指标，某方案的相关损益是指该方案的边际贡献额与专属成本之差，或该方案的相关收入与相关成本之差，哪个方案的相关损益大，哪个方案为优，这种相关损益分析法可以看作边际贡献法的一种特例。

（三）"本—量—利"分析法

"本—量—利"分析法就是利用成本、产量和利润之间的依存关系来进行生产决策。利用"本—量—利"分析的思路和各种分析指标，可以方便地分析判断各种方案对企业利润的影响程度。

二、亏损产品是否停产的决策

对于产品多元化的企业而言,通常企业利润的绝大部分是由几种核心产品所带来的,其他非核心产品提供的利润往往很少,有的甚至亏损。对于亏损的产品或者部门,企业是否应该立即停产呢?从短期经营决策的角度,关键是看该产品或者部门能否给企业带来正的边际贡献。

[例 5 - 1] 假定某企业生产甲、乙两种产品,两种产品的相关收益情况如表 5 - 1 所示。

表 5 - 1　　　某企业甲乙产品收益情况　　　单位:元

	甲产品	乙产品	合计
销售收入	10 000	50 000	60 000
变动成本	6 000	30 000	36 000
边际贡献	4 000	20 000	24 000
固定成本	2 000	25 000	27 000
营业利润	2 000	-5 000	-3 000

由于乙产品的营业利润为 -5 000 元,即亏损 5 000 元,因此,企业的管理层需要考虑是否应该停止乙产品的生产。对此,可以分析如下:在短期内,即使停产乙产品,固定成本也不会相应降低。如果停产乙产品,则企业的营业利润将仅来源于甲产品的边际贡献 4 000 元扣除固定成本总额 27 000 元(2 000 + 25 000),营业利润额将为 -23 000 元(4 000 - 27 000),反而扩大了亏损额。为什么会出现这种现象呢?原因在于乙产品虽然亏损,但是提供的边际贡献仍然为正。乙产品如果继续生产,其边际贡献 20 000 元能够抵减固定成本 20 000 元,但是如果停产,则连 20 000 元的固定成本也无法抵减,因此会造成营业利润的下降。由此可见,在短期内,如果企业的亏损产品能够提供正的边际贡献,就不应该立即停产。

三、零部件自制与外购的决策

对于某些行业的企业来说,零部件可以自制也可以选择向外部供应商购买。例如,汽车制造企业所需要的汽车配件,可以自行生产,也可以向外部的零部件供应商采购。零部件是自制还是外购,从短期经营决策的角度,需要比较两种方案的相关成本,选择成本较低的方案即可。在决策时还需要考虑企业是否有剩余生产能力,如果企业有剩余生产能力,不需要追加设备投资,那么只需要考虑变动成本即可,如果企业没有足够的剩余生产能力,需要追加设备投资,则新增加的专属成本也应该属于相关成本。同时还需要把剩余生产能力的机会成本考虑在内。

[例 5 - 2] 兴达公司是一家越野用山地自行车制造商,每年制造自行车需要外胎 10 000 个,外购成本每条 58 元,企业已有的轮胎生产车间有能力制造这种外胎,自制外胎的单位相关成本资料如表 5 - 2 所示。

表 5-2　　　　　　　　　兴达公司自制外胎单位成本　　　　　　　　单位：元

直接材料	32
直接人工	12
变动制造费用	7
固定制造费用	10
变动成本 1	51
生产成本 1	61

结合下列各种情况下，分别作出该自行车外胎是自制还是外购的决策。

（1）如果公司现在具有足够的剩余生产能力，且剩余生产能力无法转移，即该生产车间不制造外胎时，闲置下来的生产能力无法被用于其他方面。

由于有剩余生产能力可以利用，且无法转移，因此零件自制外胎的相关成本仅包含自制的变动成本。

自制的单位变动成本 = 32 + 12 + 7 = 51（元/条）

外购的相关成本 = 58（元/条）

由于自制方案可比外购方案每年节约成本 70 000 元［(58 - 51) × 10 000］，这种外胎应采用自制方案。

（2）如果公司现在具备足够的剩余生产能力，但剩余生产能力可以转移用于加工自行车内胎，每年可以节省内胎的外购成本 20 000 元。

若选择自制外胎，则会放弃生产内胎所带来的成本节约 20 000 元，这可以看作自制外胎的机会成本。相关差额成本分析如表 5-3 所示。

表 5-3　　　　　　　　　兴达公司外胎单位成本 1　　　　　　　　单位：元

	自制成本	外购成本	差额成本
变动成本	510 000	580 000	-70 000
机会成本	20 000		20 000
相关成本合计	530 000	580 000	-50 000

从表 5-3 中可知，自制成本低于外购成本 50 000 元，公司应该自制该外胎。

（3）如果公司目前只有生产外胎 5 000 条的生产能力而且无法转移，若自制 10 000 条，则需租入设备一台，月租金 4 000 元，这样使外胎的生产能力达到 13 000 条，相关差额成本分析如表 5-4 所示。

表 5-4　　　　　　　　　兴达公司外胎单位成本 2　　　　　　　　单位：元

	自制成本	外购成本	差额成本
变动成本	510 000	580 000	-70 000
专属成本	4 000 × 12 = 48 000		
相关成本合计	558 000	580 000	-22 000

从表 5-4 中可知，自制外胎的年成本低于外购成本，差额成本为 22 000 元，公司应该选择自制该外胎。

（4）如果公司目前只有生产外胎 5 000 条的能力，可以采用自制和外购外胎两种方式的结合，既可自制一部分，又可外购一部分。

在这种情况下，公司应先按现有生产能力自制外胎 5 000 条，因为其自制成本低于外购成本。超过 5 000 条的部分，则应比较外购成本与自制成本的高低。对于超过 5 000 条部分的外胎，如果自制，单位成本为 60.6 元（51 + 48 000/5 000），超过了外购的单位成本，因此，超过部分应该选择外购。这样，企业应该自制 5 000 条，同时外购 5 000 条外胎。

在进行自制还是外购决策时，决策者除了要考虑相关成本因素以外，还要考虑外购产品的质量、送货的及时性、长期供货能力、供货商的新产品研发能力以及本企业有关职工的抱怨程度因素，在综合考虑各方面因素之后才能进行最后的选择。

四、特殊订单是否接受的决策

企业往往会面对一些特殊的订货合同，这些订货合同的价格有时会低于市场价格，甚至低于平均单位成本。在决定是否接受这些特殊订货时，决策分析的基本思路是比较该订单所提供的边际贡献是否能够大于该订单所引起的相关成本。企业管理人员应针对各种不同情况，进行具体分析，并作出决策。

（1）如果追加订货不影响正常销售的完成，即利用剩余生产能力就可以完成追加订货，又不需要追加专属成本，而且剩余生产能力无法转移。这时，只要特殊订单的单价大于该产品的单位变动成本，就可以接受该追加订货。

（2）如果该订货要求追加专属成本，其他条件同（1），则接受该追加订货的前提条件就应该是：该方案的边际贡献大于追加的专属成本。

（3）如果相关的剩余生产能力可以转移，其余条件同（1），则应该将转移剩余生产能力的可能收益作为追加订货方案的机会成本予以考虑，当追加订货创造的边际贡献大于机会成本时，则可以接受该订货。

（4）如果追加订货影响正常销售，即剩余生产能力不够生产全部的追加订货，从而减少正常销售，其余条件同（1），则由此而减少的正常边际贡献作为追加订货方案的机会成本。当追加订货的边际贡献足以补偿这部分机会成本时，则可以接受订货。

[例 5-3] 某企业 A 产品的生产能力为 10 000 件，目前的正常订货量为 8 000 件，销售单价 10 元，产品单位产品的成本为 8 元，成本构成如表 5-5 所示。

表 5-5　　　　　　　某企业 A 产品成本构成　　　　　　　　单位：元

直接材料	3
直接人工	2
变动制造费用	1
固定制造费用	2
单位产品成本	8

现有客户向该企业追加订货,且客户只愿意出价每件 7 元,如果有关情况如下:

(1) 如果订货 2 000 件,剩余生产能力无法转移,且追加订货不需要追加专属成本。

(2) 如果订货 2 000 件,剩余生产能力无法转移,但需要追加一台专用设备,全年需要支付专属成本 1 000 元。

(3) 如果订货 2 500 件,剩余生产能力无法转移,也不需要追加专属成本。

(4) 如果订货 2 500 件,剩余生产能力可以对外出租,可获租金 3 000 元,另外追加订货需要追加专属成本 1 000 元。

请分别针对上述不同情况,分析企业是否应该接受该订单。

下面我们分别分析如下:

(1) 特殊订单的定价为每件 7 元,单位变动成本为 6 元(3 + 2 + 1),因此,接受该订单可以增加边际贡献 2 000 元,应该接受该订单。

(2) 订货可增加边际贡献 2 000 元,扣除增加的专属成本 1 000 元,可以增加利润 1 000 元。因此应该接受该订单。

(3) 接受订单会影响到正常的销售,企业的剩余生产能力能够生产 2 000 件。其余的 500 件要减少正常的订货量,因此 500 件正常销售所带来的边际贡献应该作为接受订单的机会成本。订单的 2 500 件会带来边际贡献额 $2\ 500 \times (7 - 6) = 2\ 500$(元),扣除 500 件的机会成本 $500 \times (10 - 6) = 2\ 000$(元),增加利润 $= 2\ 500 - 2\ 000 = 500$(元)。因此应该接受该订单。

(4) 剩余生产能力的年租金应该作为接受订单的机会成本,因此,接受订单的差额利润计算如表 5 - 6 所示。

表 5 - 6　　　　　　　　某企业追加订货成本收入情况　　　　　　　　单位:元

项　　目	接受追加订货
增加的相关收入	7 × 2 500 = 17 500
增加的变动成本	6 × 2 500 = 15 000
增加的边际贡献	2 500
减:专属成本	1 000
机会成本(减少的正常销售)	500 × (10 - 6) = 2 000
机会成本(租金收入)	3 000
增量收益	- 3 500

接受订单带来的差额利润为 - 3 500 元,即减少利润 3 500 元,显然此时企业不应该接受该订单。

五、限制资源最佳利用决策

每个单位可能都有自己的最紧缺资源,有的企业最紧缺关键技术人才,有的企业最紧缺关键设备,有的企业最缺资金,有的企业最缺水,有的企业最缺电。最紧缺的资源,一般也叫"瓶颈"资源。"瓶颈"资源满足不了企业的需要,资源有限,就存在一个企业如何来安排生产的问题,即优先生产哪种产品,才能最大限度地利用好"瓶颈"资源,让企业产生最大的经济效益。我们把这种决策称为限制资源最佳利用的决策。这类决策也是企业在日常生产经营活动中经常会遇到的决策问题。

在这类决策中,通常是短期的日常生产经营安排,因此固定成本对决策没有影响,或者影响很小。决策原则是主要考虑如何安排生产才能最大化企业的总的边际贡献。

[例5-4] 某企业生产A、B两种产品,这两种产品的有关数据资料如表5-7所示。该企业生产这两种产品时都需用同一项机器设备进行加工,该机器设备属于该企业的最紧缺资源。该设备每月能提供的最大加工时间是12 000分钟。根据目前市场情况,该企业每月需要生产销售A产品4 000件,A产品每件需要该设备加工2分钟;该企业每月需要生产销售B产品7 000件,B产品每件需要该设备加工1分钟。现在企业生产需要每月该设备加工时间是7 000+4 000×2=15 000(分钟),而目前该设备能提供的加工时间是每月12 000分钟,无法完全满足生产需要。请问该企业如何安排生产,才能最有效利用该项机器设备?

表5-7　　　　　　　　　某企业AB产品边际贡献　　　　　　　　　单位:元

	A产品	B产品
销售单价	25	30
单位变动成本	10	18
单位边际贡献	15	12
边际贡献率	60%	40%

从表5-7可以看出,生产产品A的单位边际贡献为15元,生产产品B的单位边际贡献是12元。是否应该先生产产品A?

从最有效利用限制资源角度,我们可以看出,紧缺机器1分钟可以生产一件产品B,创造边际贡献是12元;同样一分钟,用来生产产品A,只能生产半件,创造的边际贡献是15÷2=7.5(元),如表5-8所示。

表5-8　　　　　　　　　某企业AB产品边际贡献　　　　　　　　　单位:元

	A产品	B产品
销售单价	25	30
单位变动成本	10	18
单位边际贡献	15	12
边际贡献率	60%	40%

从最有效利用限制资源角度看,同样的时间,优先用来生产产品B效益高。因此,该企业可以优先安排生产产品B,剩余的机器加工资源再来安排生产产品A。如此,应该能产生最大经济效益,如表5-9所示。

表 5 - 9   某企业 AB 产品生产安排   单位：元

项　目	生产安排
产品 B 的产销量	7 000 件
产品 B 对紧缺机器加工时间需求	7 000 × 1 分钟 = 7 000 分钟
能提供的紧缺机器加工时间/月	12 000 分钟
安排产品 B 生产后剩余加工时间	12 000 - 7 000 = 5 000 分钟
可用于产品 A 的机器加工时间	5 000 分钟
可用于加工产品 A 的产量	5 000/2 = 2 500 件

如表 5 - 9 所示，现在最优的生产安排是优先安排生产产品 B，生产产品 B 7 000 件，剩余生产能力安排生产产品 A，可生产产品 A 2 500 件。在这样的生产安排下，该企业能产生的最大总边际贡献为 7 000 × 12 + 2 500 × 15 = 121 500（元）。该类决策最关键的指标是"单位限制资源的边际贡献"。

六、产品是否应进一步深加工的决策

有些企业生产的产品，既可以直接对外销售，也可以进一步加工后再出售。此时企业需要对产品是直接出售还是进一步深加工两种方案进行选择。

在这种决策类型中，进一步深加工前的半成品所发生的成本，都是无关的沉没成本。因为无论是否深加工，这些成本都已经发生而不能改变。相关成本只应该包括进一步深加工所需的追加成本，相关收入则是加工后出售和直接出售的收入之差。对这类决策通常采用差量分析的方法。

[例 5 - 5] 某企业生产 A 半成品 10 000 件，销售单价为 50 元，单位变动成本为 20 元，全年固定成本总额为 200 000 元，若把 A 半成品进一步加工为产品 B，则每件需要追加变动成本 20 元，产品的销售单价为 80 元。

（1）企业已经具备进一步加工 10 000 件 A 半成品的能力，该生产能力无法转移，且需要追加专属固定成本 50 000 元，如表 5 - 10 所示。

表 5 - 10   某企业 A 半成品成本收入   单位：元

	进一步加工	直接出售	差额
相关收入	80 × 10 000 = 800 000	50 × 10 000 = 500 000	300 000
相关成本	250 000	0	250 000
其中：变动成本	20 × 10 000 = 200 000	0	
专属成本	50 000	0	
差额利润		50 000	50 000

可见，进一步加工方案会提高收益 50 000 元，因此企业应该进一步深加工该产品。

（2）企业只具备进一步加工 7 000 件 A 半成品的能力，该能力可用于对外承揽加工业务，预计一年可获得边际贡献 75 000 元，如表 5 – 11 所示。

表 5 – 11　　　　　　　某企业对外承揽加工业务成本情况　　　　　　　单位：元

	进一步加工	直接出售	差额
相关收入	80 × 7 000 = 560 000	50 × 7 000 = 350 000	210 000
相关成本	215 000	0	215 000
其中：变动成本	20 × 7 000 = 140 000	0	
机会成本	75 000	0	
差额利润			– 5 000

从表 5 – 11 可以看出，进一步深加工会减少利润 5 000 元，因此企业应该直接出售该产品。

第三节　定价决策

一、产品销售定价决策原理

产品销售定价决策是企业生产经营活动中一个极为重要的问题，它关系到生产经营活动的全局。销售价格作为一种重要的竞争工具，在竞争激烈的市场上往往可以作为企业的制胜武器。在市场经济环境中，产品的销售价格是由供需双方的力量对比所决定的。根据微观经济学的分类，按照市场中供应方的力量大小可以将市场分为完全竞争、垄断竞争、寡头垄断和完全垄断四种不同的市场结构。而对不同的市场类型，企业对销售价格的控制力是不同的。在完全竞争的市场中，市场价格是单个厂商所无法左右的，每个厂商只是均衡价格的被动接受者。在垄断竞争和寡头垄断市场中，厂商可以对价格有一定的影响力。而在完全垄断的市场中，企业可以自主决定产品的价格。因此，对产品定价决策来说，通常是针对后三种市场类型的产品。

在企业的销售定价决策过程中，除了借助数学模型等工具外，还要根据企业的实践经验和自身的战略目标进行必要的定性分析，以便选择合适的定价策略。严格地说，销售定价属于企业营销战略的重要组成部分，管理会计人员主要是从产品成本与销售价格之间的关系角度为管理者提供产品定价的有用信息。

二、产品销售定价的方法

从管理会计的角度，产品销售定价的基本规则是：从长期来看，销售收入必须足以弥补全部的生产、行政管理和营销成本，并为投资者提供合理的利润，以维持企业的生存和发展。因此，产品的价格应该是在成本的基础上进行一定的加成后得到的。

（一）成本加成定价法

成本加成定价法的基本思路是先计算成本基数，然后在此基础上加上一定的"成数"，通过"成数"获得预期的利润，以此得到产品的目标价格。这里所说的成本基数，既可以是完全成本计算法下的产品成本，也可以是变动成本计算法下的变动成本。

1. 完全成本加成法。

在完全成本加成法下，成本基数为单位产品的制造成本。以这种制造成本进行加成，加成部分必须能弥补销售以及管理费用等非制造成本，并为企业提供满意的利润。也就是说，"加成"的内容应该包括非制造成本及合理利润。

[例5-6] 某公司正在研究某新产品的定价问题，该产品预计年产量为10 000件。公司的会计部门收集到有关该产品的预计成本资料如表5-12所示。

表5-12　　　　某公司新产品10 000产量成本情况　　　　单位：元

成本项目	单位产品成本	总成本
直接材料	6	60 000
直接人工	4	40 000
变动制造费用	3	30 000
固定制造费用	7	70 000
变动销售及管理费用	2	20 000
固定销售及管理费用	1	10 000

假定该公司经过研究确定在制造成本的基础上，加成50%作为这项产品的目标销售价格。则产品的目标销售价格计算过程如表5-13所示。

表5-13　　　　某公司50%成本加成定价情况　　　　单位：元

成本项目	单位产品
直接材料	6
直接人工	4
制造费用	10
单位产品制造成本	20
成本加成：制造成本的50%	10
目标销售价格	30

根据表5-13计算，按照制造成本进行加成定价，目标销售价格为30元。

2. 变动成本加成法。

企业采用变动成本加成，成本基数为单位产品的变动成本，加成的部分要求弥补全部的固定成本，并为企业提供满意的利润。此时，在确定"加成率"时，应该考虑是否涵盖了全部的固定成本和预期利润。

以上述公司为例,假设该公司经过研究确定采用变动成本加成法,在变动成本的基础上,加成100%作为该项产品的目标销售价格。计算过程如表5-14所示。

表5-14　　　　　某公司100%成本加成定价情况　　　　　　　单位:元

成本项目	单位产品
直接材料	6
直接人工	4
变动性制造费用	3
变动性销售管理费用	2
单位产品变动成本	15
成本加成:变动成本的100%	15
目标销售价格	30

根据表5-14的计算,目标销售价格仍然为30元。由此可见,变动成本加成法与完全成本加成法虽然计算的成本基数有所不同,但在思路上是相似的,都认为企业的定价必须弥补全部成本,只是成本基数的不同会引起加成比例的差异。此例中完全成本加成法下的加成率为50%,变动成本加成率为100%。

除了使用完全成本加成法和变动成本加成法以外,企业还可以使用标准成本法,即以标准成本作为成本基数,在此基础上进行加成定价。

(二) 市场定价法

市场定价法,就是对于有活跃市场的产品,可以根据市场价格来定价,或者根据市场上同类或者相似产品的价格来定价。例如,广州首次发交通卡——羊城通卡时,对卡的定价,就曾经参考过香港的八达通卡和上海的交通卡的价格来进行定价。邯钢经验中的"模拟市场核算",其核心要义就是对邯钢集团内部各种消耗和内部转让价格基本都根据同类产品的市场价格来进行定价。市场定价法有利于时刻保持对市场的敏感性,对同行的敏锐性。

(三) 新产品的销售定价方法

新产品的定价一般具有"不确定性"的特点。因为新产品还没有被消费者所了解,因此需求量难以确定。企业对新产品定价时,通常要选择几个地区分别采用不同价格进行试销。通过试销,企业可以收集到有关新产品的市场反应信息,以此确定产品的最终销售价格。新产品定价基本上存在撇脂性定价和渗透性定价两种策略。

1. 撇脂性定价。

撇脂性定价法是在新产品试销初期先定出较高的价格,以后随着市场的逐步扩大,再逐步把价格降低。这种策略可以使产品的销售初期获得较高的利润,但是销售初期的暴利往往会引来大量的竞争者,引起后期的竞争异常激烈,高价格很难维持。因此,这是一种短期性的策略,往往适用于产品的生命周期较短的产品。例如,"大哥大",苹果智能手机刚进入市场时的定价。

2. 渗透性定价。

渗透性定价法是在新产品试销初期以较低的价格进入市场，以期迅速获得市场份额，等到市场地位已经较为稳固时，再逐步提高销售价格，如"小米"手机的定价。这种策略在试销初期会减少一部分利润，但是它能有效排除其他企业的竞争，以便建立长期的市场地位，所以这是一种长期的市场定价策略。

（四）有闲置能力条件下的定价方法

有闲置能力条件下的定价方法是指在企业具有闲置生产能力时，面对市场需求的变化所采用的定价方法。当企业参加订货会，或者参加某项投标的情况下，往往会遇到较强的竞争对手，虽然每个厂家都希望以高价得标而获得高额利润，但是通常只有报价较低的厂商才能中标。这时管理者为了确保中标，往往以该投标产品的增量成本作为定价基础。当公司存在剩余生产能力时，增量成本即为该批产品的变动成本。这种定价方法虽然定价会较低，但是短期内可以维持企业的正常运营，并维持员工的稳定，还可以抵补一部分固定成本。

在这种情况下，企业产品的价格应该在变动成本与目标价格之间进行选择。

变动成本 = 直接材料 + 直接人工 + 变动制造费用 + 变动销售和行政管理费用

成本加成 = 固定成本 + 预期利润

目标标价 = 变动成本 + 成本加成

[例5-7] 某市政府按规划建造一座新的游船停泊港，拟向社会公开招标。某船舶运输公司主营各港口间的客运和货运服务，其下属的港口建设部准备参与该项目的竞标。经过会议讨论，公司管理层认为该港口工程项目对维持该部门的正常运转非常重要，因为港口建设部已经连续几个月处于施工能力以下，工程设备和人员大量闲置，并且该项目不会妨碍该部门承接其他工程项目。

根据公司会计部门提供的资料，港口建设工程成本估算如表5-15所示。

表5-15　　　　　　　港口建设成本估算　　　　　　　　单位：千元

项目	金额
直接物质成本	18 000
直接人工成本	30 000
变动建造费用	7 500
变动成本合计	55 500
固定成本估算	12 000
工程总成本估算	67 500

由于该港口建设部有剩余施工能力，因此只要价格超过该工程的变动成本55 500元，就能弥补一些固定制造费用，并提供边际贡献。可见，当企业有闲置施工能力时，企业的投标价格通常会更低一些，因为此时只要价格高于工程变动成本企业就可以接受。

实践与巩固

案例资料

课后习题

一、单项选择题

1. 在新产品开发的品种决策中，如果方案涉及追加专属成本，则下列方法中不宜采用的是（   ）。
   A. 单位资源贡献边际分析法   B. 贡献边际总额分析法
   C. 差别损益分析法   D. 相关损益分析法

2. 将决策分析区分为短期决策与长期决策所依据的分类标志是（   ）。
   A. 决策的重要程度   B. 决策条件的肯定程度
   C. 决策规划时期的长短   D. 决策解决的问题

3. 当企业利用剩余生产能力选择生产新产品，而且每种新产品都不需要追加投入时，应将（   ）作为选择标准。
   A. 成本   B. 产销量   C. 销售价格   D. 贡献毛益

4. 某企业对某零件的年需要量为 500 件，按现有设备加工，其年固定成本为 4 000 元，单位变动成本为 6 元。为了提高效率，降低成本，需要增购某些设备，则每年需要增加固定成本 1 200 元，但单位变动成本可降低 2 元。在现有市场需要量的情况下该企业应（   ）。
   A. 增购设备为宜   B. 不增购设备为宜
   C. 增购与不增购设备相同   D. 无法判断

5. 在经济决策中应由中选的最优方案负担的、按所放弃的次优方案潜在受益计算的那部分资源损失，就是所谓（   ）。
   A. 增量成本   B. 机会成本   C. 专属成本   D. 沉没成本

6. 下列各项中，属于无关成本的是（   ）。
   A. 沉没成本   B. 增量成本   C. 机会成本   D. 专属成本

7. 某公司生产一种产品 A，进一步加工可生产另一种产品 B。A、B 两种产品在市场的售价分别为 50 元/件和 120 元/件。生产 B 产品每年需要追加固定成本 20 000 元，变动成本为 10 元/件。若每 5 单位的 A 产品可加工成 3 单位的 B 产品，则该公司应（   ）。
   A. 直接出售 A 产品，不应进一步加工
   B. 进一步加工生产 B 产品
   C. 当 B 产品的市场需求量超出 750 件时，就应将 A 产品进一步加工成 B 产品

D. 直接出售 A 产品或进一步加工无差别

8. 下列各项成本属于决策相关成本的是（　　）。
   A. 不可避免成本　　B. 不可延缓成本　　C. 沉没成本　　D. 差别成本

9. 企业利用剩余生产能力接受追加订货的最低条件是客户的开价（　　）。
   A. 小于产品的单位成本　　　　　　B. 大于产品的单位变动成本
   C. 等于产品的单位变动成本　　　　D. 低于产品的单位变动成本

10. 较小的企业或谋求扩大产品市场占有率的企业常采取（　　）的定价法。
    A. 高于竞争者　　　　　　　　　　B. 低于竞争者
    C. 根据竞争者的情况相应调整　　　D. 维护原价

11. 在有关产品是否进一步深加工的决策中，进一步加工前的半成品成本属于（　　）。
    A. 沉没成本　　B. 机会成本　　C. 重置成本　　D. 专属成本

12. 对亏损产品 B 产品是否停产，应根据下面方法来决策（　　）。
    A. 看 B 产品亏损数是否能由盈利产品来弥补，如能弥补，继续生产
    B. B 产品的亏损数如能由盈利产品来弥补，也停止生产
    C. B 产品的贡献毛益如为正数，不应停止生产
    D. B 产品的贡献毛益如为正数，应停止生产

13. 是否接受追加订货的决策应看（　　）。
    A. 售价是否高于产品的机会成本
    B. 售价是否高于产品的单位变动成本
    C. 售价是否高于产品的单位变动成本，并能补偿专属的固定成本
    D. 售价是否高于产品的全部成本

14. 在价格决策中，某产品的有关资料如下：

单位：元

销售单价	36	35	34	33	32	31
预计销量	400	440	480	520	540	570
利润增加额	280	200	120	40	-280	-210

则该产品的最优售价为（　　）。
A. 31 元　　B. 32 元　　C. 33 元　　D. 36 元

15. 企业去年生产某亏损产品的贡献边际 3 000 元，固定成本是 1 000 元，假定今年其他条件不变，但生产该产品的设备可对外出租，一年的增加收入为（　　）时，应停产该种产品。
    A. 2 001 元　　B. 3 100 元　　C. 1 999 元　　D. 2 900 元

二、多项选择题

1. 按照决策条件的肯定程度，可将决策划分为以下类型：即（　　）。
   A. 战略决策　　B. 战术决策　　C. 确定型决策　　D. 风险型决策
   E. 不确定型决策

2. 下列各项中，属于生产经营决策相关成本的有（　　）。

A. 增量成本　　　B. 机会成本　　　C. 专属成本　　　D. 沉没成本

E. 不可避免成本

3. 下列各种决策分析中，可按成本无差别点法作出决策结论的有（　　）。

A. 亏损产品的决策　　　　　　　　B. 是否增产的决策

C. 追加订货的决策　　　　　　　　D. 自制或外购的决策

E. 生产工艺技术方案的决策

4. 下列各项中，属于联产品深加工决策方案可能需要考虑的相关成本有（　　）。

A. 加工成本　　　B. 可分成本　　　C. 机会成本　　　D. 增量成本

E. 专属成本

5. 在是否接受低价追加订货的决策中，如果发生了追加订货冲击正常任务的现象，就意味着（　　）。

A. 不可能完全利用其绝对剩余生产能力来组织追加订货的生产

B. 追加订货量大于正常订货量

C. 追加订货量大于绝对剩余生产能力

D. 因追加订货有特殊要必须追加专属成本

E. 会因此而带来机会成本

6. 下列各项中，属于生产经营决策的有（　　）。

A. 亏损产品的决策　　　　　　　　B. 深加工的决策

C. 生产工艺技术方案的决策　　　　D. 最优售价的决策

E. 调价的决策

7. 下列各种价格中，符合最优售价条件的有（　　）。

A. 边际收入等于边际成本时的价格　　B. 边际利润等于零时的价格

C. 收入最多时的价格　　　　　　　　D. 利润最大时的价格

E. 成本最低时的价格

8. 不确定条件下的生产决策有哪些（　　）。

A. 概率分析法的应用　　　　　　　　B. 大中取大法的应用

C. 小中取大法的应用　　　　　　　　D. 大中取小法的应用

E. 折中决策法的应用

9. 下列各项中属于生产经营相关成本的有（　　）。

A. 增量成本　　　B. 机会成本　　　C. 专属成本　　　D. 沉没成本

E. 不可避免成本

10. 当剩余生产能力无法转移时，亏损产品不应停产的条件有（　　）。

A. 该亏损产品的变动成本率大于1　　B. 该亏损产品的变动成本率小于1

C. 该亏损产品的贡献边际大于零　　　D. 该亏损产品的单位贡献边际大于零

E. 该亏损产品的贡献边际率大于零

三、判断题

1. 只要亏损产品能够提供贡献毛益额，就一定要继续生产，凡不能提供贡献毛益额的亏损产品，都应予以停产。　　　　　　　　　　　　　　　　　　　　（　　）

2. 特殊订货的价格可以低于正常价格，但不能低于变动性制造成本。　　（　　）

3. 对于自制和外购决策的分析，不仅应立足于短期决策的角度，还应从企业长期发展的战略来看。（   ）

4. 变动成本定价法中的变动成本只含变动性制造费用，不包括变动性销售管理费用。（   ）

5. 在产品投入期采用渗透策略，可以迅速收回投资，保证获得初期高额利润。（   ）

6. 产品成长期是企业获利最多的时期，因此这个时期的目标利润率应高于整个寿命周期里的平均利润率。（   ）

7. 成本加成法认为需求者在价格决定过程中发挥主导作用，而生产者的影响最多只是在考虑加成率的大小时有所体现。（   ）

8. 在成熟期，企业主要根据占领的市场份额和相对品质确定定价策略，目标在于尽可能地收回现金。（   ）

9. 萨维奇决策准则主要适用于决策者对未来持悲观态度的不确定性决策。（   ）

10. 成本加成定价法容易让人产生成本越高、利润越高的误解。（   ）

四、简答题

1. 简述决策分析的程序。
2. 简述新产品定价策略的内容。
3. 为什么在半成品或联产品是否深加工的决策中，无论是半成品还是联产品本身的成本都是无关成本？
4. 生产经营决策中常用的方法有哪些？各有哪些优缺点？它们的评价指标是什么？

五、计算题

1. 红光机械厂生产甲产品，正常销售单价为 80 元/件，年初已接到全年订货量为 1 000 件，其平均单位成本资料如下：

直接材料	24 元
直接人工	12 元
制造费用	14 元
其中：变动性制造费用	4 元
固定性制造费用	10 元
销售及管理费用	5 元

2 月一客户要求该厂为其生产甲产品 200 件订货价格为 50 元/件。

要求：就以下各不相关方案作出是否接受追加订货的决策。

企业最大生产能力 1 200 件，剩余生产能力无法转移。追加订货无须追加专属固定成本。

企业最大生产能力 1 160 件，剩余生产能力无法转移。追加订货无须增加专属固定成本。

企业最大生产能力 1 200 件，剩余生产能力无法转移。但追加订货需增加专属固定成本 1 800 元。

企业最大生产能力 1 180 件，剩余生产能力可以转移。若对外出租，可获租金净收入 200 元，同时追加订货需增加专属固定成本 1 100 元。

2. 已知：某企业每年需用 A 零件 2 000 件，原由金工车间组织生产，年总成本为 19 000 元，其中，固定生产成本为 7 000 元。如果改从市场上采购，单价为 8 元，同时将剩余生产能力用于加工 B 零件，可节约外购成本 2 000 元。

要求：为企业作出自制或外购 A 零件的决策，并说明理由。

3. 已知：某企业组织多品种经营，其中有一种变动成本率为 80% 的产品于 1998 年亏损了 10 000 元，其完全销售成本为 110 000 元。假定 1999 年市场销路、成本水平均不变。

要求：请用相关损益分析法就以下不相关的情况为企业作出有关该亏损产品的决策，并说明理由。

（1）假定与该亏损产品有关的生产能力无法转移。1999 年是否继续生产该产品？

（2）假定与该亏损产品有关的生产能力可用于临时对外出租，租金收入为 25 000 元。1999 年是否继续生产该产品？

（3）假定条件同（1），但企业已具备增产一倍该亏损产品的能力，且无法转移。1999 年是否应当增产该产品？

（4）假定条件同（2），但企业已具备增产一倍该亏损产品的能力。1999 年是否应当增产该产品？

4. 某工厂在生产过程中同时生产出产品 A 和产品 B，其中产品 A 可以在分离后立即出售，也可以继续加工成产品 C 后再出售。其他资料如下：A 产品的产量为 10 吨，分离后立即出售的单价为 5 000 元，加工后的销售单价为 8 000 元，产品 A 和 B 的联合成本为 60 000 元；可分成本包括两部分，其中单位变动成本 4 000 元，固定成本 25 000 元。

要求：
对 B 产品是否应进一步加工作出决策。

5. 已知：某产品按每件 10 元的价格出售时，可获得 8 000 元贡献边际，贡献边际率为 20%，企业最大生产能力为 7 000 件。

要求：分别根据以下不相关条件作出是否调价的决策：

（1）将价格调低为 9 元时，预计可实现销售 9 000 件；

（2）将价格调高为 12 元时，预计可实现销售 3 000 件。

6. 假设甲公司目前生产所需的零件是以 5 元的单价购入，若零件由公司自制时，估计每单位材料成本为 3 元，人工成本为 1 元，变动性制造费用为 0.5 元。目前该公司的经营能力为正常生产能力的 80%，该公司自制零件时，不但可以使经营能力达到正常生产能力，以可以使各部门需要的零件自给自足，其间，不管工厂生产能力为 80% 还是 100%，每年的固定制造费用均为 1 000 000 元。请问公司是否应该自制零件？

7. 假定某公司共有甲乙丙丁四种产品，其损益情况如下（单位：万元）

	甲	乙	丙	丁	合计
销售收入	40	40	30	20	130
变动成本	21	24	26	15	86
固定成本					
直接	7	7	2	3	19
间接	4	4	1	3	12

请问：是否应该停止生产丁产品？

8. 假定某公司生产某种产品 400 000 件，占正常生产能力的 80%，年固定性制造费用为 300 000 元，单位变动制造费用为 0.5 元，单位直接材料成本为 2 元，单位直接人工成本为 1.5 元，单位产品售价为 5 元。假定有一外国顾客愿以单位 4.5 元的价格增订产品 200 000 件，会计人员估计为此必须增加设备租金 20 000 元。请问应否接受这一订货？

9. 已知：某企业常年生产需要某部件，以前一直从市场上采购。采购量在 5 000 件以下时，单价为 8 元，达到或超过 5 000 件时，单价为 7 元。如果追加投入 12 000 元专属成本就可以自行制造该部件，预计单位变动成本为 5 元。

要求：采用成本无差别点法为企业作出自制或外购该部件的决策。

第六章 存货决策

☞ 学习目标

1. 了解存货决策需要考虑的成本因素并掌握不同成本在不同情况下与决策的相关性。
2. 了解经济订购批量基本数学模型的推导原理及基本应用。
3. 在了解有关因素影响的基础上,掌握经济订购批量基本数学模型的扩展,以解决不同状况下经济订购批量的决策及不确定情况下的存货决策问题。

第一节 存货概述

一、存货的种类

存货是指企业为了销售或者耗用而储存的商品和货物,它是企业流动资产的重要组成部分,在流动资产中所占的比重较大。企业的存货数量和种类很多,对存货进行科学的分类,有利于存货的管理。存货可以按照不同的标准进行分类,主要有以下几种。

(一) 按照经济用途分类

存货按照其经济用途不同,通常可以分为销售用存货、生产用存货和其他存货三类。

1. 销售用存货是指为了销售的目的而储存的存货,主要包括产成品、库存商品等。这部分存货数量反映了企业的经营能力:如果销售用存货过多,造成存货积压,就说明企业的产品销售不畅,会影响企业的资金周转,应当大力加强市场销售工作;如果企业库存的销售用存货短缺,也会影响到销售,可能是企业的生产能力不足,应当加强生产管理,挖掘生产潜力。

2. 生产用存货是指为了生产耗用而储存的存货,主要包括原材料、各种辅助材料、在产品、修理备用件、半成品等。这部分存货数量反映了企业的生产能力大小,也能反映企业的生产管理水平和生产效率的高低。如果存货资金在生产过程中占用的数量过多,占用的时间过长,就说明企业的生产效率不高,应当加强生产管理,提高生产效率。

3. 其他存货是指以上存货之外的、供企业一般性耗用的物品,如职工福利用品、劳保用品等。这部分存货一般所占比重较小。

(二) 按照来源分类

存货按照来源不同,可以分为外购存货和自制存货两种。外购存货是指企业从外部购买的存货,如工业企业的外购原材料、外购低值易耗品以及商业企业的外购商品等,外购存货可能是为了销售,也可能是为了耗用。自制存货是指由企业自己生产制造出的存货,如工业企业的产成品、自制材料等。

(三) 按照存放地点分类

存货按照其存放的地点不同,可以分为库存存货、在途存货、委托加工存货和委托代销存货等。库存存货是指已经运到企业并已验收入库的存货。在途存货是指正在运输途中的存货,包括运入在途存货和运出在途存货。委托加工存货是指企业委托外单位加工但尚未加工完工的各种存货,如委托加工材料等。委托代销存货是指企业委托外单位代销,但尚未办理代销货款结算的存货。

二、存货管理的要求

由于存货在流动资产中所占的比重较大,因此,存货管理在流动资产管理中占有非常重要的地位。存货管理的主要目的是要合理地控制存货水平,充分发挥存货在生产经营中的作用,尽量降低存货成本。一般来说,企业的存货管理应当符合以下基本要求。

(一) 保证生产正常进行的要求

必要的原材料、在产品、半成品是企业正常生产的前提和保障。实际上,企业很少能做到随时购入生产所需的各种物质,即使是市场供应量充足的物质也是如此。一旦原材料短缺,造成企业停产,就可能会给企业造成重大的经济损失。为了生产活动能够顺利进行,防止停工待料情况的发生,企业必须储存一定数量的储备原材料。

(二) 满足市场销售的需要

必要的产成品和库存商品的储备,有利于满足销售的需求。在现实经济生活中,经常会出现这种情况:某种商品热销,供不应求,但是由于企业没有一定数量的商品储备,从而影响了销售。所以,必要的存货储备可以增强企业销售的机动性,更能适应市场的变化。特别是销售季节性很强的商品,更应当储备足够的货源,尽量避免因存货不足而影响企业的销售,错失良机。

(三) 降低成本的要求

存货的成本直接影响到企业的收益,企业存货的成本过高,必然降低企业的利润,影响企业的经济效益。所以,存货管理的一个重要目标就是要尽可能降低存货成本。存货成本的发生涉及采购、储存、生产等多个经营环节,因此,要降低存货成本,必须加强各个经营环节的管理,提高企业的整体管理水平。

(四) 安全储备的要求

在市场经济中,存在许多不确定性因素,如市场上原材料供应紧张、通货膨胀等,这些不确定性因素,增加了企业生产经营的风险。为了防止意外事件发生而影响企业的生产经营活动,应当在存货储备上留有余地,储备一定数量的安全储备,以备不时之需。

三、存货的成本

为了维持企业的正常生产经营活动，企业必须储备一定数量的存货。但是，存货过多也会影响企业的经济效益，因为采购、储存存货要发生各种费用支出，这些费用支出就构成了企业存货的成本。一般来说，存货成本主要包括以下几个方面。

（一）采购成本

采购成本是存货成本的主要组成部分，它是指构成存货本身价值的进价成本，主要包括买价、运杂费等。采购成本一般与采购数量成正比，其等于采购数量与单位采购成本的乘积。采购成本受存货的市场价格影响较大，因此，在采购存货时，应当尽可能以较低的市价采购符合要求的存货，以降低存货的成本。在存货的市价稳定的情况下，如果一定时期的存货总需求量是固定的，则存货的总采购成本也是固定的，与采购批数及每批的采购量无关。

（二）订货成本

订货成本是指企业为组织订购存货而发生的各种费用支出，如为订货而发生的差旅费、邮资、通信费、专设采购机构的经费等。订货成本分为变动性订货成本和固定性订货成本：变动性订货成本与订货次数成正比，而与每次订货数量关系不大，订货次数越多，变动性订货成本越高，如采购人员的差旅费、通信费等；固定性订货成本与订货次数无关，如专设采购机构的经费支出等。

（三）储存成本

储存成本是指企业为储存存货而发生的各种费用支出，如仓储费、保管费、搬运费、保险费、存货占用资金支付的利息费、存货残损和变质损失等。存货的储存成本也分为变动储存成本和固定储存成本：变动储存成本与储存存货的数量成正比，储存的存货数量越多，变动储存成本就越高，如存货占用资金的利息费、存货的保险费、存货残损和变质损失等；固定储存成本与存货的储存数量无关，如仓库折旧费、仓库保管人员的固定月工资等。

（四）短缺成本

短缺成本是指由于存货储备不足而给企业造成的经济损失，如由于原材料储备不足造成的停工损失、由于商品储备不足造成销售中断的损失等。存货的短缺成本与存货的储备数量呈反向变化，储存存货的数量越多，发生缺货的可能性就越小，短缺成本当然就越小。

四、存货管理的目标

如果工业企业能在生产投料时随时购入所需的原材料，或者商业企业能在销售时随时购入该项商品，就不需要存货。但实际上，企业总有储存存货的需要，并因此占用或多或少的资金。同时，零购商品的价格往往较高，而整批购买在价格上常有优惠。另外，数量较少的购货订单，供货商往往不愿意接收。然而，过多的存货要占用较多的资金，并且会增加包括仓储费、保险费、维护费、管理人员工资在内的各项开支；而且存货占用资金是有成本的，占用过多会损失利息并导致利润的损失；各项开支的增加更直接使成本上升。进行存货管理，就要尽力在各种存货成本与存货效益之间做出权衡，达到两者的最佳结合。这也就是存货管理的目标。

第二节　经济订购量模型与扩展

存货经济订购批量管理是存货采购管理的一个重要方法。存货成本主要由采购成本、订货成本、储存成本和短缺成本构成。其中，采购成本与存货的订购批量无关，在不允许缺货的情况下，也不存在短缺成本，所以与存货采购次数和每次采购的订购批量相关的成本只有订货成本和储存成本。如果在一定时期内，企业需求的存货总量是固定的，那么，存货的订购批量越大，储存的存货就越多，储存成本就会越高，但由于订货次数减少，则会使订货成本降低；反之，减少存货的订购批量，会使储存成本随之减少，但由于订货次数增加，订货成本会上升。由此可见，存货的订货成本和储存成本与存货的采购批量密切相关，并且呈反方向变动。这样，就可以找到一个使订货成本与储存成本之和最低的采购批量，这就是经济订购批量，存货的经济订购批量可以用图6-1表示。

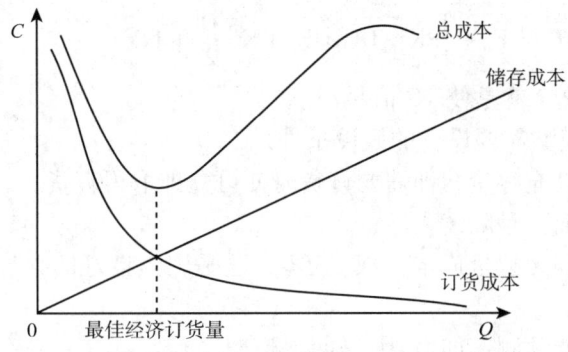

图6-1　最佳经济订货量与各种成本的关系

一、经济订购批量的基本数学模型

存货的经济订购批量可以用数学模型来表示。

（一）取得成本 TC_a

1. 订货成本。

订货成本是指取得订单的成本。其中，一部分与订货次数无关，称为订货的固定成本，用 F_1 表示；另一部分与订货次数有关，称为订货的变动成本，每次订货的变动成本用 K 表示。订货次数等于存货年需要量 D 与每次进货量 Q 之商。

$$\text{订货成本} = \frac{D}{Q}K + F_1 \tag{6-1}$$

2. 采购成本。

采购成本指存货本身的价值。年需要量用 D 表示，单价用 U 表示，于是采购成本为 DU。

取得成本 = 订货成本 = 订货固定成本 + 订货变动成本 + 采购成本

$$TC_a = F_1 + \frac{D}{Q}K + DU \tag{6-2}$$

（二）储存成本 TC_c

储存成本指为保持存货而发生的成本，通常用 TC_c 表示。储存成本也分为固定成本和变动成本。固定成本与存货量的多少无关，常用 F_2 表示；变动成本与存货的数量有关，单位成本用 K_c 表示。

储存成本 = 储存固定成本 + 储存变动成本

$$TC_c = F_2 + K_c \frac{Q}{2} \tag{6-3}$$

（三）缺货成本

缺货成本指由于存货供应中断而造成的损失，通常用 TC_s 表示。

结合这三种成本，我们就可以得到总成本：

$$TC = TC_a + TC_c + TC_s = F_1 + \frac{E}{Q}K + DU + F_2 + K_c \frac{Q}{2} + TC_s \tag{6-4}$$

企业存货的最优化，就是使 TC 值最小。

经济订货量基本模型需要设立的假设条件是：

1. 企业能够及时补充存货，即需要订货时便可立即取得存货；
2. 能集中到货，而不是陆续入库；
3. 不允许缺货，即无缺货成本，TC_s 为零，这是因为良好的存货管理本来就不应该出现缺货成本；
4. 需求量稳定且能预测，即 D 为已知常量；
5. 存货单价不变，不考虑现金折扣，即 U 为已知常量；
6. 企业现金充足，不会因现金短缺而影响进货；
7. 所需存货市场供应充足，不会因买不到需要的存货而影响其他。

设立了上述假设后，存货总成本的公式可以简化为：

$$TC = F_1 + \frac{E}{Q}K + DU + F_2 + K_c \frac{Q}{2} \tag{6-5}$$

当除 Q 外其他量为常数量时，TC 的大小取决于 Q。

由总成本的性质，当 $\frac{dTC}{dQ} = -\frac{D}{Q^2}K + \frac{K_c}{2} = 0$ 时，TC 存在最小值，所以有：

$$Q^* = \sqrt{\frac{2KD}{K_c}} \tag{6-6}$$

通过公式的演变，我们还可以得到以下几个有用的公式：

每年最佳订货次数：

$$N^* = \frac{D}{Q^*} = \sqrt{\frac{DK_c}{2K}} \qquad (6-7)$$

与批量有关的存货总成本：

$$TC(Q^*) = \sqrt{2KDK_c} \qquad (6-8)$$

最佳订货周期（天）：

$$t^* = \frac{360}{N^*} = \frac{360}{\sqrt{\frac{DK_c}{2K}}} = 360 \cdot \sqrt{\frac{2K}{DK_c}} \qquad (6-9)$$

经济订货量占用资金：

$$I^* = \frac{Q^*}{2} \cdot U = \frac{\sqrt{\frac{2KD}{K_c}}}{2} \cdot U = \sqrt{\frac{KD}{2K_c}} \cdot U \qquad (6-10)$$

[例6-1] 某企业全年销售该种存货 10 000 件，每件单价 4 元，每件储存成本为商品进货价格的 25%，每次订货成本为 50 元，则：

$$Q^* = \sqrt{\frac{2KD}{K_c}} = \sqrt{\frac{2 \times 10\,000 \times 50}{4 \times 25\%}} = 1\,000 \text{（件）}$$

$$N^* = \frac{D}{Q^*} = \frac{10\,000}{1\,000} = 10 \text{（次）}$$

$$TC(Q^*) = \sqrt{2KDK_c} = \sqrt{2 \times 10\,000 \times 50 \times 4 \times 25\%} = 1\,000 \text{（元）}$$

$$I^* = \frac{Q^*}{2} \times U = \frac{1\,000}{2} \times 4 = 2\,000 \text{（元）}$$

另外，经济订货量也可以用图解法求得。其方法为：先计算出一系列不同批量的各有关成本；然后在坐标图上描出由各有关成本构成的订货成本线、储存成本线和总成本线，总成本线的最低点（或者是订货成本线和储存成本线的交接点）相应的批量，即经济订货量。

不同批量下有关成本指标如表 6-1 所示。

表 6-1　　　　　　　　　　不同批量下有关成本指标

订货批量（件）	200	400	600	800	1 000	1 200	1 400	1 600	1 800	2 000
平均存量（件）	100	200	300	400	500	600	700	800	900	1 000
储存成本（元）	100	200	300	400	500	600	700	800	900	1 000
订货次数（次）	50	25	17	13	10	8	7	6	6	5
订货成本（元）	2 500	1 250	833	625	500	417	357	313	278	250
总成本（元）	2 600	1 450	1 133	1 025	1 000	1 017	1 057	1 113	1 178	1 250

不同批量的有关成本变动情况可参见图6-2。从以上成本指标的计算和图形可以很清楚地看出，当订货批量为1 000件时总成本最低，小于和大于这一批量都是不合算的。

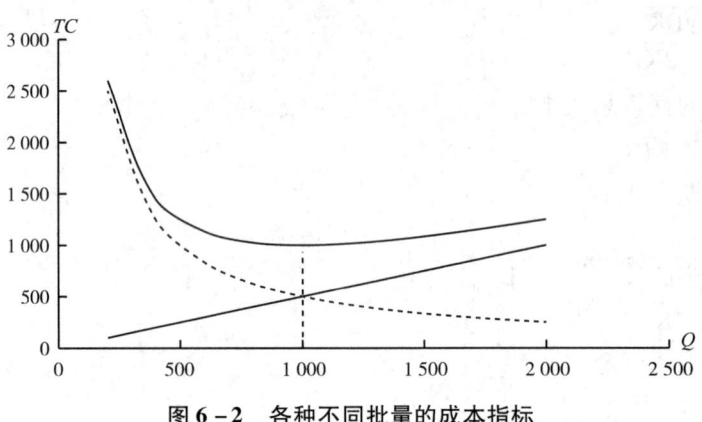

图6-2　各种不同批量的成本指标

二、有数量折扣的经济订货批量

销售企业为了鼓励客户更多地购买商品，有时可以给客户不同程度的数量折扣，即当客户的一次采购批量达到一定数量时，可以给予价格上的优惠。在这种情况下，确定存货订购批量，不仅要考虑订货成本和储存成本，还要考虑采购成本。有数量折扣的经济订购批量一般按下列步骤进行决策：

1. 按照存货经济订购批量的基本模型计算无数量折扣情况下的经济订购批量及其存货总成本；
2. 依不同数量折扣的不同优惠价格，计算在不同批量下的存货总成本；
3. 比较经济订购批量与不同批量下的存货总成本，总成本最低的批量就是最佳订购批量。

[例6-2]某企业全年需要甲零件80 000件，采购价格为每件50元，每次订货成本为400元，每件年储存成本为4元。供应商规定，如果一次订货达5 000件，可以得到15%的价格折扣。要求确定该企业采购甲零件的经济订购批量。

首先，计算无价格折扣情况下的经济订购批量和存货总成本。

$$Q = \sqrt{\frac{2 \times 80\ 000 \times 400}{4}} = 4\ 000\ (件)$$

存货总成本S为：

S = 4 000 ÷ 2 × 4 + 80 000 ÷ 4 000 × 400 + 80 000 × 50
　= 4 016 000（元）

其次，计算有价格折扣情况下的存货总成本S：

S = 5 000 ÷ 2 × 4 + 80 000 ÷ 5 000 × 400 + 80 000 × 50 × (1 - 1%)
　= 3 976 400（元）

由于每次订购5 000件时，存货的总成本可以降低，因此，经济订购批量是5 000件。

第三节　再订购点的确定与安全储备

为了生产经营活动的正常进行，防止停工待料情况的发生，企业必须在存货用完之前订购下一批存货。这样，必须确定当存货降低到多少时，就应当订购下一批存货，这就是存货订货点的确定。

一、再订货点与安全储备

一般情况下，企业的存货不能做到随用随时补充，因此不能等存货用光再去订货，而需要在没有用完时提前订货。在提前订货的情况下，企业再次发出订货单时，尚有的存货库存量，称为再订货点，用 R 来表示。当交货时间 L 和每日需用量 d 固定不变时，有 $R = L \times d$。

但实际上，每日需求量可能发生变化，交货时间也可能发生变化。按照订货批量和再订货点发出订单后，如果需求增大或送货延迟，就会发生缺货或供货中断。为防止由此造成的损失，就需要多储备一些存货以备应急之需，称为安全储备，如图 6-3 所示。

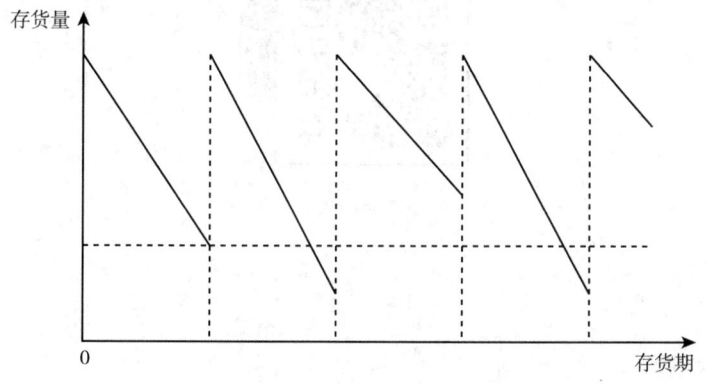

图 6-3　安全存量示意图

二、确定再订货点与安全储备的简单方法

存货订货点是指订购下一批存货时存货的库存储备量。一般考虑如下因素：
1. 平均每日存货的正常耗用量；
2. 预计每日存货的最大耗用量；
3. 正常提前订货时间，即正常情况下从发出订单到货物验收入库所需的时间；
4. 预计最长提前订货时间，即如果遇到非常情况所需要的提前订货时间；
5. 安全储备量，即为了防止耗用量突然增加或者交货误期等情况的发生而增加的存货储备数量。

假设：R 表示存货订货点，n 表示平均每日存货的正常耗用量，m 表示预计每日存货的最大耗用量，t 表示正常提前订货时间，R 表示预计最长提前订货时间，S 表示安全储备量。

安全储备 S 可用下式计算：

$$S = \frac{1}{2}(mr - nt) \qquad (6-11)$$

则可用如下公式计算存货的订货点：

$$R = nt + S = nt + \frac{1}{2}(mr - nt) = \frac{1}{2}(mr + nt) \qquad (6-12)$$

［例 6-3］某公司每天正常耗用某零件 10 件，订货的提前期为 20 天，预计最大耗用量为每天 12 件，预计最长提前期为 25 天。

安全储备：$S = \frac{1}{2}(mr - nt) = \frac{1}{2}(12 \times 25 - 10 \times 20) = 50$（件）

再订货点：$R = \frac{1}{2}(mr + nt) = \frac{1}{2}(12 \times 25 + 10 \times 20) = 250$（件）

实践与巩固

案例资料

课后习题

一、单项选择题

1. 下列各项中，与再订货点无关的是（　　）。
   A. 经济订货量　　　B. 日耗用量　　　C. 交货日数　　　D. 保险储备量
2. 下列各项中，与经济订货量无关的是（　　）。
   A. 每日消耗量　　　B. 每日供应量　　　C. 储存变动成本　　　D. 订货提前期
3. 下列各项中，不属于订货成本的是（　　）。
   A. 采购部门的折旧费　　　　　　　　　B. 检验费
   C. 按存货价值计算的保险费　　　　　　D. 差旅费
4. 某公司使用材料 A，一次订购成本为 2 000 元，每单位成本为 50 元，经济订购批量为 2 000 元，单位资本成本率为 10%，全年用量 8 000 个单位。该材料单位储存成本中的付现成本是（　　）元。
   A. 8　　　　　　　B. 3　　　　　　　C. 4　　　　　　　D. 5
5. 数量折扣视为机会成本时是指放弃可获得的最大订购量折扣而形成的机会成本，等于（　　）。

A. 最大订购量折扣
B. 该公司拟选订购政策的折扣
C. 最大订购量折扣与该公司拟选订购政策的折扣之间的差额
D. 最大订购量折扣与该公司拟选订购政策的折扣之和

6. 某种商品的再订购点为 680 件,安全库存量为 200 件,采购间隔日数为 12 天,假设每年有 300 个工作日,则年度耗用量是（　　）件。
   A. 11 000   B. 10 000   C. 12 000   D. 13 000

7. 在存货决策中,（　　）可以不考虑。
   A. 订货成本   B. 固定订货成本
   C. 变动订货成本   D. 变动储存成本

8. 下列各项中不属于储存成本的是（　　）。
   A. 企业自设仓库的水电费、空调费   B. 按存货价值计算的保险费
   C. 陈旧报废损失   D. 采购人员的检验费

9. 由于存货数量不能及时满足生产和销售的需要而给企业带来的损失,称为（　　）。
   A. 储存成本   B. 缺货成本   C. 采购成本   D. 订货成本

10. 储存成本中,凡总额大小取决于存货数量的多少及储存时间长短的成本,称为（　　）。
    A. 固定储存成本   B. 变动储存成本
    C. 资本成本   D. 无关成本

11. 首先从产品装配出发,每道工序和每个车间按照当时的需要向前一道工序和车间提出要求,发出工作指令,前面的工序和车间完全按这些指令进行生产的方式,称为（　　）。
    A. 推动式生产系统   B. 拉动式生产系统
    C. 预算工时   D. 实际工时

12. 为避免由于延迟到货、生产速度加快及其他情况的发生,而将满足生产、销售需要的存货量,称为（　　）。
    A. 安全存货   B. 营运存货   C. 超额存货   D. 经营存货

13. （　　）是指由存货的买价和运杂费等构成的成本,其总额取决于采购数量和单位采购成本。
    A. 缺货成本   B. 订货成本   C. 储存成本   D. 购置成本

14. 公司每年耗用材料 2 500 千克,每批订货成本为 160 元,每千克材料年储存成本为 20 元,则在定量采购方式下每次采购量为（　　）千克。
    A. 100   B. 200   C. 300   D. 400

15. 下列成本中,属于决策无关成本的是（　　）。
    A. 订货成本   B. 固定订货成本   C. 变动订货成本   D. 变动储存成本

二、多项选择题

1. 存货对制造企业等绝大部分企业来说是必需的,因为（　　）。
   A. 保证企业不间断的生产对原材料等的需要,应有一定的储存量
   B. 满足产品销售批量经常化的需要,应有足够的半成品、产成品储存量

C. 保证企业均衡生产并降低生产成本，应有一定的存储量
D. 避免或减少经营中可能出现的失误，防止事故对企业造成的损失，应有一定的存储量
E. 零购物资价格较高，整批购买价格有优惠，出于价格考虑，应有一定的存储量

2. 企业为控制存货缺货成本，采取的方法主要有（　　）。
A. 提前订货　　　　　　　　B. 按经济订货量采购
C. 设置保险储备　　　　　　D. 供应与耗用保持一致
E. 增加每日送达存货的数量

3. 存货决策中，通常需要考虑的成本有（　　）。
A. 采购成本　　B. 订货成本　　C. 储存成本　　D. 缺货成本
E. 沉没成本

4. 下列各项中属于缺货成本的是（　　）。
A. 停工期间的固定成本　　　B. 因停工待料发生的损失
C. 无法按期交货而支付的罚款　　D. 停工期间的人员工资
E. 因采取应急措施补足存货而发生的超额费用

5. 在为存货模型编制数据时，应观察所掌握的每一项成本是否随下列（　　）项目的数量变化而变化。
A. 缺货的数量　　　　　　　B. 存货的数量
C. 购入的数量　　　　　　　D. 一年内发出的订单数
E. 全年需要量

6. 库存耗竭的发生，会导致（　　）。
A. 专程派人采购材料　　　　B. 停产等待新的材料运达
C. 失去顾客　　　　　　　　D. 经济损失
E. 增加平时储存量

7. 库存耗竭成本包括（　　）。
A. 备选供应来源的成本　　　B. 失去顾客的成本
C. 失去商业信誉的成本　　　D. 库存耗竭期内停产的成本
E. 缺货成本

8. 某企业年需要 A 材料 2 000 千克，单价 100 元，一次订货成本 40 元，年储存成本 1%，则其经济订货量、经济订货次数为（　　）。
A. 经济订货量 400 千克　　　B. 经济订货量 40 000 元
C. 经济订货次数 5 次　　　　D. 经济订货次数 6 次
E. 经济订货量 4 000 元，经济订货次数 5 次

9. 订货成本、储存成本中的固定部分和变动部分，可依据历史成本资料，采用（　　）进行分解。
A. 高低点法　　　　　　　　B. 散布图法
C. 最小二乘法　　　　　　　D. 约当产量法
E. 因素分析法

10. 存货过多，会导致（　　）。
A. 占用大量的流动资金　　　B. 增加仓库设施，扩大仓库容量

C. 增加管理费用，提高产品成本　　D. 易形成自然损耗

E. 增加储存成本

11. 安全库存量的确定方法主要有（　　）。

A. 经验法　　　　　　　　　　　　B. 作业成本计算法

C. 成本法　　　　　　　　　　　　D. 不连续的概率法

E. 差量法

12. 取得成本是下列哪些选择之和（　　）。

A. 订货固定成本　　　　　　　　　B. 订货变动成本

C. 购置成本　　　　　　　　　　　D. 储存成本

E. 缺货成本

13. 下列项目中，属于存货的储存变动成本的有（　　）。

A. 存货占用资金的应计利息　　　　B. 租入仓库的租金

C. 自有仓库折旧　　　　　　　　　D. 存货的破损变质损失

E. 按存货价值计算的保险费

14. 在存货陆续供应和使用的情况下，导致经济批量增加的因素有（　　）。

A. 存货年需要量增加　　　　　　　B. 一次订货成本增加

C. 每日耗用量增加　　　　　　　　D. 每日入库量增加

E. 变动储存成本增加

15. 下列说法中不正确的是（　　）。

A. 在计算经济订货量时，凡是与存货批量有关的成本都要考虑

B. 存货资金的应计利息属于存货储存变动成本

C. 经济批量与缺货成本成正向变动关系

D. 采购批量的大小与一次性订货成本成正比

E. 经济批量与变动储存成本成正比

三、判断题

1. 订货提前期对存货的每次订货数量、订货次数、订货时间间隔没有影响。（　　）
2. 仓库保管人员的工资与储存成本相关。（　　）
3. 再订货点等于交货时间与每日平均送货量的乘积。（　　）
4. 安全储备量的储存成本等于安全储备量乘以存货的单位储存成本。（　　）
5. 双箱法主要适用于那些数量少、价值高的存货的日常管理。（　　）
6. JIT 存货管理不承认存货管理的合理性，认为应该尽可能将其消除。（　　）
7. 经济订货量越大，进货周期一定越长。（　　）
8. 研究存货安全储备量的目的，是为了寻求缺货成本的最小化。（　　）
9. 存货年需要量、单位储存变动成本和单价的变动均会引起经济订货量所占用资金的同方向变化。（　　）
10. 如果存货市场供应不足，即使满足有关的基本假设条件，也不能利用经济订货量模型。（　　）

四、简答题

1. 从企业经营的角度来看，可以将存货区分为哪几种主要类型？

2. 在存货决策中，需要考虑哪几项成本？

3. 请简述经济订货量模型的原理和计算方法。

4. 简述确定存货订货点需要考虑的因素有哪些？

五、计算题

1. 已知甲公司与库存相关的信息如下：

（1）年需求数量为 30 000 千克；

（2）购买价格为 100 元/千克；

（3）储存成本是商品买价的 0.3%；

（4）订货成本每次 60 元；

（5）安全储备量为 750 千克。

假定订货数量只能为 1 000 的整数倍。

要求：

（1）计算经济订货量是多少？

（2）计算存货水平为多少时应补充订货？

（3）计算存货平均占用多少资金？

2. A 公司每年需要向外购买甲零件 7 200 个，该零件的单位储存成本为 40 元，一次订货成本 50 元，单位缺货成本 100 元，平均每天的需要量为 20 件，订货间隔期的概率分布如下表所示：

订货间隔期（天）	5	6	7	8	9
概率	0.1	0.2	0.4	0.2	0.1

要求：

计算含有安全储备量的再订货点。

3. 某公司每年为生产 A 产品共需要甲零件 250 000 千克，每次订货成本 1 080 元，每千克全年储存成本为 0.6 元。该公司目前仓库最大储存量为 25 000 千克，考虑到业务的发展需要，已与其他单位协商租用一个可以储存 20 000 千克甲零件的仓库，年租金为 3 500 元。

要求：

为该公司进行最优储存的决策。

4. 甲公司全年需用某种零件 22 000 件，每件单价为 3 元，供货方提出若公司一次购买量达到 4 000 件以上，可获取 3% 的价格优惠。已知固定订货成本每年为 1 000 元，变动订货成本每次 30 元，固定储存成本每年为 5 000 元，变动单位储存成本 1.5 元/年。

甲公司也可选择自行生产该零件，每件成本为 2.5 元，每天可生产 100 件，每天耗用 62.5 件，固定的生产准备费用每年 1 200 元，变动的生产准备费用为 300 元/次，自制零件的单位变动储存成本为 1.4 元，固定储存成本每年为 5 000 元。

要求：

（1）甲公司每年要订购多少件才能使该零件的总成本最低？是否要作出争取价格折扣而提高订购量的选择？

（2）若甲公司选择自行加工该零件，应分多少批生产，才能使生产准备成本与储存成本之和最低？

（3）比较企业自制与外购的总成本，应选择哪一种方案？

5. 某公司生产并销售一种产品，预计未来两周内的销售量可以达到 1 000 件。这种产品的单价为 10 元/件，单位成本为 4.8 元/件，年储存成本为存货价值的 1/4。该公司预计在发生缺货的情况下只有一半的顾客会愿意接受以后的订货。假设公司的库存周期为 13 周，安全储备量必须在这整个期间内都予以保留。

要求：

（1）分别计算安全储备量为 0、500 件和 1 000 件时的缺货成本和总成本。

（2）分析公司应采用哪一种安全储备量。

第七章　长期投资决策

☞ **学习目标**
1. 了解长期投资的概念、构成内容、特点及分类。
2. 掌握现金流量的计算分析方法。
3. 熟练应用资本投资决策的各项评价指标体系计算方法。

第一节　长期投资概述

一、长期投资决策的概念和特征

长期投资是指涉及投入大量资金，投资所获得报酬要在长时期内逐渐收回，能在较长时间内影响企业经营获利能力的投资。与长期投资项目有关的决策，称为长期投资决策。广义的长期投资包括固定资产投资、无形资产投资和长期证券投资等内容。而固定资产投资在长期投资中所占比例较大，所以狭义的长期投资特指固定资产投资，本章主要论述狭义的长期投资决策，长期投资有如下特征。

1. 投资金额大。

长期投资，特别是战略性扩大生产能力的投资需要的金额一般都较大，往往是企业多年的资金积累。在企业总资产中占到很大比重。因此长期投资对企业未来的财务状况和现金流量起到相当大的影响。

2. 影响时间长。

长期投资投资期和发挥作用的时间都较长，项目建成后对企业的经济效益会产生长久的效应，并有可能对企业的前途有决定性的影响。

3. 变现能力差。

长期投资的使用期长，一般不会在短期内变现，即使由于种种原因想在短期内变现，其变现能力也较差。长期投资项目一旦建成，想要改变是很困难的，不是无法实现，就是代价太大。

4. 投资风险大。

长期投资投资项目的使用期长，面临的不确定因素很多，如原材料供应情况、市场供求关系、技术进步速度、行业竞争程度、通货膨胀水平等都会影响投资的效果。所以固定资产投资面临较高的投资风险。

长期投资不仅需要投入较多的资金，而且影响的时间长，投入资金的回收和投资所得收益都要经历较长的时间才能完成。在进行长期投资决策时，一方面要对各方案的现金流入量和现金流出量进行预测,正确估算出每年的现金净流量;另一方面要考虑资金的时间价值,还要计算出为取得长期投资所需资金所付出的代价,即资金成本。因此现金净流量、资金时间价值和资金成本是影响长期投资决策的重要因素。

二、资本成本

企业长期投资所使用的资金无论采用什么方式去筹集都要付出一定的代价,这种代价就是资金成本,不同的筹资方式的资金成本有较大差异。在长期投资决策中将各种筹资方式的加权平均资金成本作为贴现率,将资金成本作为能否为股东创造价值的标准,所以在评价投资项目的可行性,选择投资方案时起到很大的作用。

(一) 债券资金成本

企业按固定利率发行债券筹资,利息可在税前列支。但发行债券要发生一定的筹资费用,即发行费、印刷费、推销费等,其计算公式为:

$$债券资金成本 = \frac{年利息 \times (1 - 所得税税率)}{债券发行价格 \times (1 - 筹资费率)}$$

(二) 借款资金成本

借款资金成本的计算与债券基本一致,其计算公式为:

$$借款资金成本 = \frac{年利息 \times (1 - 所得税税率)}{借款总额 \times (1 - 筹资费率)}$$

由于借款的手续费或者没有,或者很低,公式中的筹资费率通常可以忽略不计。公式可简化为:

$$借款资金成本 = 借款年利率 \times (1 - 所得税税率)$$

(三) 优先股资金成本

企业发行优先股票,既要支付筹资费,又要定期支付股利。优先股属于权益性资金,股利要在税后才能支付。其计算公式为:

$$优先股资金成本 = \frac{优先股年股利}{优先股发行总额 \times (1 - 筹资费率)}$$

(四) 普通股资金成本

普通股也属于权益性资金,股利要在税后支付。与优先股不同的是,普通股的股利是不固定的,通常假定具有固定的年增长率。其计算公式为:

$$普通股资金成本 = \frac{普通股第一年预计股利}{普通股发行总额 \times (1 - 筹资费率)} + 股利增长率$$

(五) 留存收益资金成本

企业留存收益相当于投资者追加投资给企业,与原先的投资一样,要求有一定的回报,所以也要考虑资金成本。留存收益资金成本可用不考虑筹资费用的普通股资金成本公

式来计算。其计算公式为:

$$留存收益资金成本 = \frac{普通股第一年预计股利}{普通股发行总额} + 股利增长率$$

(六) 综合资金成本

综合资金成本是指以各种资金成本为基础,以各种资金占总资金的比重为权数计算出来的加权平均资金成本。反映企业所筹全部资金资金成本的一般水平,其计算公式为:

$$综合资金成本 = \sum 某种资金的资金成本 \times 该种资金占总资金的比重$$

第二节 现金流量分析

会计方法的主要弱点是没有考虑产生利润所需要的投资或时机。现金流量与会计利润的差异主要来自对资本支出的不同处理。会计上,资本性支出被确认为资产,在其寿命期间内摊销为费用,而不是一次性地作为费用处理。会计理论上对费用资本化的解释也许是合理的,但该方法的缺陷是没有考虑到资金的时间价值。而且企业的现金流量是刚性的,而利润则是柔性的,受到许多主观判断因素的影响。

所有的投资决策都或明或暗地建立在某种价值评估模式基础上。因此,决策者应依据能准确反映其企业价值的估价模式来作决策。现金流量折现法作为一种常用的经济模式,可以更好地衡量企业价值。在折现的现金流量中,投资项目的价值是按某种比率折现的未来预期现金流量,该比率反映了现金流量的风险。

运用现金流量折现法进行估价主要有以下几个步骤:

1. 未来现金流量的估计,包括在时间上的分布;
2. 货币的时间价值,以无风险利率代替;
3. 承担资产或负债不确定的溢价;
4. 对未来现金流量以风险报酬率折现。

价值评估的基础是企业的长期盈利能力而不是短期盈利能力。对企业价值的评估方法主要有两种:一是以会计利润为基础,二是以现金流量为基础。在会计方法中,最重要的是业务的账面收入,价值不过是利润乘以市盈率,形式较复杂的会计方法可能会按某种比率折现未来的利润流量。在折现现金流量法中,业务的价值是按某种比率折现的未来预期现金流量,该比率反映了现金流量的风险,因此可以更为准确地反映企业的价值。

一、现金流量与会计利润

利润是按照权责发生制确定的,而现金净流量是根据收付实现制确定的,两者既有联系又有区别。在投资决策中,研究的重点是现金流量,而把利润的研究放在次要地位,其原因是:

1. 整个投资有效年限内,利润总计与现金净流量总计是相等的。但现金流量更能反映企业财务资源在时间上的分布情况。

例如，某个项目投资总额 100 万元，在第一年年初支付全部的款项，当年开始投产，有效期为五年。投产开始时垫付流动资金 20 万元，项目终止时收回。年销售收入 100 万元，付现成本 70 万元。该项目的现金流量见表 7-1。

表 7-1　　　　　　　　　　　某项目现金流量　　　　　　　　　　　单位：万元

时间（年）	0	1	2	3	4	5	合计
投资	-100						-100
销售收入		100	100	100	100	100	500
付现成本		70	70	70	70	70	350
折旧（直线法）		20	20	20	20	20	100
利润		10	10	10	10	10	50
营业现金流量		30	30	30	30	30	150
流动资金	-20					20	0
现金流量净额	-120	30	30	30	30	50	50

从表 7-1 可以看出，整个投资年限内利润合计与现金流量合计均为 50 万元。但在第一年年末，项目产生的可用于再投资的财务资源是 30 万元，即现金流量净额，而不是净利润 10 万元。

2. 利润在各年的分布受折旧方法等人为因素的影响，而现金流量的分布不受这些人为因素的影响，可以保证评价的客观性。在现阶段以权责发生制为核心的会计核算体系中，会计政策的选择具有较大的随意性，例如，折旧方法的选择，就有直线法、年数总和法、双倍余额递减法等方法可供选择，这些都会影响会计利润在时间上的分布。在考虑货币时间价值的情况下，收益在时间上的分布对项目的经济效益具有重要的影响。而现金流量的分布则具有客观性，不受人为选择的影响。

3. 在投资分析中，现金流动状况比盈亏状况更重要。有利润的年份不一定能产生多余的现金用来进行其他项目的再投资。一个项目能否维持下去，不是取决于一定期间是否盈利，而是取决于有没有现金用于各种支付。现金一旦支出，只有等其收回之后才能用来进行再投资。

二、现金流量的估计方法

所谓现金流量，是指一个投资项目引起的现金支出和现金收入增加的数量。在估算项目的现金流量时，只有现金流量的"净增量"才是应该考虑的。这些现金流量是公司接受一个项目而引发的直接结果——现金流量的变化。也就是说，我们感兴趣的是公司采用项目和不采用项目的现金流量上的差别。

估计投资方案所需的资本支出，以及该方案每年能产生的现金净流量，会涉及很多变量，在估算过程中也可以运用不同的方法。

(一) 直接法

利用直接法估计现金流量时，应以损益表中各主要收支项目为基础，并以预计的现金收入和现金支出进行调整，计算现金流入量和现金流出量及其净流量。它可以直接揭示各项经营活动对现金流量的影响，提供有助于现金收支安排的信息。即：

营业活动净现金流量 = 本期销货现金收入 − 本期购货现金支出 − 本期现金支付营业费用

[例7-1] 某公司2013年年初现金余额为600万元，2013年期间，营业活动创造的营业净现金流量为1 400万元。当年没有投资活动，融资活动耗用了800万元现金。因此，总现金流量为600万元，即1 400万元与800万元之差，从而年末现金余额为1 200万元。

2014年，公司发生总净现金流出600万元，其中营业活动净现金流量1 120万元，融资活动耗用现金520万元，投资活动耗用现金1 200万元。由于年初余额为1 200万元，年末余额为600万元。

表7-2给出了按直接法估计现金流量的过程。

表7-2　　　　　　　　　　某公司直接法下现金流量　　　　　　　　　　单位：万元

	2013年	2014年
经营活动的现金流量		
(+) 销售收入净额	420	480
(−) 销售成本	353	400
(−) 销售及管理费用	43.7	48
(−) 税金	5.3	6.8
(−) 营运资本需求变动	40	14
营业净现金流量	14	11.2
融资活动的现金流量		
(−) 归还长期借款	8	8
(−) 支付利息	5	7
(+) 增加长期借款	0	12
(+) 增加短期借款	7	1
(−) 支付股利	2	3.2
融资活动净现金流量	(8)	(5.2)
投资活动的现金流量		
(+) 出售固定资产	0	0
(−) 资本性支出与并购	0	12
投资活动净现金流量	0	(12)
总净现金流量	6	(6)
期初现金余额	6	12
期末现金余额	12	6

(二) 间接法

采用间接法估计现金流量时，经营活动产生的净现金流量，应以净利润为基础，以非现金费用、债权债务及存货和增值税的变动额加以调整确定。从理论上来说，经营活动产生的净现金流量就是按照现金基础（收付实现制）计算的营业收益，由于损益表上营业收益是按照应计基础（权责发生制）计算的，因而需要将损益表上的收入和费用加以调整，使之转化为收付实现制基础上的营业收益。

营业活动净现金流量＝净利润＋非现金费用－营运资本变动

表 7-3　　　　　某公司间接法下现金流量　　　　　单位：万元

		2013 年	2014 年
	经营活动的现金流量		
（＋）税后利润		13	17.2
（＋）折旧		5	8
（－）营运资本变动		4	14
营业净现金流量		14	11.2
	融资活动的现金流量		
（＋）增加长期借款		0	12
（＋）增加短期借款		7	1
（－）归还长期借款		8	8
（－）支付利息		5	7
（－）支付股利		2	3.2
融资活动净现金流量		(8)	(5.2)
	投资活动的现金流量		
（＋）出售固定资产		0	0
（－）资本性支出与并购		0	12
投资活动净现金流量		0	(12)
总净现金流量		6	(6)
期初现金余额		6	12
期末现金余额		12	6

第三节　资本投资决策评价指标体系

长期投资决策的评价指标可以分成两大类：一类是静态评价指标也称非贴现指标，这类指标不考虑资金时间价值,主要包括投资利润率、投资回收期等;另一类是动态评价指标也称贴现指标,这类指标考虑资金时间价值,主要包括净现值、净现值率、获利指数、内含报酬率等。

一、静态评价指标

(一) 投资利润率

投资利润率又称投资报酬率,是指投资方案的年平均利润额与投资总额的比率,记为ROI。投资利润率从会计收益角度反映投资项目的获利能力,即投资一年能给企业带来的平均利润是多少。利用投资利润率进行投资决策时将方案的投资利润率与预先确定的基准投资利润率(或企业要求的最低投资利润率)进行比较:若方案的投资利润率大于或等于基准投资利润率时,方案可行;若方案的投资利润率小于基准投资利润率时,方案不可行。一般来说,投资利润率越高,表明投资效益越好;投资利润率越低,表明投资效益越差。

投资利润率的计算公式为:

$$投资利润率 = \frac{年平均利润额}{投资总额} \times 100\%$$

[例7-2] 某企业有 A、B 两个投资方案,投资总额均为 200 万元,全部用于购置固定资产,直线法折旧,使用期均为 4 年,不计残值,该企业要求的最低投资利润率为10%,其他有关资料如表 7-4 所示。

表7-4　　　　　　　某企业 A、B 方案现金流量　　　　　　单位:万元

年序	A方案		B方案	
	利润	现金净流量(NCF)	利润	现金净流量(NCF)
0		-280		-280
1	35	105	25	95
2	35	105	28	98
3	35	105	35	105
4	35	105	38	108
合计	140	140	126	126

要求:计算 A、B 两方案的投资利润率。

A 方案的投资利润率 $= \frac{35}{280} \times 100\% = 12.5\%$

B 方案的投资利润率 $= \frac{126/4}{280} \times 100\% = 11.25\%$

从计算结果可以看出,A、B 方案的投资利润率均大于基准投资利润率 10%,A、B 方案均为可行方案,且 A 方案的投资利润率比 B 方案的投资利润率高出 1.25%,故 A 方

案优于 B 方案。

投资利润率的优点主要是计算简单,易于理解。其缺点主要是:(1)没有考虑资金时间价值;(2)没有直接利用现金净流量信息;(3)计算公式的分子是时期指标,分母是时点指标,缺乏可比性。基于这些缺点投资利润率不宜作为投资决策的主要依据,一般只适用于方案的初选,或者投资后各项目间经济效益的比较。

(二) 静态投资回收期

静态投资回收期是指以投资项目营业现金净流量抵偿原始总投资所需要的全部时间,通常以年来表示,记为 PP。投资决策时将方案的投资回收期与预先确定的基准投资回收期(或决策者期望投资回收期)进行比较,若方案的投资回收期小于基准投资回收期,方案可行;若方案的投资回收期大于基准投资回收期,方案不可行。一般来说,投资回收期越短,表明该投资方案的投资效果越好,则该项投资在未来时期所冒的风险越小。它的计算可分为两种情况。

1. 经营期年现金净流量相等。

其计算公式为:

$$静态投资回收期 = \frac{原始总投资}{年现金净流量}$$

[例 7-2] 根据 [例 7-1] 资料。

要求:计算 A 方案的静态投资回收期。

A 方案静态投资回收期 $= \frac{280}{105} = 2.67$(年)

2. 经营期年现金净流量不相等则需要计算逐年累计的现金净流量,然后用插入法计算出投资回收期。

[例 7-3] 根据 [例 7-1] 资料。

要求:计算 B 方案的投资回收期。

列表计算现金净流量和累计现金净流量如表 7-5 所示。

表 7-5　　　　　　　　　某企业 B 方案现金净流量　　　　　　　　单位:万元

项目计算期	B 方案	
	现金净流量(NCF)	累计现金净流量
0	-280	-280
1	95	-185
2	98	-87
3	105	18
4	108	126

从表 7-5 可得出,B 方案第 2 年年末累计现金净流量为 -87 万元,表明第 2 年年末未回收额已经小于第 3 年的可回收额 105 万元,静态投资回收期在第 2 年与第 3 年之间,用插入法可计算出:

B 方案的静态投资回收期 $= 2 + \dfrac{|-87|}{105} = 2.83$（年）

A 方案的静态投资回收期小于 B 方案，所以 A 方案优于 B 方案。

静态投资回收期的优点主要是简单易算，并且投资回收期的长短也是衡量项目风险的一种标志，所以在实务中被广泛使用。其缺点主要是：(1) 没有考虑资金时间价值；(2) 仅考虑了回收期以前的现金流量，没有考虑回收期以后的现金流量，而有些长期投资项目在中后期才能得到较为丰厚的收益，投资回收期不能反映其整体的盈利性。

二、动态评价指标

（一）净现值

净现值是指在项目计算期内，按行业基准收益率或投资者设定的贴现率计算的各年现金净流量现值的代数和，记为 NPV。净现值的基本计算公式为：

$$\text{NPV} = \sum_{t=0}^{n} \dfrac{\text{NCF}_t}{(1+i)^t} = \sum_{t=0}^{n} \text{NCF}_t \times (P/F, i, t) \tag{7-1}$$

其中，n 为项目计算期（包括建设期与经营期）；NCF_t 为第 t 年的现金净流量；i 为行业基准收益率或投资者设定的贴现率；P/F, i, t 为第 t 年、贴现率为 i 的复利现值系数。

显然，净现值也可表示为投资方案的现金流入量总现值减去现金流出量总现值的差额，也就是一项投资的未来收益总现值与原始总投资现值的差额。若前者大于或等于后者，即净现值大于等于零，投资方案可行；若后者大于前者，即净现值小于零，投资方案不可行。

经营期内各年现金净流量相等，建设期为零时。

净现值的计算公式为：

净现值 = 经营期每年相等的现金净流量 × 年金现值系数 - 原始总投资现值

使用净现值指标进行投资方案评价时，贴现率的选择相当重要，会直接影响到评价的正确性。通常情况下，可以企业筹资的资金成本率或企业要求的最低投资利润率来确定。

净现值是长期投资决策评价指标中最重要的指标之一。其优点在于：

(1) 充分考虑了货币时间价值，能较合理地反映投资项目的真正经济价值。

(2) 考虑了项目计算期的全部现金净流量，体现了流动性与收益性的统一。

(3) 考虑了投资风险性，贴现率选择应与风险大小有关，风险越大，贴现率就可选得越高。

但是该指标的缺点也是明显的：

(1) 净现值是一个绝对值指标，无法直接反映投资项目的实际投资收益率水平；当各项目投资额不同时，难以确定投资方案的好坏。

(2) 贴现率的选择比较困难，很难有一个统一标准。

（二）净现值率

净现值率是指投资项目的净现值与原始总投资现值之和的比率。记为 NPVR，净现值率的基本计算公式为：

$$\text{净现值率} = \frac{\text{净现值}}{\text{原始总投资现值之和}} = \frac{NPV}{\sum_{t=0}^{s}[NCF_t \cdot (1+t)^{-t}]} \quad (7-2)$$

净现值率反映每1元原始投资的现值未来可以获得的净现值有多少。净现值率大于或等于零,投资方案可行;净现值率小于零,投资方案不可行。净现值率可用于投资额不同的多个方案之间的比较,净现值率最高的投资方案应优先考虑。

(三) 现值指数

现值指数又称获利指数,是指项目投产后按一定贴现率计算的经营期内各年现金净流量的现值之和与原始总投资现值之和的比率,记为NPVR。其计算公式为:

$$\text{现值系数} = \frac{\text{经营期各年现金净流量现值之和}}{\text{原始总投资现值之和}} = 1 + \text{净现值率}$$

现值指数反映每1元原始投资的现值未来可以获得报酬的现值有多少。现值指数大于或等于1,投资方案可行;现值指数小于1,投资方案不可行。现值指数可用于投资额不同的多个相互独立方案之间的比较,现值指数最高的投资方案应优先考虑。

现值指数同样是贴现的相对数评价指标,可以从动态的角度反映投资方案的资金投入与总产出之间的关系,同样也反映了投资的效率,能使投资额不同的项目具有可比性。

(四) 内含报酬率

内含报酬率又称内部收益率,是指投资方案在项目计算期内各年现金净流量现值之和等于零时的贴现率,或者说能使投资方案净现值为零时的贴现率,记为IRR。显然,内含报酬率IRR应满足以下等式:

$$\sum_{t=0}^{n} NCF_t \times (P/F, IRR, t) = 0 \quad (7-3)$$

从式(7-3)可以看出,根据方案整个计算期的现金净流量就可计算出内含报酬率,它是方案的实际收益率。利用内含报酬率对单一方案进行决策时,只要将计算出的内含报酬率与企业的预期报酬率或资金成本率加以比较,若前者大于后者,方案可行;前者小于后者,方案不可行。如果利用内含报酬率对多个方案进行选优时,在方案可行的条件下,内含报酬率最高的方案是最优方案。计算内含报酬率的过程,就是寻求使净现值等于零的贴现率的过程,根据投资方案各年现金净流量的情况不同,可以按以下两种方式进行计算。

1. 简单计算法。

如投资方案建设期为零,全部投资均于建设起点一次投入,而且经营期内各年现金净流量为普通年金的形式,可用简单计算法计算内含报酬率。

假设建设起点一次投资额为A_0,每年现金净流量为A,则有:

$$A(P/A, IRR, n) - A_0 = 0 \quad (7-4)$$

$$(P/A, IRR, n) = \frac{A}{A_0} \quad (7-5)$$

然后,通过查年金现值系数表,用线性插值方法计算出内含报酬率。

2. 一般计算法。

若建设期不为零,原始投资额是在建设期内分次投入或投资方案在经营期内各年现金净流量不相等的情况下，无法应用上述的简单方法，则应采用逐次测试法，并结合线性插值法计算内含报酬率，其计算步骤如下：

(1) 估计一个贴现率，用它来计算净现值。如果净现值为正数，说明方案的实际内含报酬率大于预计的贴现率，应提高贴现率再进一步测试；如果净现值为负数，说明方案本身的报酬率小于估计的贴现率，应降低贴现率再进行测算。反复测试，直到寻找出贴现率 i_1 和 i_2，$i_3 < i_4$，以 i_1 为贴现率计算的净现值 $NPV_1 > 0$ 且最接近零；以 i_2 为贴现率计算的净现值 $NPV_2 < 0$ 且最接近零。

(2) 用线性插值法求出该方案的内含报酬率 IRR，如图 7-1 所示。

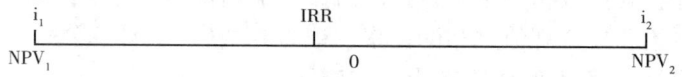

图 7-1 线性插值示意图

根据各指标之间的关系，即可得到计算内含报酬率的一般公式：

$$IRR = i_1 + \frac{NPV_1}{NPV_1 - NPV_2} \times (i_2 - i_1) \tag{7-6}$$

[例 7-4] 根据 [例 7-1] 的资料，计算 B 方案的内含报酬率。

第一次测试，取贴现率 10%：

$$\begin{aligned} NPV &= 95 \times (P/F,10\%,1) + 98 \times (P/F,10\%,2) + 105 \times (P/F,10\%,3) \\ &\quad + 108 \times (P/F,10\%,4) - 280 \\ &= 40.0022 \text{（万元）} \end{aligned}$$

NPV 的值高出 0 较多，说明低估了贴现率。

第二次测试，取贴现率 16%：

$$\begin{aligned} NPV &= 95 \times (P/F,16\%,1) + 98 \times (P/F,16\%,2) + 105 \times (P/F,16\%,3) \\ &\quad + 108 \times (P/F,16\%,4) - 280 \\ &= 1.655 \text{（万元）} \end{aligned}$$

说明仍然低估了贴现率。

第三次测试，取贴现率 18%：

$$\begin{aligned} NPV &= 95 \times (P/F,18\%,1) + 98 \times (P/F,18\%,2) + 105 \times (P/F,18\%,3) \\ &\quad + 108 \times (P/F,18\%,4) - 280 \\ &= -9.4945 \text{（万元）} \end{aligned}$$

根据以上计算，得到 $i_1 = 16\%$、$NPV_1 = 1.655$（万元）、$i_2 = 18\%$、$NPV_2 = -9.4945$（万元），B 方案的内含报酬率为：$IRR = 16\% + \frac{1.655}{1.655 - (-9.4945)} \times (18\% - 16\%) = 16.30\%$。

内含报酬率也是长期投资决策评价指标中最重要的指标之一。它的优点是在考虑货币时间价值的基础上，直接反映投资项目的实际收益率水平，而且不受决策者设定的贴现率高低的影响，比较客观。其缺点主要是：如果投资方案在经营期现金净流量不是持续大于零，而是出现间隔若干年就会有一年现金净流量小于零，就可能计算出若干个内含报酬率。在这种情况下，只能结合其他指标或凭经验加以判断。

实践与巩固

案例资料

课后习题

一、单项选择题

1. 某投资项目原始投资额为 100 万元，使用寿命 10 年，已知该项目第 10 年的经营净现金流量为 25 万元，期满处置固定资产残值收入及回收流动资金共 8 万元，则该投资项目第 10 年的净现金流量为（　　）万元。
   A. 8　　　　　　B. 25　　　　　　C. 33　　　　　　D. 43

2. 下列指标的计算中，没有直接利用净现金流量的是（　　）。
   A. 内部收益率　　B. 投资利润率　　C. 净现值率　　D. 获利指数

3. 存在所得税的情况下，以"利润＋折旧"估计经营期净现金流量时，"利润"指的是（　　）。
   A. 利润总额　　　B. 净利润　　　　C. 营业利润　　D. 息税前利润

4. 假定某项目的原始投资在建设期初全部投入，其预计的净现值率为 15%，则该项目的获利指数为（　　）。
   A. 6.67　　　　　B. 1.15　　　　　C. 1.5　　　　　D. 1.125

5. 下列投资项目评价指标中，不受建设期长短、投资回收时间先后及现金流量大小影响的评价指标是（　　）。
   A. 投资回收期　　B. 投资利润率　　C. 净现值率　　D. 内部收益率

6. 包括建设期的静态投资回收期是（　　）。
   A. 净现值为零的年限　　　　　　　B. 净现金流量为零的年限
   C. 累计净现值为零的年限　　　　　D. 累计净现金流量为零的年限

7. 下列各项中，不会对投资项目内部收益率指标产生影响的因素是（　　）。
   A. 原始投资　　　B. 现金流量　　　C. 项目计算期　　D. 设定折现率

8. 长期投资以（　　）作为项目投资的重要价值信息。
   A. 税后利润　　　B. 营业利润　　　C. 资金成本　　　D. 现金流量

9. 在长期投资决策时，越小越好的指标是（　　）。
   A. 静态投资回收期　B. 获利指数　　　C. 净现值率　　　D. 内部收益率

10. 净现值率是指项目的净现值占（　　）的百分比。
    A. 原始总投资　　B. 投资总额　　　C. 原始总投资现值　D. 投资总额现值

11. 采用获利指数法进行互斥方案的选择时，正确的选择原则是（　　）。
    A. 获利指数最大的方案
    B. 获利指数最小的方案
    C. 获利指数大于1时，追加投资所的追加收入最大化
    D. 获利指数小于1时，追加投资所的追加收入最大化
12. 净现值法，净现值率法和现值指数法共同的缺点是（　　）。
    A. 无法直接反映投资项目的实际收益率
    B. 没有考虑资金的时间价值
    C. 不能从动态的角度反映项目投资的资金投入与净产出之间的关系
    D. 不能从动态的角度反映项目投资的资金投入与总产出之间的关系
13. 内部收益率是指（　　）时的收益率。
    A. 获利指数 = 0　　B. 净现值率 = 1　　C. 净现值 = 0　　D. 净利润 = 0
14. 能直接反映投资项目的实际收益率水平的指标是（　　）。
    A. 净现值　　　　B. 净现值率　　　　C. 获利指数　　　　D. 内部收益率
15. 净现值法和净现值率法适用于（　　）的多方案比较决策。
    A. 原始投资相同计算期不同　　　　B. 原始投资不同计算期相同
    C. 原始投资相同计算期相同　　　　D. 原始投资不同计算期不同
16. 已知某项目投资的净现金流量如下：$NCF_0 = -120$ 万元，$NCF_{1-6} = 30$ 万元，$NCF_{7-12} = 40$ 万元，据此计算的静态回收期为（　　）年。
    A. 3　　　　B. 4　　　　C. 5　　　　D. 6
17. 在采用逐次测试法计算内含报酬率时，如果第一次测试时采用10%的利率计算出净现值为1 500元，那么第二次测试应估算一个（　　）。
    A. 大于10%的利率　　　　　　B. 小于10%的利率
    C. 等于10%的利率　　　　　　D. 可以小于也可以大于10%
18. 下面不属于折现评价指标的是（　　）。
    A. 投资利润率　　B. 获利指数　　C. 内部收益率　　D. 净现值
19. 当某方案的净现值大于零时，其内部收益率（　　）。
    A. 可能小于零　　　　　　B. 一定等于零
    C. 一定大于设定折现率　　D. 可能等于设定折现率
20. 某企业计划投资10万元建一生产线，预计投资后每年可获净利1.5万元，年折旧率为10%，则投资回收期为（　　）。
    A. 3年　　　　B. 5年　　　　C. 4年　　　　D. 6年

二、多项选择题

1. 净现值法的优点有（　　）。
   A. 考虑了资金的时间价值　　　　B. 考虑了项目计算期的全部净现金流量
   C. 考虑了投资风险　　　　　　　D. 可从动态上反映项目的实际投资收益率
2. 长期投资项目的现金流入主要包括（　　）。
   A. 营业收入　　　　　　　　B. 回收固定资产变现净值
   C. 固定资产折旧　　　　　　D. 回收流动资金

3. 现金流入量中的回收额通常包括（　　）。
   A. 营业收入　　　　　　　　　　　B. 回收固定资产余值
   C. 回收流动资金　　　　　　　　　D. 其他现金流入量
4. 项目的原始总投资包括（　　）。
   A. 经营成本　　B. 流动资金投资　　C. 各项税款　　D. 建设投资
5. 考虑时间价值的评价指标有（　　）。
   A. 投资利润率　　B. 净现值　　C. 获利指数　　D. 内部收益率
6. 下列说法正确的有（　　）。
   A. 投资回收期最短的方案即为最佳方案　　B. 投资回收期最短的方案即为可行方案
   C. 投资回收期越短，投资风险越小　　　　D. 投资回收期越短，投资风险越大
7. 净现值法的决策标准是（　　）。
   A. 投资方案的净现值大于零，则该方案可行
   B. 投资方案的净现值小于零，则该方案不可行
   C. 存在多个方案时，净现值最大的方案为最优方案
   D. 存在多个方案时，净现值最小的方案为最优方案
8. NPV，NPVR，PI，IRR 之间的关系描述正确的是（　　）。
   A. NPV >0 时，NPVR <0，PI <1，IRR <基准折现率
   B. NPV >0 时，NPVR >0，PI >1，IRR >基准折现率
   C. NPV <0 时，NPVR <0，PI <1，IRR >基准折现率
   D. NPV <0 时，NPVR >0，PI >1，IRR >基准折现率
9. 以下各项中，属于现金流入量的有（　　）。
   A. 折旧额　　　　　　　　　　　　B. 递延资产摊销额
   C. 回收的流动资金　　　　　　　　D. 固定资产残值收入
10. 下列各项中，属于投资项目现金流出量内容的是（　　）。
    A. 固定资产投资　　B. 折旧与摊销　　C. 无形资产投资　　D. 新增经营成本

三、判断题

1. 在长期投资决策中，只要投资项目的投资利润率大于零，该方案就是可行方案。（　　）
2. 长期投资决策中所使用的现金流量就是财务会计的现金流量表中的现金流量。（　　）
3. 进行长期投资时支付给债权人的利息和支付给所有者的利润都应作为该项目的现金流出。（　　）
4. 利用净现值，净现值率，获利指数和内部收益率指标对同一个独立项目进行评价，会得出完全相同的结论。（　　）
5. 多方案决策时投资回收期最短的方案即为可行方案。（　　）

四、简答题

1. 简述折现评价指标之间的关系。
2. 简述运用长期投资决策评价指标的一般原则。
3. 长期投资有哪些特征？长期投资决策要考虑哪些重要因素？

4. 什么是资金成本？资金成本在长期投资决策中起到什么作用？
5. 长期投资决策的评价指标有哪些？分别有哪些优缺点？
6. 什么是独立方案？什么是互斥方案？
7. 如何运用长期投资评价指标对独立方案进行评价？
8. 如何运用长期投资评价指标对互斥方案进行评价？

五、计算题

1. 设贴现率为 10%，有三项投资机会，有关数据如下表所示：

期 间	A 方案		B 方案		C 方案	
	净收益	现金净流量	净收益	现金净流量	净收益	现金净流量
0		-20 000		-9 000		-12 000
1	1 800	11 800	-1 800	1 200	6 000	4 600
2	3 240	13 240	3 000	6 000	6 000	4 600
3			3 000	6 000	6 000	4 600
合 计	5 040	5 040	4 200	4 200	1 800	1 800

要求：用净现值法、净现值率法、内部收益率法分别对三项目的可行性进行分析。

2. 某企业拟建造一项生产设备。预计建设期为 1 年，所需原始投资 200 万元于建设起点一次投入。该设备预计使用寿命为 5 年，使用期满报废清理时无残值。该设备折旧方法采用直线法。该设备投产后每年增加净利润 60 万元。假定适用的行业基准折现率为 10%。

要求：

（1）计算项目计算期内各年净现金流量；

（2）计算项目净现值，并评价其财务可行性。

3. 某公司计划投资一项目，原始投资额为 200 万元，该公司拟采用发行债券和优先股的方式筹集资金，债券采取平价发行，面值 160 万元，年利率 5%，每年付息，期限为 5 年，剩余资金发行普通股筹集，每股发行价 1 元。该公司实行固定股利政策，每股股利为面值的 8%，所得税税率为 40%。投资全部在建设起点一次投入，建设期为 1 年，资本化利息为 8 万元。生产开始时垫支流动资金 10 万元，终结点收回。投产后 1~4 年每年销售收入增加 76.76 万元以后每年增加 90 万元；每年付现经营成本增加 22 万元；第 1~4 年每年需支付 8 万元的利息。该固定资产预计使用 10 年，采用直线折旧，预计残值 8 万元（假设无筹资费）。

要求：

（1）计算债券成本、普通股成本和项目综合成本；

（2）计算项目各年现金净流量；

（3）计算项目的净现值；

（4）评价项目的可行性。

第八章 预算管理

☞ 学习目标
1. 了解预算的发展历史及作用。
2. 掌握财务预算编制的各种方法，重点关注编制中对经营预算、财务预算和资本支出时间勾稽关系的处理。
3. 理解全面预算作为一个管理系统所特有的管理程序，以及全面预算的编制原则。

第一节 预算管理

一、预算管理概述

（一）预算

预算的雏形可以追溯到 13 世纪的英国《大宪章》，1870 年"budget"第一次正式出现在政府文件当中，此后一直作为政府管理财政收支的重要手段；1921 年美国颁布了《预算与会计法案》进一步扩大了预算控制思想的影响；1922 年美国会计学家麦金西出版了《预算控制》一书，第一次从控制的角度系统地阐述了预算管理的理论及方法，这也标志着现代预算理论的形成。此后，美国率先将预算作为一种管理手段大幅引入企业实践，其最初的目的是协调企业生产能力与外部市场需求间的矛盾，后来预算逐步被开发成为一种用以帮助协调和统筹企业特定时期内的资源配置、计划实施和统一控制的工具。不过时至今日，实务界和学术界对于预算的概念界定仍有着多种不同的看法，较具有代表性的观点有：

（1）克里斯·阿基里斯（Chris Argyrols）认为预算是一种由人来控制成本、费用的会计技术。

（2）卡普兰（Copland）认为预算是一种以数量表示的期间计划，是将特定的活动方案以计算数字表示的正式活动计划，同时明确地阐明企业的目的及其达成的手段。

（3）格伦·A. 韦尔什（Glenm A. Welsh）认为预算是涵盖企业未来一定期间内所有营运活动过程的计划，它是企业最高管理者为整个企业及其各部门预先设定的目标、策略及方案的正式表达。

（4）弗雷姆根（Frogmen）认为预算是一种以财务条件来表达的广泛而协调的计划。

（5）哈罗德·贝尔曼（Harold Bierman）认为需要从两个层面理解预算。预测就是计划，标准就是控制。

可见，预算是一种定量计划，指在对组织内外部因素进行科学分析和预测的基础上，以价值量和实物量等形式对组织未来一定期间的经营活动和财务收支进行全面、系统、具体的预计和控制的管理活动。它既是企业经营战略或经营决策的具体化，又是企业控制生产经营活动的重要依据。总之，预算具有以下几个特点（侯龙文等，2005）：

（1）预算的主体是一个国家、企业组织或团体机构；

（2）预算是一份书面文件，它反映企业的整体经营计划；

（3）预算是以财务数据形式反映企业对未来的预期；

（4）预算通常包括收入和支出两个部分。但为综合全面反映企业经营的各个方面，有越来越多的预算除货币信息外还包括非货币信息；

（5）预算是一种系统性文件，并便于企业分析比较；

（6）预算必须经过有关组织的审议通过，是企业内部的正式文件；

（7）预算是企业执行的准则，并对相关责任人的行为起到引导和制约作用。

（二）预算体系

预算体系（budget system）是根据企业的战略规划，按照全局观点编制的部门预算和整体预算的综合体系。

各个职能部门执行的生产、销售和财务活动都直接影响着"收入—费用—利润"这一等式的一项或几项，而执行的效果是企业的期间利润和长期财务成果的决定因素。但如果只从部门利益出发，以部门利益最大化为导向编制部门预算的话，就容易导致局部利益与企业整体利益的冲突、短期利益和长期利益的冲突。预算体系，就是要求企业预算的编制要从企业全局出发，协调好局部与整体、短期与长期的矛盾，最终形成一个协调、统一的综合体系。

全面预算（comprehensive budget）是预算体系的核心，它以企业战略目标为起点汇总了各个部门的预算，综合反映了企业价值活动管理的核心。不同的企业的全面预算虽各有特点，但基本结构大致相同。全面预算包括许多单独的部门预算，但又不是这些部门预算的简单汇总，它是本着既要实现企业目标收益又要保持财务流动性，按照全局一盘棋的观点对所有部门预算加以研究和调整之后形成的综合体。

二、预算管理

预算管理（budget management）是围绕预算全面展开的对企业的收入、支出和财务状况进行计划和控制的一系列管理活动，具体又包括预算编制、预算执行、预算分析、预算控制和预算考评等多个环节。

在企业预算发展的最初阶段，市场竞争不是很激烈，企业的管理主要以集权式管理为主，在这个阶段，预算主要发挥着实施计划和统一控制的功能，企业预算工作的重心在于控制支出；但随着市场竞争的加剧及企业管理体制由集权式管理向分权式管理转变，企业经营的重心向计划和决策转移，预算内在的计划技能也逐步被开发出来。目前，预算的编制和控制已经成为企业计划制定过程的重要环节，通过预算的编制，组织内部的各个部门及利益体均对自身所配置的资源、承担的责任及其可行性有了充分的认识和了解，并以此为基础相互协作共同努力达成企业设定的目标。

预算是面向未来的财务计划，它以定量的形式将企业及企业的各个组成部分在未来一段时间内所要完成的任务和实现的效果具体表现出来。预算管理涉及企业的方方面面，它的执行与效果以企业的全员参与为保障，企业预算是企业长期战略规划在较短期间内的分解，因此，预算虽然是短期性财务计划，但是预算的编制却要从企业全局的长期利益最大化出发。

预算控制是预算管理的重要组成。在预算编制后，还要进行预算控制。预算详细规定了各个职能部门在未来一定时期内应完成的和应达到的效果，各部门在执行预算的过程中就要以此为依据进行日常的控制，一旦发现实际偏离了预算时，就应立即着手查找原因，解决问题，并尽可能使之重回预算轨道；一旦外部环境发生了较大的变化，以致影响了原有预算的编制基础，就要考虑是否按照新的情况调整预算，或在一定条件下灵活运用预算，批准预算外支出等。在对预算执行的控制过程中不但要强调预算执行的事前和事中控制，还要重视预算执行完成后的事后反馈，要利用例外分析的方法，对预算与实际业绩的显著差异进行重点分析，查明原因、查清责任人。此外，通过预算报告的方式对预算执行结果进行全面的总结，一方面利于完善以后的预算编制和执行工作；另一方面，也利于各当事人今后采取改进措施并做绩效评估之用。

三、预算管理在企业管理中的重要地位

在"战略规划—长期目标—短期目标—短期计划—预算—执行—反馈"这一财务控制过程中，预算起着承上启下的作用，是现代管理会计中"决策会计"与"执行会计"的中介。

总体而言，预算在企业管理中发挥的作用主要表现以下几个方面。

（一）规划功能

1. 明确企业目标与政策。企业预算通常就是企业战略目标与经营政策的分解。通过一系列的规划、分析并加以数量化，预算以一种系统的方式具体体现并细化了企业在特定阶段内所要实现的的目标与所需要执行的政策。

2. 有助于企业预测未来经营面临的机会与威胁。由于预算的编制过程实际上是对未来经营的模拟过程，企业需要对未来经营可能面临的各种环境变化做出事先的预测和估计，这就容易实现发现经营中潜在的问题，并提前制定出相应的对策，同时也消除一些不必要的支出、堵住一些可能的漏洞。

3. 促使企业资源的合理配置。企业预算不但要考虑目标的分解落实，而且要考虑配套的资源配置问题。首先，在预算的制定过程中，管理层需要分析企业资源是否足以支撑企业目标的实现。现有资源不足，就可能成为实现企业目标的制约因素，企业或者需要寻求其他的潜在资源或者需要调整目标；如果资源过剩，那就说明企业需要重新规划，尚有调高目标的空间。其次，资源是企业的稀缺品，如何实现资源使用的最大效益还有赖于资源在企业内部各职能部门的合理配置。预算的制定实际上是一个决定"给多少东西办多少

事"的过程，资源配置多了或少了都不利于实现企业价值最大化的总体经营目标。

（二）控制功能

1. 确保企业目标的实现。预算的执行过程实际上就是目标的实现过程。离开了预算制度，企业目标实现与否要等到规划期过去后才能做出全面的评价；而在预算体系中，通过定期比较实际完成情况与阶段预算目标的差距就可以帮助企业实施过程监控，及时发现背离目标的经营行为，采取纠正措施，使企业行为朝着既定的目标前进。

2. 反馈机制。在执行过程中，预算又是适时控制的基点。通过预算体系的反馈机制，企业管理层可以及时了解预算执行过程中遇到的问题与障碍，并采取相应的对策，促使企业的经营按照预定的轨道顺利进行。

3. 避免浪费和无效率行为的发生。由于预算通常也作为企业绩效评价的依据，因此企业的每一个员工在预算的执行过程中会更加重视实现资源的最佳利用，也可以避免浪费或将无效率行为降到最低限度。

（三）沟通和协调功能

预算体系实际上为企业提供了一个正式的内部沟通和协调机制。企业要实现既定的经营目标就需要各个部门同以企业利益为核心，同心协力，团结合作。但也只有以预算为连接点，才能加强各部门之间的纵向和横向联系，使管理层与执行层相互沟通、达成共识。

在预算的制定过程中，多数企业会组织各个执行主体和主要员工参与预算的编制，这就使企业内部各个层级的员工更容易对企业经营的目标和决策的意义达成共识，使他们充分认识到协作的必要性，同时也了解了上下游之间的联系，这同时也就有效减少了预算执行过程中的障碍和阻力。

在预算的执行过程中，全面预算将企业的各个职能部门连接成为一个统一的整体，使企业的每个成员都明确知道企业的目标和自己扮演的角色、承担的任务，并了解其他部门的需要，形成局部利益服从于整体利益的局面。

（四）激励功能

预算提供了业绩评价的标准。通过目标分解，预算明确了各部门、各单位在企业整体经营中所担负的职责和任务，而将个人激励与预算挂钩，可以形成员工主观为自己、客观为组织的良好结果，组织中的每个个体表面上都是为了实现自身的利益最大化而努力，但在预算体系的作用下却同时促成了组织目标的实现。

第二节 全面预算管理

全面预算是通过企业内外部环境的分析，在预测与决策基础上，调配相应的资源，对企业未来一定时期的经营和财务等作出一系列具体计划。预算以战略规划目标为导向，它既是决策的具体化，又是控制经营和财务活动的依据。预算是计划的数字化、表格化、明细化的表达。全面预算体现了预算的全员、全过程、全部门的特征。

一、全面预算的体系

全面预算是由资本预算、经营预算和财务预算等类别的一系列预算构成的体系，各项具体预算之间相互联系、关系复杂。图8-1以制造企业为例，勾画了全面预算体系中各项预算之间的关系。

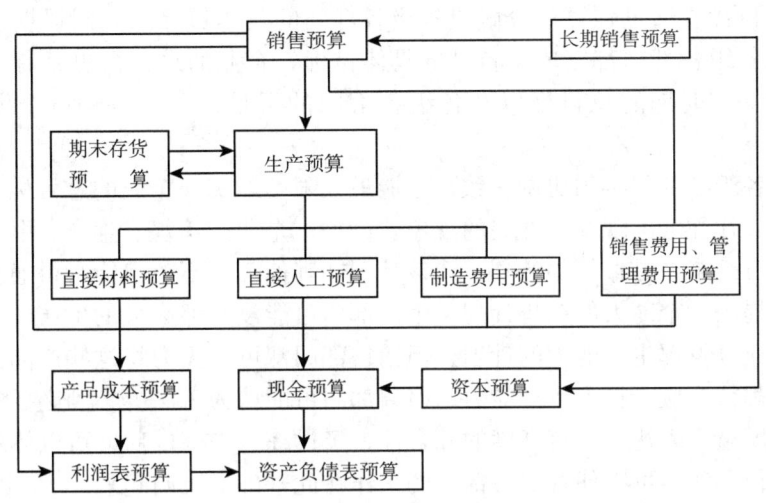

图8-1　全面预算体系关系图

企业应根据长期市场预测和生产能力，编制长期销售预算，以此为基础，确定本年度的销售预算，并根据企业财力确定资本预算。销售预算是年度预算的编制起点，根据"以销定产"的原则确定生产预算，同时确定所需要的销售费用。生产预算的编制，除了考虑计划销售量外，还要考虑现有存货和年末存货。根据生产预算来确定直接材料、直接人工和制造费用预算。产品成本预算和现金预算是有关预算的汇总。利润表预算和资产负债表预算是全部预算的综合。

全面预算按其涉及的预算期分为长期预算和短期预算。长期预算包括长期销售预算和资本预算，有时还包括长期资本筹措预算和研究与开发预算。短期预算是指年度预算，或者时间更短的季度或月度预算，如直接材料预算、现金预算等。通常，长期和短期的划分以1年为界限，有时把2~3年期的预算称为中期预算。

全面预算按其涉及的内容分为专门预算和综合预算。专门预算是指反映企业某一方面经济活动的预算，如直接材料预算、制造费用预算。综合预算是指资产负债表预算和利润表预算，它反映企业的总体状况，是各种专门预算的综合。

全面预算按其涉及的业务活动领域分为投资预算（如资本预算）、营业预算和财务预算。营业预算或称经营预算，是关于采购、生产、销售业务的预算，包括销售预算、生产预算、成本预算等。财务预算是关于利润、现金和财务状况的预算，包括利润表预算、现金预算和资产负债表预算等。

本章主要讨论营业预算和财务预算。

二、全面预算的作用

企业预算是各级各部门工作的奋斗目标、协调工具、控制标准、考核依据,在经营管理中发挥着重大作用。

企业的目标是多重的,不能用唯一的数量指标来表达。企业的主要目标是盈利,但也要考虑社会的其他限制。因此,需要通过预算分门别类、有层次地表达企业的各种目标。企业的总目标,通过预算被分解成各级各部门的具体目标。它们根据预算安排各自的活动,如果各级各部门都完成了自己的具体目标,企业的总目标也就有了保障。预算中规定了企业一定时期的总目标以及各级各部门的子目标,可以动员全体职工为此而奋斗。

企业内部各级各部门必须协调一致,才能最大限度地实现企业的总目标。各级各部门因其职责不同,往往会出现互相冲突的现象。例如,企业的销售、生产、财务等各部门可以分别编出对自己来说是最好的计划,而该计划在其他部门不一定能行得通。销售部门根据市场预测,提出一个庞大的销售计划,生产部门可能没有那么大的生产能力;生产部门可以编制一个充分发挥生产能力的计划,但销售部门却可能无力将这些产品销售出去;销售和生产部门都认为应当扩大生产能力,财务部门可能认为无法筹集到必要的资金。现金预算运用货币度量来表达,具有高度的综合性,经过综合平衡以后,可以体现解决各级各部门冲突的最佳办法,可以使各级各部门的工作在此基础上协调起来。

预算一经确定,就进入了实施阶段,管理工作的重心转入控制过程,即设法使经济活动按计划进行。控制过程包括经济活动的状态的计量、实际状态和标准的比较、两者差异的确定和分析,以及采取措施调整经济活动等。预算是控制经济活动的依据和衡量其合理性的标准,当实际状态和预算有了较大差异时,要查明原因并采取措施。

现代化生产是许多共同劳动的过程,不能没有责任制度,而有效的责任制度离不开对工作成绩的考核。通过考核,对每个人的工作进行评价,并据此实行奖惩和人事任免,可以促使人们更好地工作。考核与不考核是大不一样的。当管理人员知道将根据他们的工作实绩来评价其能力并实行奖惩时,他们将会更努力地工作。超过上年或历史最高水平,只能说明有所进步,而不说明这种进步已经达到了应有的程度。由于客观条件的变化,收入减少或成本增加并不一定是管理人员失职造成的,很难依据历史变化趋势说明工作的好坏。当然,考核时也不能只看预算是否被完全执行了,某些偏差可能是有利的,如增加销售费用可能对企业总体有利;反之,年终突击花钱,虽未超过预算,但也不是一种好的现象。

为使预算发挥上述作用,除了要编制一个高质量的预算外,还应制定合理的预算管理制度,包括编制程序、修改预算的办法、预算执行情况的分析方法、调查和奖惩办法等。

三、全面预算的编制程序

全面预算的编制,涉及企业经营管理的各个部门,只有执行人参与预算的编制,才能使预算成为他们自愿努力完成的目标,而不是外界强加于他们的枷锁。

全面预算的编制程序如下:

1. 企业决策机构根据长期规划，利用本量利分析等工具，提出企业一定时期的总目标，并下达规划指标；
2. 最基层成本控制人员自行草编预算，使预算能较为可靠、较为符合实际；
3. 各部门汇总部门预算，并初步协调本部门预算，编制出销售、生产、财务等预算；
4. 预算委员会审查、平衡各预算，汇总出公司的总预算；
5. 经过总经理批准，审议机构通过或者驳回修改预算；
6. 主要预算指标报告给董事会或上级主管单位，通过或者驳回修改；
7. 批准后的预算下达给各部门执行。

第三节　全面预算编制方法

企业全面预算的构成内容比较复杂，编制预算需要采用适当的方法。常用的预算方法主要包括增量预算法与零基预算法、固定预算法与弹性预算法、定期预算法与滚动预算法，这些方法广泛应用于营业预算的编制。

一、增量预算与零基预算

按出发点的特征不同，营业预算的编制方法可分为增量预算法和零基预算法两大类。

（一）增量预算法

增量预算法又称调整预算法，是指以基期水平为基础，分析预算期业务量水平及有关影响因素的变动情况，通过调整基期项目及数额，编制相关预算的方法。增量预算法的前提条件是：（1）现有的业务活动是企业所必需的；（2）原有的各项业务都是合理的。

增量预算法的缺点是当预算期的情况发生变化时，预算数额会受到基期不合理因素的干扰，可能导致预算的不准确，不利于调动各部门达成预算目标的积极性。

（二）零基预算法

零基预算法是"以零为基础编制预算"的方法，采用零基预算法在编制费用预算时，不考虑以往期间的费用项目和费用数额，主要根据预算期的需要和可能分析费用项目和费用数额的合理性，综合平衡编制费用预算。运用零基预算法编制费用预算的具体步骤是：

1. 根据企业预算期利润目标、销售目标和生产指标等，分析预算期各项费用项目，并预测费用水平；
2. 拟订预算期各项费用的预算方案，权衡轻重缓急，划分费用支出的等级并排列先后顺序；
3. 根据企业预算期预算费用控制总额目标，按照费用支出等级及顺序，分解落实相应的费用控制目标，编制相应的费用预算。

应用零基预算法编制费用预算的优点是不受前期费用项目和费用水平的制约，能够调动各部门降低费用的积极性，但其缺点是编制工作量大。

二、固定预算与弹性预算

按业务量基础的数量特征的不同,营业预算的编制方法可分为固定预算法和弹性预算法两大类。

(一) 固定预算法

固定预算法又称静态预算法,是指在编制预算时,只根据预算期内正常、可实现的某一固定的业务量(如生产量、销售量等)水平作为唯一基础来编制预算的方法。固定预算方法存在适应性差和可比性差的缺点,一般适用于经营业务稳定,生产产品产销量稳定,能准确预测产品需求及产品成本的企业,也可用于编制固定费用预算。

(二) 弹性预算法

弹性预算法又称动态预算法,是在成本性态分析的基础上,依据业务量、成本和利润之间的联动关系,按照预算期内可能的一系列业务量(如生产量、销售量、工时等)水平编制的系列预算方法。

理论上,该方法适用于编制全面预算中所有与业务量有关的预算,但实务中主要用于编制成本费用预算和利润预算,尤其是成本费用预算。

编制弹性预算,要选用一个最能代表生产经营活动水平的业务量计量单位。例如,以手工操作为主的车间,就应选用人工工时;制造单一产品或零件的部门,可以选用实物数量;修理部门可以选用直接修理工时等。

弹性预算法所采用的业务量范围,视企业或部门的业务量变化情况而定,务必使实际业务量不至于超出相关的业务量范围。一般来说,可定在正常生产能力的70%~110%,或以历史上最高业务量和最低业务量为其上下限。弹性预算法编制预算的准确性,在很大程度上取决于成本性态分析的可靠性。

与按特定业务量水平编制的固定预算相比,弹性预算有两个显著特点:(1)弹性预算是按一系列业务量水平编制的,从而扩大了预算的适用范围;(2)弹性预算是按成本性态分类列示的,在预算执行中可以计算一定实际业务量的预算成本,以便于预算执行的评价和考核。

运用弹性预算法编制预算的基本步骤是:

1. 选择业务量的计量单位;
2. 确定适用的业务量范围;
3. 逐项研究并确定各项成本和业务量之间的数量关系;
4. 计算各项预算成本,并用一定的方式来表达。

弹性预算法又分为公式法和列表法两种具体方法:

1. 公式法。

公式法是运用总成本性态模型,测算预算期的成本费用数额,并编制成本费用预算的方法。根据成本性态,成本与业务量之间的数量关系可用公式表示为:

$$y = a + bx$$

其中，y 表示某项成本预算总额，a 表示该项成本中的固定成本预算总额，b 表示该项成本中的单位变动成本预算额，x 表示预计业务量。

[**例 8 – 1**] 某企业制造费用中的修理费用与修理工时密切相关。经测算，预算期修理费用中的固定修理费用为 3 000 元，单位工时的变动修理费用为 2 元；预计预算期的修理工时为 3 500 小时。运用公式法，测算预算期的修理费用总额为：3 000 + 2 × 3 500 = 10 000（元）

因为任何成本都可用公式"y = a + bx"来近似地表示，所以，只要在预算中列示 a（固定成本）和 b（单位变动成本），便可随时利用公式计算任一业务量（x）的预算成本（y）。表 8 – 1 是具体应用公式法编制的制造费用预算。

[**例 8 – 2**] A 企业经过分析得出某种产品的制造费用与人工工时密切相关，采用公式法编制的制造费用预算如表 8 – 1 所示。

表 8 – 1　　　　　　　　　A 企业公式法下制造费用预算　　　　　　　　　单位：元

项目	制造费用预算（公式法）	
业务量范围	420 ~ 660（人工工时）	
费用项目	固定费用（元/月）	变动费用（元/人工工时）
运输费用		0.20
电力费用		1.00
材料费用		0.10
修理费用	85	0.85
油料费用	108	0.20
折旧费用	300	
人工费用	100	
合计	593	2.35
备注	当业务量超过 600 工时后，修理费中的固定费用将由 85 元上升为 185 元	

公式法的优点是便于计算任何业务量的预算成本。但是，阶梯成本和曲线成本只能用数学方法修正为直线，才能应用公式法。必要时，还需在"备注"中说明适用不同业务量范围的固定费用和单位变动费用。

2. 列表法。

列表法是在预计的业务量范围内将业务量分为若干个水平，然后按不同的业务量水平编制预算。

应用列表法编制预算，首先要在确定的业务量范围内，划分出若干个不同水平，然后分别计算各项预算值，汇总列入一个预算表格。

[**例 8 – 3**] A 企业采用列表法编制的 20 × 9 年 6 月制造费用预算如表 8 – 2 所示。

表8-2　　　　　　　　　　制造费用预算（列表法）　　　　　　　　单位：元

业务量（直接人工工时）	420	480	540	600	660
占正常生产能力百分比	70%	80%	90%	100%	110%
变动成本：					
运输费用（b=0.2）	84	96	108	120	132
电力费用（b=1.0）	420	480	540	600	660
材料费用（b-0.1）	42	48	54	60	66
合计	546	624	702	780	858
混合成本：					
修理费用	442	493	544	595	746
油料费用	192	204	216	228	240
合计	634	697	760	823	986
固定成本：					
折旧费用	300	300	300	300	300
人工费用	100	100	100	100	100
合计	400	400	400	400	400
总计	1 580	1 721	1 862	2 003	2 244

　　列表法的优点是：不管实际业务量多少，不必经过计算即可找到与业务量相近的预算成本；混合成本中的阶梯成本和曲线成本，可按总成本性态模型计算填列，不必用数学方法修正为近似的直线成本。但是，运用列表法编制预算，在评价和考核实际成本时，往往需要使用插补法来计算"实际业务量的预算成本"，比较麻烦。

　　就表8-2提供的资料来说，如若仅按600小时直接人工工时来编制，就成为固定预算，其总额为2 003元。这种预算只有在实际业务量接近600小时的情况下，才能发挥作用。如果实际业务量与作为预算基础的600小时相差很多，而仍用2 003元去控制和评价成本，显然是不合适的。在表8-2中，分别列示了5种业务量水平的成本预算数据。根据企业情况也可以按更多的业务量水平来列示。这样，无论实际业务量达到何种水平，都有适用的一套成本数据来发挥控制作用。

　　如果固定预算法是按600小时编制的成本总额为2 003元。在实际业务量为500小时的情况下，不能用2 003元去评价实际成本的高低，也不能按业务量变动的比例调整后的预算成本1 669（2 003×500/600）元去考核实际成本，因为并不是所有的成本都一定同业务量成正比例关系。

　　如果采用弹性预算法，就可以根据各项成本同业务量的不同关系，采用不同方法确定"实际业务量的预算成本"。例如，实际业务量为500小时，运输费等各项变动成本可用实际工时数乘以单位业务量变动成本来计算，即变动总成本650（500×0.2+500×1+500×0.1）元。固定总成本不随业务量变动，仍为400元。混合成本可用内插法逐项计算：500小时处在480小时和540小时两个水平之间，修理费应该在493~544元之间，设实际业务的预算修理费为 x 元，则：

$$\frac{540-480}{540-480} = \frac{x-493}{544-493}$$

$$x = 510$$

油料费用在 480 小时和 540 小时分别为 204 元和 216 元，500 小时应为 208 元。可见：500 小时预算成本 =（0.2+1+0.1）×500+510+208+400=1 768（元）

这样计算出来的预算成本比较符合成本的变动规律。可以用来评价和考核实际成本，比较确切并容易为被考核人所接受。

第四节 营业预算

营业预算是企业日常营业活动的预算，企业的营业活动涉及购产销等各个环节及其业务。营业预算包括销售预算、生产预算、直接材料预算、直接人工预算、制造费用预算、产品成本预算、销售费用预算和管理费用预算等。

一、销售预算

销售预算是整个预算的编制起点，其他预算的编制都以销售预算为基础。表 8-3 是 M 公司的销售预算。

表 8-3　　　　　　　　　　销售预算表　　　　　　　　　　单位：元

季度	一	二	三	四	全年
预计销售量（件）	100	150	200	180	630
预计单位售价	200	200	200	200	200
销售收入	20 000	30 000	40 000	36 000	126 000
预计现金收入					
上年应收账款	6 200				6 200
第一季度（销货 20 000）	12 000	8 000			20 000
第二季度（销货 30 000）		18 000	12 000		30 000
第三季度（销货 40 000）			24 000	16 000	40 000
第四季度（销货 36 000）				21 600	21 600
现金收入合计	18 200	26 000	36 000	37 600	117 800

销售预算的主要内容是销售数量、销售单价和销售收入。销售数量是根据市场预测或销货合同并结合企业生产能力确定的。销售单价是通过定价决策确定的。销售收入是两者的乘积，在销售预算中计算得出。

销售预算通常要分品种、分月份、分季度、分销售区域、分推销员来编制。上例是一个简例,仅划分了季度销售。

销售预算中通常还包括预计现金收入的计算,其目的是为编制现金预算提供必要的资料。第一季度的现金收入包括两部分,即上年应收账款在本年第一季度收到的货款,以及本季度销售中可能收到的货款部分。本例中,假设每季度销售收入中,本季度收到现金60%,另外的40%现金要到下季度才能收到。

二、生产预算

生产预算是在销售预算的基础上编制的,其主要内容有销售量、期初和期末产成品存货、生产量。表8-4是M公司的生产预算。

表8-4　　　　　　　　　　生产预算表　　　　　　　　　　单位:件

季度	一	二	三	四	全年
预计销售量	100	150	200	180	630
加:预计期末产成品存货	15	20	18	20	20
合计	115	170	218	200	650
减:预计期初产成品存货	10	15	20	18	10
预计生产量	105	155	198	182	640

通常,企业的生产和销售往往不能做到"同步同量",因此需要设置一定的产成品存货,以保证能在发生意外需求时按时供货,并可均衡生产,节省赶工的额外支出。期末产成品存货数量通常按下期销售量的一定百分比确定,本例按10%安排期末产成品存货。年初产成品存货是编制预算时预计的,年末产成品存货根据长期销售趋势来确定。本例假设年初有产成品存货10件,年末留存20件。产成品存货预算也可单独编制。

生产预算的"预计销售量"来自销售预算,其他数据在表8-4中计算得出:

预计期末产成品存货=下季度销售量×10%

预计期初产成品存货=上季度期末产成品存货

预计生产量=(预计销售量+预计期末产成品存货)-预计期初产成品存货

生产预算在实际编制时是比较复杂的,产量受到生产能力的限制,产成品存货数量受到仓库容量的限制,只能在此范围内来安排产成品存货数量和各期生产量。此外,有的季度可能销量很大,可以用赶工方法增产,为此要多付加班费。如果提前在淡季生产,会因增加产成品存货而多付资金利息。因此,要权衡两者得失,选择成本最低的决策方案编制生产预算。

三、直接材料预算

直接材料预算,是以生产预算为基础编制的,同时要考虑材料存货水平。

表8-5是M公司的直接材料预算。其主要内容有直接材料的单位产品用量、生产需用量、期初和期末存量等。"预计生产量"的数据来自生产预算,"单位产品材料用量"的数据来自标准成本资料或消耗定额资料,"生产需用量"是上述两项的乘积。年初和年

末的材料存货量,是根据当前情况和长期销售预测估计的。各季度"期末材料存量"根据下季度生产需用量的一定百分比确定,本例按20%计算。各季度"期初材料存量"是上季度的期末存货。本例假设年初原材料300千克,年末留存400千克预计各季度"材料采购量"根据下式计算确定:

预计材料采购量 =(生产需用量 + 期末存量)- 期初存量

表8-5　　　　　　　　　　直接材料预算表

季度	一	二	三	四	全年
预计生产量(件)	105	155	198	182	640
单位产品材料用量(千克/件)	10	10	10	10	10
生产需用量(千克)	1 050	1 550	1 980	1 820	6 400
加:预计期末存量(千克)	310	396	364	400	400
合计	1 360	1 946	2 344	2 220	6 800
减:预计期初存量(千克)	300	310	396	364	300
预计材料采购量(千克)	1 060	1 636	1 948	1 856	6 500
单价(元/千克)	5	5	5	5	5
预计采购金额(元)	5 300	8 180	9 740	9 280	32 500
预计现金支出					
上年应付账款(元)	2 350				2 350
第一季度(采购5 300元)	2 650	2 650			5 300
第二季度(采购8 180元)		4 090	4 090		8 180
第三季度(采购9 740元)			4 870	4 870	9 740
第四季度(采购9 280元)				4 640	4 640
合计	5 000	6 740	8 960	9 510	30 210

为了便于以后编制现金预算,通常要预计材料采购各季度的现金支出。每个季度的现金支出包括偿还上期应付账款和本期应支付的采购货款。本例假设材料采购的货款有50%在本季度内付清,另外50%在下季度付清。这个百分比是根据经验确定的。如果材料品种很多,则需要单独编制材料存货预算。

四、直接人工预算

直接人工预算也是以生产预算为基础编制的。其主要内容有预计产量、单位产品工时、人工总工时、每小时人工成本和人工总成本。"预计产量"数据来自生产预算。单位产品人工工时和每小时人工成本数据,按照标准成本法确定。人工总工时和人工总成本是在直接人工预算中计算出来的。M公司的直接人工预算如表8-6所示。由于工资都需要使用现金支付,因此,不需要另外预计现金支出,可直接汇入现金预算。

表 8-6　　　　　　　　　　　　　直接人工预算表

季度	一	二	三	四	全年
预计产量（件）	105	155	198	182	640
单位产品工时（小时/件）	10	10	10	10	10
人工总工时（小时）	1 050	1 550	1 980	1 820	6 400
每小时人工成本（元/小时）	2	2	2	2	2
人工总成本（元）	2 100	3 100	3 960	3 640	12 800

五、制造费用预算

制造费用预算通常分为变动制造费用和固定制造费用两部分进行预算。变动制造费用以生产预算为基础来编制。如果有完善的标准成本资料，用单位产品的标准成本与产量相乘，就可得到相应的预算金额。如果没有标准成本资料，就需要逐项预计计划产量需要的各项制造费用。固定制造费用，需要逐项进行预计，通常与本期产量无关，按每季度实际需要的支付额预计，然后求出全年数。表 8-7 是 M 公司的制造费用预算。

表 8-7　　　　　　　　　　M 公司制造费用预算表　　　　　　　　　　单位：元

季度	一	二	三	四	全年
变动制造费用：					
间接人工（1元/件）	105	155	198	182	640
间接材料（1元/件）	105	155	198	182	640
修理费（2元/件）	210	310	396	364	1 280
水电费（1元/件）	105	155	198	182	640
小计	525	775	990	910	3 200
固定制造费用：					
修理费	1 000	1 140	900	900	3 940
折旧	1 000	1 000	1 000	1 000	4 000
管理人员工资	200	200	200	200	800
保险费	75	85	110	190	460
财产税	100	100	100	100	400
小计	2 375	2 525	2 310	2 390	9 600
合计	2 900	3 300	3 300	3 300	12 800
减：折旧	1 000	1 000	1 000	1 000	4 000
现金支出的费用	1 900	2 300	2 300	2 300	8 800

为了便于以后编制产品成本预算，需要计算小时费用率。

变动制造费用分配率 = 0.5（元/小时）

固定制造费用分配率 = 5（元/小时）

为了便于以后编制现金预算，需要预计现金支出。制造费用中，除折旧费外都须支付现金，所以，根据每个季度制造费用数额扣除折旧费后，即可得出现金支出的费用。

六、产品成本预算

产品成本预算，是销售预算、生产预算、直接材料预算、直接人工预算、制造费用预算的汇总。其主要内容是产品的单位成本和总成本。单位产品成本的有关数据，来自前述三个预算。生产量、期末存货量来自生产预算，销售量来自销售预算。生产成本、存货成本和销货成本等数据，根据单位成本和有关数据计算得出。表8-8是M公司的成本预算。

表8-8　　　　　　　　　　M公司产品成本预算表　　　　　　　　　　单位：元

	单位成本			生产成本（640件）	期末存货（20件）	销货成本（630件）
	元/每千克或每小时	投入量	成本（元）			
直接材料	5	10千克	50	32 000	1 000	31 500
直接人工	2	10小时	20	12 800	400	12 600
变动制造费用	0.5	10小时	5	3 200	100	3 150
固定制造费用	1.5	10小时	15	9 600	300	9 450
合计			90	57 600	1 800	56 700

七、销售费用和管理费用预算

销售费用预算，是指为了实现销售预算所需安排的费用预算。它以销售预算为基础，分析销售收入、销售利润和销售费用的关系，力求实现销售费用的最有效使用。在安排销售费用时，要利用本量利分析方法，费用的支出应能获取更多的收益。在草拟销售费用预算时，要对过去的销售费用进行分析，考察过去销售费用支出的必要性和效果。销售费用预算应与销售预算相配合，应有按品种、按地区、按用途的具体预算数额。表8-9是M公司的销售及管理费用预算。

表8-9　　　　　　　　M公司销售费用及管理费用预算表　　　　　　　　单位：元

项　　目	金　　额
销售费用：	
销售人员工资	2 000
广告费	5 500

续表

项　目	金　额
包装、运输费	3 000
保管费	2 700
管理费用：	
管理人员薪金	4 000
福利费	800
保险费	600
办公费	1 400
合计	20 000
每季度支付现金（20 000÷14）	5 000

管理费用是企业管理业务所必需的费用。随着企业规模的扩大，企业管理职能日益重要，其费用也相应增加。在编制管理费用预算时，要分析企业的业务成绩和一般经济状况，务必做到费用合理化。管理费用大多属于固定成本，所以一般是以过去的实际开支为基础，按预算期的可预见变化予以调整。管理费用预算必须充分考察每种费用是否必要，以便提高费用的合理性和有效性。

实践与巩固

案例资料

课后习题

一、单项选择题

1. 相对于固定预算而言，弹性预算的主要优点是（　　）。

A. 机动性强　　　B. 稳定性强　　　C. 连续性强　　　D. 远期指导性强

2. 直接材料预算的编制基础是（　　）。

A. 生产预算　　　B. 财务预算　　　C. 现金预算　　　D. 销售预算

3. 下列各项中，没有直接在现金预算中得到反映的是（　　）。

A. 期初期末现金余额　　　　　　　B. 现金筹措及运用

C. 预算期产量及销量　　　　　　　D. 预算期现金余缺

4. 下列关于滚动的预算，说法错误的是（　　）。
   A. 为了克服定期预算的盲目性、不变性和间断性，可以采用滚动预算的方法
   B. 滚动预算也称为永续预算或连续预算
   C. 滚动预算的预算期要与会计年度挂钩
   D. 滚动预算可以保持预算的连续性和完整性
5. 在预算执行过程中自动延伸，使预算期永远保持在一年，这种预算称（　　）。
   A. 弹性预算   B. 零基预算
   C. 滚动预算   D. 概率预算
6. 在下列各项中，能够同时以实物量指标和价值量指标分别反映企业经营收入和相关现金收支的预算是（　　）。
   A. 现金预算   B. 销售预算
   C. 生产预算   D. 产品成本预算
7. 不需要另外预计现金支出和收入，直接参加现金预算汇总的预算是（　　）。
   A. 材料预算   B. 销售预算
   C. 人工预算   D. 期间费用预算
8. 某企业编制第四季度的直接材料消耗与采购预算，预计期初材料存量为 500 千克，季度生产需用量为 2 500 千克，以及期末存量为 300 千克，材料采购单价为 10 元。若材料采购货款有 40% 当期付清，另外 60% 在下季度付清，则该企业预计资产负债表年末"应付账款"项目为（　　）元。
   A. 1 080   B. 13 800   C. 23 000   D. 1 620
9. 零基预算的编制基础是（　　）。
   A. 零   B. 基期的费用水平
   C. 国内外同行业费用水平   D. 历史上费用的最好水平
10. 可以概括了解企业在预算期间盈利能力的预算是（　　）。
    A. 专门决策预算   B. 现金预算
    C. 预计收益表   D. 预计资产负债表

二、多项选择题
1. 全面预算体系由（　　）构成。
   A. 业务预算   B. 财务预算
   C. 利润预算   D. 资本预算
   E. 专门决策预算
2. 相对于固定预算而言，弹性预算的优点有（　　）。
   A. 预算成本低   B. 预算工作量小
   C. 预算可比性强   D. 预算适用范围宽
3. 当企业的现金余额很大时，以下意见正确的是（　　）。
   A. 现金余额越大越好，防止出现支付困难
   B. 现金越小越好，应该进行充分的投资，以获得回报
   C. 现金余额在偿还了利息和借款成本之后仍超过现金余额上限的部分，可以用于投资有价证券

D. 企业应该及时处理现金余额

4. 在编制现金预算的过程中，可作为其编制依据的有（　　）。
   A. 日常业务预算　　　　　　　　B. 预计利润表
   C. 预计资产负债表　　　　　　　D. 特种决策预算

5. 下列属于财务预算的是（　　）。
   A. 现金预算　　　　　　　　　　B. 日常业务预算
   C. 资产负债表预算　　　　　　　D. 特种决策预算

6. 定基预算的缺点有（　　）。
   A. 远期指导性差　　　　　　　　B. 预算的灵活性差
   C. 预算的重点不突出　　　　　　D. 预算的连续性差

7. 关于增量预算和零基预算的说法正确的是（　　）。
   A. 增量预算受原有费用水平的限制，可能导致保护落后
   B. 零基预算不利于企业未来的发展
   C. 增量预算容易滋长预算中的"平均主义"
   D. 零基预算能调动企业各部门降低费用的积极性

8. 在下列各项中，属于日常业务预算的有（　　）。
   A. 销售预算　　　　　　　　　　B. 现金预算
   C. 生产预算　　　　　　　　　　D. 销售费用预算

9. 需要另外预计现金收入与支出，才能参加现金预算汇总的预算是（　　）。
   A. 材料成本预算　　　　　　　　B. 销售预算
   C. 人工预算　　　　　　　　　　D. 期间费用预算

10. 产品成本预算是（　　）预算的汇总。
    A. 生产　　　　　　　　　　　　B. 直接材料
    C. 直接人工　　　　　　　　　　D. 制造费用
    E. 销售

三、判断题

1. 销售预测的准确性对保证预算的质量至关重要。（　　）
2. 生产预算是在销售预算的基础上编制的。按照"以销定产"的原则，生产预算中各季度的预计生产量应该等于各季度的预期销售量。（　　）
3. 零基预算不是以现有费用为前提，而是一切从零做起。（　　）
4. 生产预算是日常业务预算中唯一仅以数量形式反映预算期内各季有关产品生产数量及品种构成的一种预算。（　　）
5. 现金预算中的现金支出不仅包括经营性现金支出，而且包括资本性现金支出。（　　）
6. 经营及管理费用预算是根据生产预算为基础编制出来的。（　　）
7. 制造费用预算分为变动制造费用和固定制造费用两部分。变动制造费用和固定制造费用均以生产预算为基础来调整。（　　）
8. 永续预算能够使预算期间与会计年度相配合，便于考核预算的执行结果。（　　）
9. 生产预算是规定生产期内有关产品生产数量、产值和结构的一种预算。（　　）

10. 短期决策预算属于业务预算体系,而长期决策预算一般不纳入业务预算体系。
(   )

四、简答题

1. 简述全面预算体系。
2. 零基预算的优点是什么。
3. 简述定期预算与滚动预算的优缺点。

五、计算题

1. 某企业现着手编制 2018 年 6 月的现金收支计划。预计 2018 年 6 月月初现金余额为 8 000 元;月初应收账款 4 000 元;预计月内可收回 80%;本月销货 50 000 元,预计月内收款比率为 50%;本月采购材料 8 000 元,预计月内付款 70%;月初应付账款余额 5 000 元需在月内全部付清;月内以现金支付工资 8 400 元;本月制造费用等间接费用付现 16 000 元;其他经营性现金支出 900 元;购买设备支付现金 10 000 元。企业现金不足时,可向银行借款,借款金额为 1 000 元的倍数;现金多余时可购买有价证券。要求月末现金余额不低于 5 000 元。

要求:
(1) 计算经营现金收入。
(2) 计算经营现金支出。
(3) 计算现金余缺。
(4) 确定最佳现金筹措或运用数额。
(5) 确定现金月末余额。

2. 已知:A 公司 2018 年 1～3 月实际销售额分别为 38 000 万元、36 000 万元和 41 000 万元,预计 4 月销售额为 40 000 万元。每月销售收入中有 70% 能于当月收现,20% 于次月收现,10% 于第三个月收讫,不存在坏账。假定该公司销售的产品在流通环节只需缴纳消费税,税率为 10%,并于当月以现金缴纳。该公司 3 月末现金余额为 80 万元,应付账款余额为 5 000 万元(需在 4 月付清),不存在其他应收应付款项。4 月有关项目预计资料如下:采购材料 8 000 万元(当月付款 70%),工资及其他支出 8 400 万元(用现金支付),制造费用 8 000 万元(其中折旧费等非付现费用为 4 000 万元),营业费用和管理费用 1 000 万元(用现金支付),预缴所得税 1 900 万元,购买设备 12 000 万元(用现金支付)。现金不足时,通过向银行借款解决。4 月末现金余额要求不低于 100 万元。

要求:
根据上述资料,计算该公司 4 月的下列预算指标:
(1) 经营性现金流入。
(2) 经营性现金流出。
(3) 现金余缺。
(4) 应向银行借款的最低金额。
(5) 4 月末应收账款余额。

3. 已知:某企业 2018 年初长期借款余额为 96 000 元,该企业长期借款年利率为 10%,每季度末支付利息;该企业短期借款和债券的期初余额均为 0,短期借款年利率为

6%，每季度末支付利息；应付债券每年支付利息，年利率为8%。借款均发生在期初，还款均发生在期末。

单位：元

季度	一	二	三	四	全年
期初现金余额	4 000	?	4 038	?	?
本期现金流入	95 584	133 614		186 264	?
本期现金流出	109 608	?	188 351	206 884	?
现金余缺	?	?	-12 754	?	?
筹措及运用	?	?	?	?	?
加：短期借款	×	×	11 000	25 000	?
发行普通股	×	40 000	×	×	?
发行公司债券	30 000	×	×	×	?
减：归还长期借款	13 000	17 000	×	×	?
归还利息	?	?	?	?	?
购买证券	×	12 000	-8 000	×	?
期末现金余额	?	4 308	?	?	?

要求：计算表中标注？的空格。（×表示未发生）

第九章　标准成本法

☞ **学习目标**
1. 了解标准成本的制定。
2. 掌握各种成本差异的计算，重点掌握成本差异的账务处理。
3. 理解标准成本法的基本原理，着重理解成本差异的计算以及成本差异在成本控制中的意义。
4. 了解标准成本法的发展及优缺点。

第一节　标准成本及成本差异

标准成本法是指通过制定标准成本，将标准成本与实际成本进行比较获得成本差异，并对成本差异进行因素分析，据以加强成本控制的一种会计信息系统和成本控制系统。标准成本法在泰罗的生产过程标准化思想影响下，于20世纪20年代产生于美国。刚开始，它只是被用来进行成本控制，之后才逐步发展和完善，并与成本核算结合起来，成为一种成本计算与成本控制相结合的方法。

一、标准成本的种类

标准成本是在正常生产经营条件下实现的，可以作为控制成本开支、评价实际成本、衡量工作效率的依据和尺度的一种目标成本。标准成本是根据对实际情况的调查，采用科学方法制定的，它是企业在现有的生产技术和管理水平上，经过努力可以达到的成本。在制定标准成本时，根据所要求达到的效率的不同，所采取的标准有理想标准成本、正常标准成本和现实标准成本。

（一）理想标准成本

理想标准成本是最佳工作状态下可以达到的成本水平，它是排除了一切失误、浪费、机器的闲置等因素，根据理论上的耗用量、价格以及最高的生产能力制定的标准成本。这种标准成本要求太高，通常会因达不到而影响工人的积极性，同时让管理层感到在任何时候都没有改进的余地。

（二）正常标准成本

正常标准成本是在正常生产经营条件下应该达到的成本水平，它是根据正常的耗用水平、正常的价格和正常的生产经营能力利用程度制定的标准成本。这种标准成本通常反映了过去一段时期实际成本水平的平均值，反映该行业价格的平均水平、平均的生产能力和技术能力，在生产技术和经营管理条件变动不大的情况下，它是一种可以在较长时间内采用的标准成本。

（三）现实标准成本

现实标准成本是在现有的生产条件下应该达到的成本水平，它是根据现在所采用的价格水平、生产耗用量以及生产经营能力利用程度制定的标准成本。这种标准成本最接近实际成本，最切实可行，通常认为它能激励工人努力达到所制定的标准，并为管理层提供衡量的标准。在经济形势变化无常的情况下，这种标准成本最为合适。与正常标准成本不同的是，它需要根据现实情况的变化不断进行修改，而正常标准成本则可以在较长一段时间内保持固定不变。

二、标准成本的制定

采用标准成本法的前提和关键是标准成本的制定。为了便于进行成本控制、成本核算和成本差异分析工作，标准成本可以按车间、分产品、成本项目分别反映。标准成本的成本项目与会计日常核算所使用的成本项目应当一致，直接材料可以按材料的不同种类或规格详细列出标准，直接人工可以按不同工种列出标准，制造费用应按固定性制造费用和变动性制造费用分项列出标准，将各个成本项目的标准成本加总，即构成产品标准成本。

各个成本项目的标准成本，通常是由数量标准和价格标准两个因素决定的，即某成本项目的标准成本＝数量标准×价格标准。在直接材料标准制定中，数量标准表现为材料消耗定额，价格标准表现为材料的计划单价；在直接人工标准制定中，数量标准表现为工时定额，价格标准表现为计划小时工资率；在制造费用标准制定中，数量标准是指工时定额，价格标准是指制造费用的分配率。制造费用分配率一般以制造费用预算数除以按计划产量计算的定额工时来确定，即制造费用分配率＝制造费用预算数/（工时定额×计划产量）。制造费用预算数一般要用固定性制造费用和变动性制造费用分别确定，固定性制造费用的预算数只能按总额来确定，所以，原则上，制造费用分配率＝单位变动性制造费用＋单位固定性制造费用。

三、成本差异的种类

成本差异是指实际成本与标准成本之间的差额，也称为标准差异。成本差异按成本的构成，可以分为直接材料成本差异、直接人工成本差异和制造费用差异。

制造费用差异（即间接制造费用差异）按其形成的原因和分析方法的不同，又可分为变动制造费用差异和固定制造费用差异两部分。直接材料成本差异、直接人工成本差异和变动制造费用差异都属于变动成本，决定变动成本数额的因素是价格和耗用数量。所以，直接材料成本差异、直接人工成本差异和变动制造费用差异按其形成原因，可分为价格差异和数量差异。固定制造费用是固定成本，不随业务量的变动而变动，其差异不能简单地分为价格因素和耗用数量因素。固定制造费用差异可分为支出差异、生产能力利用差异和效益差异。

四、标准成本的作用

由于事先确定标准成本、事中计算成本差异、事后进行成本差异分析,因而标准成本制度的建立主要有以下作用。

(1) 便于企业编制预算和进行预算控制。事实上,标准成本本身就是单位成本预算。例如,在编制直接人工成本预算时,首先要确定每生产一件产品所需耗费的工时数以及每小时的工资率,然后用它乘以预算的产品产量,就可以确定总人工成本预算数。

(2) 可以有效地控制成本支出。在领料、用料、安排工时和人力时,均以标准成本作为事前和事中控制的依据。

(3) 可以为企业的例外管理提供数据。以标准成本为基础与实际成本进行比较产生的差异,是企业进行例外管理的必要信息。

(4) 可以帮助企业进行产品的价格决策和预测。例如,在给新产品定价时,通常可以在标准成本的基础上加一定的利润来确定其价格。

(5) 可以简化存货的计价以及成本核算的账务处理工作。在标准成本法下,原材料、在产品、产成品均以标准成本计价,所产生的差异均可由发生期负担,这样一来,在成本计算方面可以大大减少核算的工作量。

第二节 变动成本差异的计算和控制

一、直接材料成本差异

直接材料成本差异是指一定产量产品的直接材料实际成本与直接材料标准成本之间的差异。其中:

总差异 = 实际产量下材料实际总成本 - 实际产量下的材料标准总成本
  = (实际产量下实际数量 - 实际产量下标准数量) × 标准价格 +
    (实际价格 - 标准价格) × 实际产量下实际数量
  = 直接材料数量差异 + 直接材料价格差异

直接材料数量差异 = (实际产量下实际数量 - 实际产量下标准数量) × 标准价格

直接材料价格差异 = 实际产量下实际数量 × (实际价格 - 标准价格)

如前所述,直接材料成本是变动成本,其成本差异形成的原因包括价格差异和数量差异。其中,价格差异是实际价格脱离标准价格所产生的差异,其计算公式如下:

材料价格差异 = (实际价格 - 标准价格) × 实际用量
  = (实际价格 - 标准价格) × 实际产量 × 材料单料单位实际耗用量

数量差异是单位实际材料耗用量脱离单位标准材料耗用量所产生的差异,其计算公式如下:

材料数量差异 = (材料单料单位实际耗用量 - 材料单料单位标准耗用量) × 标准价格

[例9-1] 中盛公司生产甲产品需要使用一种直接材料A。本期生产甲产品200件,

耗用 A 材料 900 千克，A 材料的实际价格为每千克 100 元。假设 A 材料的标准价格为每千克 110 元，单位甲产品的标准用量为 5 千克 A 材料，那么，A 材料的成本差异分析如下：

材料价格差异 = (100 − 110) × 900 = −9 000（元）（有利差异）

材料用量差异 = 100 × 900 − 110 × 1 000 = −20 000（元）（有利差异）

从例 9 − 1 中可知，材料价格方面的原因使材料成本下降了 9 000 元，而材料用量的节约使材料成本下降了 11 000 元。材料价格差异通常应由采购部门负责，因为影响材料采购价格的各种因素（如采购批量、供应商的选择、交货方式、材料质量、运输工具等）一般都是由采购部门控制并受其决策的影响。当然，有些因素是采购部门无法控制的。例如，通货膨胀因素的影响、国家对原材料价格的调整等。因此，对材料价格差异，一定要做进一步的分析研究，查明产生差异的真正原因，分清各部门的经营责任，只有在科学分析的基础上，才能进行有效的控制。影响材料用量的因素也是多种多样的，包括生产工人的技术熟练程度和对工作的责任感、材料的质量、生产设备的状况等。一般来说，用量超过标准大多是工人粗心大意、缺乏培训或技术素质较低等原因造成的，应由生产部门负责，但用量差异有时也会由其他部门的原因造成。例如，采购部门购入了低质量的材料，导致生产部门用料过多，由此而产生的材料用量差异应由采购部门负责；再如，由于设备管理部门，生产设备不能完全发挥其生产能力，造成材料用量差异，则应由设备管理部门负责。找出和分析造成差异的原因是进行有效控制的基础。

二、直接人工成本差异

直接人工成本差异是指一定产量产品的直接人工实际成本与直接人工标准成本之间的差额。其中：

总差异 = 实际产量下的人工实际成本 − 实际产量下的人工标准成本

= (实际产量下实际人工工时 − 实际产量下标准人工工时) × 标准工资率 +

(实际工资率 − 标准工资率) × 实际产量下实际人工工时

= 直接人工效率差异 + 直接人工工资率差异

效率差异 = (实际产量下实际人工工时 − 实际产量下标准人工工时) × 标准工资率

工资率差异 = 实际产量下实际人工工时 × (实际工资率 − 标准工资率)

同样，直接人工实际成本等于直接人工工资率乘以直接人工工时耗用量，属于变动成本，其成本差异包括直接人工工资率差异和直接人工工时耗用量差异。直接人工工资率差异也称直接人工价格差异，类似材料价格差异；直接人工工时耗用量差异类似于材料用量差异。所以，直接人工成本差异的分析方法类似于材料成本差异的分析方法。直接人工工资率差异是指实际工资率脱离标准工资率所产生的差异，其计算公式如下：

直接人工工资率差异 = (实际工资率 − 标准工资率) × 实际工时

直接人工工时耗用量差异是指单位实际人工工时耗用量脱离单位标准人工工时耗用量所产生的差异，其计算公式如下：

直接人工工时耗用量差异 = (实际工时 − 标准工时) × 标准工资率

[例 9 − 2] 中盛公司本期生产甲产品 200 件，实际耗用人工 8 000 小时，实际工资总额 80 000 元，平均每工时 10 元。假设标准工资率为 9 元，单位产品的工时耗用标准为 28

小时,那么,直接人工成本差异分析如下:

直接人工工资率差异 = (10 - 9) × 8 000 = 8 000(元)(不利差异)
直接人工效率差异 = 9 × (8 000 - 5 600) = 21 600(元)(不利差异)
直接人工成本差异 = 10 × 8 000 - 9 × 200 × 28 = 29 600(元)(不利差异)

同样,从上例中我们知道,由于实际工资率高于标准工资率造成直接人工成本上升8 000元,单位实际人工工时耗用量超过单位标准人工工时耗用量所产生的直接人工效率差异为21 600元。实际工资率高于标准工资率,可能是由于生产过程中使用了工资级别较高、技术水平较高的工人从事了要求较低的工作,从而造成了浪费,而人工效率差异是考核每个工时生产能力的重要指标,降低单位产品成本的关键在于不断提高工时的生产能力。影响人工效率的因素是多方面的,包括生产工人的技术水平、生产工艺过程、原材料的质量以及设备的状况等。所以,找出差异的同时要分析产生差异的具体原因,分清不同的责任部门才能采取有效的控制措施。

三、变动制造费用成本差异

变动制造费用成本差异是指一定产量产品的实际变动制造费用与标准变动制造费用之间的差额。其中:

变动制造费用成本差异 = 实际变动制造费用 - 标准变动制造费用
实际变动制造费用 = 实际分配率 × 实际工时
标准变动制造费用 = 标准分配率 × 标准工时

$$实际分配率 = \frac{实际变动制造费用}{标准工时}$$

变动制造费用是变动制造费用分配率与直接人工工时之积,因此变动制造费用差异包括变动制造费用分配率差异和变动制造费用效率差异。变动制造费用分配率差异类似于材料价格差异和直接人工工资率差异,变动制造费用效率差异类似于材料用量差异和直接人工效率差异,所以其计算公式如下:

变动制造费用分配率差异 = (实际分配 - 标准分配率) × 实际工时
变动制造费用效率差异 = 标准分配率实际工时 - 标准工时
变动制造费用差异 = 实际变动制造费用 - 标准变动制造费用
= 变动制造费用分配率差异 + 变动制造费用效率差异

[**例9-3**] 中盛公司本期生产甲产品200件,实际耗用人工8 000小时,实际发生变动制造费用20 000元,变动制造费用实际分配率为每直接人工工时2.5元。假设变动制造费用标准分配率为3元,标准耗用人工6 000小时。那么,变动制造费用差异分析如下:

变动制造费用分配率差异 = (2.5 - 3) × 8 000 = -4 000(元)(有利差异)
变动制造费用效率差异 = 3 × (8 000 - 6 000) = 6 000(元)(不利差异)
变动制造费用差异 = 20 000 - 3 × 6 000 = 2 000(元)(不利差异)

由于变动制造费用是由许多明细项目组成的,并且与一定的生产水平相联系,因而仅通过例9-3中的差异计算来反映变动制造费用差异总额,并不能达到日常控制与考核的要求。因此,实际工作中通常根据变动制造费用各明细项目的弹性预算与实际发生数进行对比分析,并相应采取必要的控制措施。

第三节 固定制造费用成本差异的计算、分析和控制

一、固定制造费用成本差异的计算

固定制造费用成本差异是指一定期间的实际固定制造费用与标准固定制造费用之间的差额。其中：

固定制造费制造费用 = 实际固定制造费用 − 标准固定制造费用

标准固定制造费用 = 固定制造费制造费用率 × 标准工时

$$\text{固定制造费用标准分配率} = \frac{\text{预算固定制造费用}}{\text{预算工时}}$$

固定制造费用是固定成本，它在一定业务量范围内不随业务量的变动而变动。因此，固定制造费用成本差异不能简单地分为价格差异和数量差异两种类型。根据固定制造费用不随业务量的变动而变动的特点，为了计算固定制造费用标准分配率，必须设定一个预算工时，实际工时与预算工时之间的差异造成的固定制造费用差异称为固定制造费用生产能力利用程度差异。因此，固定制造费用差异除了像变动制造费用那样包括开支差异和效率差异，还包括生产能力利用差异。

[例9-4] 中盛公司本期预算固定制造费用为2 400元，预算工时为1 000小时，实际耗用工时1 200小时，实际固定制造费用为2 600元，标准工时为1 100小时。

（1）根据公式可求出标准分配率和实际分配率。

$$\text{固定制造费用标准分配率} = \frac{2\,400}{1\,000} = 2.4$$

$$\text{固定制造费用实际分配率} = \frac{2\,600}{1\,200} = 2.17$$

（2）根据上述公式求出开支差异、效率差异和生产能力利用差异。

固定制造费用开支差异 = 2 600 − 2 400 = 200（元）

固定制造费用效率差异 = 2.4 × (1 200 − 1 100) = 240（元）

固定制造费用能力差异 = 2.4 × (1 000 − 1 200) = −480（元）

标准固定制造费用 = 2.4 × 1 100 = 2 640（元）

所以，固定制造费用差异 = 2 600 − 2 640 = −40（元）

二、固定制造费用成本差异的分析和控制

在一定的业务范围内，固定制造费用是不随业务量的变动而变动的。对固定制造费用的分析和控制通常是通过编制固定制造费用预算与实际发生数对比来进行的。由于固定制造费用是由各个部门的许多明细项目构成的，固定制造费用预算应就每个部门及明细项目分别进行编制，实际固定制造费用也应该就每个部门及明细项目进行分别记录，因此，固定制造费用成本差异的分析和控制也应该就每个部门及明细项目分别进行。

从预算差异来说，其产生的原因可能是：资源价格的变动（如固定材料价格的增减、

工资率的增减等），某些固定成本（如职工培训费、折旧费、办公费等）因管理上的新决定而有所增减，资源的数量比预算有所增减（如职工人数的增减为了完成预算而推迟某些固定成本的开支等）。从能力差异来说，它只反映计划生产能力的利用程度，可能是由于产销量达不到一定规模造成的，一般不能说明固定制造费用的超支或节约。所有这些都应根据不同情况分别进行分析和控制。

第四节　成本差异的账务处理

作为一个完整的标准成本会计制度，标准成本的制定和成本差异的计算、分析、控制应该与成本核算结合起来，成为一种成本核算与成本控制相结合的完整体系。采用标准成本法进行账务处理时，对产品的标准成本与成本差异应分别进行核算。

一、成本差异核算账户

采用标准成本法时，针对各种成本差异，应另外设置各个成本差异账户进行核算。在材料成本差异方面，应设置"材料价格差异"和"材料用量差异"两个账户；在直接人工差异方面，应设置"直接人工工资率差异"和"直接人工效率差异"两个账户；在变动制造费用差异方面，应设置"变动制造费用开支差异"和"变动制造费用效率差异"两个账户；在固定制造费用差异方面，应设置"固定制造费用开支差异""固定制造费用能力差异"和"固定制造费用效率差异"三个账户，分别核算三种不同的固定制造费用差异。各种成本差异，账户的借方核算发生的不利差异，贷方核算发生的有利差异。

二、成本差异的归集

采用标准成本法进行核算时，由于成本差异的计算、分析工作要到月底实际费用发生后才能进行，因此，对于平时领用的原材料、发生的直接人工费用和各种变动、固定制造费用应先在"直接材料""直接人工"和"制造费用"账户进行归集。月底计算、分析成本差异后，再将实际费用中的标准成本部分从"直接材料""直接人工"和"制造费用"账户转入"制造成本"账户；将完工产品的标准成本从"制造成本"账户转入"产成品"账户。随着产品的销售，再将已售产品的标准成本从"产成品"账户转入"销售成本"账户。对于各种成本差异，应将其从"直接材料""直接人工"和"制造费用"账户转入各个相应的成本差异账户。

下面结合本章的例题说明月底时成本差异的账务处理。

根据例 9-1 的资料，月底分析计算成本差异后，编制领用材料的会计分录如下：

借：在产品　　　　　　　　　　　　　　　　　　　　　　　110 000
　　贷：直接材料　　　　　　　　　　　　　　　　　　　　 90 000
　　　　直接材料价格差异　　　　　　　　　　　　　　　　 9 000
　　　　直接材料用量差异　　　　　　　　　　　　　　　　 11 000

根据例 9-2 的资料，月底分析计算成本差异后，编制直接人工成本差异的会计分录如下：

借：在产品　　　　　　　　　　　　　　　　　　　　　50 400
　　直接人工工资率差异　　　　　　　　　　　　　　　　8 000
　　直接人工效率差异　　　　　　　　　　　　　　　　 21 600
　　贷：直接人工　　　　　　　　　　　　　　　　　　 80 000

根据例 9-3 的资料，月底分析计算成本差异后，编制变动制造费用计入产品成本的会计分录如下：

借：在产品　　　　　　　　　　　　　　　　　　　　　18 000
　　变动制造费用效率差异　　　　　　　　　　　　　　　6 000
　　贷：制造费用（变动）　　　　　　　　　　　　　　 20 000
　　　　变动制造费用开支差异　　　　　　　　　　　　　4 000

根据例 9-4 的资料，月底分析计算成本差异后，编制固定制造费用计入产品成本的会计分录如下：

借：在产品　　　　　　　　　　　　　　　　　　　　　 2 640
　　固定制造费用开支差异　　　　　　　　　　　　　　　 200
　　固定制造费用效率差异　　　　　　　　　　　　　　　 240
　　贷：制造费用（固定）　　　　　　　　　　　　　　　2 600
　　　　固定制造费用能力差异　　　　　　　　　　　　　 180

三、期末成本差异的账务处理

在前面的举例中，我们介绍了月底将各种成本差异计入各差异账户的会计分录，在各个成本差异账户中对发生的成本差异进行了归集，在"在产品""产成品"和"销售成本"账户中只核算了产品的标准成本。随着产品的出售以及产品成本的结转，期末对所发生的成本差异也应进行结转和处理。成本差异的处理方法主要有直接处理法和递延法两种。

（一）直接处理法

直接处理法是指将本期发生的各种成本差异全部转入"产品销售成本"账户，由本期的销售产品负担，并全部从利润表的销售收入项下扣减，不再分配给期末在产品和期末库存产成品。这时，期末资产负债表的在产品和产成品项目只反映标准成本。随着产品的出售，应将本期已销产品的标准成本由"产成品"账户转入"产品销售成本"账户，而各个差异账户的余额则应于期末直接转入"产品销售成本"账户。这种方法可以避免期末繁杂的成本差异分配工作，同时本期发生的成本差异全部反映在本期的利润上，使利润指标能如实地反映本期生产经营工作和成本控制的全部成效，符合权责发生制的要求。但这种方法要求标准成本的制定应合理和切合实际并且不断进行修订，这样，期末资产负债表的在产品和产成品项目反映的成本才能切合实际。

[例 9-5] 假设中盛公司"在产品"和"产成品"账户均无期初余额，本期投产的

甲产品 200 件已全部完工，并已全部出售。每件销售价格为 1 000 元，其他资料见例 9 - 1 至例 9 - 4，则上述几笔分录如下：

(1) 产品完工入库。

借：产成品　　　　　　　　　　　　　　　　　　　181 040
　　贷：在产品　　　　　　　　　　　　　　　　　　181 040

(2) 销售产品。

借：应收账款　　　　　　　　　　　　　　　　　　200 000
　　贷：销售收入　　　　　　　　　　　　　　　　　200 000

(3) 结转已售产品标准成本。

借：产品销售成本　　　　　　　　　　　　　　　　181 040
　　贷：产成品　　　　　　　　　　　　　　　　　　181 040

(4) 结转成本差异。

借：产品销售成本　　　　　　　　　　　　　　　　 11 560
　　直接材料价格差异　　　　　　　　　　　　　　　 9 000
　　直接材料用量差异　　　　　　　　　　　　　　　 11 000
　　变动制造费用开支差异　　　　　　　　　　　　　 4 000
　　固定制造费用能力差异　　　　　　　　　　　　　 480
　　贷：直接人工工资率差异　　　　　　　　　　　　 8 000
　　　　直接人工效率差异　　　　　　　　　　　　　 21 600
　　　　变动制造费用效率差异　　　　　　　　　　　 6 000
　　　　固定制造费用开支差异　　　　　　　　　　　 200
　　　　固定制造费用效率差异　　　　　　　　　　　 240

(二) 递延法

递延法是将本期的各种成本差异按标准成本的比例，分配给期末在产品、期末产成品和本期已销售产品。这样分配后，期末资产负债表的在产品和产成品项目反映的都是实际成本，利润表的产品销售成本反映的也是本期已销售产品的实际成本。这种方法下的期末差异分配非常复杂，不便于产品成本计算的简化；另外，期末资产负债表的在产品和产成品项目反映的都是实际成本，利润表的产品销售成本反映的也是本期已销售产品的实际成本，也不便于本期成本差异的分析和控制。所以，西方企业一般都采用第一种方法。

由此可见，标准成本体系通过事前制定标准成本，对各种资源消耗和费用开支规定数量界限，可以在事前限制各种消耗和费用的发生；在成本形成过程中，按标准成本控制支出，随时显示节约还是浪费，及时发现超过标准成本的消耗，便于企业迅速采取措施，纠正偏差，达到降低成本的目的；产品成本形成后，通过实际成本与标准成本相比较，并对标准成本和成本差异分别进行核算。便于本期成本差异的分析和控制，帮助企业进行定期分析和考核，及时总结经验，为未来降低成本找到途径，所以，标准成本法是成本核算与成本控制相结合的方法。

标准成本法产生于机械化大生产的时代，采用标准成本法的前提和关键是标准成本的制定。标准成本在一个固定时期内应保持相对稳定，通常在企业的组织机构、外部市场、产品品种和生产规模等发生较大变化时，才有必要进行修订。所以，标准成本法通常适用于大批量稳定生产的企业或产品，因为这种类型的企业或产品最适合标准成本的建立和执行，从而通过提高效率来降低成本。

实践与巩固

案例资料

课后习题

一、单项选择题

1. 标准成本制度的前提和关键是（　　）。
   A. 标准成本的制定　　　　　　　　B. 成本差异的计算
   C. 成本差异的分析　　　　　　　　D. 成本差异的账务处理

2. 标准成本制度的重点是（　　）。
   A. 标准成本的制定　　　　　　　　B. 成本差异的计算分析
   C. 成本差异的账务处理　　　　　　D. 成本控制

3. 以资源无浪费、设备无故障、产出无废品、工时都有效的假设前提为依据而制定的标准成本是（　　）。
   A. 基本标准成本　　　　　　　　　B. 理想标准成本
   C. 正常标准成本　　　　　　　　　D. 现行标准成本

4. 在经济形势变化无常的情况下，最为适合的标准成本是（　　）。
   A. 基本标准成本　　　　　　　　　B. 理想标准成本
   C. 正常标准成本　　　　　　　　　D. 现行标准成本

5. 标准成本控制主要是指对（　　）进行的控制。
   A. 产品预算阶段　　　　　　　　　B. 产品入库阶段
   C. 产品销售阶段　　　　　　　　　D. 产品生产阶段

6. 在采用变动成本法计算的企业中，单位产品的标准成本不包括（　　）标准成本。
   A. 直接材料　　　　　　　　　　　B. 直接人工
   C. 变动制造费用　　　　　　　　　D. 固定制造费用

7. 下列情况中，需要对基本标准成本进行修订的是（　　）。
   A. 重要的原材料价格发生重大变化　　B. 工作方法改变引起的效率变化
   C. 生产经营能力利用程度的变化　　　D. 市场供求变化导致的售价变化

8. 下列各项中，属于"直接人工标准工时"组成内容的是（　　）。

A. 由于设备意外故障产生的停工工时

B. 由于更换产品产生的设备调整工时

C. 由于生产作业计划安排不当产生的停工工时

D. 由于外部供电系统故障产生的停工工时

9. 下列关于制定正常标准成本的表述中，正确的是（　　）。

A. 直接材料的价格标准不包括购进材料发生的检验成本

B. 直接人工标准工时包括直接加工操作必不可少的时间，不包括由于各种原因引起的停工工时

C. 直接人工的价格标准是指标准工资率，它可以是预定的工资率，也可以是正常的工资率

D. 固定制造费用和变动制造费用的用量标准可以相同，也可以不同。例如，以直接人工工时作为变动制造费用的用量标准，同时以机器工时作为固定制造费用的用量标准

10. 成本差异是指在标准成本控制系统下，企业在一定时期生产一定数量的产品所发生的实际成本与（　　）之间的差额。

A. 计划成本　　　　B. 历史成本　　　　C. 标准成本　　　　D. 预算成本

11. 计算数量差异要以（　　）为基础。

A. 标准价格　　　　B. 实际价格　　　　C. 标准成本　　　　D. 实际成本

12. 本月生产甲产品 8 000 件，实际耗用 A 材料 32 000 公斤，其实际价格为每公斤 40 元。该产品 A 材料的用量标准为 3 公斤，标准价格为 45 元，其直接材料用量差异为（　　）元。

A. 360 000　　　　B. 320 000　　　　C. 200 000　　　　D. −160 000

13. 直接人工效率差异是指单位（　　）耗用量脱离单位标准人工工时耗用量所产生的差异。

A. 实际人工工时　　　　　　　　B. 定额人工工时

C. 预算人工工时　　　　　　　　D. 正常人工工时

14. 实际变动制造费用支出与按实际工时和变动制造费用标准分配率相乘得的预算数之间的差额是（　　）。

A. 变动制造费用分配率差异（耗费差异）

B. 变动制造费用效率差异

C. 变动制造费用总差异

D. 变动制造费用能量差异

15. 固定制造费用的实际金额与固定制造费用的预算金额之间的差额称为（　　）。

A. 开支差异（耗费差异、预算差异）　　B. 效率差异

C. 闲置能量差异　　　　　　　　　　　D. 能量差异

16. 在两差法下，固定制造费用的差异可以分解为（　　）。

A. 价格差异和产量差异　　　　B. 耗费差异和效率差异

C. 能量差异和效率差异　　　　D. 耗费差异和能量差异

17. 固定制造费用的能量差异，可以进一步分为（   ）。

    A. 能力差异（生产能力利用差异，下同）和开支差异

    B. 能力差异和效率差异

    C. 开支差异和效率差异

    D. 开支差异和能量差异

18. 固定制造费用开支差异是指固定制造费用的实际金额与固定制造费用（   ）之间的差额。

    A. 预算金额　　　B. 历史金额　　　C. 标准金额　　　D. 计划金额

19. 下列变动成本差异中，无法从生产过程的分析中找出产生原因的是（   ）。

    A. 变动制造费用效率差异　　　　B. 变动制造费用耗费差异

    C. 直接材料价格差异　　　　　　D. 直接人工效率差异

20. 通常应对不利的材料价格差异负责的部门是（   ）。

    A. 质量控制部门　　　　　　　　B. 采购部门

    C. 工程设计部门　　　　　　　　D. 生产部门

21. 某公司月成本考核例会上，各部门经理正在讨论、认定直接人工效率差异的责任部门。根据你的判断，该责任部门应是（   ）。

    A. 生产部门　　　B. 销售部门　　　C. 供应部门　　　D. 管理部门

22. 由于生产安排不当、计划错误、调度失误等造成的损失，应由（   ）负责。

    A. 财务部门　　　B. 劳动部门　　　C. 生产部门　　　D. 采购部门

23. 递延法是将本期的各种成本差异，按（   ）的比例分配给期末在产品、期末产成品和本期已销售产品。

    A. 定额成本　　　B. 标准成本　　　C. 实际成本　　　D. 计划成本

24. 直接处理法下，期末资产负债表的在产品和产成品项目只反映（   ）。

    A. 实际成本　　　B. 标准成本　　　C. 预算成本　　　D. 计划成本

25. 标准成本法是（   ）的方法。

    A. 成本核算　　　　　　　　　　B. 成本控制

    C. 成本分析　　　　　　　　　　D. 成本核算与成本控制相结合

二、多项选择题

1. 原材料质量低劣，会造成（   ）向不利方向转化。

    A. 直接材料数量差异　　　　　　B. 直接材料价格差异

    C. 直接人工效率差异　　　　　　D. 变动制造费用效率差异

    E. 固定制造费用能量差异

2. 下列各项中，能够造成变动制造费用差异的是（   ）。

    A. 直接材料质量低劣　　　　　　B. 直接人工工资调整

    C. 间接材料价格变化　　　　　　D. 间接人工工资调整

    E. 间接人工人数增加

3. 在进行标准成本分析时，形成直接材料数量差异的是（   ）。

    A. 操作不当导致废品增加　　　　B. 机器与工具不适用

    C. 紧急订货增的采购成本　　　　D. 价格上升导致用量减少

E. 工艺改进节省材料
4. 在标准成本下，下列科目中应以标准成本记账的有（　　）。
   A. 在制品　　　　B. 半成品　　　　C. 产成品　　　　D. 产品销售成本
   E. 管理费用
5. 在实务中，贯彻成本控制的例外管理原则时，确定"例外"的标准通常可考虑的标志有（　　）。
   A. 重要性　　　　B. 一贯性　　　　C. 可控性　　　　D. 普遍性
   E. 特殊性
6. 下列各项中，属于标准成本控制系统构成内容的有（　　）。
   A. 标准成本的制定　　　　　　　　B. 成本差异的计算与分析
   C. 成本差异的账务处理　　　　　　D. 成本差异的分配
   E. 成本预算的编制
7. 人工工时耗用量标准即直接生产工人生产单位产品所需要的标准工时，主要内容有（　　）。
   A. 对产品的直接加工工时　　　　　B. 必要的间歇和停工工时
   C. 不可避免的废品耗用工时　　　　D. 生产中的材料必要消耗
   E. 不可避免的废品损失中的消耗
8. 按成本差异形成过程进行分类，可将成本差异分为（　　）。
   A. 价格差异　　　B. 用量差异　　　C. 纯差异　　　　D. 混合差异
   E. 可控差异
9. 下列各项中，能够导致出现材料价格差异的原因有（　　）。
   A. 材料质量差，废料过多
   B. 材料采购计划编制不准确
   C. 材料调拨价格或市场价格的变动
   D. 因临时紧急进货，使买价和运输费上升
   E. 机器设备效率增减，使材料耗用量发生变化
10. 在标准成本系统中，可将变动性制造费用成本差异分解为以下内容，包括（　　）。
    A. 耗费差异　　　B. 预算差异　　　C. 开支差异　　　D. 效率差异
    E. 用量差异
11. 按三差异法，可将固定性制造费用成本差异分解为以下内容，包括（　　）。
    A. 开支差异　　　B. 生产能力差异　　C. 效率差异　　　D. 预算差异
    E. 能量差异
12. 在制定标准成本时，可选择的标准成本包括（　　）。
    A. 理想标准成本　　　　　　　　　B. 正常标准成本
    C. 现实标准成本　　　　　　　　　D. 平均标准成本
    E. 期望可达到的标准成本
13. 成本控制的程序是指实施成本控制需要依次经过的步骤，通常包括（　　）。
    A. 确定成本控制的目标或标准　　　B. 分解落实控制的目标
    C. 计算并分析成本差异　　　　　　D. 进行成本差异的账务处理

E. 进行质量成本评价

14. 分析固定性制造费用成本差异时，下列各项中计算公式正确的有（　　）。

A. 固定性制造费用成本差异 = 实际产量下实际固定性制造费用 − 实际产量下标准固定性制造费用

B. 固定性制造费用预算差异 = 固定性制造费用耗费差异

C. 固定性制造费用能力差异 = 固定性制造费用标准分配率 ×（预算产量标准工时 − 实际产量实际工时）

D. 固定性制造费用成本差异 = 能力差异 + 预算差异

E. 固定性制造费用成本差异 = 耗费差异 + 能力差异 + 效率差异

15. 在标准成本下，成本差异的处理方法有（　　）。

A. 备抵法　　　B. 直接处理法　　　C. 边际贡献法　　　D. 递延法

E. 比较法

三、判断题

1. 由于实际工时脱离标准工时而形成的成本差异是固定制造费用耗费差异。（　　）

2. 理想标准成本是以现有生产经营条件处于最佳状态为基础确定的最低水平的成本，在实际工作中被广泛采用。（　　）

3. 在经济形势变化无常的情况下，最为合适的标准成本是现实标准成本。（　　）

4. 在生产技术和经营管理条件变动不大的情况下，正常标准成本是一种可以较长时间采用的标准成本。（　　）

5. 单位产品任何一项成本的标准成本都应等于该项目的价格标准与标准用量的乘积。（　　）

6. 现行标准成本可以作为评价实际成本的依据，也可以用来对存货和销货成本进行计价。（　　）

7. 理想标准成本的主要用途是揭示实际成本下降的潜力。（　　）

8. 如果出现不利差异，企业必须采取措施减少该不利差异。（　　）

9. 材料成本脱离标准的差异、人工成本脱离标准的差异、制造费用脱离标准的差异，都可以分为"量差"和"价差"两部分。（　　）

10. 如果企业采用变动成本法计算成本，则不需要制定固定制造费用的标准成本，也不需要进行固定制造费用成本差异的计算和分析，而固定制造费用的控制则通过预算管理来进行。（　　）

11. 直接处理法是指将本期的各种成本差异，按标准成本的比例分配给期末在产品、期末产成品和本期已销售产品。（　　）

12. 直接处理法可以避免期末繁杂的成本差异分配工作，同时本期发生的成本差异全部反映在本期的利润上，使利润指标能如实地反映本期生产经营工作和成本控制的全部成效，符合权责发生制的要求。（　　）

13. 递延法下，期末资产负债表的在产品和产成品项目反映的都是实际成本而不是标准成本。（　　）

14. 标准成本法产生于机械化大生产的时代，其通常适用于大批量稳定生产的企业或产品。（　　）

15. 标准成本法可以为企业的例外管理提供数据，可以简化存货的计价及成本核算的账务处理工作。　　　　　　　　　　　　　　　　　　　　　　　　（　　）

四、简答题

1. 什么标准成本制度？它包括哪些内容？
2. 标准成本的作用是什么？
3. 标准成本有哪些种类？实际工作中，应采用何种？
4. 如何制定标准成本？
5. 实际工作中，对于混合差异是如何进行处理的？
6. 在标准成本系统中，其变动成本，数量差异有哪些？价格差异有哪些？

五、计算题

1. 某企业 5 月计划投产并完工，A、B 两种产品的数量分别为 160 件和 180 件，耗用甲材料的标准分别为 8 公斤/件和 4 公斤/件，材料标准单位成本为 17 元/公斤，5 月实际生产 A、B 两种产品的数量分别为 150 件和 200 件，实际耗用材料分别为 2 100 公斤和 840 公斤，其实际成本总共为 33 600 元。

要求：（1）根据产品所耗用的标准材料耗用量分配 A、B 产品应分摊的实际材料费用。

（2）计算 A 产品材料费用的标准单位成本和实际单位成本。

（3）计算分析 A 产品材料费用的成本差异。

2. 已知：某企业生产 A 产品，有关资料如下：

（1）生产 A 产品，耗用甲、乙两种材料。其中甲材料标准价格为每千克 20 元，乙材料标准价格为每千克 32 元。单位产品耗用甲材料标准为每件 5 千克，乙材料为每件 9 千克。

（2）甲产品单位标准工时为 13 小时，直接人工标准工资率为 7.5 元。

（3）固定性制造费用预算数为 61 000 元；变动性制造费用预算数为 38 000 元。标准总工时数为 10 000 小时。

要求：制定 A 产品的标准成本。

3. 已知：某企业生产一种产品，相关成本资料如表 1 和表 2 所示。

表 1　　　　　　　　　　　　　直接材料相关资料

材料品名	标准成本			实际成本			差异
	耗用量	单价	金额	耗用量	单价	金额	
甲	1 000	10	10 000	1 200	11	13 200	3 200
乙	2 000	6	12 000	2 100	5	10 500	−1 500
合计			22 000			23 700	1 700

表2　　　　　　　　　　　　制造费用相关资料表

项目	预算数（工时：6 000）		实际产量标准数（工时：5 000）	实际数（工时：5 500）
	金额	分配率	金额	金额
变动性制造费用	2 400	0.4	0.4 × 5 000 = 2 000	2 090
固定性制造费用	4 800	0.8	0.8 × 5 000 = 4 000	4 675
制造费用合计	7 200	1.2	1.2 × 5 000 = 6 000	6 765

要求：

（1）计算直接材料标准成本差异；

（2）计算直接材料数量差异和价格差异；

（3）计算变动制造费用标准成本差异；

（4）计算变动制造费用的效率差异和耗费差异；

（5）计算固定制造费用标准成本差异；

（6）计算固定制造费用的预算差异和能量差异。

第十章 责任会计

> **学习目标**
> 1. 掌握责任中心的种类、特征和考核指标。
> 2. 了解责任会计的内容及监理责任会计制度应遵循的原则。
> 3. 熟悉内部转移价格的类型、制定方法和使用范围。

作为现代管理会计的一个重要分支,责任会计是指为适应企业内部经济责任制的要求,对企业内部各责任中心的经济业务进行规划与控制,以实现业绩考核与评价的一种内部会计控制制度。企业组织结构与其责任会计系统存在密切的关系,理想的责任会计系统应反映并支撑企业组织结构。

业绩包括企业业绩、部门业绩和个人业绩三个层面。业绩的三个层面之间是决定与制约的关系:个人业绩水平决定着部门的业绩水平,部门的业绩水平又决定着企业的业绩水平;反过来,企业业绩水平制约着部门的业绩水平,部门的业绩水平也制约着个人的业绩水平。与此相对应,业绩评价层次也可分为企业层面、部门层面和个人层面。

公司实行分权管理体制,必须建立和健全有效的业绩评价和考核制度。公司整体的业绩目标,需要落实到内部各部门和经营单位,成为内部单位业绩评价的依据。根据内部单位职责范围和权限大小,可以将其分为成本中心、收入中心、利润中心和投资中心。由于收入中心比较简单,实务中也不多见,本章主要介绍成本中心、利润中心和投资中心。

第一节 企业组织结构与责任中心划分

一、企业的集权与分权

集权和分权是企业经营管理权限的分配方式。集权是把企业经营管理权限较多集中在企业上层。分权是把企业的经营管理权适当地分散在企业中下层的一种组织形式。

集权和分权虽然可以看作两种不同的组织结构形式,但实际上是上级与下级在权力分配上的比重和协调问题。采取分权的企业有一些决策也是交给上级主管作出的,特别是面对一些不经常发生的和关于企业整体发展的问题时。采取集权的企业也并不表示不让下级参与决策制定。实际上,在集权下,下级在某些事务上也拥有一定的灵活性。

集权的主要优点是:便于提高决策效率,对市场作出迅速反应;容易实现目标的一致性;可以避免重复和资源浪费。缺点是:容易形成对高层管理者的个人崇拜,形成独裁,导致将来企业高管更替困难,影响企业长远发展。分权的优点是:可以让高层管理者将主要精力集中于重要事务;权力下放,可以充分发挥下属的积极性和主动性,增加下属的工作满足感，便于发现和培养人才；下属拥有一定的决策权，可以减少不必要的上下沟通，并可以对下属权限内的事情迅速作出反应。其缺陷是：可能产生与企业整体目标不一致的委托—代理问题。

二、科层组织结构

科层组织结构中，存在两类管理结构：一类是直线指挥机构，如总部、分部、车间、工段和班组等；另一类是参谋职能机构，如研究开发部、人力资源部、财务部、营销部及售后服务部等。与此相对应，存在两类管理人员：一类是直线人员，如总经理、分部经理、车间主任、工段长和班组长等；另一类是参谋人员，如人力资源部部长、财务部部长、营销部部长等。前者是主体，后者是辅助，企业生产经营的决策权力主要集中在最高层的直线领导手中。

在这类组织结构中，企业的生产经营活动主要由直线人员统一领导和指挥，他们有权在自己的职责范围内向下级发布命令和指示，并负全面的领导责任。职能部门则设置在直线领导之下，分别从事专业管理，是各级直线领导的参谋部。职能部门所拟定的计划、方案以及有关指示等，均应由直线领导批准后下达执行，职能部门对下级领导者和下属职能部门无权直接下达命令或进行指挥，只能提供建议、咨询以及进行业务指导的作用。

直线职能组织结构的优点是：各个职能部门目标明确，部门主管容易控制和规划。同类专业的员工一起共事，易于相互学习，增长技能。此外，内部资源较为集中，由同一部门员工分享，可减少不必要的重复和浪费。但是，这种结构的缺点是：部门之间的工作协调常会出现困难，导致不同部门各自为政，甚至争夺公司内部资源，因此，整个企业对外在环境的反应会比较迟钝。而且员工较长时间在一个部门工作，往往眼光会变得狭隘，只看到本部门的目标和利益，缺乏整体意识和创新精神。

三、事业部制组织结构

事业部制是一种分权的组织结构。在这种组织结构中，它把分权管理与独立核算结合在一起，在总公司统一领导下，按照产品、地区或者市场（客户）来划分经营单位（即事业部）。各个事业部实行相对独立的经营和核算，具有从生产到销售的全部职能。它是在总公司控制下的利润中心，总公司以各事业部为单位制定利润预算。同时，各个事业部又是产品责任单位和市场责任单位，有自己的产品和独立的市场。事业部制的管理原则可以概括为三个：集中决策、分散经营、协调控制。

事业部可以按照产品、地区或者客户等内容划分。按照产品划分事业部是最为常见的形式。例如，广东美的集团股份有限公司就按照产品划分为家用空调、厨房电器、洗衣机、冰箱、中央空调、生活电器、热水器、环境电器、部品九大事业部，其中部品事业部主要包括压缩机和微型电机两大产品。国外通用汽车公司、福特汽车公司、日本松下电器公司等，也都是按照产品类别来划分事业部的。像大型企业、银行等一般采用按照顾客来划分事业部。按照地区来划分事业部是在产品销售区域很广、工厂很分散的情况下采取的一种组织形式。

事业部制的主要特点是：（1）在总公司之下，企业按照产品类别、地区类别或者顾客类别设置生产经营事业部;(2)每个事业部设置各自的执行总经理,每位执行总经理都有权进行采购、生产和销售,对其事业部的生产经营,包括收入、成本和利润的实现负全部责任;(3)总公司在重大问题上集中决策,各个事业部独立经营、独立核算、自负盈亏,是一个利润中心;(4)各个事业部的盈亏直接影响总公司的盈亏,总公司的利润是各个事业部利润之和,总公司对各个事业部下达利润指标,各个事业部必须保证实现总公司下达的利润指标。

四、网络组织结构

自20世纪90年代以来,以减少企业管理层次、强化分权管理为主要内容的组织形式变革更为强烈。英国电讯公司的管理层次由12层减为6层,在1992年和1993年两年中,该公司已经解雇了900名高级管理人员和5 000名中级管理人员;1994年2月,该公司又宣布裁减35名年薪在5万~10万英镑的高级主管。管理学家预测,21世纪就业机会消失最多的是中层管理人员的职位,这实质上是组织扁平化趋势的必然结果。

与事业部制相比,这种新的组织模式的组织结构单元和单元之间的关系类似于一个网络,所以这种新企业组织形式称为扁平化网络组织(N形组织)。从总体上看,它是一个由众多独立的创新经营单位组成的彼此有紧密联系的网络,其主要特点是:

1. 分散性。它不是几个或几十个大的战略经营单位的结合,而是由为数众多的小规模经营单位构成的企业联合体,这些经营单位具有很大的独立性。这种模式减少了基层单位对企业或对总公司在技术、财务和人力等方面的依赖,基层企业的权力和责任大大增强,充分调动和发挥了基层员工的主动性、积极性和创造性。这一特征使管理会计信息不仅为少数高层管理者服务,而且为更广泛的基层管理者服务,为整个企业集团服务。

2. 创新性。这种组织形式的发展所导致的基层企业权力和责任的增大,需要促进基层经理对本单位的经营绩效负责。最高管理层的权力主要集中在驱动创新过程中,创新活动已由过去少数高层管理人员推动转变为企业基层人员的重要职责。现代管理会计为企业的创新提供了必要的信息支持。

3. 高效性。在这种组织形式下,行政管理和辅助职能部门被精简。基层企业可以自主地根据具体的市场情况组织生产经营活动,快速地对市场作出反应。这一特征要求管理会计更加注重实用性,并在实践中不断学习和修正。

4. 协作性。在这种组织形式下,独立的小规模经营单位的资源是有限的,在生产经营中必须大量依赖与其他单位的广泛合作。这种基层经营单位之间主动的广泛合作,为知识、技能等资源在企业内的转移和企业能力的整合提供了重要渠道。管理会计信息开始"由内而外",协调和服务于企业集团的整体利益。

第二节 成本中心

一、成本中心的划分和类型

一个责任中心,如果不形成或者不考核其收入,而着重考核其所发生的成本和费用,这类责任中心称为成本中心。

成本中心往往是没有收入的。例如，一个生产车间，它的产成品或半成品并不由自己出售，没有销售职能，没有货币收入。有的成本中心可能有少量收入，但不成为主要的考核内容。例如，生产车间可能会取得少量外协加工收入，但这不是它的主要职能，不是考核车间的主要内容。一个成本中心可以由若干个更小的成本中心所组成。又如，一个分厂是成本中心，它由几个车间所组成，而每个车间还可以划分为若干个工段，这些工段是更小的成本中心。任何发生成本的责任领域，都可以确定为成本中心，大的成本中心可能是一个分公司，小的成本中心可能是一台卡车和两个司机组成的单位。成本中心的职责是用一定的成本去完成规定的具体任务。

成本中心有两种类型：标准成本中心和费用中心。

1. 标准成本中心。标准成本中心必须是所生产的产品稳定而明确，并且已经知道单位产品所需要的投入量的责任中心。通常，标准成本中心的典型代表是制造业工厂、车间、工段、班组等。在生产制造活动中，每个产品都可以有明确的原材料、人工和制造费用的数量标准和价格标准。实际上，任何一种重复性的活动都可以建立标准成本中心，只要这种活动能够计量产出的实际数量，并且能够说明投入与产出之间可望达到的函数关系。因此各种行业都可能建立标准成本中心。银行业根据经手支票的多少，医院根据接受检查或放射治疗的人数，快餐业根据售出的盒饭多少，都可建立标准成本中心。

2. 费用中心。对于那些产出不能用财务指标来衡量，或者投入和产出之间没有密切关系的部门或单位，适于划分为费用中心。这些部门或单位包括财务、人事、劳资、计划等行政管理部门，研究开发部门，销售部门等。这些部门有的产出难以度量，有的投入量与产出量之间没有密切的联系。对于费用中心，唯一可以准确计量的是实际费用，无法通过投入和产出的比较来评价其效果和效率，从而限制无效费用的支出，因此，有人称其为"无限制的费用中心"。

二、成本中心的考核指标

一般而言，标准成本中心的考核指标，是既定产品质量和数量条件下的标准成本。

标准成本中心不需要作出定价决策、产量决策或产品结构决策，这些决策由上级管理部门作出，或授权给销售部门。标准成本中心的设备和技术决策，通常由职能管理部门作出，而不是由成本中心的管理人员自己决定。因此，标准成本中心不对生产能力的利用程度负责，而只对既定产量的投入量承担责任。即使采用全额成本法，标准成本中心也不对固定制造费用的闲置差异负责，但仍需对固定制造费用的其他差异承担责任。

值得强调的是，如果标准成本中心的产品没有达到规定的质量，或没有按计划生产，则会对其他单位产生不利的影响。因此，标准成本中心必须按规定的质量、时间标准和计划产量来进行生产。这个要求是"硬性"的，很少有伸缩余地。完不成上述要求，成本中心要受到批评甚至惩罚。过高的产量，提前产出造成积压，超产以后销售不出去，同样会给公司带来损失，也应视为未按计划进行生产。

确定费用中心的考核指标是一件困难的工作。由于缺少度量其产出的标准，并且投入和产出之间的关系不密切，运用传统的财务技术来评价这些中心的业绩非常困难。费用中心的业绩涉及预算、工作质量和服务水平。工作质量和服务水平的量化很困难，并且与费用支出关系密切。这正是费用中心与标准成本中心的主要差别。标准成本中心的产品质量和数量有良好的量化方法，如果能以低于预算水平的实际成本生产出相同的产品，则说明该中心业绩良好。而对于费用中心则不然，一个费用中心的支出没有超过预算，可能该中心的工作质量和服务水平低于计划的要求。

通常，使用费用预算来评价费用中心的控制业绩。由于很难依据一个费用中心的工作质量和服务水平来确定预算数额，一种解决办法是考察同行业类似职能的支出水平。例如，有的公司根据销售收入的一定百分比来制定研究开发费用预算。尽管很难解释为什么研究开发费用与销售额具有某种因果关系，但百分比法还是使人们能够在同行业之间进行比较。另一个解决办法是零基预算法，即详尽分析支出的必要性及其取得的效果，确定预算标准。还有许多公司依据历史经验来编制费用预算。这种方法虽然简单，但缺点也十分明显。管理人员为在将来获得较多的预算，倾向于把能花的钱全部花掉。越是勤俭度日的管理人员，将越容易面临严峻的预算压力。预算的有利差异只能说明比过去少花了钱，既不表明达到了应有的节约程度，也不说明成本控制取得了应有的效果。因此，依据历史实际费用数额来编制预算并不是个好办法。从根本上说，决定费用中心预算水平有赖于了解情况的专业人员的判断。上级主管人员应信任费用中心的经理，并与他们密切配合，通过协商确定适当的预算水平。在考核预算完成情况时，要利用有经验的专业人员对该费用中心的工作质量和服务水平作出有根据的判断，才能对费用中心的控制业绩作出客观评价。

三、责任成本

责任成本是以具体的责任单位（部门、单位或个人）为对象，以其承担的责任为范围所归集的成本，也就是特定责任中心的全部可控成本。

可控成本是指在特定时期内特定责任中心能够直接控制其发生的成本。所谓可控成本通常应符合以下三个条件：（1）成本中心有办法知道将发生什么样性质的耗费；（2）成本中心有办法计量它的耗费；（3）成本中心有办法控制并调节它的耗费。凡不符合上述三个条件的，即为不可控成本。可控成本总是针对特定责任中心来说的。一项成本，对某个责任中心来说是可控的，对另外的责任中心来说则是不可控的。例如，耗用材料的进货成本，采购部门可以控制，使用材料的生产单位则不能控制。有些成本，对于下级单位来说是不可控的，而对于上级单位来说则是可控的。例如，车间主任不能控制自己的工资（尽管它通常要计入车间成本），而他的上级则可以控制。

区分可控成本和不可控成本，还要考虑成本发生的时间范围。一般来说，在消耗或支付的当期成本是可控的，一旦消耗或支付就不再可控。有些成本是以前决策的结果，如折旧费、租赁费等，在添置设备和签订租约时曾经是可控的，而使用设备或执行契约时已无法控制。

从整个公司的空间范围和很长的时间范围来观察，所有成本都是人的某种决策或行为的结果，都是可控的。但是，对于特定的人或时间来说，则有些是可控的，有些是不可控的。

需要进一步明确，可控成本与直接成本、变动成本是不同的概念。

直接成本和间接成本的划分依据，是成本的可追溯性。可追溯到个别产品或部门的成本是直接成本；由几个产品或部门共同引起的成本是间接成本。对生产的基层单位来说，大多数直接材料和直接人工是可控制的，但也有部分是不可控的。例如，工长的工资可能是直接成本，但工长无法改变自己的工资，对他来说该成本是不可控的。最基层单位无法控制大多数的间接成本，但有一部分是可控的。例如，机物料的消耗可能是间接计入产品的，但机器操作工却可以控制它。

变动成本和固定成本的划分依据，是成本依产量的变动性。随产量正比例变动的成本，称为变动成本。在一定幅度内不随产量变动而基本上保持不变的成本，称为固定成本。对生产单位来说，大多数变动成本是可控的，但也有部分不可控。例如，按产量和实际成本分摊的工艺装备费是变动成本，但使用工艺装备的生产车间未必能控制其成本的多少，因为产量是上级的指令，其实际成本是制造工艺装备的辅助车间控制的。固定成本和不可控成本也不能等同，与产量无关的广告费、科研开发费、教育培训费等酌量性固定成本都是可控的。

责任成本计算、变动（边际）成本计算和制造成本各自计算方法的主要区别有：第一，成本计算的目的不同：计算产品的制造成本是为了确定产品存货成本和销货成本；计算产品的变动成本是为了经营决策；计算责任成本是为了评价成本控制业绩。第二，成本计算对象不同：变动成本计算和制造成本计算以产品为成本计算的对象；责任成本以责任中心为成本计算的对象。第三，成本的范围不同：制造成本计算的范围是全部制造成本，包括直接材料、直接人工和全部制造费用；变动成本计算的范围是变动成本，包括直接材料、直接人工和变动制造费用，还包括变动的销售费用和管理费用；责任成本计算的范围是各责任中心的可控成本。第四，共同费用在成本对象间分摊的原则不同：制造成本计算按受益原则归集和分摊费用，谁受益谁承担，要分摊全部的制造费用；变动成本计算只分摊变动制造费用，不分摊固定制造费用；责任成本法按可控原则把成本归属于不同责任中心，谁能控制谁负责，不仅可控的变动间接费用要分配给责任中心，可控的固定间接费用也要分配给责任中心。责任成本法是介于完全成本法和变动成本法之间的一种成本方法，有人称其为"局部吸收成本法"或"变动成本和吸收成本法结合的成本方法"。

责任成本与标准成本、目标成本既有区别又有密切关系。标准成本和目标成本主要强调事先的成本计算，而责任成本重点是事后的计算、评价和考核，是责任会计的重要内容之一。标准成本在制造时是分产品进行的，事后对差异进行分析时才判别责任归属。目标成本管理要求在事先规定目标时就考虑责任归属，并按责任归属收集和处理实际数据。不管使用目标成本还是标准成本作为控制依据，事后的评价与考核都要求核算责任成本。

计算责任成本的关键是判别每一项成本费用支出的责任归属。

1. 判别成本费用支出责任归属的原则。

通常，可以按以下原则确定责任中心的可控成本：

（1）假如某责任中心通过自己的行动能有效地影响一项成本的数额，那么该中心就要对这项成本负责。

（2）假如某责任中心有权决定是否使用某种资产或劳务，它就应对这些资产或劳务的成本负责。

（3）某管理人员虽然不直接决定某项成本，但是上级要求他参与有关事项，从而对该项成本的支出施加了重要影响，则他对该成本也要承担责任。

2. 制造费用的归属和分摊方法。

将发生的直接材料和人工费用归属于不同的责任中心通常比较容易,而制造费用的归属则比较困难。为此,需要仔细研究各项消耗和责任中心的因果关系,采用不同的分配方法。一般是依次按下述五个步骤来处理:

(1) 直接计入责任中心。将可以直接判别责任归属的费用项目,直接列入应负责的成本中心。例如,机物料消耗、低值易耗品的领用等,在发生时可判别耗用的成本中心,不需要采用其他标准进行分配。

(2) 按责任基础分配。对不能直接归属于个别责任中心的费用,优先采用责任基础分配。有些费用虽然不能直接归属于特定成本中心,但它们的数额受成本中心的控制,能找到合理依据来分配,如动力费、维修费等。如果成本中心能自己控制使用量,可以根据其用量来分配。分配时要使用固定的内部结算价格,防止供应部门的责任向使用部门转嫁。

(3) 按受益基础分配。有些费用不是专门属于某个责任中心的,也不宜用责任基础分配,但与各中心的受益多少有关,可按受益基础分配,如按装机功率分配电费等。

(4) 归入某一个特定的责任中心。有些费用既不能用责任基础分配,也不能用受益基础分配,则考虑有无可能将其归属于一个特定的责任中心。例如,车间的运输费用和试验检验费用,难以分配到生产班组,不如建立专门的成本中心,由其控制此项成本,不向各班组分配。

(5) 不能归属于任何责任中心的固定成本,不进行分摊。例如,车间厂房的折旧是以前决策的结果,短期内无法改变,可暂时不加控制,作为不可控费用。

第三节 利润中心

一、利润中心划分和类型

成本中心的决策权力是有限的。标准成本中心的管理人员可以决定投入,但产品的品种和数量往往要由其他人员来决定。费用中心为本公司提供服务或进行某一方面的管理。收入中心负责分配和销售产品,但不控制产品的生产。当某个责任中心被同时赋予生产和销售职能时,该中心的自主权就会显著地增加,管理人员能够决定生产什么、如何生产、产品质量的水平、价格的高低、销售的办法以及生产资源如何在不同产品之间进行分配等。这种责任中心出现在大型分散式经营的组织中,小公司很难或不必采用分散式组织结构,如果大公司采用集权式管理组织结构,也不会使下级具有如此广泛的决策权。这种具有几乎全部经营决策权的责任中心,可以被确定为利润中心或投资中心。

一个责任中心,如果能同时控制生产和销售,既要对成本负责,又要对收入负责,但没有责任或没有权力决定该中心资产投资的水平,因而可以根据其利润的多少来评价该中心的业绩,那么,该中心划分为利润中心。

利润中心有两种类型:一种是自然的利润中心,它直接向公司外部出售产品,在市场上进行购销业务。例如,某些公司采用事业部制,每个事业部均有销售、生产、采购的职能,有很大的独立性,这些事业部就是自然的利润中心。另一种是人为的利润中心,它主要在公司内部按照内部转移价格出售产品。例如，大型钢铁公司分成采矿、炼铁、炼钢、轧钢等几个部门，这些生产部门的产品主要在公司内部转移，它们只有少量对外销售，或者全部对外销售由专门的销售机构完成，这些生产部门可视为利润中心，并称为人为的利润中心。再如，公司内部的辅助部门，包括修理、供电、供水、供气等部门，可以按固定的价格向生产部门收费，它们也可以确定为人为的利润中心。

通常，利润中心被看作一个可以用利润衡量其一定时期业绩的组织单位。但是，并不是可以计量利润的组织单位都是真正意义上的利润中心。利润中心组织的真正目的是激励下级制定有利于整个公司的决策并努力工作。仅仅规定一个组织单位的产品价格并把投入的成本归集到该单位，并不能使该组织单位具有自主权或独立性。从根本目的上来看，利润中心是指管理人员有权对其供货的来源和市场的选择进行决策的单位。一般来说，利润中心要向顾客销售其大部分产品，并且可以自由地选择大多数材料、商品和服务等项目的来源。根据这一定义，尽管某些公司也采用利润指标来计算各生产部门的经营成果，但这些部门不一定就是利润中心。把不具有广泛权力的生产或销售部门定为利润中心，并用利润指标去评价它们的业绩，往往会引起内部冲突或次优化，对加强管理反而是有害的。

二、利润中心的考核指标

对利润中心进行考核的指标主要是利润。诚然，任何一个单独的业绩衡量指标都不能够反映出某个组织单位的所有经济效果，利润指标也是如此。因此，尽管利润指标具有综合性，利润计算具有强制性和较好的规范化程度，但仍然需要一些非货币的衡量方法作为补充。

在计量一个利润中心的利润时，需要解决两个问题：第一，选择一个利润指标，分配成本到该中心；第二，为在利润中心之间转移的产品或劳务规定价格。这里先讨论第一个问题，第二个问题将单独讨论。

利润并不是一个十分具体的概念，在这个名词前边加上不同的定语，可以得出不同的具体利润指标。在评价利润中心业绩时，至少有三种选择：边际贡献、可控边际贡献、部门税前经营利润。

[例 10 - 1] 某公司一个生产部门的有关数据如表 10 - 1 所示。

表 10 - 1　　　　　某公司生产部门成本收入数据　　　　　单位：元

项目	成本费用	收益
销售收入		15 000
销货成本	8 000	
变动费用	2 000	
（1）边际贡献		5 000
可控固定成本	800	
（2）部门可控边际贡献		4 200
不可控固定成本	1 200	
（3）部门税前经营利润		3 000

以边际贡献 5 000 元作为业绩评价依据不够全面。部门经理至少可以控制某些固定成本，并且在固定成本和变动成本的划分上有一定选择余地。以边际贡献为评价依据，可能导致部门经理尽可能多地支出固定成本以减少变动成本支出，尽管这样做并不能降低总成本。因此，业绩评价时至少应包括可控制的固定成本。

以可控边际贡献 4 200 元作为业绩评价依据可能是最佳选择，因之反映了部门经理在其权限和控制范围内有效使用资源的能力。部门经理可控制收入以及变动成本和部分固定成本，因而可以对可控边际贡献承担责任。这一衡量标准的主要问题是可控固定成本和不可控固定成本的区分比较困难。例如，折旧费用、保险费用等，如果部门经理有权处置与此相关的资产，那么，它们就是可控的；反之，则是不可控的。又如，职工的工资水平通常是由公司集中决定的，如果部门经理有权决定本部门聘用多少职工，那么，工资费用是其可控成本；如果部门经理既不能决定工资水平，又不能决定职工人数，则工资费用是不可控成本。

以部门税前经营利润 3 000 元作为业绩评价依据可能更适合评价该部门对公司利润和管理费用的贡献，而不适合于部门经理的评价。如果要决定该部门的取舍，部门税前经营利润是有重要意义的信息。如果要评价部门经理的业绩，因为有一部分固定成本是过去最高管理层投资决策的结果，现在的部门经理已很难改变，故部门税前经营利润超出了经理人员的控制范围。

有的公司将总部的管理费用分配给各部门。公司总部的管理费用是部门经理无法控制的成本，由于分配公司管理费用而引起部门利润的不利变化，不能由部门经理负责。不仅如此，分配给各部门的管理费用的计算方法常常是任意的，部门本身的活动和分配来的管理费用高低并无因果关系。普遍采用的销售百分比、资产百分比等，会使其他部门分配基数的变化影响本部门分配管理费用的数额。许多公司把所有的总部管理费用分配给下属部门，旨在提醒部门经理注意各部门提供的营业利润必须抵补总部的管理费用，否则公司作为一个整体就不会盈利。其实，通过给每个部门建立一个期望能达到的可控边际贡献标准，可以更好地达到上述目的。这样，部门经理可集中精力增加收入并降低可控成本，而不必在分析那些他们不可控的分配来的管理费用上花费精力。

三、内部转移价格

分散经营的组织单位之间相互提供产品或劳务时，需要制定一个内部转移价格。转移价格对于提供产品或劳务的生产部门来说表示收入，对于使用这些产品或劳务的购买部门来说则表示成本。因此，转移价格会影响到这两个部门的获利水平，使部门经理非常关心转移价格的制定，并经常引起争论。

制定转移价格的目的有两个：一是防止成本转移带来的部门间责任转嫁，使每个利润中心都能作为单独的组织单位进行业绩评价；二是作为一种价格引导下级部门采取明智的决策，生产部门据此确定提供产品的数量，购买部门据此确定所需要的产品数量。但是，这两个目的往往有矛盾。能够满足评价部门业绩的转移价格，可能引导部门经理采取并非对公司最理想的决策；而能够正确引导部门经理的转移价格，可能使某个部门获利水平很高而另一个部门亏损。我们很难找到理想的转移价格来兼顾业绩评价和制定决策，而只能根据公司的具体情况选择基本满意的解决办法。

可以考虑的转移价格有以下几种。

（一）市场价格

在中间产品存在完全竞争市场的情况下，市场价格减去对外的销售费用，是理想的转移价格。

产品内在经济价值计量的最好方法是把它们投入市场，在市场竞争中判断社会所承认的产品价格。由于公司为把中间产品销售出去，还需要追加各种销售费用，如包装、发运、广告、结算等，因此，市场价格减去某些调整项目才是目前未销售的中间产品的价格。从机会成本的观点来看，中间产品用于内部而失去的外销收益，是它们被内部购买部门使用的应计成本。这里失去的外销收益并非市场价格，而需要扣除必要的销售费用，才是失去的净收益。

完全竞争市场这一假设条件，意味着公司外部存在中间产品的公平市场，生产部门被允许向外界顾客销售任意数量的产品，购买部门也可以从外界供应商那里获得任意数量的产品。由于以市场价格为基础的转移价格通常会低于市场价格，这个折扣反映与外销有关的销售费以及交货、保修等成本，因此可以鼓励中间产品的内部转移。如果不考虑其他更复杂的因素，购买部门的经理应当选择从内部取得产品，而不是从外部采购。

如果生产部门在采用这种转移价格的情况下不能长期获利，公司最好停止生产此产品而到外部去采购。同样，如果购买部门以此价格进货而不能长期获利，则应停止购买并进一步加工此产品，同时生产部门应尽量向外部市场销售这种产品。这样做，对公司总体是有利的。

值得注意的是，外部供应商为了能做买卖可能先报一个较低的价格，同时期望日后抬高价格。因此，在确认外部价格时要采用可以长期保持的价格。另外，公司内部转移的中间产品比外购产品的质量可能更有保证，并且更容易根据公司需要加以改进。因此，在经济分析无明显差别时，一般不应该依靠外部供应商，而应该鼓励利用自己内部的供应能力。

（二）以市场为基础的协商价格

如果中间产品存在非完全竞争的外部市场，可以采用协商的办法确定转移价格，即双方部门经理就转移中间产品的数量、质量、时间和价格进行协商并设法取得一致意见。

成功的协商转移价格依赖于下列条件：首先，要有一个某种形式的外部市场，两个部门经理可以自由地选择接受或是拒绝某一价格。如果根本没有可能从外部取得或销售中间产品，就会使一方或双方处于垄断状态，这样谈判结果不是协商价格而是垄断价格。在垄断的情况下，最终价格的确定受谈判人员的实力和技巧影响。其次，在谈判者之间共同分享所有的信息资源。这个条件能使协商价格接近一方的机会成本，如双方都接近机会成本则更为理想。最后，最高管理层的必要干预。虽然尽可能让谈判双方自己来解决大多数问题，以发挥分散经营的优点，但是，对于双方谈判时可能导致的公司非最优决策，最高管理层要进行干预，对于双方不能自行解决的争论有必要进行调解。当然，这种干预必须是有限的、得体的，不能使整个谈判变成上级领导裁决一切问题。

协商价格往往浪费时间和精力，可能会导致部门之间的矛盾，部门获利能力大小与谈判人员的谈判技巧有很大关系，是这种转移价格的缺点。尽管有上述不足之处，协商转移价格仍被广泛采用，它的好处是有一定弹性，可以照顾双方利益并得到双方认可。少量的外购或外卖是有益的，它可以保证得到合理的外部价格信息，为协商双方提供一个可供参考的基准。

（三）变动成本加固定费转移价格

这种方法要求中间产品的转移用单位变动成本来定价，与此同时，还应向购买部门收取固定费，作为长期以低价获得中间产品的一种补偿。这样做，生产部门有机会通过每期收取固定费来补偿其固定成本并获得利润；购买部门每期支付特定数额的固定费之后，对于购入的产品只需支付变动成本，通过边际成本等于边际收入的原则来选择产量水平，可以使其利润达到最优水平。

按照这种方法，供应部门收取的固定费总额为期间固定成本预算额与必要的报酬之和，它按照各购买部门的正常需要量按比例分配给购买部门。此外，为单位产品确定标准的变动成本，按购买部门的实际购入量计算变动成本总额。如果总需求量超过了供应部门的生产能力，变动成本不再表示需要追加的边际成本，则这种转移价格将失去其积极作用。反之，如果最终产品的市场需求很少，购买部门需要的中间产品也变得很少，但它仍然需要支付固定费。在这种情况下，市场风险全部由购买部门承担了，而供应部门仍能维持一定利润水平，显得很不公平。实际上，供应和购买部门都受到最终产品市场的影响，应当共同承担市场变化引起的市场波动。

（四）全部成本转移价格

以全部成本或者以全部成本加上一定利润作为内部转移价格，这可能是最差的选择。在例10-1中已说明了这一点，它既不是业绩评价的良好尺度，也不能引导部门经理作出有利于公司的明智决策。它的唯一优点是简单。

首先，它以目前各部门的成本为基础，再加上一定百分比作为利润，在理论上缺乏说服力。以目前成本为基础，会鼓励部门经理维持比较高的成本水平，并据此取得更多的利润。越是节约成本的单位，越会有可能在下一期被降低转移价格，使利润减少。成本加成百分率的确定也是个困难问题，很难说清楚它为什么会是5%、10%或20%。

其次，在连续式生产公司中成本随产品在部门间流转，成本不断积累，使用相同的成本加成率会使后序部门利润明显大于前序部门。如果扣除半成品成本转移，则会因各部门投入原材料出入很大而使利润分布失衡。

因此，只有在无法采用其他形式转移价格时，才考虑使用全部成本加成办法来制定转移价格。

第四节 投资中心

一、投资中心的划分

投资中心是指某些分散经营的单位或部门，其经理所拥有的自主权不仅包括制定价格、确定产品和生产方法等短期经营决策权,而且包括投资规模和投资类型等投资决策权。投资中心的经理不仅能控制除公司分摊管理费用外的全部成本和收入,而且能控制占用的资产,因此,对于投资中心不仅要衡量其利润,而且要衡量其资产的投资报酬率。

二、投资中心的考核指标

投资中心业绩的考核指标通常有以下两种。

(一) 投资报酬率

这是最常见的考核投资中心业绩的指标。这里所说的投资报酬率是部门税前经营利润除以该部门所拥有的净经营资产。

部门投资报酬率 = 部门税前经营利润 ÷ 部门平均净经营资产

[例 10 - 2] 某公司有 A 和 B 两个部门,有关数据如表 10 - 2 所示。

表 10 - 2 某公司 A、B 部门相关数据 单位:元

项　　目	A 部门	B 部门
部门税前经营利润	108 000	90 000
所得税(税率25%)	27 000	22 500
部门税后经营净利润	81 000	67 500
部门平均经营资产	900 000	600 000
部门平均经营负债	50 000	40 000
部门平均净经营资产(部门平均净投资资本)	850 000	560 000

A 部门投资报酬率 = 108 000 ÷ 850 000 = 12.71%

B 部门投资报酬率 = 90 000 ÷ 560 000 = 16.07%

用部门投资报酬率来评价投资中心业绩有许多优点:它是根据现有的会计资料计算的,比较客观,可用于部门之间以及不同行业之间的比较。部门投资报酬率可以分解为投资周转率和部门经营利润率两者的乘积,并可进一步分解为资产的明细项目和收支的明细项目,从而对整个部门的经营状况作出评价。

部门投资报酬率指标的不足也十分明显:部门经理会产生"次优化"行为,具体来讲,会放弃高于公司要求的报酬率而低于目前部门投资报酬率的机会,或者减少现有的投资报酬率较低但高于公司要求的报酬率的某些资产,使部门的业绩获得较好评价,但却伤害了公司整体利益。

假设例 10 - 2 中,公司要求的税前投资报酬率为 11%。B 部门经理面临一个税前投资报酬率为 13% 的投资机会,投资额为 100 000 元,每年部门税前经营利润 13 000 元。尽管对整个公司来说,由于投资报酬率高于公司要求的报酬率,应当利用这个投资机会,但却使该部门的投资报酬率由过去的 16.07% 下降到 15.61%。

$$投资报酬率 = \frac{90\ 000 + 13\ 000}{560\ 000 + 100\ 000} \times 100\% = 15.61\%$$

同样道理,当情况与此相反,假设该 B 部门现有一项资产价值 50 000 元,每年税前

获利 6 500 元，税前投资报酬率为 13%，超过了公司要求的报酬率，B 部门经理却愿意放弃该项资产，以提高部门的投资报酬率：

投资报酬率 = 56 000 × 100% = 16.37%

当使用投资报酬率作为业绩评价标准时，部门经理可以通过加大公式分子或减少公式的分母来提高这个比率。实际上，减少分母更容易实现。这样做，会失去可以扩大股东财富的机会。从引导部门经理采取与公司总体利益一致的决策来看，投资报酬率并不是一个很好的指标。

（二）剩余收益

作为业绩评价指标，它的主要优点是与增加股东财富的目标一致。为了克服由于使用比率来衡量部门业绩带来的次优化问题，许多公司采用绝对数指标来实现利润与投资之间的联系，这就是剩余收益。

部门剩余收益 = 部门税前经营利润 − 平均净经营资产应计报酬
　　　　　　 = 部门税前经营利润 − 平均净经营资产 × 要求的税前投资报酬率

由于所得税是根据整个企业的收益确定的，与部门的业绩评价没有直接关系，因此通常使用税前经营利润和税前投资报酬率。

剩余收益的主要优点是可以使业绩评价与公司的目标协调一致，引导部门经理采纳高于公司资本成本的决策。

续例 10−1，假设 A 部门要求的税前投资报率为 10%，B 部门的风险较大，要求的税前投资报酬率为 12%。

A 部门剩余收益 = 108 000 − 850 000 × 10% = 23 000（元）
B 部门剩余收益 = 90 000 − 560 000 × 12% = 22 800（元）

B 部门经理如果采纳前面提到的投资机会（税前投资报酬率为 13%，投资额 100 000 元，每年税前获利 13 000 元），可以增加部门剩余收益。

采纳投资方案后：
剩余收益 = (90 000 + 13 000) − (560 000 + 100 000) × 12% = 23 800（元）

B 部门经理如果采纳前面提到的减少一项现有资产的方案（价值 50 000 元，每年税前获利 6 500 元，税前投资报酬率为 13%），会减少部门剩余收益。

采纳减资方案后：
剩余收益 = (90 000 − 6 500) − (560 000 − 50 000) × 12% = 22 300（元）

因此，B 部门经理会采纳投资方案而放弃减资方案，与公司总目标一致。

采用剩余收益指标还有一个好处，就是允许使用不同的风险调整资本成本。从现代财务理论来看，不同的投资有不同的风险，要求按风险程度调整其资本成本。因此，不同行业部门的资本成本不同，甚至同一部门的资产也属于不同的风险类型。例如，现金、短期应收款和长期资本投资的风险有很大区别，要求有不同的资本成本。在使用剩余收益指标时，可以对不同部门或者不同资产规定不同的资本成本百分数，使剩余收益这个指标更加灵活。

剩余收益指标的不足在于不便于不同规模的公司和部门的业绩比较。剩余收益指标是一个绝对数指标，不便于不同规模的公司和部门的比较，由此使其有用性下降。较大规模的公司即使运行效率较低，也能比规模较小的公司获得较大的剩余收益。规模大的部门容易获得较大的剩余收益，而它们的投资报酬率并不一定很高。另一个不足之处在于它依赖于会计数据的质量。剩余收益的计算要使用会计数据，包括净利润、投资的账面价值等。如果会计信息的质量低劣，则会导致低质量的剩余收益和业绩评价。

实践与巩固

案例资料

课后习题

一、单项选择题

1. （　　）是责任会计中应用最广泛的一种责任中心形式。
   A. 成本中心　　　B. 利润中心　　　C. 投资中心　　　D. 责任中心
2. 投资中心的考核指标中能使部门的业绩与企业的目标协调一致，避免次优化问题的指标是（　　）。
   A. 投资报酬率　　B. 剩余收益　　　C. 现金回收率　　D. 可控边际贡献
3. 既对成本负责，又对收入负责的责任中心，被称为（　　）。
   A. 成本中心　　　B. 利润中心　　　C. 投资中心　　　D. 责任中心
4. 在成本转移价格作为内部转移价格时，如果交易产品涉及利润中心或投资中心，则此时的价格应当是（　　）。
   A. 实际成本　　　B. 标准成本　　　C. 标准成本加成　D. 变动成本
5. 下列各项中属于责任预算的主要责任指标的是（　　）。
   A. 剩余收益　　　B. 劳动生产率　　C. 出勤率　　　　D. 材料消耗率
6. 管理会计将在责任预算的基础上，把实际数与计划数进行比较，用来反映与考核各责任中心工作业绩的书面文件称为（　　）。
   A. 差异分析表　　　　　　　　　　B. 责任报告
   C. 预算执行情况表　　　　　　　　D. 实际执行与预算比较表
7. 投资利润率指标的优点不包括（　　）。
   A. 能反映投资中心的综合盈利能力　B. 可以作为选择投资机会的依据
   C. 可以避免本位主义　　　　　　　D. 具有横向可比性
8. 企业的各责任中心中权力最大的是（　　）。
   A. 成本中心　　　B. 自然利润中心　C. 人为利润中心　D. 投资中心
9. 成本中心控制和考核的内容是（　　）。
   A. 责任成本　　　B. 产品成本　　　C. 直接成本　　　D. 目标成本

10. 产品在企业内部各责任中心之间销售，只能按照"内部转移价格"取得收入的利润中心是（   ）。
   A. 责任中心   B. 局部的利润中心
   C. 自然的利润中心   D. 人为的利润中心

11. 对于任何一个成本中心来说，其责任成本应等于该中心的（   ）。
   A. 产品成本   B. 固定成本之和
   C. 可控成本之和   D. 不可控成本之和

12. 甲利润中心常年向乙利润中心提供劳务。假定今年使用的内部结算价格比去年有所提高，在其他条件不变的情况下，则（   ）。
   A. 乙中心取得了更多的内部利润   B. 甲中心因此而减少了内部利润
   C. 企业的总利润有所增加   D. 企业的总利润没有变化

13. 某公司某部门的有关数据为：销售收入50 000元，已销产品的变动成本和变动销售费用30 000元，可控固定间接费用2 500元，不可控固定间接费用3 000元，分配来的公司管理费用1 500元。那么，该部门的利润中心负责人可控利润为（   ）。
   A. 20 000元   B. 17 500元   C. 14 500元   D. 10 750元

14. 在下列各项中，需要同时对成本、收入和利润负责的是（   ）。
   A. 投资中心   B. 利润中心   C. 成本中心   D. 责任中心

15. 对于那些只发生费用支出的部门来说，它们所建立的责任中心只能是（   ）。
   A. 投资中心   B. 利润中心
   C. 技术性成本中心   D. 酌量性成本中心

二、多项选择题

1. 采用事业部制时，利润中心的考核指标有（   ）。
   A. 部门贡献边际   B. 部门贡献   C. 公司税前利润   D. 部门利润
   E. 部门经理贡献边际

2. 下列各项中，属于建立责任会计制度必须遵循原则的有（   ）。
   A. 责任主体原则   B. 可控性原则   C. 目标一致原则   D. 激励原则
   E. 反馈原则

3. 下列各项中，属于责任会计制度内容的有（   ）。
   A. 设置责任中心   B. 编制责任预算   C. 提交责任报告   D. 评价经营业绩
   E. 反映财务状况

4. 成本中心可以是（   ）。
   A. 车间   B. 个人   C. 工段   D. 班组
   E. 分厂

5. 对投资中心考核的指标有（   ）。
   A. 投资利润率   B. 剩余收益   C. 贡献毛益   D. 营业利润

6. 下列各项中，属于某复合成本中心责任成本的有（   ）。
   A. 本中心的产品成本   B. 本中心的变动成本
   C. 本中心的责任成本   D. 本中心的不可控成本
   E. 其下属成本中心的责任成本

— 213 —

7. 下列各项中，属于成本中心类型的有（　　）。
   A. 产品成本中心　　B. 变动性成本中心　　C. 销售成本中心　　D. 技术性成本中心
   E. 酌量性成本中心

8. 作为利润中心的业绩考核指标，"利润中心负责人可控利润总额"的计算公式正确的是（　　）。
   A. 该利润中心销售收入总额 – 该利润中心变动成本总额
   B. 该利润中心贡献毛益总额 – 该利润中心负责人可控固定成本
   C. 该利润中心销售收入总额 – 该利润中心变动成本总额 – 该利润中心负责人可控固定成本
   D. 该利润中心贡献毛益总额 – 该利润中心负责人不可控固定成本

9. 下列各项中，能够揭示责任成本与产品成本主要区别的表述有（　　）。
   A. 成本的特性不同
   B. 归依和分配的对象不同
   C. 分配的原则不同
   D. 核算的基础条件不同
   E. 核算的主要目的不同

10. 内部转移价格的种类有（　　）。
    A. 纯粹市场价格　　B. 协商价格　　C. 成本加成价格　　D. 双重转移价格

11. 在下列各项指标中，属于利润中心考核范畴的有（　　）。
    A. 人为利润总额
    B. 利润率
    C. 贡献边际总额
    D. 负责人可控利润总额
    E. 可控利润总额

12. 在下列各项指标中，属于考核投资中心投资效果的有（　　）。
    A. 责任成本　　B. 营业收入　　C. 贡献边际　　D. 投资利润率
    E. 剩余收益

13. 已知甲利润中心生产的半成品既可以出售，又可以供乙利润中心使用。甲中心全年最大产量为50 000件，全年最大外销量为40 000件，售价为100元/件，单位变动成本为80元/件。双方决定按双重价格计价，则甲乙双方在结算时使用的内部转移价格为（　　）。
    A. 甲中心以80元/件出售，乙中心以100元/件采购
    B. 甲中心以100元/件出售，乙中心以80元/件采购
    C. 甲中心以90元/件出售，乙中心以80元/件采购
    D. 甲中心以90元/件出售，乙中心以100元/件采购

14. 以下各项中，属于制定内部转移价格应遵循的原则有（　　）。
    A. 全局性原则　　B. 公平性原则　　C. 目标一致性原则　　D. 重要性原则
    E. 激励性原则

15. 下列各项中，可以作为内部转移价格的有（　　）。
    A. 标准变动成本　　B. 双重价格　　C. 标准成本加成　　D. 标准成本
    E. 协商价格

三、判断题

1. 对一个企业而言，变动成本和直接成本大多是可控成本，而固定成本和间接成本

大多是不可控成本。（　　）
2. 责任会计制度的最大优点是可以精确计算产品成本。（　　）
3. 剩余收益指标的优点是可以使投资中心的业绩评价与企业目标协调一致。（　　）
4. 某责任中心有权决定是否使用某种资产，该责任中心就应对这种资产的成本负责。（　　）
5. 因利润中心实际发生的利润数大于预算数而形成的差异是不利差异。（　　）
6. 对于上级分配来的固定成本，由于利润中心无法控制其数额，所以，对这部分固定成本的影响在考核时应将其剔除。（　　）
7. 各成本中心的可控成本之和等于企业的总成本之和。（　　）
8. 成本中心实际发生的责任成本大于其责任成本预算的差异是有利差异。（　　）
9. 责任会计的核心在于利用会计信息对各分权单位的业绩进行计量。（　　）
10. 在一定的时空条件下，可控成本与不可控成本可以实现相互转化。（　　）

四、简答题

1. 简述责任会计制度的构成。
2. 制定内部转移价格的原则是什么？
3. 利润中心的评价考核标准有哪些？如何对利润中心的业绩进行考核？
4. 制定内部转移价格应遵循哪些原则？
5. 内部交易结算和内部责任结转有什么异同？

五、计算题

1. 某投资中心投资额为100 000元，年净利润为20 000元，公司为该投资中心规定的最低投资报酬率为15%。请计算该投资中心的投资报酬率和剩余收益。

2. 已知：D公司某投资中心A原投资利润率为18%，营业资产为500 000元，营业利润为100 000。现有一项业务，需要借入资金200 000元，可获利68 000元。

要求：

（1）若以投资利润率作为评价和考核投资中心A的依据，作出A投资中心是否愿意投资于这项新的业务的决策。

（2）若以剩余收益作为评价和考核投资中心A工作成果的依据，新项目要求的最低收益率为15%，作出A投资中心是否愿意投资于这个新项目决策。

3. 某集团公司下设A、B两个投资中心。A中心的投资额为500万元，投资利润率为12%；B中心的投资利润率为15%，剩余收益为30万元；集团公司要求的平均投资利润率为10%。集团公司决定追加投资200万元，若投向A公司，每年增加利润25万元；若投向B公司，每年增加利润30万元。要求计算下列指标：

（1）追加投资前A中心的剩余收益；
（2）追加投资前B中心的投资额；
（3）追加投资前集团公司的投资利润率；
（4）若A公司接受追加投资，其剩余收益；
（5）若B公司接受追加投资，其投资利润率和剩余收益。

第十一章 业绩考核与评价

☞ **学习目标**

1. 了解业绩考核与评价系统的构成要素及其互相关系。
2. 了解以企业为主体的业绩考核与评价指标的优缺点,并掌握与其他评价方法之间的关联。
3. 了解 EVA 的经济内涵,掌握 EVA 业绩考核与评价的思路和方法。
4. 了解战略业绩考核与评价的不同模式,并掌握平衡计分卡的评价思路和方法。

第一节 财务业绩评价与非财务业绩评价

一、财务业绩评价的优点与缺点

财务业绩评价是根据财务信息来评价管理者业绩的方法,常见的财务评价指标包括净利润、资产报酬率、经济增加值(EVA)等。在责任会计中,各类责任中心的业绩评价指标所采用的就是财务业绩评价。作为一种传统的评价方法,财务业绩既可以反映企业的综合经营成果,也容易从会计系统中获得相应的数据,操作简便,易于理解,因此被广泛使用。但财务业绩评价也有其不足之处。首先,财务业绩体现的是企业当期的财务成果,反映的是企业的短期业绩,无法反映管理者在企业的长期业绩改善方面所作的努力;其次,财务业绩是一种结果导向,即只注重最终的财务结果,而对达成该结果的改善过程则欠考虑;最后,财务业绩通过会计程序产生的会计数据进行考核,而会计数据则是根据公认的会计原则产生的,受到稳健性原则有偏估计的影响,因此可能无法公允地反映管理层的真正业绩。

二、非财务业绩评价的优点与缺点

非财务业绩评价,是指根据非财务信息指标来评价管理者业绩的方法。如与顾客相关的指标:市场份额、关键客户订货量、顾客满意度、顾客忠诚度等。与企业内部营运相关的指标:及时送货率、存货周转率、产品或服务质量(缺陷率)、周转时间等。反映员工学习与成长的指标:员工满意度、员工建议次数、员工拥有并熟练使用电脑比率、员工第二专长人数、员工流动率等。非财务业绩评价的优点是:可以避免财务业绩评价只侧重过去、比较短视的不足;非财务业绩评价更体现长远业绩,体现外部对企业的整体评价。非财务业绩评价的缺点:是一些关键的非财务业绩指标往往比较主观,数据的收集比较困难,评价指标数据的可靠性难以保证。

第二节 关键绩效指标法

关键绩效指标法是被各类企业广泛应用的一种绩效管理方法。财政部财会〔2017〕24号文印发的《管理会计应用指引第601号——关键绩效指标法》，对关键绩效指标法的含义、应用和优缺点均进行了阐述。

一、关键绩效指标法的含义

关键绩效指标法，是指基于企业战略目标，通过建立关键绩效指标体系，将价值创造活动与战略规划目标有效联系，并据此进行绩效管理的方法。关键绩效指标，是对企业绩效产生关键影响力的指标，是通过对企业战略目标、关键成果领域的绩效特征分析，识别和提炼出的最能有效驱动企业价值创造的指标。关键绩效指标法可以单独使用，也可以与经济增加值法、平衡计分卡等其他方法结合使用。关键绩效指标法的应用对象可以是企业，也可以是企业所属的单位（部门）和员工。

二、关键绩效指标法的应用

企业应用关键绩效指标法，一般包括以下程序：制定以关键绩效指标为核心的绩效计划、制定激励计划、执行绩效计划与激励计划、实施绩效评价与激励、编制绩效评价报告与激励管理报告等。其中，与其他业绩评价方法的关键不同是，其制定和实施以关键绩效指标为核心的绩效计划。

制定绩效计划包括构建关键绩效指标体系、分配指标权重、确定绩效目标值等。

（一）构建关键绩效指标体系

对于一个企业，可以分三个层次来制定关键绩效指标体系。

第一，企业级关键绩效指标。企业应根据战略目标，结合价值创造模式，综合考虑企业内外部经营环境等因素，设定企业级关键绩效指标。

第二，所属单位（部门）级关键绩效指标。根据企业级关键绩效指标，结合所属单位（部门）关键业务流程，按照上下结合、分级编制、逐级分解的程序，在沟通反馈的基础上，设定所属单位（部门）级关键绩效指标。

第三，岗位（员工）级关键绩效指标。根据所属单位（部门）级关键绩效指标，结合员工岗位职责和关键工作价值贡献，设定岗位（员工）级关键绩效指标。

企业的关键绩效指标一般可分为结果类和动因类指标。结果类指标是反映企业绩效的价值指标，主要包括投资报酬率、权益净利率、经济增加值、息税前利润、自由现金流量等综合指标；动因类指标是反映企业价值关键驱动因素的指标，主要包括资本性支出、单位生产成本、产量、销量、客户满意度、员工满意度等。

关键绩效指标应含义明确、可度量、与战略目标高度相关。指标的数量不宜过多，每一层级关键绩效指标一般不超过10个。

（二）设定关键绩效指标权重

关键绩效指标的权重分配应以企业战略目标为导向，反映被评价对象对企业价值贡献或支持的程度，以及各指标之间的重要性水平。单项关键绩效指标权重一般设定在5%～30%，对特别重要的指标可适当提高权重。对特别关键、影响企业整体价值的指标可设立"一票否决"制度，即如果某项关键绩效指标未完成，无论其他指标是否完成，均视为未完成绩效目标。

（三）设定关键绩效指标目标值

企业确定关键绩效指标目标值，一般参考以下标准：一是参考国家有关部门或权威机构发布的行业标准或参考竞争对手标准，如国务院国资委考核分配局编制并每年更新出版的《企业绩效评价标准值》；二是参照企业内部标准，包括企业战略目标、年度生产经营计划目标、年度预算目标、历年指标水平等；三是如果不能按照前面两种方法确定的，则可以根据企业历史经验值确定。

三、关键绩效指标法的优点和缺点

关键绩效指标法的主要优点：一是使企业业绩评价与企业战略目标密切相关，有利于企业战略目标的实现；二是通过识别价值创造模式把握关键价值驱动因素，能够更有效地实现企业价值增值目标；三是评价指标数量相对较少，易于理解和使用，实施成本相对较低，有利于推广实施。

关键绩效指标法的主要缺点：关键绩效指标的选取需要透彻理解企业价值创造模式和战略目标，有效识别企业核心业务流程和关键价值驱动因素，指标体系设计不当将导致错误的价值导向和管理缺失。

第三节 经济增加值

剩余收益概念出现以后，陆续衍生出各种不同版本的用于业绩评价的指标，其中最引人注目的是经济增加值。经济增加值（Economic Value Added，EVA）是美国思腾思特管理咨询公司开发并于20世纪90年代中后期推广的一种价值评价指标。国务院国有资产监督管理委员会从2010年开始对中央企业负责人实行经济增加值考核并不断完善，2012年12月29日发布了第30号令，要求于2013年1月1日开始施行第三次修订后的《中央企业负责人经营业绩考核暂行办法》（以下简称《暂行办法》）。财政部于2017年9月29日发布了《管理会计应用指引第602号——经济增加值法》（以下简称《应用指引》）。

一、经济增加值的概念

经济增加值（EVA）指从税后净营业利润扣除全部投入资本的成本后的剩余收益。经济增加值及其改善值是全面评价经营者有效使用资本和为企业创造价值的重要指标。

经济增加值为正,表明经营者在为企业创造价值;经济增加值为负,表明经营者在损毁企业价值。

经济增加值=税后净经营利润-平均资本占有×加权平均资本成本

其中,税后净营业利润衡量的是企业的经营盈利情况;平均资本占用反映的是企业持续投入的各种债务资本和股权资本;加权平均资本成本反映的是企业各种资本的平均成本率。

经济增加值与剩余收益有两点不同:一是在计算经济增加值时,需要对会计数据进行一系列调整,包括税后净营业利润和资本占用。二是需要根据资本市场的机会成本计算资本成本,以实现经济增加值与资本市场的衔接;而剩余收益根据投资要求的报酬率计算,该投资报酬率可以根据管理的要求作出不同选择,带有一定主观性。

尽管经济增加值的定义很简单,但它的实际计算却较为复杂。为了计算经济增加值,需要解决经营利润、资本成本和所使用资本数额的计量问题。不同的解决办法,形成了不同的经济增加值。

(一) 基本经济增加值

基本经济增加值是根据未经调整的经营利润和总资产计算的经济增加值。

基本经济增加值=税后净营业利润-报表总资产×加权平均资本成本

基本经济增加值的计算很容易。但是,由于"经营利润"和"总资产"是按照会计准则计算的,它们歪曲了公司的真实业绩。不过,对于会计利润来说是个进步,因为它承认了股权资金的成本。

(二) 披露的经济增加值

披露的经济增加值是利用公开会计数据进行十几项标准的调整计算出来的。这种调整是根据公布的财务报表及其附注中的数据进行的。

典型的调整包括:(1)对于研究与开发费用,会计作为费用立即将其从利润中扣除,经济增加值要求将其作为投资并在一个合理的期限内摊销;(2)对于战略性投资,会计将投资的利息(或部分利息)计入当期财务费用,经济增加值要求将其在一个专门账户中资本化并在开始生产时逐步摊销;(3)对于收购形成的商誉,会计把其中的一部分立即转为费用,另一部分作为无形资产在规定年限内摊销,经济增加值要求商誉保留在资产负债表上,不进行摊销,除非有证据表明它的价值的确下降了;(4)对于为建立品牌、进入新市场或扩大市场份额发生的费用,会计作为费用立即从利润中扣除,经济增加值要求把争取客户的营销费用资本化并在适当的期限内摊销;(5)对于折旧费用,会计大多使用直线折旧法处理,经济增加值要求对某些大量使用长期设备的公司,按照更接近经济现实的"沉淀资金折旧法"处理,这是一种类似租赁资产的费用分摊方法,在前几年折旧较少,而后几年由于技术老化和物理损耗同时发挥作用需要提取较多折旧的方法;(6)对于重组费用,会计将其作为过去投资的损失看待,立即确认为当期费用,经济增加值将重组视为增加股东财富的机遇,重组费用应作为投资处理;(7)营业外收支具有偶发性,将当期发生的营业外收支从税后净营业利润中扣除;(8)将当期减值损失扣除所得税影响后予以加回,并在计算资本占用时相应调整资产减值准备发生额;(9)递延税金不反映实际支付的税款情况,将递延所得税资产及递延所得税负债变动影响的企业所得税从税后净营业利润中扣除，相应调整资本占用；（10）其他非经常性损益调整项目，如股权转让收益等。上述调整，不仅涉及利润表而且涉及资产负债表的有关项目需要按照复式记账原理同时调整。此外，计算资本成本的"总资产"应为"净投资资本"（即扣除应付账款等经营性无息负债），并且要把表外融资项目纳入"总资产"之内，如长期性经营租赁资产等。

（三）特殊的经济增加值

为了使经济增加值适合特定公司内部的业绩管理，还需要进行特殊的调整。这种调整要使用公司内部的有关数据，调整后的数值称为"特殊的经济增加值"。它是特定公司根据自身情况定义的经济增加值。它涉及公司的组织结构、业务组合、经营战略和会计政策，以便在简单和精确之间实现最佳的平衡。简单是指比较容易计算和理解，精确是指能够准确反映真正的经济利润。这是一种"量身定做"的经济增加值计算办法。这些调整项目都是"可控制"的项目即通过自身努力可以改变数额的项目。调整结果使得经济增加值更接近公司的市场价值。

（四）真实的经济增加值

真实的经济增加值是公司经济利润最正确和最准确的度量指标。它要对会计数据作出所有必要的调整，并对公司中每一个经营单位都使用不同的更准确的资本成本。

计算披露的经济增加值和特殊的经济增加值时，通常对公司内部所有经营单位使用统一的资本成本。例如，可口可乐公司用12%作为全球业务的统一的资本成本。这样可以避免什么是正确的资本成本的争论。当然，也有例外情况，就是各经营单位的资本成本大相径庭。例如，传统业务部门和新兴业务部门风险差别巨大时，需要使用不同的资本成本。真实的经济增加值要求对每一个经营单位使用不同的资本成本，以便更准确地计算部门的经济增加值。

从公司整体业绩评价来看，基本经济增加值和披露经济增加值是最有意义的。公司外部人员无法计算特殊的经济增加值和真实的经济增加值，他们缺少计算所需要的数据。斯特恩·斯图尔特公司在其公布的"市场增加值/经济增加值排名"中就使用了"披露的经济增加值"定义。

续例10-2，假设加权平均税前资本成本为11%，并假设没有需要调整的项目，计算A、B两部门的经济增加值。

A部门经济增加值
=调整后税后净营业利润-平均资本占用×加权平均资本成本
=81 000-850 000×11%×(1-25%)=10 875（元）
B部门经济增加值=67 500-560 000×11%×(1-25%)=21 300（元）
部门经理如果采纳前面提到的投资机会（投资额100 000元，每年税前获利13 000元，税前投资报酬率为13%），计算B部门经济增加值。
B部门采纳投资方案后经济增加值
=(90 000+13 000)×(1-25%)-(560 000+100 000)×11%×(1-25%)
=22 800（元）
由于经济增加值提高，因此B部门经理会接受该项目。

B部门经理如果采纳前面提到的减少一项现有资产的方案（投资额50 000元，每年税前获利6 500元，税前投资报酬率为13%），计算B部门经济增加值。

采纳减资方案后经济增加值
= (90 000 - 6 500) × (1 - 25%) - (560 000 - 50 000) × 11% × (1 - 25%)
= 20 550（元）

因此，B部门经理会采纳投资方案而放弃减资方案，与公司总目标一致。

经济增加值和剩余收益都与投资报酬率相关。剩余收益业绩评价旨在设定部门投资的最低报酬率，防止部门利益伤害整体利益；而经济增加值旨在使经理人员赚取超过资本成本的报酬，促进股东财富最大化。

经济增加值与剩余收益有区别。部门剩余收益通常使用税前部门营业利润和税前投资报酬率计算，而部门经济增加值使用部门税后净营业利润和加权平均税后资本成本计算。当税金是重要因素时，经济增加值比剩余收益更好地反映部门盈利能力。如果税金与部门业绩无关时，经济增加值与剩余收益的效果相同，只是计算更复杂。由于经济增加值与公司的实际资本成本相联系，因此，基于资本市场的计算方法，资本市场上权益成本和债务成本变动时，公司要随之调整加权平均资本成本。计算剩余收益使用的部门要求的报酬率，主要考虑管理要求以及部门个别风险的高低。

二、简化的经济增加值的衡量

下面简要介绍国资委《暂行办法》中关于经济增加值的相关规定。

（一）经济增加值的定义及计算公式

经济增加值，是企业税后净营业利润扣除企业全部资本成本后的余额。

经济增加值 = 税后净营业利润 - 资本成本
　　　　　= 税后净营业利润 - 调整后资本 × 平均资本成本率

税后净营业利润 = 净利润 + （利息支出 + 研究开发费用调整项）× (1 - 25%)

1. 企业通过变卖主业优质资产等取得的非经常性收益在税后净营业利润中全额扣除。
2. 如果不考虑调整项目：

税后净营业利润 = 净利润 + 利息支出 × (1 - 25%)
调整后资本 = 平均所有者权益 + 平均负债合计 - 平均无息流动负债 - 平均在建工程

【提示】如果不考虑调整项目：
调整后资本 = 平均所有者权益 + 平均有息负债
　　　　　= 平均资产 - 平均无息流动负债

（二）会计调整项目说明

1. 利息支出是指企业财务报表中"财务费用"项下的"利息支出"。
2. 研究开发费用调整项是指企业财务报表中"管理费用"项下的"研究与开发费"和当期确认为无形资产的研究开发支出。对于勘探投入费用较大的企业，经国资委认定后，将其成本费用情况表中的"勘探费用"视同研究开发费用调整项按照一定比例（原则上不超过 50%）予以加回。

3. 无息流动负债是指企业财务报表中"应付票据""应付账款""预收款项""应交税费""应付利息""应付职工薪酬""应付股利""其他应付款"和"其他流动负债（不含其他带息流动负债）"；对于"专项应付款"和"特种储备基金"，可视同无息流动负债扣除。

4. 在建工程是指企业财务报表中符合主业规定的"在建工程"。

（三）资本成本率的确定

1. 中央企业资本成本率原则上定为 5.5%。
2. 对军工等资产通用性较差的企业，资本成本率定为 4.1%。
3. 资产负债率在 75% 以上的工业企业和 80% 以上的非工业企业，资本成本率上浮 0.5 个百分点。

（四）其他重大调整事项

发生下列情形之一，对企业经济增加值考核产生重大影响的，国资委酌情予以调整：
1. 重大政策变化；
2. 严重自然灾害等不可抗力因素；
3. 企业重组、上市及会计准则调整等不可比因素；
4. 国资委认可的企业结构调整等其他事项。

三、经济增加值评价的优点和缺点

（一）经济增加值评价的优点

经济增加值考虑了所有资本的成本，更真实地反映了企业的价值创造能力；实现了企业利益、经营者利益和员工利益的统一，激励经营者和所有员工为企业创造更多价值；能有效遏制企业盲目扩张规模以追求利润总量和增长率的倾向，引导企业注重长期价值创造。

经济增加值不仅是一种业绩评价指标，它还是一种全面财务管理和薪酬激励框架。经济增加值的吸引力主要在于它把资本预算、业绩评价和激励报酬结合起来。过去，人们使用净现值和内部报酬率评价资本预算，用权益资本报酬率或每股收益评价公司业绩，用另外的一些效益指标作为发放奖金的依据。经理在决策时，常常要考虑一堆乱七八糟、相互矛盾或互不联系的财务指标。经理们的奖金计划不断变更，使他们无所适从，只好糊里糊涂地应付眼前事变。以经济增加值为依据的管理，其经营目标是经济增加值，资本预算的决策基础是以适当折现率折现的经济增加值，衡量生产经营效益的指标是经济增加值，奖金根据适当的目标单位经济增加值来确定。这种管理变得简单、直接、统一与和谐。经济增加值框架下的综合财务管理系统，可以指导公司的每一个决策，包括营业预算、年度资本预算、战略规划、公司收购和公司出售等。经济增加值是一种培训员工甚至培训公司最普通员工的简单而有效的方法。经济增加值是一个独特的薪金激励制度的关键变量。它第一次真正把管理者的利益和股东利益统一起来，使管理者像股东那样思维和行动。经济增加值是一种治理公司的内部控制制度。在这种控制制度下，所有员工可以协同工作，积极地追求最好的业绩。

在经济增加值的框架下，公司可以向投资人宣传他们的目标和成就，投资人也可以用经济增加值选择最有前景的公司。另外，经济增加值还是股票分析家手中的一个强有力的工具。

（二）经济增加值 EVA 评价的缺点

首先，EVA 仅对企业当期或未来 1~3 年价值创造情况进行衡量和预判，无法衡量企业长远发展战略的价值创造情况；其次，EVA 计算主要基于财务指标，无法对企业的营运效率与效果进行综合评价；最后，不同行业、不同发展阶段、不同规模等的企业，其会计调整项和加权平均资本成本各不相同，计算比较复杂，影响指标的可比性。

此外，由于经济增加值是绝对数指标，因而不便于比较不同规模公司的业绩。

经济增加值也有许多与投资报酬率一样误导使用人的缺点。例如，处于成长阶段的公司经济增加值较少，而处于衰退阶段的公司经济增加值可能较高。

在计算经济增加值时，对于净收益应做哪些调整以及资本成本的确定等，尚存在许多争议。这些争议不利于建立一个统一的规范。而缺乏统一性的业绩评价指标，只能在一个公司的历史分析以及内部评价中使用。

第四节　平衡计分卡

平衡计分卡，是指基于企业战略，从财务、客户、内部业务流程、学习与成长四个维度，将战略目标逐层分解转化为具体的、相互平衡的绩效指标体系，并据此进行绩效管理的方法。平衡计分卡打破了传统的只注重财务指标的业绩评价模式，认为传统的财务指标属于滞后性指标，对于指导和评价企业如何通过投资于客户、供应商、雇员、生产程序、技术和创新等来创造未来的价值是不够的。因而需要在传统财务指标的基础上，增加用于评估企业未来投资价值好坏的具有前瞻性的先行指标。另外，《财富》杂志指出，事实上只有不到 10% 的企业战略被有效地执行，真正的问题不是战略不好，而是执行能力不够，至少 70% 的原因归于战略执行的失败，而非战略本身的错误。战略执行失败的原因是由沟通障碍、管理障碍、资源障碍和人员障碍造成的。为了解决有效的业绩评价问题和成功实施战略的问题，平衡计分卡应运而生，它是由哈佛商学院教授卡普兰和诺顿倡导和提出的，目前形成了平衡计分卡、战略核心组织和战略地图三大成果。

一、平衡计分卡框架

平衡计分卡通过将财务指标与非财务指标相结合，将企业的业绩评价同企业战略发展联系起来，设计出了一套能使企业高管迅速且全面了解企业经营状况的指标体系，用来表达企业进行战略性发展所必须达到的目标，把任务和决策转化成目标和指标。平衡计分卡的目标和指标来源于企业的愿景和战略，这些目标和指标从四个维度来考察企业的业绩，即财务、顾客、内部业务流程、学习与成长，这四个维度组成了平衡计分卡的框架。

（一）财务维度

其目标是解决"股东如何看待我们"这一类问题。表明企业的努力是否最终对企业的经济收益产生了积极的作用。众所周知，现代企业财务管理目标是企业价值最大化，而对企业价值目标的计量是离不开相关财务指标的。财务维度指标通常包括投资报酬率、权益净利率、经济增加值、息税前利润、自由现金流量、资产负债率、总资产周转率等。

（二）顾客维度

这一维度回答"顾客如何看待我们"的问题。顾客是企业之本，是现代企业的利润来源。顾客感受理应成为企业关注的焦点，应当从时间、质量、服务效率、成本等方面了解市场份额、顾客需求和顾客满意程度。常用的顾客维度指标有市场份额、客户满意度、客户获得率、客户保持率、客户获利率、战略客户数量等。

（三）内部业务流程维度

着眼于企业的核心竞争力，解决"我们的优势是什么"的问题。企业要想按时向顾客交货，满足现在和未来顾客的需要，必须以优化企业的内部业务流程为前提。因此，企业应当遴选出那些对顾客满意度有最大影响的业务流程，明确自身的核心竞争能力，并把它们转化成具体的测评指标。反映内部业务流程维度的常用指标有交货及时率、生产负荷率、产品合格率、存货周转率、单位生产成本等。

（四）学习和成长维度

其目标是解决"我们是否能继续提高并创造价值"的问题。只有持续不断地开发新产品，为客户创造更多价值并提高经营效率，企业才能打入新市场，才能赢得顾客的满意，从而增加股东价值。企业的学习与成长来自员工、信息系统和企业程序等。根据经营环境和利润增长点的差异，企业可以确定不同的产品创新、过程创新和生产水平提高指标，如新产品开发周期、员工满意度、员工保持率、员工生产率、培训计划完成率等。

传统的业绩评价系统仅仅将指标提供给管理者，无论财务的还是非财务的，很少看到彼此间的关联以及对企业最终目标的影响。但是，平衡计分卡则不同，它的各个组成部分是以一种集成的方式来设计的，公司现在的努力与未来的前景之间存在着一种"因果"关系，在企业目标与业绩指标之间存在着一条"因果关系链"。从平衡计分卡中，管理者能够看到并分析影响企业整体目标的各种关键因素，而不单单是短期的财务结果。它有助于管理者对整个业务活动的发展过程始终保持关注，并确保现在的实际经营业绩与公司的长期战略保持一致。

根据这四个不同的角度，平衡计分卡中的"平衡"包括外部评价指标（如股东和客户对企业的评价）和内部评价指标（如内部经营过程、新技术学习等）的平衡；成果评价指标（如利润、市场占有率等）和导致成果出现的驱动因素评价指标（如新产品投资开发等）的平衡；财务评价指标（如利润等）和非财务评价指标（如员工忠诚度、客户满意程度等）的平衡；短期评价指标（如利润指标等）和长期评价指标（如员工培训成本、研发费用等）的平衡。

二、平衡计分卡与企业战略管理

战略管理是企业管理的高级阶段,立足于企业的长远发展,根据外部环境及自身特点,围绕战略目标,采取独特的竞争战略,以求取得竞争优势。平衡计分卡则是突破了传统业绩评价系统的局限性,在战略高度评价企业的经营业绩,把一整套财务与非财务指标同企业的战略联系在一起,是进行战略管理的基础。建立平衡计分卡,明确企业的愿景目标,就能协助管理人员建立一个得到大家广泛认同的愿景和战略,并将这些愿景和战略转化为一系列相互联系的衡量指标,确保企业各个层面了解长期战略,驱使各级部门采取有利于实现愿景和战略的行动,将部门、个人目标同长期战略相联系。

(一)平衡计分卡和战略管理的关系

一方面,战略规划中所制定的目标是平衡计分卡考核的一个基准;另一方面,平衡计分卡又是一个有效的战略执行系统,它通过引入四个程序(说明愿景、沟通与联系、业务规划、反馈与学习),使得管理者能够把长期行为与短期行为联系在一起,具体的程序包括:

1. 阐释并诠释愿景与战略。所谓愿景,可以简单理解为企业所要达到的远期目标。有效地说明愿景,可以使其成为企业所有成员的共同理想和目标,从而有助于管理人员就企业的使命和战略达成共识,这样才能成为描述取得成功的长期因素。

2. 沟通与联系。它使管理人员在企业中对战略上下沟通,并将它与部门及个人目标联系起来。

3. 计划与制定目标值。它使企业能够实现业务计划和财务计划一体化。

4. 战略反馈与学习。它使企业以一个组织的形式获得战略型学习与改进的能力。

(二)平衡计分卡的要求

为了使平衡计分卡同企业战略更好地结合,必须做到以下几点:

1. 平衡计分卡的四个方面应互为因果,最终结果是实现企业的战略。一个有效的平衡计分卡,绝对不仅是业绩衡量指标的结合,而且各个指标之间应该互相联系、互相补充,围绕企业战略所建立的因果关系链,应当贯穿于平衡计分卡的四个方面。

2. 平衡计分卡中不能只有具体的业绩衡量指标,还应包括这些具体衡量指标的驱动因素。否则无法说明怎样行动才能实现这些目标,也不能及时显示战略是否顺利。实施一套出色的平衡计分卡应该是把企业的战略结果同驱动因素结合起来。

3. 平衡计分卡应该最终和财务指标联系起来,因为企业的最终目标是实现良好的经济利润。平衡计分卡必须强调经营成果,这关系到企业未来的生存与发展。

三、战略地图架构

组织的战略主要说明如何设法为其股东、顾客创造出价值。因此,如果组织的无形资产代表了75%以上的价值,那么,有关战略的形成以及执行就必须很明确地针对无形资产的动员与整合问题有所交代。

(一)财务维度：长短期对立力量的战略平衡

战略地图之所以保留了财务层面，是因为它们是企业的最终目标。财务绩效的衡量结果，代表了企业战略贯彻实施对公司营运数字改善的贡献高低。财务方面的目标通常都与获利能力的衡量相关。公司财务绩效的改善，主要是收入的增长与生产力的提升两种基本途径。

(二)顾客维度：战略本是基于差异化的价值主张

企业采取追求收入增长的战略，必须在顾客层面中选定价值主张。此价值主张说明了企业如何针对其目标顾客群创造出具有差异化而又可持续长久的价值。

基本上，所有的组织都希望能就常见的顾客衡量指标（如顾客满意度等）加以改进，但仅仅满足和维系顾客还称不上是战略。战略应该要标明特定的顾客群，作为企业成长和获利的标的。例如，美国的西南航空公司就是采用低价战略，满足并维系对价格非常敏感的顾客群。在公司确实了解目标顾客群的身份特性之后，就可根据所提出的价值主张来确定目标与衡量项目。价值主张界定了公司打算针对目标顾客群所提供的产品、价格、服务以及形象的独特组合。因此，价值主张应能达到宣扬公司如何优于竞争者，或者显著不同于竞争者的目的。

(三)内部流程维度：价值是由内部流程创造的

内部流程完成了组织战略的两个重要部分：针对顾客的价值主张加以生产与交货；为财务层面中的生产力要件进行流程改善与成本降低的作业，内部流程由营运管理流程、顾客管理流程、创新管理流程和法规与社会流程四个流程组成。

(四)学习与成长维度：无形资产的战略性整合

战略地图的学习与成长层面，主要表明组织的无形资产及它们在战略中扮演的角色。我们将无形资产归纳为人力资本、信息资本和组织资本三类。

四、平衡计分卡与传统业绩评价系统的区别

1. 从"制定目标—执行目标—实际业绩与目标值差异的计算与分析—采取纠正措施"的目标管理系统来看，传统的业绩考核注重对员工执行过程的控制，平衡计分卡则强调目标制订的环节。平衡计分卡方法认为，目标制订的前提应当是员工有能力为达成目标而采取必要的行动方案，因此设定业绩评价指标的目的不在于控制员工的行为，而在于使员工能够理解企业的战略使命并为之付出努力。

2. 传统的业绩评价与企业的战略执行脱节。平衡计分卡把企业战略和业绩管理系统联系起来，是企业战略执行的基础架构。

3. 平衡计分卡在财务、客户、内部流程以及学习与成长四个方面建立公司的战略目标，用来表达企业在生产能力竞争和技术革新竞争环境中所必须达到的、多样的、相互联系的目标。

4. 平衡计分卡帮助公司及时考评战略执行的情况，根据需要（每月或每季度）适时调整战略、目标和考核指标。

5. 平衡计分卡能够帮助公司建立跨部门团队合作，促进内部管理顺利进行。

五、平衡计分卡的优点和缺点

（一）平衡计分卡的优点

1. 战略目标逐层分解并转化为被评价对象的绩效指标和行动方案，使整个组织行动协调一致；

2. 从财务、客户、内部业务流程、学习与成长四个维度确定绩效指标，使绩效评价更为全面完整；

3. 将学习与成长作为一个维度，注重员工的发展要求和组织资本、信息资本等无形资产的开发利用，有利于增强企业可持续发展的动力。

（二）平衡计分卡的缺点

1. 专业技术要求高，工作量比较大，操作难度也较大，需要持续地沟通和反馈，实施比较复杂，实施成本高；

2. 各指标权重在不同层级及各层级不同指标之间的分配比较困难，且部分非财务指标的量化工作难以落实；

3. 系统性强，涉及面广，需要专业人员的指导、企业全员的参与和长期持续地修正完善，对信息系统、管理能力的要求较高。

实践与巩固

案例资料

课后习题

一、单项选择题

1. 下列有关经济增加值特点的说法中，不正确的是（　　）。

A. 经济增加值最直接的与股东财富的创造相联系

B. 经济增加值的吸引力主要在于它把资本预算、业绩评价和激励报酬结合起来

C. 经济增加值克服了投资报酬率处于成长阶段较低，而处于衰退阶段可能较高的缺点

D. 经济增加值不具有比较不同规模公司业绩的能力

2. 下列关于投资报酬率的说法中，不正确的是（　　）。

A. 最常用的投资报酬衡量方法是总资产净利率

B. 总资产净利率＝税后利润/总资产

C. 权益净利率是财务管理中最重要最综合的核心指标

D. 不同的公司发展阶段，投资报酬率会有变化

3. 下列有关公司成长阶段与业绩计量的说法中，正确的是（　　）。

A. 在创业阶段，收入增长和实体经营现金流量是最重要的财务指标，财务指标比非财务指标更重要

B. 在成长阶段，收入增长、投资报酬率比剩余收益类指标重要

C. 在成熟阶段，公司应主要关心的指标是剩余收益类指标

D. 在衰退阶段，关键问题是现金流量

4. 以下考核指标中，使投资中心项目评估与业绩紧密相联，又可使用不同的风险调整资本成本的是（　　）。

A. 部门营业利润　　B. 剩余收益　　C. 投资报酬率　　D. 可控边际贡献

5. 某公司某部门的有关数据为：销售收入20 000元，已销产品变动成本10 000元，变动销售费用2 000元，可控固定间接费用3 000元，不可控固定间接费用2 000元。则部门税前经营利润为（　　）元。

A. 8 000　　B. 3 000　　C. 5 000　　D. 2 000

6. 下列关于非财务计量指标特点的说法中，不正确的是（　　）。

A. 非财务指标，可以直接计量公司在创造财富的活动中所取得的业绩

B. 非财务计量是短期计量

C. 非财务计量的综合性、可计量性和可比性等都不如财务计量

D. 非财务指标的业绩计量，通常借助于平衡计分卡

7. 下列各项中，不属于通货膨胀对资产负债表的影响的是（　　）。

A. 低估长期资产价值　　　　　　B. 高估存货

C. 高估负债　　　　　　　　　　D. 低估存货

8. 下列关于利用剩余收益评价企业业绩的表述不正确的是（　　）。

A. 剩余权益收益概念强调应扣除会计上未加确认但事实上存在的权益资本的成本

B. 剩余收益为负值，则摧毁了股东财富

C. 剩余收益指标不便于不同规模的公司和部门的业绩比较

D. 剩余收益指标着眼于公司的价值创造过程，不易受会计信息质量的影响

9. 公司经济利润最正确和最准确的度量指标是（　　）。

A. 披露的经济增加值　　　　　　B. 特殊的经济增加值

C. 真实的经济增加值　　　　　　D. 基本经济增加值

10. 下列指标中，不能用于企业内部业绩评价的是（　　）。

A. 投资报酬率　　B. 剩余收益　　C. 经济增加值　　D. 市场增加值

11. 某生产车间是一个标准成本中心。为了对该车间进行业绩评价，需要计算的责任成本范围是（　　）。

A. 该车间的直接材料、直接人工和全部制造费用
B. 该车间的直接材料、直接人工和变动制造费用
C. 该车间的直接材料、直接人工和可控制造费用
D. 该车间的全部可控成本

12. 作为利润中心的业绩考核指标,"可控边际贡献"的计算公式是（   ）。
A. 部门营业收入－已销商品变动成本
B. 部门营业收入－已销商品变动成本－变动销售费用
C. 部门营业收入－已销商品变动成本－变动销售费用－可控固定成本
D. 部门营业收入－已销商品变动成本－可控固定成本

13. 某公司某部门的有关数据为：销售收入20 000元,已销产品的变动成本和变动销售费用8 000元,可控固定成本2 000元,不可控固定成本3 000元,分配来的公司管理费用为500元。那么,该部门的"可控边际贡献"为（   ）元。
A. 12 000　　　　　B. 10 000　　　　　C. 14 500　　　　　D. 9 500

14. 企业在确定内部转移价格时有多种选择,下列有关内部转移价格的表述不正确的是（   ）。
A. 只有在最终产品市场稳定的情况下,才适合采用变动成本加固定费转移价格作为企业两个部门（投资中心）之间的内部转移价格
B. 在制定内部转移价格时,如果中间产品存在完全竞争市场,理想的转移价格是市场价格减去对外销售费用
C. 只要制定出合理的内部转移价格,就可以将企业大多数生产半成品或提供劳务的成本中心改造成自然利润中心
D. 以市场价格作为内部转移价格,并不是直接按市场价格结算

15. 下列关于利润中心的说法中,错误的是（   ）。
A. 拥有供货来源和市场选择决策权的责任中心,才能成为利润中心
B. 考核利润中心的业绩,除了使用利润指标外,还需使用一些非财务指标
C. 为了便于不同规模的利润中心业绩比较,应以利润中心实现的利润与所占用资产相联系的相对指标作为其业绩考核的依据
D. 为防止责任转嫁,正确考核利润中心业绩,需要制定合理的内部转移价格

16. 以下考核指标中,既可以使投资中心项目评估与业绩紧密相联,又可考虑管理要求以及部门个别风险的高低的指标是（   ）。
A. 剩余收益　　　B. 部门边际贡献　　　C. 部门投资报酬率　　D. 部门经济增加值

17. 某公司2011年调整后的税后经营利润为800万元,调整后的投资资本为2 000万元,加权平均资本成本为10%,则该公司2011年的经济增加值为（   ）万元。
A. 669　　　　　B. 500　　　　　C. 431　　　　　D. 600

二、多项选择题

1. 下列关于公司衰退阶段业绩计量的说法中,正确的有（   ）。
A. 现金流量再次成为关键问题
B. 经理人员特别关心投资的收回
C. 投资报酬率、剩余收益或经济增加值等业绩指标变的不太重要

D. 各种非财务指标变的比较重要
2. 下列关于通货膨胀对业绩计量的影响的说法中，正确的有（　　）。
A. 通货膨胀只对本国产生影响
B. 在通货膨胀的环境下，按历史成本计提折旧会导致高估盈利，并加大公司的税负
C. 采用先进先出法时，公司会有较高的收益，而后进先出法的收益较少
D. 无论采用哪一种财务计量的业绩评价指标，都会受到通货膨胀的影响
3. 披露的经济增加值是利用公开会计数据进行十几项标准的调整计算出来的，下列各项中属于其中的典型的调整的有（　　）。
A. 研究与开发费用　　　　　　　B. 战略性投资
C. 折旧费用　　　　　　　　　　D. 重组费用
4. 下列关于业绩的非财务计量的说法中，正确的有（　　）。
A. 非财务计量是针对财务计量容易诱使经理人员为追逐短期利润而伤害公司长期的发展这一缺点提出的
B. 在业绩评价中，比较重要的非财务计量指标有市场占有率、质量和服务、创新、生产力和雇员培训
C. 非财务计量可以计量公司的长期业绩
D. 非财务计量不能直接计量创造财富活动的业绩
5. 下列关于经济增加值与剩余经营收益的相关表述中正确的有（　　）。
A. 经济增加值是剩余经营收益的计算方法之一
B. 经济增加值的计算方法和剩余经营收益相同
C. 计算经济增加值时，需要对会计数据进行一系列调整
D. 计算经济增加值中的资本成本根据资本市场的机会成本计算，而剩余收益根据投资要求的报酬率计算
6. 在通货膨胀的环境下进行业绩计量时，下列说法正确的有（　　）。
A. 按历史成本计提折旧对扩大股东财富不利
B. 存货计价选择使用先进先出法对扩大股东财富不利
C. 市场利息率的提高会产生高估利息、少报收益问题
D. 存货计价选择使用先进先出法不利于经营者显示业绩
7. 非财务计量与严格定量的财务计量指标相比的特点在于（　　）。
A. 财务指标不能直接计量创造财富的活动，非财务计量可以直接计量创造财富活动的业绩
B. 财务计量是短期的计量，非财务计量可以计量公司的长期业绩
C. 综合性强
D. 可计量性和可比性弱

三、简答题

1. 简述财务业绩评价与非财务业绩评价的优缺点。
2. 简述关键绩效指标法的优缺点。
3. 简述经济附加值为企业业绩考核指标的优缺点。

四、计算题

某公司有三个业务类似的投资中心，使用同样的预算进行控制。本年有关数据如下：

A、B、C三个投资中心的相关数据　　　　　　　　　　单位：万元

项目	预算数	实际数		
		A投资中心	B投资中心	C投资中心
销售收入	2 000	1 800	2 100	2 000
部门税前经营利润	180	190	200	180
平均经营资产总额	1 000	900	1 000	1 000

假设公司全部资金来源中有银行借款和权益资本两部分，其比例为4∶6。其中：银行借款有两笔：一笔借款为1 000万元，期限两年，利率为6%；另一笔借款也为1 000万元，期限5年，利率10%。两笔借款均为每年付息一次，到期还本。公司管理层利用历史数据估计的β系数为1.5。公司适用的所得税税率为25%，政府债券的收益率为4%，股票市场平均收益率为12%。假设公司要求的最低投资报酬率水平不低于公司的加权平均资本成本。

要求：

（1）计算该公司的加权平均资本成本；

（2）计算三个投资中心的投资报酬率；

（3）计算三个投资中心的剩余收益。

课后习题和答案二维码

第一章

第二章

第三章

第四章

第五章

第六章

第七章

第八章

第九章  第十章

第十一章

课后试卷及答案

《管理会计》课后试卷（一）

第一部分 选择题

一、单项选择题（本大题共20小题，每小题1分，共20分）

1. 某企业每月固定成本1 000元，单价10元，计划销售600件，欲实现目标利润800元，其单位变动成本应为（　　）元。
   A. 6　　　　　B. 7　　　　　C. 8　　　　　D. 9

2. 某企业只生产一种产品，单价6元，单位制造成本4元，单位销售和管理变动成本0.5元，销售500件，则其产品边际贡献为（　　）元。
   A. 650　　　　B. 750　　　　C. 850　　　　D. 950

3. 安全边际业务量占现有或预计业务量的百分比，叫（　　）。
   A. 安全边际率　　　　　　　　B. 保本作业率
   C. 综合贡献边际率　　　　　　D. 变动成本率

4. 企业的销售利润率等于（　　）。
   A. 边际贡献率与安全边际率之乘积　　B. 边际贡献率与安全边际率之差
   C. 边际贡献率与安全边际率之商　　　D. 边际贡献率与安全边际率之和

5. 某公司单位变动成本为6元，单价10元，计划销售600件，欲实现利润940元，固定成本应控制在（　　）。
   A. 1 660元　　B. 1 700元　　C. 1 800元　　D. 1 860元

6. 下列公式正确的是（　　）。
   A. 边际贡献率 = 变动成本率
   B. 边际贡献 = 销售收入 × 边际贡献率
   C. 边际贡献率 = 边际贡献/本年利润
   D. 变动成本率 = 变动成本/总成本

7. 在采用平滑指数法进行近期销售预测时，应选择（　　）。
   A. 固定的平滑指数　　　　　B. 较小的平滑指数
   C. 较大的平滑指数　　　　　D. 任意数值的平滑指数

8. 某企业只生产一种产品，单价6元，单位变动成本为4元，固定成本800元，则企业盈亏临界点总销售量为（　　）件。
   A. 200　　　　B. 80　　　　　C. 400　　　　D. 600

9. 某企业只生产一种产品，单价6元，单位变动成本为4元，固定成本800元，企业的正常销售额为3 000元，则盈亏临界点作业率为（　　）。
   A. 80%   B. 60%   C. 30%   D. 90%

10. 经营杠杆系数可以揭示利润受下列指标之一变动影响的敏感程度，该指标是（　　）。
    A. 单价   B. 单位变动成本   C. 固定成本   D. 销售量

11. 某企业每月固定成本2 000元，单价20元，计划销售产品500件，欲实现目标利润1 000元，其单位变动成本应为（　　）元。
    A. 12   B. 13   C. 14   D. 15

12. 已知上年利润为500 000元，下年的经营杠杆系数为1.36，销售量变动率为10%。则先的利润预测额为（　　）元。
    A. 55 000   B. 68 000   C. 367 647.05   D. 568 000

13. 按目标利润预测的目标成本应当等于（　　）。
    A. 预计总产值 – 目标利润
    B. 预计销售收入 – 目标利润
    C. 预计销售收入 – 预计总成本
    D. 变动成本总额 + 固定成本总额

14. 已知上年利润为100 000元，下一年的经营杠杆系数为1.4，销售量变动率为15%，则下一年的利润预测额为（　　）元。
    A. 140 000   B. 150 000   C. 121 000   D. 125 000

15. 某企业全部资本成本为150万元，负债比率为45%，负债利率12%，当销售额为100万元，税息前利润为20万元，则财务杠杆系数为（　　）。
    A. 1.68   B. 2.5   C. 1.15   D. 2.0

16. 在经济决策中应由中选的最优方案负担的、按所放弃的次优方案潜在收益计算的那部分资源损失，就是所谓的（　　）。
    A. 增量成本   B. 机会成本   C. 专属成本   D. 沉没成本

17. 下列各项中，属于无关成本的是（　　）。
    A. 沉没成本   B. 增量成本   C. 机会成本   D. 专属成本

18. 某工厂有5 000件积压的甲产品，总制造成本为50 000元，如果花20 000元再加工后出售，可能得到销售收入35 000元，该批产品也可卖给某批发公司，可得销售收入8 000元。在分析这两个备选方案程中，沉没成本是（　　）元。
    A. 8 000   B. 15 000   C. 20 000   D. 50 000

19. 在半成品是否深加工决策中必须考虑的由于对半成品进行深加工而追加的变动成本，称为（　　）。
    A. 联合成本   B. 共同成本   C. 机会成本   D. 加工成本

20. 生产能力无法转移时，亏损产品满足下列（　　）时，应当停产。
    A. 该亏损产品的单价大于其单位变动成本
    B. 该亏损产品边际贡献大于零
    C. 该亏损产品边际贡献小于零
    D. 该亏损产品变动成本小于其收入

二、多项选择题（本大题共10小题，每小题2分，共20分）

1. 下列因素中，其水平提高会导致保利点升高的有（　　）。
   A. 单位变动成本　　B. 固定成本总额　　C. 目标利润　　D. 销售量
   E. 单阶

2. 下列指标中，会随单价变动向反方向变动的有（　　）。
   A. 保本点　　B. 保利点　　C. 变动成本率　　D. 单位贡献边际
   E. 安全边际率

3. 下列各式中，其计算结果等于贡献边际率的有（　　）。
   A. 单位贡献边际/单价　　　　B. 1－变动成本率
   C. 贡献边际/销售收入　　　　D. 固定成本/保本销售量
   E. 固定成本/保本销售额

4. 某产品单价为8元，固定成本总额为2 000元，单位变动成本5元，计划产销量600件，要实现400元的利润，可分别采取的措施有（　　）。
   A. 减少固定成本600元　　　　B. 提高单价1元
   C. 提高产销量200件　　　　　D. 降低单位变动成本1元
   E. 提高单价0.5元

5. 企业为实现目标利润可采取的措施包括（　　）。
   A. 在其他因素不变的情况下，提高单价
   B. 在其他因素不变的情况下，增加销售量
   C. 在其他因素不变的情况下，降低固定成本
   D. 在其他因素不变的情况下，降低单位变动成本
   E. 采取综合措施

6. 下列各项中，属于生产经营能力的具体表现形式的有（　　）。
   A. 最大生产经营能力　　　　B. 正常生产经营能力
   C. 绝对剩余生产经营能力　　D. 相对剩余生产经营能力
   E. 追加生产经营能力

7. 下列各项中，属于生产经营决策相关成本的有（　　）。
   A. 增量成本　　B. 机会成本　　C. 专属成本　　D. 沉没成本
   E. 不可避免成本

8. 下列各种价格中，符合最优售价条件的有（　　）。
   A. 边际收入等于边际成本时的价格　　B. 边际利润等于零时的价格
   C. 收入最多时的价格　　　　　　　　D. 利润最大时的价格
   E. 成本最低时的价格

9. 下列项目中，属于长期投资特点的有（　　）。
   A. 投入资金多　　　　　B. 影响持续时间长
   C. 资金回收慢　　　　　D. 蒙受损失风险大
   E. 与收益性支出相联系

10. 长期投资决策就是与长期投资项目有关的决策过程，又称为（　　）。
    A. 资本支出决策　　　　B. 资本预算决策

C. 固定资产投资决策　　　　　　D. 长期发展计划决策

E. 企业战略决策

三、判断题（本大题共 10 小题，每小题 1 分，共 10 分）

1. 降低酌量性固定成本，可以从提高产品产量着手；降低约束性固定成本，可以从减少其绝对额着手。（　　）

2. 平滑系数越大，则近期实际对预测结果的影响越小。（　　）

3. 在销售量不变的情况下，保本点越低，盈利区的三角面积就越缩小，亏损区的三角面积就有所扩大。（　　）

4. 货币时间价值与投资报酬率是两个意义相同的概念。（　　）

5. 普通年金的终值就是每期等额款项的收入或支出数的复利终值之和；普通年金的现值就是等期款项的收入或支出的复利现值之和。（　　）

6. 用销售百分比法进行资金预测时，在计算随销售额变动的资产项目基期金额中一定包括固定资产项目。（　　）

7. 在剩余生产能力可以转移时，如果亏损产品的贡献边际小于与生产能力转移有关的机会成本，就应当停产亏损产品而使生产能力转移。（　　）

8. 非贴现的投资回收期指标虽然没有考虑资金时间价值，但是考虑了回收期满后的现金流量状况。（　　）

9. 在互斥方案的选优分析中，若差额内部收益率指标大于基准折现率或者设定的折现率，则原始投资额较小的方案为较优方案。（　　）

10. 弹性预算只适用于编制利润预算。（　　）

第二部分　非选择题

四、名词解释题（本大题共 3 小题，每小题 3 分，共 9 分）

1. 酌量性固定成本
2. 目标利润
3. 贡献毛益率

五、简答题（本大题共 2 小题，每小题 4 分，共 8 分）

1. 简述决策分析必须遵循的原则。
2. 在什么条件下，亏损产品不应当停产。

六、计算题（本大题共 4 小题，第 1 小题 5 分，第 2 小题 8 分，第 3 小题 10 分，第 4 小题 10 分，共 33 分）

1. 某公司只生产一种产品，有关资料如下：全年固定成本总额为 10 500 元，变动成本率为 70%，产品销售单价为 50 元。

要求：计算该公司的保本点并预计销售量为 1 000 件时的利润。

2. 已知某企业有一台闲置设备，拟用来开发一种新产品，现有 A、B 两种品种可供选择。A、B 两种产品的单价分别为 100 元/件和 120 元/件，单位变动成本分别为 60 元/件和 40 元/件，单位产品台时消耗定额分别为 2 小时/件和 8 小时/件，此外还需消耗甲材料，A、B 产品的材料消耗定额分别为 5 千克/件和 20 千克/件。假定甲材料的供应不成问题。

要求：作出开发哪种产品的决策并说明理由。

3. 某企业只生产一种产品，企业最大生产能力为 1 200 件，年初已按 100 元/件的价格接受正常任务 1 000 件，该产品的单位完全生产成本为 80 元/件（其中，单位固定生产成本为 25 元）。现有客户以 70 元/件的价格追加订货。要求：

（1）剩余能力无法转移，追加订货量为 200 件，但因有特殊要求，企业需追加 1 000 元专属成本，是否接受该低价追加订货。

（2）追加订货量为 200 件，不追加专属成本，但剩余能力可对外出租，可获租金收入 5 000 元，是否接受该低价追加订货。

4. 根据下列资料计算确定直接材料与直接人工成本项目的各成本差异数额。

成本项目	标准成本	实际成本
直接材料	2.5 千克×0.6 元/千克	2.8 千克×0.5 元/千克
直接人工	0.5 小时×4 元/小时	0.45 小时×4.2 元/小时
产量	预计 1 000 件	实际 800 件

《管理会计》课后试卷（二）

第一部分　选择题

一、单项选择题（本大题共 20 小题，每小题 1 分，共 20 分）

1. 管理会计的服务对象侧重于（　　）。
   A. 投资人　　　　　　　　　　B. 债权人
   C. 企业内部管理人员　　　　　D. 政府机关
2. 从工作的性质看，现代管理会计是（　　）。
   A. 执行系统　　B. 决策系统　　C. 决策支持系统　　D. 控制系统
3. 以下属于决策相关成本的是（　　）。
   A. 不可避免成本　　B. 应负成本　　C. 沉没成本　　D. 历史成本
4. 在平面直角坐标图上，固定成本线是一条（　　）。
   A. 通过原点的斜线　　　　　　B. 平行于纵轴（成本）的直线
   C. 平行于横轴（产量）的直线　　D. 抛物线
5. 分解半变动成本的方法当中，相比较而言可以得到较准确结果的是（　　）。
   A. 高低点法　　B. 目测法　　C. 散布图法　　D. 回归直线法
6. 若变动成本法下的本期利润低于完全成本法下的本期利润，则（　　）。
   A. 本期销大于产　　　　　　　B. 本期产销平衡
   C. 期末存货量大于期初存货量　　D. 期末存货量小于期初存货量
7. 在变动成本法下，对本期固定性制造费用处理应是（　　）。
   A. 售出部分转为销货成本，计入损益表
   B. 全额从本期销售收入中扣除
   C. 未售出部分与售出部分均作为存货成本，计入资产负债表
   D. 未售出部分转为存货成本，计入资产负债表
8. 贡献毛益率与变动成本率之间的关系是（　　）。
   A. 变动成本率高，贡献毛益率也高　　B. 变动成本率高，贡献毛益率低
   C. 二者没有直接关系　　　　　　　　D. 二者互为倒数
9. 可以反映实现目标利润的销售量的公式是（　　）。
   A. （固定成本＋税后的目标利润）/贡献毛益率
   B. （固定成本＋税后的目标利润）/单位贡献毛益
   C. ［固定成本＋税后的目标利润/（1－税率）］/（单价－单位变动成本）
   D. ［固定成本＋税后的目标利润/（1－税率）］/贡献毛益率
10. 产品售价的高低受诸多因素的影响，所谓产品的最优售价是指（　　）。
    A. 可以使企业实现销售收入最大化的产品售价

B. 可以使企业实现利润收入最大化的产品售价
C. 可以使企业边际利润最大化的产品售价
D. 可以使企业边际成本最低的产品售价

11. 存货管理的双箱法一般适用于（　　）。
    A. A类存货　　　B. B类存货　　　C. C类存货　　　D. D类存货

12. 甲乙两方案的预期报酬率都是25％，甲方案的标准差是15％，乙方案的标准差是18％，则下列判断正确的是（　　）。
    A. 甲方案风险比较大　　　　　　　B. 乙方案风险比较大
    C. 两个方案风险一样大　　　　　　D. 无法比较

13. 某企业计划购入一台设备，需支付采购成本400万元，可使用4年，到期无残值，采用直线法计提折旧。预计每年可产生税前现金净流量140万元，如果所得税率为40％，则回收期为（　　）。
    A. 4.8年　　　B. 3.2年　　　C. 2.9年　　　D. 2.2年

14. 假设某企业每年耗用甲材料18 000公斤，每次订货成本为1 000元，平均每公斤材料的年储存成本为1元，则全年存货成本至少是（　　）。
    A. 6 000元　　　B. 3 000元　　　C. 8 000元　　　D. 4 000元

15. 预算编制方法中，与固定预算相对应的是（　　）。
    A. 弹性预算　　　B. 增量预算　　　C. 滚动预算　　　D. 零基预算

16. 为完全反映部门之间相互提供服务的情况，汇集于服务部门的费用的分配方法宜采用（　　）。
    A. 代数分配法　　　B. 完全分配法　　　C. 二重分配法　　　D. 一次分配法

17. 联产品在分离点前发生的成本称为（　　）。
    A. 可控成本　　　B. 联合成本　　　C. 机会成本　　　D. 分离成本

18. 若固定性制造费用标准分配率为2元/小时，当月相关数据如下：实际工时5 000小时，标准工时4 800小时，预计应完成的总工时为5 600小时，则固定性制造费用的生产能力利用差异为（　　）。
    A. 不利差异1 200元　　　　　　B. 有利差异400元
    C. 有利差异1 200元　　　　　　D. 不利差异400元

19. 投资中心获得的利润扣减其最低投资收益后的余额被称为（　　）。
    A. 税后利润　　　B. 部门贡献毛益　　　C. 剩余收益　　　D. 投资利润

20. 产品的供需双方分别采用不同的价格作为内部转移价格的计价基础，这种转移价格被称为（　　）。
    A. 成本加成价　　　B. 双重价格　　　C. 协商价格　　　D. 市场价格

二、多项选择题（本大题共10小题，每小题2分，共20分）

在每小题列出的五个选项中有二至五个选项是符合题目要求的，请将正确选项前的字母填在题后的括号内。多选、少选、错选均无分。

1. 执行性管理会计（　　）。
    A. 是管理会计发展过程中的一个阶段
    B. 是管理会计处于较低发展阶段的表现形式

C. 是一种决策性的全局性的管理会计
D. 以现代管理科学为基础
E. 是一种局部的执行性的管理会计

2. 以下各项属于约束性固定成本的有（ 　）。
A. 机器设备折旧费　　　　　　　　B. 广告费
C. 销售人员的工资　　　　　　　　D. 管理人员薪金
E. 研究开发费用

3. 以下各项费用中，受管理当局短期决策行为影响的有（ 　）。
A. 广告费　　　　　　　　　　　　B. 生产设备折旧费
C. 管理人员薪金　　　　　　　　　D. 职工培训费
E. 厂房保险费

4. 采用高低点法求得维修成本在相关范围内的函数表述式如下：$y = 84\,000 + 1.20x$，其中 x 代表机器工作小时。在相关范围内以下说法正确的有（ 　）。
A. 除高点、低点以外的其他已知数据也满足上述表达式
B. 去掉高点、低点以外的一对数据，将得到不同的结果
C. 上式表明，维修成本中不随机器工作小时变化的部分是 84 000 元
D. 去掉高点或低点，将得到不同的结果
E. 上式表明，机器工作小时每增加一个单位，维修成本将增加 1.20 元

5. 综合加权贡献毛益率的决定因素包括（ 　）。
A. 综合的保本点销售额　　　　　　B. 各产品销售数量比重
C. 各产品销售收入占总销售收入的比重　D. 各产品贡献毛益率
E. 固定成本总额

6. 变动成本法与完全成本法的区别体现在（ 　）。
A. 产品成本组成不同　　　　　　　B. 成本计算对象的不同
C. 在产成品和在产品估价方面不同　D. 成本计算周期不同
E. 在盈亏计算方面不同

7. 构成投资项目现金流入的包括（ 　）。
A. 营业的净收益　　　　　　　　　B. 固定资产投资
C. 固定资产折旧　　　　　　　　　D. 固定资产报废的残值收入
E. 固定资产报废的清理费用

8. 投资回收期指标的主要缺点有（ 　）。
A. 未考虑货币的时间价值　　　　　B. 无法衡量企业的投资风险
C. 未考虑回收期满后的现金流量情况　D. 仅能衡量投资方案的报酬率的高低
E. 难以用于不同投资额的方案的比较

9. 工业企业的产品质量成本一般包括（ 　）。
A. 内部质量损失　B. 外部质量损失　C. 评价质量费用　D. 质量预防费用
E. 产品生产成本

10. 现金预算中的现金收入部分包括（ 　）。
A. 产品销售收入　B. 房屋出租收入　C. 向银行借款所得　D. 存款利息收入

E. 期初的现金余额

三、判断题（本大题共10小题，每小题1分，共10分）

1. 成本性态分析中高低点法的优点是计算精度高，缺点是过于计算过程过于复杂。（   ）
2. 导致两种方法分期营业利润出现狭义差额的根本原因，就在于它们对固定性制造费用的处理采取了不同的方式。（   ）
3. 在其他条件不变情况下，固定成本越高，保本量越大。（   ）
4. 成本预测是其他各项预测的前提。（   ）
5. 在管理会计的调价决策中，如果调高价格后预计销量超过利润无差别点的销售量，那么就应当进行调价。（   ）
6. 在建设期等于零时，则长期投资项目的投资只能采取一次性投入方式。（   ）
7. 预计资产负债表和预计利润表构成了整个的财务预算。（   ）
8. 在标准成本控制系统中，计算价格差异的用量基础是实际产量下的实际耗用量。（   ）
9. 确定最优生产批量时，考虑的相关成本有调整准备成本、储存成本和生产中的变动成本。（   ）
10. 著名的管理学家西蒙首次提出"战略管理会计"一词的时间是1981年。（   ）

第二部分 非选择题

四、名词解释题（本大题共3小题，每小题3分，共9分）

1. 期间成本
2. 因果预测法
3. 投资中心

五、简答题（本大题共2小题，每小题4分，共8分）

1. 何谓生产准备成本？何谓储存成本？简述它们与最优生产批量的关系？
2. 何谓"标准成本"？在制定标准成本时应遵循哪些主要原则？

六、计算题（本大题共4小题，第1小题6分，第2小题8分，第3小题10分，第4小题9分，共33分）

1. 已知：某企业本期有关成本资料如下：单位直接材料成本为10元，单位直接人工成本为5元，单位变动性制造费用为7元，固定性制造费用总额为4 000元，单位变动性销售管理费用为4元，固定性销售管理费用为1 000元。期初存货量为零，本期产量为1 000件，销量为600件，单位售价为40元。

要求：分别按两种成本法的有关公式计算下列指标：
（1）单位产品成本；
（2）期间成本；
（3）销货成本；
（4）营业利润。

2. 设 B 公司生产乙产品，本期产量 32 000 件，本期销售量 24 000 件，期末存货 8 000 件，期初存货为零，全部固定性制造费用 96 000 元。产品单位变动成本 8 元，单位售价 20 元，销售费用 2 000 元，管理费用 4 000 元。该公司的日常核算建立在变动成本计算的基础之上，又假设现正处于年末，企业必须对外编送财务报表。若公司当年所得税税率为 40%。

要求：

（1）将以变动成本计算法核算的销售产品和期末存货成本资料转化为以完全成本法核算的成本资料。

（2）按完全成本法编制当年度损益表。

3. A 企业 2000 年 3~4 月按订单生产甲、乙两种产品，采用分批法核算产品成本。各有关资料如下：

（1）甲产品订单号 01 号，计划产量 400 件，4 月投产，当月全部完工。

（2）乙产品订单号 02 号，计划产量 600 件，3 月投产，4 月完工 500 件，另有在产品 100 件。

（3）乙产品的月末在产品成本的计算采用约当产量法，原材料一次投入，月末在产品的完工程度按 40% 计算。

（4）3~4 月费用发生情况如下表所示：

成本项目	甲产品		乙产品	
	3 月	4 月	3 月	4 月
直接材料		96 000	72 000	
直接人工		15 500	11 080	7 640
制造费用		10 500	6 548	5 508
合计		122 000	89 628	13 148

要求：计算甲、乙产品各自的单位成本。

4. 设某公司只生产和销售一种产品，盈亏临界点销售额为每月 240 000 元同。当固定成本增加 8 000 元，为了达到保本必须增加销售额 32 000 元。若该产品的单位售价及单位变动成本均不变。

要求：

（1）计算变动成本率（即变动成本占销售收入的比重）；

（2）计算未增加 8 000 元以前的固定成本总额；

（3）计算固定成本增加的幅度和盈亏临界点销售额增加的幅度。

《管理会计》课后试卷（三）

第一部分　选择题

一、单项选择题（本大题共20小题，每小题1分，共20分）

1. 下列会计系统中，能够履行管理会计"考核评价经营业绩"职能的是（　　）。
   A. 预测决策会计　　B. 规划控制会计　　C. 对外报告会计　　D. 责任会计

2. 如果某项管理会计信息同时满足了相关性和可信性的要求，那么我们可以断定该信息在质量上符合（　　）。
   A. 真实性原则　　B. 决策有用性原则　C. 及时性原则　　D. 灵活性原则

3. 下列项目中，不属于能够揭示管理会计与财务会计之间共性特征的表述是（　　）。
   A. 两者都是现代会计的组成部分　　B. 两者的具体目标相同
   C. 两者共享部分信息　　　　　　　D. 两者相互制约、相互补充

4. 最优化、效益性、决策有用性、及时性、重要性和灵活性，共同构成了（　　）。
   A. 管理会计假设　　　　　　　B. 管理会计原则
   C. 管理会计术语　　　　　　　D. 管理会计概念

5. 为保证管理会计信息质量对决策有用，通常要求将有关的未来信息估计误差控制在决策者可以接受的一定可信区间内，这体现了可信性原则中的（　　）。
   A. 可理解性要求　　B. 最优化要求　　C. 可靠性要求　　D. 效益性要求

6. 按照管理会计的解释，成本的相关性是指（　　）。
   A. 与决策方案有关的成本特性　　B. 与控制标准有关的成本特性
   C. 与资产价值有关的成本特性　　D. 与归集对象有关的成本特性

7. 在管理会计中，将全部成本区分为产品成本和期间成本的分类标志是（　　）。
   A. 成本的目标　　　　　　　B. 成本发生的时态
   C. 成本的相关性　　　　　　D. 成本的可盘存性

8. 将全部成本分为固定成本、变动成本和混合成本所采用的分类标志是（　　）。
   A. 成本核算目标　　　　　　B. 成本的可辨认性
   C. 成本的经济用途　　　　　D. 成本的性态

9. 当相关系数 r 等于 +1 时，表明成本与业务量之间的关系是成本是（　　）。
   A. 基本正相关　　B. 完全正相关　　C. 完全无关　　D. 基本无关

10. 下列项目中，只能在发生当期予以补偿、不可能递延到下期的是（　　）。
    A. 直接成本　　B. 间接成本　　C. 产品成本　　D. 期间成本

11. 为排除业务量因素的影响，在管理会计中，反映变动成本水平的指标一般是指（　　）。

— 244 —

A. 变动成本总额　　　　　　　　　　B. 单位变动成本
C. 变动成本的总额与单位额　　　　　D. 变动成本率

12. 在管理会计中，狭义相关范围是指（　　）。
A. 成本的变动范围　　　　　　　　　B. 业务量的变动范围
C. 时间的变动范围　　　　　　　　　D. 市场容量的变动范围

13. 下列成本项目中，属于变动成本构成内容的是（　　）。
A. 房屋设备租赁费　　　　　　　　　B. 按使用年限法计提的固定资产折旧费
C. 计件工资形式下工人工资　　　　　D. 不受销售量影响的销售人员固定工资

14. 在应用高低点法进行成本性态分析时，选择高点坐标的依据是（　　）。
A. 最高的业务量　　　　　　　　　　B. 最高的成本
C. 最高的业务量和最高的成本　　　　D. 最高的业务量或最高的成本

15. 下列各项中，能构成变动成本法产品成本内容的是（　　）。
A. 变动成本　　B. 固定成本　　C. 生产成本　　D. 变动生产成本

16. 在变动成本法下，固定性制造费用应当列作（　　）。
A. 非生产成本　　B. 期间成本　　C. 产品成本　　D. 直接成本

17. 下列项目中，不能列入变动成本法下产品成本的是（　　）。
A. 直接材料　　B. 直接人工　　C. 变动制造费用　　D. 固定性制造费用

18. 在变动成本法下，其利润表所提供的中间指标是（　　）。
A. 贡献边际　　B. 营业利润　　C. 营业毛利　　D. 期间成本

19. 如果某企业连续三年按变动成本法计算的营业利润分别为10 000元、12 000元和11 000元。则下列表述中唯一正确的是（　　）。
A. 第三年的销量最小　　　　　　　　B. 第二年的销量最大
C. 第一年的产量比第二年少　　　　　D. 第二年的产量比第三年多

20. 从数额上看，广义营业利润差额应当等于按完全成本法计算的（　　）。
A. 期末存货成本与期初存货成本中的固定生产成本之差
B. 期末与期初的存货量之差
C. 利润超过按变动成本法计算的利润的部分
D. 生产成本与销货成本之差

二、多项选择题（本大题共10小题，每小题2分，共20分）

在每小题列出的五个选项中有二至五个选项是符合题目要求的，请将正确选项前的字母填在题后的括号内。多选、少选、错选均无分。

1. 下列各项中，属于管理会计职能的有（　　）。
A. 预测经济前景　　B. 参与经济决策　　C. 规划经营目标　　D. 控制经济过程
E. 考核评价经营业绩

2. 下列项目中，可以作为管理会计主体的有（　　）。
A. 企业整体　　B. 分厂　　C. 车间　　D. 班组
E. 个人

3. 下列表述中，能够揭示管理会计特征的有（　　）。
A. 以责任单位为主体　　　　　　　　B. 必须严格遵守公认会计原则

C. 工作程序性较差　　　　　　　　D. 可以提供未来信息

E. 重视管理过程和职工的作用

4. 下列各项中，属于现代管理会计内容的有（　　）。

A. 预测决策会计　　B. 规划控制会计　　C. 责任会计　　D. 预算会计

E. 非营利性组织会计

5. 下列各项中，属于成本按其可辨认性为标志进行分类结果的有（　　）。

A. 直接成本　　B. 间接成本　　C. 主要成本　　D. 加工成本

E. 可控成本

6. 按经济用途对成本进行分类，其结果应包括的成本类型有（　　）。

A. 生产成本　　B. 非生产成本　　C. 未来成本　　D. 责任成本

E. 可控成本

7. 下列项目中，属于固定成本的有（　　）。

A. 定期支付的广告费　　　　　　　B. 计件工资

C. 单耗稳定的直接材料成本　　　　D. 按直线法计提的折旧费

E. 按产量法计提的折旧费

8. 在相关范围内，变动成本应当具备的特征有（　　）。

A. 总额的不变性　　　　　　　　　B. 总额的变动性

C. 总额的正比例变动性　　　　　　D. 单位额的不变性

E. 单位额的反比例变动性

9. 利用历史资料分析法的各种具体应用方法建立成本模型时，算步骤正确的有（　　）。

A. 先求 b 后求 a　　　　　　　　　B. 先确定 a 后求 b

C. a、b 可以同时求得　　　　　　　D. 先求 r，再求 a 和 b

E. 先求 x 和 y，再求 a 和 b

10. 由于相关范围的存在，使得成本性态具有以下特点，即（　　）。

A. 相对性　　B. 暂时性　　C. 可转化性　　D. 不变性

E. 正比例变动性

三、判断题（本大题共 10 小题，每小题 1 分，共 10 分）

1. 财务会计主要以整个企业为核算对象，而管理会计既涉及整体又涉及局部。（　）

2. 单位变动成本随业务量的增加而减少。（　）

3. 销售预测中的趋势分析法和相关因数分析法属于定量分析法。（　）

4. 变动成本法与完全成本法的主要区别表现在产品成本的构成、存货计价、盈亏计算三个方面的不同。（　）

5. 企业处于保本状态时，安全边际率0，保本作业率等于1。（　）

6. 在产品生产决策中，可以产品的单位贡献毛益的大小作为择优的标准。（　）

7. 企业为了扭亏为盈，凡是亏损产品都应停产。（　）

8. 只要固定成本不等于0，经营杠杆系数恒大于1。（　）

9. 在滚动预算中预算期是连续不断的，始终保持一定期限。（　）

10. 成本中心之间相互提供产品或劳务，可以按实际成本作为内部转移价格。（　）

第二部分 非选择题

四、名词解释题（本大题共3小题，每小题3分，共9分）
1. 管理会计
2. 成本性态
3. "本—量—利"分析

五、简答题（本大题共2小题，每小题4分，共8分）
1. 简述管理会计与财务会计的相同点和区别。
2. 简述固定成本与变动成本的定义及特征。

六、计算题（本大题共4小题，第1小题5分，第2小题8分，第3小题10分，第4小题10分，共33分）

1. 已知某企业1~8月某项混合成本与有关产量的详细资料如下：

月份	1	2	3	4	5	6	7	8
产量（件）	18	20	19	16	22	25	28	21
成本（元）	6 000	6 600	6 500	5 200	7 000	7 900	8 200	6 800

要求：采用高低点法进行成本性态分析并建立成本模型。

2. 某公司只产销一种产品，本年单位变动成本为6元，变动成本总额为84 000元，获营业利润18 000元，若该公司计划下一年度变动成本率仍维持本年度的40%，其他条件不变。

要求：预测下年度的保本销售量及保本销售额。

3. 某企业最近三年按完全成本法编制的收益表及产销情况如下表所示：

摘 要	2016年	2017年	2018年
销售收入（元）	80 000	48 000	96 000
销售成本（元）	50 000	30 000	60 000
销售毛利（元）	30 000	18 000	36 000
销售及管理费用（元）	15 000	15 000	15 000
净收益（元）	15 000	3 000	21 000
期初存货量（件）	0	0	4 000
本期生产量（件）	10 000	10 000	10 000
本期销售量（件）	10 000	6 000	12 000
期末存货量（件）	0	4 000	2 000

假定该企业产品的单位变动成本为3元，其固定成本均按每件2元分摊于产品。

要求：采用变动成本法编制该企业2016~2018年的收益表。

4. 已知某企业组织多品种经营，1999 年有关资料如下：

品种	销售量（件）	单价（元）	单位变动成本（元）
甲	1 000	620	372
乙	2 000	100	50
丙	3 000	60	45

假定本年全厂固定成本为 237 000 元，若 2000 年削减广告费 1 200 元。

要求：计算 2000 年的综合保本额及各种产品的保本额。（计算结果保留两位小数）

《管理会计》课后试卷（四）

第一部分　选择题

一、单项选择题（本大题共20小题，每小题1分，共20分）

1. 如果某期按变动成本法计算的营业利润为5 000元，该期产量为2 000件，销售量为1 000件，期初存货为零，固定性制造费用总额为2 000元，则按完全成本法计算的营业利润为（　　）。
   A. 0　　　　　　　B. 1 000元　　　　C. 5 000元　　　　D. 6 000元

2. 如果完全成本法的期末存货成本比期初存货成本多10 000元，而变动成本法的期末存货成本比期初存货成本多4 000元，则可断定两种成本法的营业利润之差为（　　）。
   A. 14 000元　　　B. 10 000元　　　C. 6 000元　　　　D. 4 000元

3. 在变动成本法下，产品成本只包括（　　）。
   A. 制造成本　　　B. 生产成本　　　C. 变动生产成本　D. 变动成本

4. 在变动成本法下，销售收入减去变动成本等于（　　）。
   A. 销售毛利　　　B. 税后利润　　　C. 税前利润　　　D. 贡献边际

5. 进行本量利分析，必须把企业全部成本区分为固定成本和（　　）。
   A. 税金成本　　　B. 材料成本　　　C. 人工成本　　　D. 变动成本

6. 计算贡献边际率，可以用单位贡献边际去除以（　　）。
   A. 单位售价　　　B. 总成本　　　　C. 销售收入　　　D. 变动成本

7. 在下列指标中，可据以判定企业经营安全程度的指标是（　　）。
   A. 保本量　　　　B. 贡献边际　　　C. 保本作业率　　D. 保本额

8. 已知企业只生产一种产品，单位变动成本为每件45元，固定成本总额60 000元，产品单价为120元，为使安全边际率达到60%，该企业当期至少应销售的产品为（　　）。
   A. 2 000件　　　B. 1 333件　　　　C. 1 280件　　　　D. 800件

9. 已知企业只生产一种产品，单价5元，单位变动成本3元，固定成本总额600元，则保本销售量为（　　）。
   A. 400件　　　　B. 300件　　　　　C. 200件　　　　　D. 120件

10. 安全边际额=实际销售量-（　　）。
    A. 边际销售量　　B. 保本销售量　　C. 实际销售量　　D. 预计销售量

11. 已知某企业本年目标利润为4 000 000元，产品单价为500元，变动成本率为40%，固定成本总额为8 000 000元，则企业的保利量为（　　）。
    A. 60 000件　　　B. 50 000件　　　C. 40 000件　　　D. 24 000件

12. 下列因素单独变动时，不会对保利点产生影响的是（　　）。

A. 成本　　　　B. 单价　　　　C. 销售量　　　　D. 目标利润

13. 已知企业某产品的单价为 2 000 元,目标销售量为 3 500 件,固定成本总额为 100 000 元,目标利润为 600 000 元,则企业应将单位变动成本的水平控制在(　　)。

A. 1 000 元/件　　B. 1 500 元/件　　C. 1 667 元/件　　D. 1 800 元/件

14. 如果产品的单价与单位变动成本上升的百分率相同,其他因素不变,则保本销售量(　　)。

A. 上升　　　　B. 下降　　　　C. 不变　　　　D. 不确定

15. 在其他因素不变的条件下,其变动不能影响保本点的因素是(　　)。

A. 单位变动成本　　B. 固定成本　　C. 单价　　　　D. 销售量

16. 在其他因素不变的条件下,固定成本减少,保本点(　　)。

A. 升高　　　　B. 降低　　　　C. 不变　　　　D. 不一定变动

17. 降低盈亏临界点作业率的办法有(　　)。

A. 降低销售量　　B. 降低售价　　C. 提高预计利润　　D. 减少固定成本

18. 某企业单位变动成本为 6 元,产品单价 10 元,计划销售 600 件,欲实现利润 740 元,固定成本应控制在(　　)元。

A. 1 660　　　　B. 1 700　　　　C. 1 800　　　　D. 1 860

19. 某企业只生产一种产品,月计划销售 600 件,单位变动成本 6 元,月固定成本 1 000 元,欲实现利润 1 640 元,则单价应定为(　　)元。

A. 16.40　　　　B. 14.60　　　　C. 10.60　　　　D. 10.40

20. 某企业本年度销售额为 1 000 元,根据历年经验其正常销售制应为 1 200 元,计算其盈亏临界总销售额为 400 元,该企业的盈亏临界点为(　　)。

A. 40%　　　　B. 33.3%　　　　C. 80%　　　　D. 50%

二、多项选择题(本大题共 10 小题,每小题 2 分,共 20 分)

在每小题列出的五个选项中有二至五个选项是符合题目要求的,请将正确选项前的字母填在题后的括号内。多选、少选、错选均无分。

1. 下列各项中,一般应纳入变动成本的有(　　)。

A. 直接材料　　　　　　　　B. 职工的工资
C. 单独核算的包装物成本　　D. 按产量法计提的折旧
E. 临时发生的职工培训费

2. 如果企业在某期发生了狭义营业利润差额,就意味着该期完全成本法(　　)。

A. 与变动成本法计入当期利润表的固定性制造费用水平出了差异
B. 期末存货吸收与期初存货释放的固定性制造费用出现差异
C. 营业利润与变动成本法的营业利润的水平不同
D. 其利润表与变动成本法的利润表的格式不同
E. 与变动成本法对固定性制造费用处理不同

3. 下列项目中属于结合制的内容有(　　)。

A. 日常核算以变动成本法为基础　　B. 期末编制完全成本法的会计报表
C. 单独核算变动性制造费用　　　　D. 单独核算固定性制造费用
E. 制造费用单独核算

4. 下列各项中，应当构成变动成本法产品成本内容的有（　　）。
   A. 直接材料　　　B. 制造费用　　　C. 直接人工　　　D. 变动性制造费用
   E. 管理费用

5. 在完全成本法下，期间费用应当包括（　　）。
   A. 制造费用　　　B. 变动性制造费用　C. 固定性制造费用　D. 销售费用
   E. 管理费用

6. 贡献边际除了以总额的形式表现外，还包括以下表现形式（　　）。
   A. 单位贡献边际　B. 税前利润　　　C. 销售收入　　　D. 贡献边际率
   E. 净利润

7. 按照本量利分析的原理，如果 a 表示固定成本，b 表示单位变动成本，x 表示销售量，p 表示单价，P 表示营业利润，则必有以下公式成立（　　）。
   A. $P = px - (a + bx)$
   B. $P = (p - a)x - b$
   C. $P = px - bx - a$
   D. $P = px - a - bx$
   E. $P = (p - b)x - a$

8. 安全边际指标的表现形式包括（　　）。
   A. 安全边际量　B. 安全边际额　　C. 安全边际率　　D. 保本作业率
   E. 贡献边际率

9. 下列各项中，可据以判定企业恰好处于保本状态的标志有（　　）。
   A. 安全边际率为零
   B. 贡献边际等于固定成本
   C. 收支相等
   D. 保本作业率为零
   E. 贡献边际率等于变动成本率

10. 下列与安全边际率有关的说法中，正确的有（　　）。
    A. 安全边际量与当年实际销售量的比值等于安全边际率
    B. 安全边际率与保本作业率的和为 1
    C. 安全边际额与销售量的比率等于安全边际率
    D. 安全边际率越小，企业发生亏损的可能性越小
    E 安全边际率越大，企业发生亏损的可能性越小

三、判断题（本大题共 10 小题，每小题 1 分，共 10 分）

1. 为保证管理会计信息质量对决策有用，通常要求将有关的未来信息估计误差控制在决策者可以接受的一定可信区间内，这体现了可信性原则的可理解性要求。（　）
2. 成本性态分析与成本性态分类的结果相同。（　）
3. 两种成本法出现不为零的利润差额，只有可能性，没有必然性。（　）
4. 保本点、保利点和保本作业率都是反指标。（　）
5. 在采用销售百分比法预测资金需要量时，一定随销售变动的资产项有货币资金、应收账款、存货和固定资产。（　）
6. 当边际收入等于边际成本，边际利润为零时，意味着产品售价最优，利润最大。（　）
7. 预计资产负债表和预计利润表构成了整个的财务预算。（　）
8. 价格差异中含着混合差异。（　）

9. 各成本中心的可控成本之和是企业的总成本。（   ）

10. 资源动因能够反映产品产量与作业成本之间的因果关系。（   ）

第二部分　非选择题

四、名词解释题（本大题共 3 小题，每小题 3 分，共 9 分）

1. 变动成本
2. 保本点
3. 内含报酬率

五、简答题（本大题共 2 小题，每小题 4 分，共 8 分）

1. 分析有关因素如何对保本点影响。
2. 简述产生经营杠杆效应的原因。

六、计算题（本大题共 4 小题，第 1 小题 6 分，第 2 小题 8 分，第 3 小题 9 分，第 4 小题 10 分，共 33 分）

1. 北方公司生产 A 产品，有关直接材料和直接人工的标准成本资料如下表所示：

成本项目	价格标准	用量标准
直接材料	1.5 元/千克	6 千克
直接人工	8 元/工时	0.5 工时

本月份实际发生的业务如下：

（1）购进直接材料 21 000 千克，实际支付 34 650 元；

（2）所购材料全部用于生产，共生产 A 产品 3 400 件；

（3）本期共耗用人工 1 600 工时，支付工资成本 13 000 元。

要求：

（1）计算本月份材料价格差异与用量差异；

（2）计算本月份人工工资率差异与人工效率差异。

2. 某企业某产品有关成本资料如下：单位直接材料成本为 10 元，单位直接人工成本为 5 元，单位变动制造费用为 7 元，固定性制造费用总额为 4 000 元，单位变动性销售及管理费用为 4 元，固定性销售及管理费用为 1 000 元。期初存货量为 0，本期产量为 1 000 件，销量为 600 件，单位售价为 40 元。

要求：分别按两种方法的有关公式计算下列指标：

（1）单位产品成本；（2）期间成本；（3）销货成本；（4）营业利润。

3. 某企业只生产一种产品，2018 年销量为 1 000 件，单价 20 元，单位成本 14 元，其中单位变动成本 10 元。为扩大经营规模，企业拟租用一台专用设备，年租金为 1 600 元，假定 2000 年单价和单位变动成本不变。要求：

（1）计算 2019 年该企业的保本量。

（2）若要实现利润增加一倍的目标，2019 年至少销售多少件产品？

（3）若明年市场上只能容纳 1 400 件产品，此时该产品的安全边际应是多少？

4. 某企业每年生产 1 000 件甲产品，其单位完全成本为 18 元（其中单位固定性制造费用为 2 元），直接出售的价格为 20 元。企业目前已具备将 80% 的甲半成品深加工为乙产品的能力，但每深加工一件甲半成品需要追加 5 元变动性加工成本。乙产品的单价为 30 元，假定乙产品的废品率为 1%。

要求：

（1）如果深加工能力无法转移，做出是否深加工的决策。

（2）深加工能力可用来承揽零星加工业务，预计可获得贡献边际 4 000 元，做出是否深加工的决策。

《管理会计》课后试卷(五)

第一部分 选择题

一、单项选择题(本大题共20小题,每小题1分,共20分)

1. 在以下各种预算中,应当首先编制的是( )。
   A. 生产预算　　　B. 销售预算　　　C. 直接材料预算　　D. 直接人工预算
2. 全面预算按其涉及的业务活动领域分为财务预算和( )。
   A. 业务预算　　　B. 销售预算　　　C. 生产预算　　　　D. 现金预算
3. 编制全面预算的出发点是( )。
   A. 生产预算　　　B. 销售预算　　　C. 现金预算　　　　D. 弹性预算
4. 可以概括了解企业在预算期间盈利能力的预算是( )。
   A. 专门决策预算　B. 现金预算　　　C. 预计利润表　　　D. 预计资产负债表
5. 下列项目中,能够克服定期预算缺点的是( )。
   A. 固定预算　　　B. 弹性预算　　　C. 滚动预算　　　　D. 零基预算
6. 编制弹性成本预算的关键在于( )。
   A. 分解制造费用
   B. 确定材料标准耗用量
   C. 选择业务量计量单位
   D. 将所有成本划分为固定成本与变动成本两大类
7. 随着业务量的变动作机动调整的预算是( )。
   A. 滚动预算　　　B. 弹性预算　　　C. 增量预算　　　　D. 零基预算
8. 滚动预算的基本特点是( )。
   A. 预算期是相对固定的　　　　　　B. 预算期是连续不断的
   C. 预算期与会计年度一致　　　　　D. 预算期不可随意变动
9. 在下列各项中,属于标准控制系统前提和关键的是( )。
   A. 标准成本的制定　　　　　　　　B. 成本差异的计算
   C. 成本差异的分析　　　　　　　　D. 成本差异账务处理
10. 某企业生产使用的某种材料的全年需用量为4 000件,每次订货成本50元,单位材料的年均储存成本为10元,则在定量采购方式下每次采购量为( )件。
    A. 100　　　　　B. 200　　　　　C. 300　　　　　　D. 400
11. 固定制造费用的实际金额与预算金额之间的差额称为( )。
    A. 耗费差异　　　B. 能量差异　　　C. 效率差异　　　　D. 闲置能量差异
12. 某企业需用某种材料,每个月定期采购一次,每日平均耗用量100吨,交货期为

4 天，保险日数为 2 天。则该企业定期采购量标准为（　　）吨。

　　A. 3 400　　　　B. 3 000　　　　C. 3 200　　　　D. 3 600

13. 下列属于用量标准的是（　　）。

　　A. 材料消耗量　　B. 原材料价格　　C. 小时工资率　　D. 小时制造费用率

14. 下列各项中，不属于建立简单条件下的采购经济批量控制模型必备条件的是（　　）。

　　A. 不允许出现缺货现象　　　　　　B. 不存在商业折扣

　　C. 一批内不存在分次到货　　　　　D. 不生产多品种

15. 与预算成本不同，标准成本是（　　）。

　　A. 总额的概念　　B. 单位额的概念　　C. 历史成本　　D. 实际成本

16. 在标准成本控制系统中，成本差异是指在一定时期内生产一定数量的产品所发生的（　　）。

　　A. 实际成本与标准成本之差　　　　B. 实际成本与计划成本之差

　　C. 预算成本与标准成本之差　　　　D. 预算成本与实际成本之差

17. 当企业按最优生产批量组织生产时，意味着（　　）。

　　A. 相关成本未达到最低　　　　　　B. 调整准备成本最低

　　C. 储存成本最低　　　　　　　　　D. 调整准备成本等于储存成本

18. 责任会计的主体是（　　）。

　　A. 责任中心　　B. 成本中心　　C. 生产部门　　D. 管理部门

19. 成本中心控制和考核的内容是（　　）。

　　A. 责任成本　　B. 产品成本　　C. 直接成本　　D. 目标成本

20. 下列项目中，不属于利润中心负责范围的是（　　）。

　　A. 成本　　　　B. 收入　　　　C. 利润　　　　D. 投资效果

二、多项选择题（本大题共 10 小题，每小题 2 分，共 20 分）

1. 财务预算的主要内容包括（　　）。

　　A. 现金预算　　　　　　　　　　　B. 预计利润表

　　C. 预计资产负债表　　　　　　　　D. 投资决策预算

　　E. 销售预算

2. 下列各项中，属于编制现金预算依据的有（　　）。

　　A. 销售预算和生产预算　　　　　　B. 直接材料采购预算

　　C. 直接人工预算和制造费用预算　　D. 产品成本预算

　　E. 财务费用和管理费用预算

3. 编制弹性预算所用业务量可以是（　　）。

　　A. 产量　　　　B. 销售量　　　　C. 直接人工工时　　D. 机器台时

　　E. 材料消耗量

4. 零基预算与传统的增量预算相比较，其不同之处在于（　　）。

　　A. 一切从可能出发　　　　　　　　B. 以零为基础

　　C. 以现有的费用水平为基础　　　　D. 一切从实际需要出发

　　E. 不考虑以往会计期间所发生的费用

5. 标准成本控制系统的内容包括（   ）。
   A. 标准成本的制定　　　　　　　　B. 成本差异的计算与分析
   C. 成本差异的账务处理　　　　　　D. 成本差异的分配
   E. 成本预算的编制

6. 固定性制造费用成本差异可分解为（   ）。
   A. 开支差异　　B. 生产能力差异　　C. 效率差异　　D. 预算差异
   E. 能量差异

7. 下列各项中，能正确表述订货变动成本特征的有（   ）。
   A. 它与订货次数多少有关　　　　　B. 它与订货次数多少无关
   C. 它与每次订货数量无关　　　　　D. 它是相关成本
   E. 随订货次数成比例变动

8. 在实务中，贯彻成本控制的例外管理原则时，确定"例外"的标志有（   ）。
   A. 重要性　　B. 一贯性　　C. 统一性　　D. 可控性
   E. 特殊性

9. 影响直接材料耗用量差异的因素有（   ）。
   A. 工人的技术熟练程度　　　　　　B. 设备的完好程度
   C. 用料的责任心　　　　　　　　　D. 废品率的高低
   E. 材料质量

10. 在简单条件下，材料采购经济批量控制必须考虑的相关成本（   ）。
    A. 变动性订货成本　　　　　　　　B. 变动性储存成本
    C. 调整准备成本　　　　　　　　　D. 材料采购成本
    E. 储存成本

三、判断题（本大题共10小题，每小题1分，共10分）

1. 现代管理会计的特征在于以预测决策会计和责任会计为主，以规划控制会计为辅。（   ）

2. 管理会计既能够提供价值信息，又能提供非价值信息；既提供定量信息，又提供定性信息；既提供部分的、有选择的信息，又提供全面的、系统的信息。（   ）

3. 按变动成本法的解释，期间成本中只包括固定成本。（   ）

4. 导致两种方法分期营业利润出现狭义差额的根本原因，就在于它们对固定性制造费用的处理采取了不同的方式。（   ）

5. 进行短期价格决策不需要区分相关成本与无关成本。（   ）

6. 联产品追加订货中发生的所有成本都是追加订货的直接成本。（   ）

7. 如果某期累计的净现金流量等于零，则该期所对应的期间值就是不包括建设期的投资回收期。（   ）

8. 非贴现的投资回收期指标虽然没有考虑资金时间价值，但是考虑了回收期满后的现金流量状况。（   ）

9. 在互斥方案的选优分析中，若差额内部收益率指标大于基准折现率或者设定的折现率，则原始投资额较小的方案为较优方案。（   ）

10. 弹性预算只适用于编制利润预算。（   ）

第二部分 非选择题

四、名词解释题（本大题共 3 小题，每小题 3 分，共 9 分）
1. 盈亏临界点
2. 机会成本
3. 标准成本

五、简答题（本大题共 2 小题，每小题 4 分，共 8 分）
1. 说明在两种成本法下分期营业利润出现差额的根本原因。
2. 什么是现金预算？其组成内容是什么。

六、计算题（本大题共 4 小题，第 1 小题 6 分，第 2 小题 7 分，第 3 小题 10 分，第 4 小题 10 分，共 33 分）

1. 已知某公司 2000 年 1~6 月维修费（为混合成本）与有关业务量（为直接人工小时）的历史数据如下：

月份	直接人工小时（千小时）	维修费（千元）
1	38	40
2	46	60
3	24	40
4	14	28
5	30	36
6	44	46

要求：
（1）根据上述资料用高低点法将对维修费进行成本性态分析并建立成本模型。
（2）预测在直接人工为 40 千小时，维修费总额是多少？

2. 某厂在计划期内固定成本 21 600 元，同时生产甲、乙、丙三种品（假定产销平衡），其产量、售价和成本数据如下：

摘　要	甲产品	乙产品	丙产品
产量（件）	500	1 000	1 250
销售单价（元）	25	7.5	4
单位变动成本（元）	20	4.5	3

要求：计算该企业的多品种的保本额和每种产品的保本额。

3. 某企业本年度生产 A、B 两种产品，全月固定成本为 72 000 元，有关资料如下：产品的单位售价 A 产品 5 元，B 产品 2.5 元，产品贡献边际率为 A 产品 40%，B 产品 30%，产品销售量为 A 产品 300 000 件，B 产品 400 000 件。若下一年度每月增加广告 9 700 元，可使产品的月销售量 A 增加到 400 000 件，B 减少到 320 000 件。

要求：

（1）计算保本额。

（2）说明这一措施是否合算。

4. 根据下列资料，计算确定直接材料与直接人工成本项目的各成本差异数额。

成本项目	标准成本	实际成本
直接材料	2.5 千克×0.6 元/千克	2.8 千克×0.5 元/千克
直接人工	0.5 小时×4 元/小时	0.45 小时×4.2 元/小时
产量	预计 1 000 件	实际 800 件

《管理会计》课后试卷(六)

第一部分 选择题

一、单项选择题(本大题共20小题,每小题1分,共20分)

1. 进入现代管理会计阶段,管理会计以( )。
   A. 规划控制为核心   B. 预测决策为核心
   C. 责任会计为核心   D. 业绩评价为核心

2. 在变动成本法下,其利润表所提供的中间指标是( )。
   A. 贡献边际   B. 营业利润   C. 营业毛利   D. 期间成本

3. 阶梯式混合成本又可称为( )。
   A. 半固定成本   B. 半变动成本   C. 延期变动成本 D. 曲线式成本

4. 下列会计系统中,能够履行管理会计"考核评价经营业绩"职能的是( )。
   A. 预测决策会计 B. 规划控制会计 C. 对外报告会计 D. 责任会计

5. 在利润敏感性分析中,如果企业正常盈利,则对利润影响程度最高的因素是( )。
   A. 单价   B. 单位变动成本 C. 销售量   D. 固定成本

6. 某企业只生产一种产品,单位变动成本为36元,固定成本总额4 000元,产品单位售价56元,要使安全边际率达到50%,该企业的销售量应达到( )。
   A. 400件   B. 222件   C. 143件   D. 500件

7. 在零部件自制或外购的决策中,如果零部件的需用量尚不确定,应当采用的决策方法是( )。
   A. 相关损益分析法   B. 差别损益分析法
   C. 相关成本分析法   D. 成本无差别点法

8. 投资项目的建设起点与终结点之间的时间间隔称为( )。
   A. 项目计算期   B. 生产经营期   C. 建设期   D. 试产期

9. 编制全面预算的基础和关键是( )。
   A. 生产预算   B. 材料采购预算 C. 销售预算   D. 现金预算

10. 在采用高低点法时,高点是指( )。
    A. 自变量最高的点   B. 自变量最低的点
    C. 因变量最高的点   D. 自变量和因变量均最高的点

11. 在剩余生产能力无法转移的情况下,亏损产品满足以下条件时,就不应当停产( )。
    A. 该亏损产品单价大于单位生产成本 B. 该亏损产品的边际贡献大于零
    C. 该亏损产品的收入小于变动成本   D. 该亏损产品的变动成本率大于1

12. 在变动成本法下，产品成本中不包括（　　）。
    A. 直接材料　　　　　　　　　　B. 直接人工
    C. 变动性制造费用　　　　　　　D. 固定性制造费用

13. 下列各项中，不属于管理会计基本职能的是（　　）。
    A. 规划经营目标　B. 控制经济过程　C. 核算经济业务　D. 评价经营业绩

14. 下列项目中，不属于现金流出项目的是（　　）。
    A. 折旧费　　　B. 经营成本　　　C. 各项税款　　　D. 建设投资

15. 当企业的业务量达到盈亏临界点时，其边际贡献总额等于（　　）。
    A. 总成本　　　B. 变动成本总额　C. 固定成本总额　D. 零

16. 不需要另外预计现金支出和现金收入，直接参加现金预算汇总的是（　　）。
    A. 直接材料预算　B. 销售预算　　C. 直接人工预算　D. 期间费用预算

17. 与生产预算没有直接联系的是（　　）。
    A. 直接材料预算　　　　　　　　B. 变动制造费用预算
    C. 销售及管理费用预算　　　　　D. 直接人工预算

18. 下列项目中，能够克服定期预算缺点的是（　　）。
    A. 固定预算　　B. 弹性预算　　　C. 滚动预算　　　D. 零基预算

19. 下列影响利润变动的各因素中，利润对哪种因素的敏感程度最大（　　）。
    A. 销售单价　　B. 单位变动成本　C. 固定成本总额　D. 销售量

20. 在采用高低点法时，高点是指（　　）。
    A. 自变量最高的点　　　　　　　B. 自变量最低的点
    C. 因变量最高的点　　　　　　　D. 自变量和因变量均最高的点

二、多项选择题（本大题共10小题，每小题2分，共20分）

1. 下列各项中，属于管理会计与财务会计区别的有（　　）。
   A. 会计主体不同　B. 基本职能不同　C. 工作依据不同　D. 具体工作目标不同
   E. 方法及程序不同

2. 它的上升会使保本点上升的项目是（　　）。
   A. 固定成本　　B. 单位售价　　　C. 变动成本　　　D. 销售量
   E. 利润额

3. 下列与安全边际率有关的说法中，正确的有（　　）。
   A. 安全边际量与当年实际销售量的比值等于安全边际率
   B. 安全边际率与保本作业率的和为1
   C. 安全边际额与销售量的比率等于安全边际率
   D. 安全边际率越小，企业发生亏损的可能性越小
   E. 安全边际率越大，企业发生亏损的可能性越小

4. 下列各项中，可据以判定企业恰好处于保本状态的标志有（　　）。
   A. 安全边际率为零　　　　　　　B. 贡献边际等于固定成本
   C. 收支相等　　　　　　　　　　D. 保本作业率为零
   E. 贡献边际率等于变动成本率

5. 在相关范围内，变动成本应当具备的特征有（　　）。

A. 总额的不变性 B. 总额的变动性
C. 总额的正比例变动性 D. 单位额的不变性
E. 单位额的反比例变动性

6. 下列各项中，属于管理会计与财务会计区别的有（　　）。
A. 会计主体不同 B. 基本职能不同
C. 工作依据不同 D. 具体工作目标不同
E. 方法及程序不同

7. 它的上升会使保本点上升的项目是（　　）。
A. 固定成本 B. 单位售价 C. 变动成本 D. 销售量
E. 利润额

8. 在管理会计中，构成全面预算内容的有（　　）。
A. 业务预算 B. 财务预算 C. 专门决策预算 D. 零基预算
E. 滚动预算

9. 当剩余生产能力无法转移时，亏损产品不应停产的条件有（　　）。
A. 该亏损产品的变动成本率大于1 B. 该亏损产品的变动成本率小于1
C. 该亏损产品的贡献边际大于0 D. 该亏损产品的单位贡献边际大于0
E. 该亏损产品的贡献边际率大于0

10. 下列各项中，属于管理会计职能的有（　　）。
A. 预测经济前景 B. 参与经济决策 C. 规划经营目标 D. 控制经济过程
E. 考核评价经营业绩

三、判断题（本大题共10小题，每小题1分，共10分）
1. 管理会计的可靠性原则指信息应具备准确性，精确性和真实性。（　　）
2. 导致完全成本法与变动成本法营业净利润不相等的根本原因在于两种成本法对固定性制造费用的处理方法不同。（　　）
3. 在应用变动成本法的多种设想中，能同时兼顾企业内部管理和对外报告要求的方法被称为双轨制。（　　）
4. 因为安全边际是正常销售额超过保本点销售额的差额，并表明销售额下降多少企业仍不至于亏损，所以安全边际部分的销售额也就是企业的利润。（　　）
5. 产生经营杠杆的原因在于，由于存在固定经营成本，当产销量变化时，利润的变动率总是大于产销量的变动率。（　　）
6. 在企业出现亏损产品的时候，企业就应当做出停止生产该产品的决策。（　　）
7. 只有在经营期内，才存在净现金流量。（　　）
8. 利用成本无差别点法作生产经营决策分析时，如果业务量大于成本无差别点 x 时，则应选择固定成本较高的方案。（　　）
9. 简单地说，决策分析就是领导拍板做出决定的瞬间行为。（　　）
10. 在一定时期内，对于各责任中心之间已经发生的内部交易来说，无论采用哪种内部转移价格核算，只影响到各相关责任中心之间的利益分配，不会改变企业总体利润的大小。（　　）

第二部分 非选择题

四、名词解释题（本大题共3小题，每小题3分，共9分）

1. 零基预算
2. 成本差异
3. 利润中心

五、简答题（本大题共2小题，每小题4分，共8分）

1. 说明在两种成本法下分期营业利润出现差额的根本原因。
2. 什么是现金预算？其组成内容是什么。

六、计算题（本大题共4小题，第1小题5分，第2小题8分，第3小题10分，第4小题10分，共33分）

1. 某企业生产的甲产品7～12月的产量及成本资料如下表所示：

月份	7	8	9	10	11	12
产量（件）	40	42	45	43	46	50
总成本（元）	8 800	9 100	9 600	9 300	9 800	10 500

要求：采用高低点法进行成本性态分析。

2. 某企业生产甲产品，单位产品耗用的直接材料标准成本资料如下表所示：

成本项目	价格标准	用量标准	标准成本
直接材料	0.5元/公斤	6公斤/件	3元/件

直接材料实际购进量是4 000公斤，单价0.55元/公斤；本月生产产品400件，使用材料2 500公斤。要求：

（1）计算该企业生产甲产品所耗用直接材料的实际成本与标准成本的差异。

（2）将差异总额进行分解。

3. 某企业计划生产并销售一种产品，单位售价50元，单位变动成本30元，固定成本总额56 000元，目标利润40 000元，该企业计划期目标利润在原有40 000元的基础上增加30%。

请分析：影响目标利润实现的因素有哪些？为保证此目标利润实现的各有关因素应如何变动？

4. 某企业生产甲零件，该零件市场价50元，企业用剩余生产能力制造该零件，单位制造成本为：直接材料20元，直接人工16元，变动制造费用6元，固定制造费用4元。

要求：

（1）甲零件每年需要量为3 000件，剩余生产能力无法转移，该零件应否外购？

（2）甲零件每年需要量为3 000件，剩余生产能力如不用于生产甲零件，可以生产其他产品，每年的贡献毛益总额3 000元，该零件应否外购？

（3）甲零件每年需要量不确定情况下，企业自行生产需增加专属固定成本8 000元，该零件何时应外购？并说明理由。

《管理会计》课后试卷（七）

第一部分 选择题

一、单项选择题（本大题共20小题，每小题1分，共20分）

1. 在管理会计中，狭义相关范围是指（　　）。
   A. 成本的变动范围 B. 业务量的变动范围
   C. 时间的变动范围 D. 市场容量变动范围

2. 下列各项中，能反映变动成本法局限性的说法是（　　）。
   A. 导致企业盲目生产 B. 不利于成本控制
   C. 不利于短期决策 D. 不符合传统的成本观念

3. 在变动成本法下，销售收入减变动成本等于（　　）。
   A. 销售毛利 B. 税后利润 C. 税前利润 D. 贡献边际

4. 若本期销量比上期增加，其他条件不变，则变动成本法下本期营业利润（　　）。
   A. 一定等于上期 B. 一定大于上期
   C. 应当小于上期 D. 可能等于上期

5. 在计算保本量和保利量时，有关公式的分母是（　　）。
   A. 单位贡献边际 B. 贡献边际率 C. 单位变动成本 D. 固定成本

6. 在其他因素不变时，固定成本减少，保本点（　　）。
   A. 升高 B. 降低 C. 不变 D. 不一定变动

7. 经营杠杆系数等于1，说明（　　）。
   A. 固定成本等于0 B. 固定成本大于0
   C. 固定成本小于0 D. 与固定成本无关

8. 已知上年利润为10万元，下一年经营杠杆系数为1.4，销售量变动率为15%，则下一年利润预测数为（　　）。
   A. 14万元 B. 15万元 C. 12.1万元 D. 12.5万元

9. 在管理会计中，单一方案决策又称为（　　）。
   A. 接受或拒绝方案决策 B. 互斥方案决策
   C. 排队方案决策 D. 组合方案决策

10. 下列各项中，属于无关成本的是（　　）。
    A. 沉没成本 B. 增量成本 C. 机会成本 D. 专属成本

11. 下列因素单独变动时，不会对保利点产生影响的是（　　）。
    A. 单价 B. 目标利润 C. 成本水平 D. 销售量

12. 在零部件自制或外购的决策中，如果零部件的需用量尚不确定，应当采用的决策方法是（　　）。

A. 相关损益分析法　　　　　　　　　B. 差别损益分析法
C. 相关成本分析法　　　　　　　　　D. 成本无差别点法本

13. 阶梯式混合成本又可称为（　　）。
A. 半固定成本　　B. 半变动成本　　C. 延期变动成本　　D. 曲线式成本

14. 有关产品是否进行深加工决策中，深加工前的半成品成本属于（　　）。
A. 估算成本　　B. 重置成本　　C. 机会成本　　D. 沉没成本

15. 在利润敏感性分析中，如果企业正常盈利，则对利润影响程度最高的因素是（　　）。
A. 单价　　B. 单位变动成本　　C. 销售量　　D. 固定成本

16. 在短期经营决策中，企业不接受特殊价格追加订货的原因是买方出价低于（　　）。
A. 正常价格　　　　　　　　　　　　B. 单位产品成本
C. 单位变动生产成本　　　　　　　　D. 单位固定成本

17. 管理会计的服务侧重于（　　）。
A. 股东　　　　　　　　　　　　　　B. 外部集团
C. 债权人　　　　　　　　　　　　　D. 企业内部的经营管理

18. 标准成本与预算成本的不同点在于（　　）。
A. 是一种总额的概念　　　　　　　　B. 是一种单位的概念
C. 是预算总成本　　　　　　　　　　D. 是一种计划成本

19. 编制全面预算的基础和关键是（　　）。
A. 生产预算　　B. 材料采购预算　　C. 销售预算　　D. 现金预算

20. 在采用高低点法时，高点是指（　　）。
A. 自变量最高的点　　　　　　　　　B. 自变量最低的点
C. 因变量最高的点　　　　　　　　　D. 自变量和因变量均最高的点

二、多项选择题（本大题共10小题，每小题2分，共20分）

1. 从保本图得知：（　　）。
A. 保本点右边，成本大于收入，是亏损区
B. 销售量一定的情况下，保本点越高，盈利区越大
C. 实际销售量超过保本点销售量部分即是安全边际
D. 在其他因素不变的情况下，保本点越低，盈利面积越低
E. 安全边际越大，盈利面积越大

2. 企业在进行经营决策时，属于非相关成本的有（　　）。
A. 重置成本　　B. 差别成本　　C. 不可避免成本　　D. 历史成本
E. 机会成本

3. 在相关范围内保持不变的有（　　）。
A. 变动成本总额　　B. 单位变动成本　　C. 固定成本总额　　D. 单位固定成本
E. 总成本

4. 下列各项中，属于储存成本内容的有（　　）。
A. 搬运费　　B. 仓储费　　C. 保险费　　D. 自然损耗
E. 利息

5. 下列各项中，属于联产品深加工决策方案可能需要考虑的相关成本有（　　）。

A. 联合成本　　　　B. 可分成本　　　　C. 沉没成本　　　　D. 差量成本
E. 专属成本

6. 在完全成本法下，期间费用包括（　　　）。
A. 制造费用　　　　B. 变动制造费用　　C. 固定制造费用　　D. 销售费用
E. 管理费用

7. "本—量—利"分析的前提条件是（　　　）。
A. 成本性态分析假设　　　　　　　　B. 相关范围及线性假设
C. 变动成本法假设　　　　　　　　　D. 产销平衡和品种结构不变假设
E. 目标利润假设

8. 年金是一种特殊的等额系列收付款项，其特点包括（　　　）。
A. 连续性　　　　　B. 等额性　　　　　C. 同方向性　　　　D. 一次性
E. 递减性

9. 在相关范围内保持不变的有（　　　）。
A. 变动成本总额　　B. 单位变动成本　　C. 固定成本总额　　D. 单位固定成本
E. 总成本

10. 管理会计的职能包括（　　　）。
A. 参与经济决策　　B. 控制经济过程　　C. 规划经营目标　　D. 预测经济前景
E. 考核评价经营业绩

三、判断题（本大题共10小题，每小题1分，共10分）

1. 管理会计不受"公认的会计原则"的完全限制，进行短期经营决策时，可以不执行历史成本原则。（　　）
2. 变动成本是指在相关范围内，其总额随业务量成比例变化的那部分成本。（　　）
3. 变动成本法与完全成本法产生利润差异的根本原因是两种成本法计入当期利润表的固定生产成本的水平不同。（　　）
4. 当销售量上升时，单位贡献边际上升，安全边际也上升。（　　）
5. 修正的时间序列回归法归属于趋势外推分析法，该法是对业务量的修正。（　　）
6. 凡变动成本都是相关成本；凡固定成本都是无关成本。（　　）
7. 弹性预算方法从理论上讲适用于编制全面预算中所有与业务量有关的各种预算，但从实用的角度看，主要用于编制弹性成本费用预算和弹性利润预算。（　　）
8. 只要成本差异达到重要性标准，都应视为例外。（　　）
9. 凡可控成本必须是可以预计、可以计量、可以施加影响、可以落实责任的成本，否则为不可控成本。（　　）
10. 作业管理按成本动因和成本之间的依存关系进行成本性态分析。（　　）

第二部分　非选择题

四、名词解释题（本大题共3小题，每小题3分，共9分）

1. 贡献毛益
2. 完全成本法

3. 沉没成本

五、简答题（本大题共 2 小题，每小题 4 分，共 8 分）

1. 简述差量分析法的原理及应用。
2. 短期经营决策应考虑的成本概念是什么？它们各自包括哪些成本？

六、计算题（本大题共 4 小题，第 1 小题 6 分，第 2 小题 7 分，第 3 小题 10 分，第 4 小题 10 分，共 33 分）

1. 某企业生产甲产品，单位产品耗用的直接材料标准成本资料如下表所示：

成本项目	价格标准	用量标准	标准成本
直接材料	0.5 元/公斤	6 公斤/件	3 元/件

直接材料实际购进量是 4 000 公斤，单价 0.55 元/公斤；本月生产产品 400 件，使用材料 2 500 公斤。

要求：

（1）计算该企业生产甲产品所耗用直接材料的实际成本与标准成本的差异。

（2）将差异总额进行分解。

2. 已知：某企业常年生产需用的某部件以前一直从市场上采购。一直采购量在 5 000 件以下时，单价为 8 元；达到或超过 5 000 件时，单价为 7 元。如果追加投入 12 000 元专属成本，就可以自行制造该部件，预计单位变动成本为 5 元。

要求：用成本无差别点法为企业做出自制或外购 A 零件的决策。

3. 某企业第一车间是一个成本中心，只生产 A 产品。其预算产量为 5 000 件，单位标准材料成本为 100 元/件；实际产量为 6 000 件，实际单位材料成本 96 元。假定其他成本暂时忽略不计。单位标准材料成本＝10 元/千克×10 千克/件；实际单位材料成本＝12 元/千克×8 千克/件。

要求：计算该成本中心消耗的直接材料责任成本的变动额和变动率，分析并评价该成本中心的成本控制情况。

4. 现有一家企业只生产 A 产品，单价为 10 万元/件，单位变动成本为 6 万元/件，固定成本为 40 000 万元。全年生产能力为 12 500 件。

根据以上资料进行如下分析：

（1）计算全部贡献边际指标、计算营业利润、计算变动成本率、验证贡献边际率与变动成本率的关系。

（2）按基本等式法计算该企业的保本点指标。

（3）计算该企业的安全边际指标、计算该企业的保本作业率。

（4）验证安全边际率与保本作业率的关系。

（5）评价该企业的经营安全程度。

《管理会计》课后试卷（八）

第一部分 选择题

一、单项选择题（本大题共20小题，每小题1分，共20分）

1. 下列各项中，属于划分传统管理会计和现代管理会计两个阶段时间标志的是（　　）。
   A. 19世纪90年代　　　　　　　　B. 20世纪20年代
   C. 20世纪50年代　　　　　　　　D. 20世纪70年代

2. 在财务会计中，销售费用的正确归属是（　　）。
   A. 制造费用　　　B. 主要成本　　　C. 加工成本　　　D. 非制造成本

3. 对于任何一个成本中心来说，其责任成本应等于该中心的（　　）。
   A. 产品成本　　　B. 固定成本之和　　　C. 可控成本之和　　　D. 不可控成本之和

4. 在零部件自制和外购的决策中，如果零部件的需用量尚不确定，应当采用的决策方法是（　　）。
   A. 相关损益分析法　　　　　　　　B. 差别损益分析法
   C. 相关成本分析法　　　　　　　　D. 成本无差别点法

5. 在前后各期产量和成本水平均不变的条件下，若本期完全成本法计算下的利润小于变动成本法计算下的利润，则意味着（　　）。
   A. 本期生产量大于本期销售量　　　B. 本期生产量等于本期销售量
   C. 期末存货量大于期初存货量　　　D. 期末存货量小于期初存货量

6. 下列各项中，各类项目投资都会发生的现金流出是（　　）。
   A. 建设投资　　　B. 固定资产投资　　　C. 无形资产投资　　　D. 流动资金投资

7. 下列有关贡献边际率与其他指标关系的表达式中，唯一正确的是（　　）。
   A. 贡献边际率＋保本作业率＝1　　　B. 贡献边际率＋变动成本率＝1
   C. 贡献边际率＋安全边际率＝1　　　D. 贡献边际率＋危险率＝1

8. 已知某企业的销售收入为10 000元，固定成本为2 200元，保本作业率为40%。在此情况下，该企业可实现利润是（　　）。
   A. 1 800元　　　B. 2 300元　　　C. 3 300元　　　D. 3 800元

9. 如果产品的单价与单位变动成本的变动率相同，其他因素不变，则保本量（　　）。
   A. 不变　　　B. 上升　　　C. 下降　　　D. 不确定

10. 某投资项目原始投资额为100万元，使用寿命10年，已知该项目第10年的经营净现金流量为25万元，期满处置固定资产残值收入及回收流动资金共8万元，则该投资项目第10年的净现金流量为（　　）万元。
    A. 8　　　B. 25　　　C. 33　　　D. 43

11. 现代管理会计中占核心地位的是（   ）。
    A. 预测决策会计   B. 规划控制会计   C. 成本会计   D. 责任会计
12. 在变动成本法下，其利润表所提供的中间指标是（   ）。
    A. 贡献边际   B. 营业利润   C. 营业毛利   D. 期间成本
13. 标准成本控制的重点是（   ）。
    A. 标准成本的制定   B. 成本差异的计算分析
    C. 成本控制   D. 成本差异账务处理
14. 下列会计系统中，能够履行管理会计"考核评价经营业绩"职能的是（   ）。
    A. 预测决策会计   B. 规划控制会计
    C. 对外报告会计   D. 责任会计
15. 在利润敏感性分析中，如果企业正常盈利，则对利润影响程度最高的因素是（   ）。
    A. 单价   B. 单位变动成本   C. 销售量   D. 固定成本
16. 某投资方案的年营业收入为 100 万元，年营业支出为 60 万元，其中折旧为 10 万元，所得税率为 40%，则该方案每年的营业现金流量为（   ）万元。
    A. 26   B. 34   C. 40   D. 50
17. 在零部件自制或外购的决策中，如果零部件的需用量尚不确定，应当采用的决策方法是（   ）。
    A. 相关损益分析法   B. 差别损益分析法
    C. 相关成本分析法   D. 成本无差别点法
18. 下列项目中，不属于利润中心负责范围的是（   ）。
    A. 成本   B. 收入   C. 利润   D. 投资效果
19. 编零基预算的编制基础是（   ）。
    A. 零   B. 基期的费用水平
    C. 国内外同行业费用水平   D. 历史上费用的最好水平
20. 成本无差别点业务量是指能使两方案（   ）。
    A. 标准成本相等的业务量   B. 变动成本相等的业务量
    C. 固定成本相等的业务量   D. 总成本相等的业务量

二、多项选择题（本大题共 10 小题，每小题 2 分，共 20 分）

1. 下列各项中，属于管理会计与财务会计区别的有（   ）。
   A. 会计主体不同   B. 基本职能不同   C. 工作依据不同   D. 具体工作目标不同
   E. 方法及程序不同
2. 下列各项中，属于管理会计职能的有（   ）。
   A. 预测经济前景   B. 参与经济决策   C. 控制经济过程   D. 规划经营目标
   E. 考核评价经营业绩
3. 下列项目中属于变动成本法与全成本法的区别有（   ）。
   A. 产品成本的构成内容不同   B. 计算出的营业利润不同
   C. 利润表的格式不同   D. 损益确定程序不同
   E. 常用的销货成本计算公式不同
4. 管理会计的基本假设有（   ）。

A. 灵活分期假设　　B. 多层主体假设　　C. 理性行为假设　　D. 合理预期假设

E. 充分占有信息假设

5. 安全边际指标的表现形式有（　　）。

A. 安全边际量　　B. 安全边际额　　C. 安全边际率　　D. 保本作业率

E. 保利量

6. 下列各项中属于变动成本的有（　　）。

A. 直接材料　　　　　　　　　　　B. 直接人工

C. 直线法计提的折旧费　　　　　　D. 产量法计提的折旧费

E. 电话费

7. 下列各项中，属于生产经营决策相关成本的有（　　）。

A. 增量成本　　B. 机会成本　　C. 专属成本　　D. 沉没成本

E. 联合成本中的变动成本

8. 下列各项中，能够同时影响保本点、保利点及保净利点的因素为（　　）。

A. 单位边际贡献　　B. 贡献边际率　　C. 固定成本总额　　D. 目标利润

E. 所得税率

9. 变动性制造费用差异可分解为（　　）。

A. 耗费差异　　B. 预算差异　　C. 开支差异　　D. 效率差异

E. 能量差异

10. 在相对剩余生产能力无法转移的条件下，亏损产品继续生产的前提条件是（　　）。

A. 单价大于单位变动成本　　　　　B. 贡献边际率大于零

C. 贡献边际率大于变动成本率　　　D. 贡献边际大于固定成本

E. 贡献边际大于零

三、判断题（本大题共 10 小题，每小题 1 分，共 10 分）

1. 管理会计的对象是企业相关责任中心的、可控的、现在或未来的经济活动。
（　　）

2. 管理会计的一般程序可概括为事前规划、事中控制、事后评价三个阶段。（　　）

3. "三论"——控制论、系统论、信息论，属于新兴的横断科学，是当代科学上的重大成就。（　　）

4. "本—量—利"分析法将成本、产量、利润的变动联系起来分析，从静态上分析产量、成本的变动对利润或边际贡献的影响。（　　）

5. 成本性态是指成本与特定业务量或作业量之间的依存关系。（　　）

6. 固定成本是指在一定时期，一定业务量范围内，其总量受产量变动影响而发生变动的成本。（　　）

7. 变动成本总额与业务量的完全线性关系也需要保持在一定的时间和业务量范围内，超出这个相关范围，其依存关系也会发生变化，表现为非线性关系。（　　）

8. 在相关范围内，总成本函数为：$y = a + bx$。（　　）

9. 账户分析法属于定量分析法。（　　）

10. 在管理会计中，回归分析法是用来分解混合成本的一种较为精确的方法。（　　）

第二部分 非选择题

四、名词解释题（本大题共 3 小题，每小题 3 分，共 9 分）
1. 定性分析法
2. 弹性预算
3. 责任中心

五、简答题（本大题共 2 小题，每小题 4 分，共 8 分）
1. 分解混合成本有哪几种常用的方法？
2. 什么是"本—量—利"分析？它的基本公式是什么？

六、计算题（本大题共 4 小题，第 1 小题 6 分，第 2 小题 8 分，第 3 小题 10 分，第 4 小题 9 分，共 33 分）

1. 某厂生产甲产品，产品单价为 10 元/件，单位产品变动生产成本为 4 元，固定性制造费用总额为 24 000 元，销售及管理费用为 6 000 元，全部是固定性的。存货按先进先出法计价，最近三年的产销量如下表所示：

单位：件

资料	第一年	第二年	第三年
期初存货量	0	0	2 000
本期生产量	6 000	8 000	4 000
本期销货量	6 000	6 000	6 000
期末存货量	0	2 000	0

要求：
（1）分别按变动成本法和完全成本法计算单位产品成本；
（2）分别按变动成本法和完全成本法计算第一年的营业利润；
（3）利用差额简算法计算第三年完全成本法与变动成本法的营业利润差额。

2. 某企业利用高低点法进行成本性态分析，在已知的八期历史资料中，4 月的产量最低，为 200 件，总成本为 90 000 元，其中固定成本为 65 000 元，变动成本为 23 000 元，其余为混合成本。7 月产量最高，为 300 件，总成本为 102 000 元。要求：
（1）进行混合成本分析；
（2）写出总成本的成本性态模型。

3. 某企业生产一种产品，其变动性制造费用的标准成本为 24 元/件（3 小时/件 × 8 元/小时）。本期实际产量 1 300 件，发生实际工时 4 100 小时，变动性制造费用 31 160 元。要求：
（1）计算变动性制造费用的成本差异；
（2）计算变动性制造费用的效率差异；
（3）计算变动性制造费用的耗费差异；
（4）如果固定性制造费用的总差异是 2 000 元，生产能力利用差异是 −1 500 元，效率差异是500元，计算固定性制造费用的预算差异。

4. 某企业只生产一种产品，2018年销量为1 000件，单价20元，单位成本14元，其中单位变动成本10元。为扩大经营规模，企业拟租用一台专用设备，年租金为1 600元，假定2013年单价和单位变动成本不变。

要求：

（1）计算2019年该企业的保本量。

（2）若要实现利润增加一倍的目标，2019年至少销售多少件产品？

（3）若明年市场上只能容纳1 400件产品，此时该产品的安全边际应是多少？

《管理会计》课后试卷（九）

第一部分　选择题

一、单项选择题（本大题共20小题，每小题1分，共20分）

1. 管理会计与财务会计的关系是（　　）。
   A. 起源相同、最终目标不同　　　B. 最终目标相同、基本信息同源
   C. 具体工作目标相同、服务对象交叉　　D. 服务对象交叉、概念相同

2. 流水作业的生产工人工资属于（　　）。
   A. 约束性固定成本　　　　　　　B. 酌量性固定成本
   C. 技术性变动成本　　　　　　　D. 约束性变动成本

3. 如果某项管理会计信息同时满足了相关性和可信性的要求，那么我们可以断定该信息在质量上符合（　　）。
   A. 真实性原则　　B. 决策有用性原则　　C. 及时性原则　　D. 灵活性原则

4. 阶梯式混合成本又可称为（　　）。
   A. 半固定成本　　B. 半变动成本　　C. 延期变动成本　　D. 曲线式成本

5. 在历史资料分析法的具体应用方法中，计算结果最为精确的方法是（　　）。
   A. 高低点法　　　B. 散布图法　　　C. 回归直线法　　D. 直接分析法

6. 如果完全成本法的期末存货成本比期初存货成本多10 000元，而变动成本法的期末存货成本比期初存货成本多4 000元，则可断定两种成本法的营业利润之差为（　　）。
   A. 14 000元　　　B. 10 000元　　　C. 6 000元　　　D. 4 000元

7. 已知某产品的单位变动成本为10元，固定成本为15 000元，销售量为5 000件，目标利润为5 000元，则实现目标利润的单价为（　　）。
   A. 14元　　　　　B. 6元　　　　　C. 11元　　　　　D. 13元

8. 在历史资料分析法中，高低点法所用的"高低"是指（　　）。
   A. 最高或最低的成本　　　　　　B. 最高或最低的业务量
   C. 最高或最低的成本或业务量　　D. 最高或最低的成本和业务量

9. 在其他因素不变的条件下，其变动不能影响保本点的因素是（　　）。
   A. 单位变动成本　　B. 固定成本　　C. 单价　　　　D. 销售量

10. 在采用平滑指数法进行近期销售预测时，应选择（　　）。
    A. 固定的平滑指数　　　　　　　B. 较小的平滑指数
    C. 较大的平滑指数　　　　　　　D. 任意数值的平滑指数

11. 变动成本水平的表现形式一般是（　　）。
    A. 变动成本总额　　B. 单位变动成本　　C. 变动成本率　　D. 约束性变动成本

12. 如果完全成本法期末存货吸收的固定性制造费用大于期初存货释放的固定性制造

— 272 —

费用，则两种方法营业利润的差额（　　）。
　　A. 一定等于零　　B. 可能等于零　　C. 一定小于零　　D. 一定大于零
13. 在经济决策过程中，因选取某一方案而放弃另一方案所付出的代价或丧失的潜在利益，就是所谓的（　　）。
　　A. 增量成本　　B. 机会成本　　C. 专属成本　　D. 沉没成本
14. 某企业只生产一种产品，单价5元，销量100件，变动成本率30%，则贡献边际为（　　）。
　　A. 150元　　B. 250元　　C. 350元　　D. 450元
15. 在零部件自制和外购的决策中，如果零部件的需用量尚不确定，应当采用的决策方法是（　　）。
　　A. 相关损益分析法　　　　　　B. 差别损益分析法
　　C. 相关成本分析法　　　　　　D. 成本无差别点法
16. 如果预算中，预算期永远保持为一个固定期间，如12个月，这种预算的编制方法是（　　）。
　　A. 固定预算方法　　B. 弹性预算方法　　C. 滚动预算方法　　D. 定期预算方法
17. 编制全面预算的出发点是（　　）。
　　A. 生产预算　　B. 现金预算　　C. 销售预算　　D. 弹性预算
18. 下列各项中，可用于预测追加资金需要量的方法是（　　）。
　　A. 平均法　　B. 销售百分比法　　C. 指数平滑法　　D. 回归分析法
19. 以下属于决策不相关成本的是（　　）。
　　A. 差别成本　　B. 机会成本　　C. 沉没成本　　D. 重置成本
20. 对亏损产品B产品是否停产，应根据下面方法来决策（　　）。
　　A. 看B产品亏损数是否能由盈利产品来弥补，如能弥补，继续生产
　　B. B产品的亏损数如能由盈利产品来弥补，也停止生产
　　C. B产品的贡献毛益如为正数，不应停止生产
　　D. B产品的贡献毛益如为正数，应停止生产

二、**多项选择题**（本大题共10小题，每小题2分，共20分）
1. 成本动因按其在作业成本中体现的分配性质不同，可以分为（　　）。
　　A. 资源动因　　B. 作业动因　　C. 产品动因　　D. 需求动因
　　E. 价格动因
2. 下列各项中，属于生产经营决策相关成本的有（　　）。
　　A. 增量成本　　B. 机会成本　　C. 专属成本　　D. 沉没成本
　　E. 不可避免成本
3. 它的上升会使保本点上升的项目是（　　）。
　　A. 固定成本　　B. 单位售价　　C. 变动成本　　D. 销售量
　　E. 利润额
4. 下列项目中，可以作为管理会计主体的有（　　）。
　　A. 企业整体　　B. 分厂　　C. 车间　　D. 班组
　　E. 个人

5. 在是否接受低价追加订货的决策中，如果发生了追加订货冲击正常任务的现象，就意味着（   ）。

   A. 不可能完全利用其绝对剩余生产能力来组织追加订货的生产
   B. 追加订货量大于绝对剩余生产能力
   C. 会因此而带来机会成本
   D. 追加订货量大于正常订货量
   E. 因追加订货必须追加专属成本

6. 它的上升会使保本点上升的项目是（   ）。

   A. 固定成本   B. 单位售价   C. 变动成本   D. 销售量
   E. 利润额

7. 下列说法中属于机会成本的正确说法是（   ）。

   A. 如果接受订货，由于加工能力不足而挪用正常订货所放弃的有关收入，是接受订货方案的机会成本
   B. 如果不接受订货，由于加工能力不足所放弃的有关收入，是不接受订货方案的机会成本
   C. 不接受订货可将设备出租，接受订货则就不能出租，则此租金是接受订货方案的机会成本
   D. 接受订货需要租入设备的租金为接受订货方案的机会成本
   E. 亏损产品如果停产，可以转产其他产品，转产的贡献边际是继续生产亏损产品方案的机会成本

8. 下列项目中，属于弹性预算的优点是（   ）。

   A. 适应范围广   B. 使用时期长
   C. 各预算期预算相互衔接   D. 避免重复编制预算
   E. 不受基期数影响

9. 在单一的独立投资项目中，当一项投资方案的净现值小于零时，表明该方案（   ）。

   A. 获利指数小于1   B. 不具备财务可行性
   C. 净现值率小于零   D. 内部收益率小于行业基准收益率
   E. 静态投资回收期小于基础回收期

10. 责任中心可以分为（   ）。

    A. 成本中心   B. 费用中心   C. 利润中心   D. 投资中心

三、判断题（本大题共10小题，每小题1分，共10分）

1. 半变动成本是一定时期、一定业务量范围内，随着业务量的增减变动，其总额也将发生相应的正比例变动的成本。（   ）

2. 半变动成本是指在出事的基数上随产量成反比例增长的成本。（   ）

3. 在产销平衡的情况下，变动成本法和完全成本法计算所确定的税前利润是相同的。（   ）

4. 贡献毛益是指产品的销售收入与相应成本之间的差额。（   ）

5. 盈亏平衡是指企业经营达到不盈不亏的状态。（   ）

6. 在保本图上，一般以横轴表示销售数量，以纵轴表示成本和销售收入的金额。（   ）

7. 安全边际是指企业预算（或实际）销售量达到盈亏平衡点的差额。（   ）

8. 机会成本是指在决策中选择某个方案而放弃其他方案所得到的可能实现的所得，也成为择机代价。（   ）

9. 边际成本是产品成本对产品产量无限小变化的变动部分。（   ）

10. 沉没成本是指过去已经发生并可能由现在或将来的任何决策所改变的成本。（   ）

第二部分　非选择题

四、名词解释题（本大题共3小题，每小题3分，共9分）

1. 混合成本
2. 经营决策
3. 定量分析法

五、简答题（本大题共2小题，每小题4分，共8分）

1. 说明利润预测中敏感分析的内容。
2. 决策的一般程序是什么？

六、计算题（本大题共4小题，第1小题8分，第2小题7分，第3小题9分，第4小题9分，共33分）

1. 已知：某企业本期有关成本资料如下：单位直接材料成本为10元，单位直接人工成本为5元，单位变动性制造费用为7元，固定性制造费用总额为4 000元，单位变动性销售管理费用为4元，固定性销售管理费用为1 000元。期初存货量为零，本期产量为1 000件，销量为600件，单位售价为40元。

要求：按照变动成本法的有关公式计算下列指标：

（1）单位产品成本

（2）期间成本

（3）销货成本

（4）营业利润

2. 已知：某企业每年需用A零件2 000件，原由金工车间组织生产，年总成本为19 000元，其中，固定生产成本为7 000元。如果改从市场上采购，单价为8元，同时将剩余生产能力用于加工B零件，可节约外购成本2 000元。

要求：为企业作出自制或外购A零件的决策，并说明理由。

3. 已知某企业组织多品种经营，本年的有关资料如下表所示：

品种	销售单价（元）	销售量（件）	单位变动成本（元）
A	620	100	372
B	100	2 000	50
C	60	3 000	45

假定本年全厂固定成本为237 000元，计划下年度不再支付广告费1 200元。要求：

（1）计算综合贡献边际率；
（2）计算综合保本额；
（3）计算每种产品的保本额。

4. 某公司生产甲产品，售价每件 10 元，月初月末产成品存货成本不变，总成本与销售量之间的函数关系为：$y = 200 + 5x$。

要求：

（1）计算贡献毛益率、保本点销售量。
（2）销售 100 件产品时的安全边际和营业利润。
（3）如果单位变动成本提高 1 元，售价应定为多少，才能保持原来的贡献毛益率？

《管理会计》课后试卷（十）

第一部分　选择题

一、单项选择题（本大题共 20 小题，每小题 1 分，共 20 分）

1. 在短期经营决策中，只要买方出价低于（　　），企业不应接受特殊价格追加定货。
   A. 单位产品成本　　B. 单位变动成本　　C. 正常价格　　D. 单位固定成本

2. 投资项目的建设起点与终结点之间的时间间隔称为（　　）。
   A. 项目计算期　　B. 生产经营期　　C. 建设期　　D. 试产期

3. 与弹性预算相对应的预算是（　　）。
   A. 固定预算　　B. 零基预算　　C. 增量预算　　D. 定期预算

4. 企业的销售利润率等于（　　）。
   A. 边际贡献率与安全边际率之乘积　　B. 边际贡献率与安全边际率之差
   C. 边际贡献率与安全边际率之商　　D. 边际贡献率与安全边际率之和

5. 在零部件自制或外购的决策中，如果零部件的需用量尚不确定，应当采用的决策方法是（　　）。
   A. 相关损益分析法　　B. 差别损益分析法
   C. 相关成本分析法　　D. 成本无差别点法

6. 下列各项中，属于划分传统管理会计和现代管理会计两个阶段时间标志的是（　　）。
   A. 19 世纪 90 年代　　B. 20 世纪 20 年代
   C. 20 世纪 50 年代　　D. 20 世纪 70 年代

7. 在财务会计中，销售费用的正确归属是（　　）。
   A. 制造费用　　B. 主要成本　　C. 加工成本　　D. 非制造成本

8. 某企业年初借得 50 000 元贷款，10 年期，年利率 12%，每年末等额偿还。已知年金现值系数（P/A, 12%, 10）= 5.6502，则每年应付金额为（　　）元。
   A. 8 849　　B. 5 000　　C. 6 000　　D. 28 251

9. 进入现代管理会计阶段，管理会计以（　　）。
   A. 规划控制为核心　　B. 预测决策为核心
   C. 责任会计为核心　　D. 业绩评价为核心

10. 流水作业的生产工人工资属于（　　）。
    A. 约束性固定成本　　B. 酌量性固定成本
    C. 技术性变动成本　　D. 约束性变动成本

11. 现代管理会计的主体是（　　）。

A. 决策与计划会计、执行会计 B. 成本计算、决策与计划会计
C. 全面预算、成本计算 D. 全面预算、执行会计

12. 管理会计与财务会计存在着显著区别，但二者之间仍具有一定的联系，主要体现在（ ）。
A. 工作具体目标 B. 遵循公认会计原则
C. 资料来源 D. 工作程序

13. 在平面直角坐标图上，单位产品固定成本是一条（ ）。
A. 以单位变动成本为斜率的直线 B. 反比例曲线
C. 平行于X轴（横轴）的直线 D. 平行于Y轴（纵轴）的直线

14. 企业经营成败的关键在于（ ）。
A. 决策 B. 预测 C. 规划 D. 业绩考评

15. 下列费用中属于约束性固定成本的是（ ）。
A. 折旧费（按直线法计提） B. 广告费
C. 职工教育培训费 D. 业务招待费

16. 在变动成本法与完全成本法下，引起分期损益产生差异的原因是（ ）。
A. 变动生产成本 B. 固定性制造费用
C. 销售收入 D. 期间费用

17. 下列说法正确的是（ ）。
A. 安全边际越小，企业发生亏损的可能性也越小
B. 变动成本法所确定的成本数据符合通用会计报表编制的要求
C. 平均报酬率是使投资项目的净现值等于零的贴现率
D. 在终值与计息期一定的情况下，贴现率越高，则确定的现值越小

18. 某企业只生产加工一种产品，其盈亏临界点销售额为200 000元，企业正常开工的销售量为1 000件，销售收入为250 000元，固定成本为50 000元，则达到盈亏临界点的作业率为（ ）。
A. 75% B. 66.67% C. 80% D. 60%

19. 某企业年固定成本1 000 000元，产品单价10元，计划在产销为400 000件的水平上实现200 000元的利润，该产品单位变动成本为（ ）。
A. 4元 B. 5元 C. 6元 D. 7元

20. 当企业的生产经营处于盈亏临界状态时（ ）。
A. 固定成本同贡献毛益相等 B. 总成本同贡献毛益相等
C. 变动成本同贡献毛益相等 D. 销售收入同贡献毛益相等

二、多项选择题（本大题共10小题，每小题2分，共20分）

1. 与决策相关的成本是（ ）。
A. 机会成本 B. 增量成本 C. 沉没成本 D. 专属成本
E. 可延缓成本

2. 管理会计的基本原则中，决策有用性原则包括（ ）。
A. 效益性 B. 相关性 C. 可信性 D. 及时性
E. 灵活性

3. 影响保本点的因素有（　　）。
  A. 单位售价　　　　　　　　　　B. 单位变动成本
  C. 固定成本总额　　　　　　　　D. 安全边际率
  E. 品种结构

4. 企业处于保本状态时，则（　　）。
  A. 利润为零　　　　　　　　　　B. 安全边际为零
  C. 贡献边际为零　　　　　　　　D. 贡献边际率为零
  E. 保本作业率为零

5. 根据成本性态，可将成本划分为（　　）。
  A. 固定成本　　B. 责任成本　　C. 变动成本　　D. 直接成本
  E. 混合成本

6. 影响保本量指标的因素有（　　）。
  A. 固定成本　　B. 目标利润　　C. 单价　　D. 单位变动成本
  E. 所得税率

7. 按完全成本法计算的利润（　　）按变动成本法计算的利润。
  A. 肯定大于　　B. 肯定小于　　C. 可能等于　　D. 可能大于
  E. 可能小于

8. 下列各项中，可用于原始投资不相同的互斥投资方案比较决策的方法有（　　）。
  A. 差额投资内部收益率法　　　　B. 逐次逼近测试法
  C. 静态投资回收期法　　　　　　D. 年等额净回收额法
  E. 净现值法

9. 下列短期决策正确的是（　　）。
  A. 将亏损产品停产，其生产能力用来生产贡献边际更大的产品
  B. 贡献边际为负数的产品立即停产
  C. 亏损产品若仍能提供贡献边际，则不一定立即停产
  D. 接受客户追加订货的条件是其出价必需高于单位产品生产成本
  E. 有剩余生产能力时，只要客户出价高于单位产品变动成本即可为其加工生产

10. 下列各项中，属于生产经营决策相关成本的有（　　）。
  A. 增量成本　　B. 机会成本　　C. 专属成本　　D. 沉没成本
  E. 不可避免成本

三、判断题（本大题共 10 小题，每小题 1 分，共 10 分）

1. 在相关范围内，不论各期产量是否相等，只要销售量相等，其按完全成本法计算的各期营业利润都必然相等。（　　）
2. 本量利分析应用的前提条件与成本性态分析的假设完全相同。（　　）
3. 管理会计是一个用于概括管理会计工作与管理会计理论的概念。（　　）
4. 定期支付的广告费属于酌量性固定成本。（　　）
5. 变动成本法既有利于短期决策，也有利于长期决策。（　　）
6. 预测是为决策服务的，有时候也可以代替决策。（　　）
7. 在全投资假设条件下，从投资企业的立场看，企业取得借款应视为现金流入，而

归还借款和支付利息则应视为现金流出。（　　）
8. 保本作业率能够反映企业在保本状态下生产经营能力的利用程度。（　　）
9. 成本性态是恒定不变的。（　　）
10. 趋势平均法对历史上各期资料同等对待，权数相同。（　　）

第二部分　非选择题

四、名词解释题（本大题共3小题，每小题3分，共9分）
1. 成本习性
2. 内部转移价格
3. 无关成本

五、简答题（本大题共2小题，每小题4分，共8分）
1. 变动成本法的优点和局限性？
2. 企业经营管理决策的一般程序是什么？

六、计算题（本大题共4小题，第1小题6分，第2小题9分，第3小题8分，第4小题10分，共33分）

1. 已知：某公司只生产一种产品，2018年销售收入为1 000万元，税前利润为100万元，变动成本率为60%。

要求：（1）计算该公司2018年的固定成本；

（2）假定2019年该公司只追加20万元的广告费，其他条件均不变，试计算该年的固定成本。

（3）计算2019年该公司保本额。

2. 某企业生产甲零件，该零件市场价50元，企业利用剩余生产能力制造该零件，单位制造成本为：直接材料20元，直接人工6元，变动制造费用6元，固定制造费用4元。

要求：

（1）甲零件每年需要量为3 000件，剩余生产能力无法转移，该零件应否外购？

（2）甲零件每年需要量为3 000件，剩余生产能力如不用于生产甲零件，可以生产其他产品，每年的贡献毛益总额3 000元，该零件应否外购？

（3）甲零件每年需要量不确定情况下，企业自行生产需增加专属固定成本8 000元，该零件何时应外购？

3. 某企业只生产一种产品，单价200元，单位变动成本150元，固定成本400 000元，2009年企业的销售量为10 000件。企业按同行业先进的资金利润率预测2010年企业的目标利润基数，同行业先进的资金利润率为20%，预计企业资金占用额600 000元。

要求：

（1）测算企业的目标利润基数；

（2）测算盈亏临界点；

（3）假定其他因素不变，测算企业为实现目标利润的单位变动成本降低额；

（4）如果该企业2010年的预计销售量可以达到盈亏临界点，测算该企业的安全边际量和安全边际率。

4. 锋新公司现有的生产能力可用于生产 A 产品或 B 产品，有关资料如表所示：（金额单位：元）

项目	A 产品	B 产品
销售量	90 000	30 000
单位售价	20	30
制造成本		
单位变动成本		
固定成本	16	20
销售与管理费用	36 000	36 000
单位变动成本		
固定成本	2	2
	9 000	9 000

要求：请根据已知资料做出判断应该生产哪种产品？

《管理会计》课后试卷答案

卷一答案

一、单项选择题
1~5：BBAAD　6~10：BCCAD　11~15：CDBCA　16~20：BADDC

二、多项选择题
1. ABC　2. ABC　3. ABCE　4. ABCD　5. ABCDE
6. ABCDE　7. ABC　8. ABD　9. ABCD　10. AB

三、判断题
1. ×　2. ×　3. ×　4. ×　5. √　6. ×　7. √　8. ×　9. ×　10. ×

四、名词解释
1. 酌量性固定成本是指受管理当局短期决策行为影响，可以在不同时期改变其数额的那部分固定成本。

2. 目标利润是指企业在未来一段时间内，经过努力应该达到的最优化控制目标，它是企业未来经营必须考虑的重要战略目标之一。

3. 贡献毛益率是指贡献毛益总额占销售收入总额的百分比，或单位贡献毛益占单价的百分比。反映了产品为企业创利的能力。通常指产品贡献毛益率。

五、简答题
1. 决策分析必须遵循的原则为：
(1) 合法性原则；　(2) 责任性原则；　(3) 民主性原则；
(4) 对合理性原则；　(5) 科学性原则；　(6) 效益性原则。

2. 只要亏损产品满足以下任何一个条件，就不应当停产：
(1) 该亏损产品的单价大于其单位变动成本；
(2) 该亏损产占的单位贡献边际大于零；
(3) 该亏损产品的收入大于其变动成本；
(4) 该亏损产品的贡献边际大于零；
(5) 该亏损产品的贡献边际司大于零；
(6) 该亏损产品的变动成本率小于1。

六、计算题
1. 贡献边际 = $50 \times (1 - 70\%) = 15$（元）

保本量 = $10\,500/15 = 700$（件）

保本额 = $10\,500/(1 - 70\%) = 35\,000$（元）

预计利润 = $50 \times 1\,000 \times (1 - 70\%) - 10\,500 = 4\,500$（元）

2. A产品的单位贡献边际 = $100 - 60 = 40$（元）

B 产品的单位贡献边际 =120－40＝80（元）
A 产品单位台时的贡献边际 =40/2＝20（元）
B 产品单位台时的贡献边际 =80/8＝10（元）
A 产品单位材料的贡献边际 =40/5＝8（元/件）
B 产品单位材料的贡献边际 =80/20＝4（元/件）
因为 A 产品的贡献边际大于 B 产品，所以应开发 A 产品。

3.（1）追加订货的相关成本 =（80－25）×200＋1 000＝12 000（元）
追加订货的相关收入 =70×200＝14 000（元）
追加订货的相关损益 =14 000－12 000＝2 000（元）
所以应接受该项追加订货。
（2）追加订货的相关收入 =70×200＝14 000（元）
追加订货的相关成本 =（80－25）×200＋5 000＝16 000（元）
追加订货的相关损益 =14 000－16 000＝－2 000（元）
因为相关损益小于零，所以该项追加订货不应该接受。

4.（1）直接材料：
标准成本 =2.5×0.6×800＝1 200（元）
实际成本 =2.8×0.5×800＝1 120（元）
成本差异 =1 120－1 200＝－80（元）
价格差异 =800×2.8×(0.5－0.6)＝－224（元）
用量差异 =0.6×800×(2.8－2.5)＝144（元）
（2）直接人工：
标准成本 =0.5×4×800＝1 600（元）
实际成本 =0.45×4.2×800＝1 512（元）
成本差异 =1 512－1 600＝－88（元）
工资率差异 =0.45×800×(4.2－4)＝72（元）
效率差异 =4×800×(0.45－0.5)＝－160（元）

卷二答案

一、单项选择题
1～5：CCBCD　6～10：CBBCB　11～15：CBBAA　16～20：CBACB

二、多项选择题
1. ABE　2. AD　3. AD　4. CDE　5. CD
6. ACE　7. ACD　8. AC　9. ABCD　10. ABDE

三、判断题
1. ×　2. ×　3. √　4. ×　5. √　6. √　7. ×　8. √　9. ×　10. √

四、名词解释
1. 期间成本是指与企业生产经营活动持续期的长短成比例的成本。这种按期间发生的成本，会随着时间的推移而消逝，其效益不应递延到下一个会计期间，而应在其发生的当期，全部列入损益表，作为销售收入的一个扣减项目。

2. 因果预测法是指从某项指标与其他指标之间的规律性联系中进行分析研究，根据它们之间的规律性联系作为预测的依据。这类方法主要有回归分析法，相关分析法等。

3. 投资中心是指既对成本、收入、利润负责，又对投入的资金负责的区域。也就是说，这类中心不仅在产品的生产和销售上享有较大的自主权，而且能相对独立地运用其所掌握的资金，并有权购建或处理固定资产，扩大或缩减现有的生产能力。该中心评价与考核的重点一般是投资利润率和剩余收益。

五、简答题

1. 生产准备成本是指一批产品投产前需花费的准备成本。如调整机器设备，准备工卡模具等项工作面发生的成本。这类成本是固定的，不以每批产量的多少为转移。

储存成本是指单位产品存储一个单位期间的储存成本。例如仓储及其设备维修费、折旧费、保险费等。这类成本是变动的，以每批数量的多少为转移。

因为在成批生产的企业，全年产品投产的总量一般是不变的，每批产量越大，全年投产的批次就越少；反之，批次越多。上述的生产准备成本与批量无关，但与批次成正比；如果投产的批次越少，生产准备成本就会减少。但减少批次，必然要增大批量，从而会使全年储存成本增加。可见，生产准备成本与储存成本是相互消长的，所以生产准备成本与储存成本之和达到最小的生产批量，即为最优生产批量。

2. 所谓标准成本，是根据企业目前的生产技术水平，在有效的经营条件下，应当发生并可能达到的成本，可作为控制成本开支，评价实际成本、衡量工作效率的依据和制定标准成本应遵循以下几项主要原则：

（1）标准先进。标准成本应制定在较为先进的水平上，以激励职工充分挖掘降低成本的潜力。

（2）考虑未来。制定标准成本不仅要依据历史成本资料，还应预测未来经济情况及其他各有关因素的变动。

（3）多方参与。在制定标准成本时，不仅需要管理者参与，还应让标准成本执行者参与，以充分发挥标准成本的激励作用。

六、计算题

1. 变动成本法：

（1）单位产品成本 = 10 + 5 + 7 = 22（元）

（2）期间成本 = 4 000 + 4 × 600 + 1 000 = 7 400（元）

（3）销货成本 = 22 × 600 = 13 200（元）

（4）贡献边际 = 40 × 600 − (22 × 600 + 4 × 600) = 8 400（元）

营业利润 = 8 400 − (4 000 + 1 000) = 3 400（元）

完全成本法：

（1）单位产品成本 = 22 + 4 000/1 000 = 26（元）

（2）期间成本 = 4 × 600 + 1 000 = 3 400（元）

（3）销货成本 = 26 × 600 = 15 600（元）

（4）营业利润 = 40 × 600 − 15 600 − 3 400 = 5 000（元）

2.（1）先计算固定性制造费用分配率
固定性制造费用分配率 = 96 000/32 000 = 3（元/件）
故已销产品应分摊的固定性制造费用 = 24 000 × 3 = 72 000（元）
期末存货应分摊的固定性制造费用 = 8 000 × 3 = 24 000（元）
则已销产品的完全成本 = 24 000 × 8 + 72 000 = 264 000（元）
期末存货的完全成本 = 8 000 × 8 + 24 000 = 88 000（元）
（2）编制损益表：

损益表　　　　　　　　　　　　　　　　　　　　单位：元

××年度	金　额
产品销售收入	480 000
减：产品销售成本	264 000
产品销售毛利	216 000
减：销售费用	2 000
管理费用	4 000
税前利润	210 000
所得税	84 000
税后利润	126 000

3. 甲产品：
总成本 = 96 000 + 15 500 + 10 500 = 122 000（元）
单位成本 = 122 000 ÷ 400 = 305（元/件）
乙产品：
原材料一次投入，按完工产品数量和在产品的数量的比例分配：
72 000 × (500/600) = 60 000（元）
其他费用按约当产量比例分配：
产成品应负担的直接人工成本
= (11 080 + 7 640) × [500/(500 + 100 × 40%)] = 18 720 × (500/540)
= 17 333.33（元）
产成品应负担的制造费用
= (6 548 + 5 508) × [500/(500 + 100 × 40%)]
= 12 056 × (500/540) = 11 162.96（元）
总成本 = 60 000 + 17 333.33 + 11 162.96 = 88 496.29（元）
单位成本 = 88 496.29 ÷ 500 = 176.99（元/件）

4.（1）设变动成本率为 x
因为当企业达到盈亏临界点销售额时，则差量销售收入 − 差量变动成本 = 差量固定成本
即：(1 − x) × 差量销售收入 = 差量固定成本
x = 1 − 差量固定成本/差量销售收入 = 1 − 8 000/32 000 = 1 − 25% = 75%

(2) 当企业处于盈亏临界状态时有：

固定成本 = 销售收入 × (1 − 变动成本率) = 240 000 × (1 − 0.75) = 60 000（元）

故最初时的固定成本为 60 000 元。

(3) 固定成本增加幅度 = 8 000/60 000 = 13.33%

盈亏临界点销售额增长幅度 = 320/240 000 = 13.33%

卷三答案

一、单项选择题

1～5：DBBBC　6～10：ADDBD　10～15：BBCAD　16～20：BDABA

二、多项选择题

1. ABCDE　2. ABCDE　3. ACDE　4. ABC　5. AB
6. AB　7. AD　8. CD　9. ABCD　10. ABC

三、判断题

1. √　2. ×　3. √　4. √　5. √　6. ×　7. ×　8. √　9. √　10. ×

四、名词解释

1. 管理会计是管理和会计的融合，是会计学和管理学的交叉，其目标是确保企业取得最佳经济效益，其对象是企业的经营活动及其价值表现。

2. 成本性态又称成本习性，是指成本总额变动和业务量变动之间的依存关系，即业务量变动，成本总额变动与不变动。

3. 本量利分析是指对成本、业务量、利润三个因素内在联系的分析。

五、简答题

1. 简述管理会计与财务会计的相同点和区别。

管理会计与财务会计的相同点：

(1) 同属现代会计；　(2) 最终目标相同；　(3) 相互分享部分信息；

(4) 财务会计的改革有助于管理会计的发展。

管理会计与财务会计的区别：

(1) 会计主体不同；　(2) 具体工作目标不同；　(3) 基本职能不同；

(4) 工作依据不同；　(5) 方法及程序不同；　(6) 信息特征不同；

(7) 体系的完善程度不同；　(8) 观念取向不同。

2. 简述固定成本与变动成本的定义及特征。

固定成本是指在一定相关范围内，其总额不随业务量发生任何数额变化的那部分成本。

固定成本具有以下两个特征：

(1) 固定成本总额的不变性；

(2) 单位固定成本的反比例变动性。

变动成本是指在一定相关范围内，其总额随业务量成正比例变化的那部分成本。

变动成本具有以下两个特征：

(1) 变动成本总额的正比例变动性；

(2) 单位变动成本的不变性。

六、计算题

1. 高点坐标(28,8 200)

低点坐标(16,5 200)

$b = (8\ 200 - 5\ 200)/(28 - 16) = 250$(元/件)

$a = 5\ 200 - 250 \times 16 = 1\ 200$(元)

成本性态模型为 $Y = 1\ 200 + 250X$

2. 销售收入 = 84 000/40% = 210 000(元)

销售量 = 84 000/6 = 14 000(件)

销售单价 = 210 000/14 000 = 15(元)

单位贡献边际 = 15 - 6 = 9(元)

固定成本 = 210 000 - 84 000 - 18 000 = 108 000(元)

保本量 = 108 000/9 = 12 000(件)

保本额 = 108 000/(1 - 40%) = 180 000(元)

3.

单位:元

项目	2016 年	2017 年	2018 年
营业收入	80 000	48 000	96 000
变动成本			
变动生产成本	30 000	18 000	36 000
贡献边际	50 000	30 000	60 000
固定成本			
固定制造费用	20 000	20 000	20 000
固定销售管理费用	15 000	15 000	15 000
固定成本合计	35 000	35 000	35 000
营业利润	15 000	(5 000)	25 000

4. 销售收入及销售比重:

甲:$620 \times 1\ 000 = 620\ 000$(元)——62%

乙:$100 \times 2\ 000 = 200\ 000$(元)——20%

丙:$260 \times 3\ 000 = 180\ 000$(元)——18%

单位贡献边际:

甲:$620 - 372 = 248$(元)

乙:$2\ 100 - 5\ 040 = -2\ 940$(元)

丙:$260 - 4\ 545 = -4\ 285$(元)

贡献边际率:

甲:$248/620 \times 100\% = 40\%$

乙:$50/100 \times 100\% = 50\%$

丙：215/60×100% = 25%

加权平均的贡献边际率 = 40%×62% + 50%×20% + 25%×18% = 39.3%

综合保本额 = (237 000 - 1 200)/39.3% = 600 000（元）

各品种的保本额：

甲 = 600 000×62% = 372 000（元）

乙 = 600 000×20% = 120 000（元）

丙 = 600 000×18% = 108 000（元）

卷四答案

一、单项选择题

1~5：DCCDD 6~10：ACABB 11~15：DCCDD 16~20：BDADB

二、多项选择题

1. ACD 2. ABC 3. ABCD 4. ACD 5. DE

6. AD 7. ACDE 8. ABC 9. ABC 10. ABE

三、判断题

1. × 2. × 3. √ 4. √ 5. × 6. √ 7. × 8. √ 9. × 10. ×

四、名词解释

1. 变动成本是指在一定条件下，其总额随业务量的变动，严格按正比例变动的那部分成本。

2. 保本点又称盈亏临界点、盈亏两平点，是指企业产品（或服务）的收入和成本恰好相等的业务量水平或销售收入水平。

3. 内含报酬率又称内部报酬率，是指能够使未来现金流入量现值之和等于未来现金流出量现值之和时对应的折现率，或者说是使投资方案净现值为零的折现率，用 IRR 表示。

五、简答题

1. 分析有关因素如何对保本点影响。

（1）单价变动会引起保本点向相反方向变化；

（2）单位变动成本的变动会导致保本点向同方向变化；

（3）固定成本的变动使保本点向相同方向变化。

2. 简述产生经营杠杆效应的原因。

产生经营杠杆效应的原因在于，当产销量变化时，因固定成本的存在而使得单位固定成本呈反比例变动，从而使单位利润相对变化，导致利润的变动率总是大于产销量的变动率。

六、计算题

1. (1) 材料价格差异 = (34 650/21 000 - 1.5)×21 000 = 3 150（元）

材料用量差异 = 1.5×(21 000 - 3 400×6) = 900（元）

(2) 人工工资率差异 = 1 600×(13 000/1 600 - 8) = 200（元）

人工效率差异 = 8×(1 600 - 3 400×0.5) = -800（元）

2. 变动成本法下：

单位产品成本 = 10 + 5 + 7 + 4 = 26（元）

期间成本 = 1 000 + 4 000 + 4 × 600 = 7 400（元）
销货成本 = 26 × 600 = 15 600（元）
营业利润 = 40 × 600 − 15 600 − 5 × 1 000 = 3 400（元）
完全成本法下：
单位产品成本 = 10 + 5 + 7 = 22（元）
期间成本 = 4 × 600 + 1 000 = 3 400（元）
销货成本 = 22 × 600 = 13 200（元）
营业利润 = 40 × 600 − 13 200 − 3 400 = 7 400（元）
3.（1）单位贡献边际 = 20 − 10 = 10（元）
固定成本总额 = (14 − 10) × 1 000 + 1 600 = 5 600（元）
保本销售量 = 5 600/10 = 560（件）
（2）利润目标 = (20 × 1 000 − 560 − 10 × 1 000) × 2 = 8 800（元）
目标销售量 = (5 600 + 8 800)/10 = 1 440（件）
（3）安全边际量 = 1 400 − 560 440（件）
4.（1）乙产品的产量 = 1 000 × 80% × (1 − 1%) = 792（件）
单位变动生产成本 = 18 − 2 = 16（元）
甲相关收入 = 1 000 × 80% × 20 = 16 000（元）
乙相关收入 = 792 × 30 = 23 760（元）
差量收入 = 23 760 − 16 000 = 7 760（元）
甲产品的相关成本 = 0
乙产品的相关成本 = 5 × 800 = 4 000（元）
差量成本 = 4 000（元）
差量损益 = 7 760 − 4 000 = 3 760（元）
因为差量损益大于零，所以应把甲半成品加工为乙产品。
（2）深加工的机会成本 = 4 000（元）
差量损益 = 3 760 − 4 000 = −240（元）
因为差量损益小于零，所以应直接出售甲半成品

卷五答案

一、单项选择题
1~5：BABCC 6~10：DBBAB 11~15：ADADB 16~20：ADAAD
二、多项选择题
1. ABC 2. ABCDE 3. ABCDE 4. ABDE 5. ABC
6. ABCDE 7. ACDE 8. ABDE 9. ABCDE 10. AB
三、判断题
1. × 2. √ 3. × 4. √ 5. × 6. √ 7. × 8. × 9. × 10. ×
四、名词解释
1. 盈亏临界点是指企业收入和成本相等的经营状态，即边际贡献等于固定成本时企

业所处的既不盈利又不亏损的状态。通常用一定的业务量来表示这种状态。

2. 机会成本指在经济决策中应由中选的最优方案负担的、按所放弃的次优方案潜在收益计算的那部分资源损失，又叫机会损失。

3. 标准成本指按照成本项目事先制定的，在已经达到的生产技术水平和有效经营管理条件下应当达到的单位产品成本目标。

五、简答题

1. 说明在两种成本法下分期营业利润出现差额的根本原因。

在于两种成本计算法计入当期利润表的固定性制造费用的水平出现了差异，这种差异又具体表现为完全成本法下期末存货吸收的固定性制造费用与期初存货释放的固定性制造费用之间的差异。

2. 什么是现金预算？其组成内容是什么？

现金预算是指用于规划预算期现金收入、现金支出和资本融通的一种财务预算。现金预算通常应该由以下四个部分组成：现金收入、现金支出、现金收支差额、资金融通。

六、计算题

1. （1）高点坐标（46，60）

低点坐标（14，28）

$b = (60-28)/(46-14) = 1$（千元/千小时）

$a = 28 - 1 \times 14 = 14$（千元）

成本性态模型为 $Y = 14 + X$

（2）维修费总额 $= 14 + 40 = 54$（千元）

2.

摘要	甲产品	乙产品	丙产品
产量（件）	500	1 000	1 250
销售单价（元）	25	7.5	4
单位变动成本（元）	20	4.5	3
单位贡献边际（元）	5	3	1
贡献边际率	20%	40%	25%
销售收入（元）	12 500	7 500	5 000
销售比重	50%	30%	20%

多品种的贡献边际率 $= 20\% \times 50\% + 40\% \times 30\% + 25\% \times 204 = 27\%$

多品种的保本额 $= 216\ 000/27\% = 80\ 000$（元）

甲产品的保本额 $= 80\ 000 \times 50\% = 40\ 000$（元）

乙产品的保本额 $= 80\ 000 \times 30\% = 24\ 000$（元）

丙产品的保本锁 $= 80\ 000 \times 20\% = 16\ 000$（元）

3. 销售收入：$A = 5 \times 300\ 000 = 1\ 500\ 000$（元）

$B = 2.5 \times 400\ 000 = 1\ 000\ 000$（元）

合计 = 2 500 000（元）

销售比重：A = 1 500 000/2 500 000 = 60%

B = 1 000 000/25 000 000 = 40%

综合贡献边际率 = 40% × 60% + 30% × 40% = 36%

保本额 = 7 200 × 12/36% = 240 000（元）

A = 5 × 400 000 = 2 000 000（元）

B = 2.5 × 320 000 = 800 000（元）

合计 = 2 800 000（元）

销售比重：A = 2 000 000/2 800 000 = 71%

B = 800 000/2 800 000 = 29%

综合贡献边际率 = 40% × 71% + 30% × 29% = 37.1%

原有利润 = 2 500 000 × 36% − 12 × 72 000 = 36 000（元）

预计利润 = 2 800 000 × 37.1% − 72 000 × 12 − 9 700 × 12 = 58 400（元）

因为超过了原利润，所以此方法划算。

4.（1）直接材料：

标准成本 = 2.5 × 0.6 × 800 = 1 200（元）

实际成本 = 2.8 × 0.5 × 800 = 1 120（元）

成本差异 = 1 120 − 1 200 = −80（元）

价格差异 = 800 × 2.8 × (0.5 − 0.6) = −224（元）

用量差异 = 0.6 × 800 × (2.8 − 2.5) = 144（元）

（2）直接人工：

标准成本 = 0.5 × 4 × 800 = 1 600（元）

实际成本 = 0.45 × 4.2 × 800 = 1 512（元）

成本差异 = 1 512 − 1 600 = −88（元）

工资率差异 = 0.45 × 800 × (4.2 − 4) = 72（元）

效率差异 = 4 × 800 × (0.45 − 0.5) = −160（元）

卷六答案

一、单项选择题

1~5：BAADA 6~10：ADACA 11~15：BDCAC 16~20：CCCAA

二、多项选择题

1. ACDE 2. BCE 3. ABE 4. ABC 5. CD

6. ACDE 7. BCE 8. ABC 9. AB 10. ABCDE

三、判断题

1. × 2. × 3. × 4. × 5. √ 6. × 7. × 8. √ 9. × 10. √

四、名词解释

1. 零基预算：是指在编制成本费用预算时，不考虑以往会计期间所发生的费用项目或费用数额，以所有的预算支出均为零为出发点，规划预算期内的各项费用的内容及开支标准的一种方法。

2. 成本差异：指在一定时期生产一定数量的产品所发生实际成本总额与标准成本总额之间的总差额。

3. 利润中心：指拥有产品或劳务的生产经营决策权，是既对成本负责又对收入和利润负责的责任中心，它有独立或相对独立的收入和生产经营决策权。

五、简答题

1. 简述标准成本控制系统的内容及相互关系。

标准成本控制系统包括标准成本的制定、成本差异的计算分析和成本的账务处理三个方面内容。其中，标准成本的制定与成本的前馈控制相联系，成本差异的计算分析与成本的反馈控制相联系，本差异的账务处理与成本的日常核算相联系。

2. 简述责任成本与可控成本之间的关系。

由成本中心承担相应责任的成本就是责任成本，构成成本中心责任成本的是该中心的全部可控成本之和。基本成本中心的责任成本就是其可控成本，复合成本中心的责任成本既包括本中心责任成本，也包括下属成本中心的责任成本，各成本中心的可控成本之和即是企业的总成本。

六、计算题

1. （1）从表中找出最高点和最低点：

	产量（件）X	总成本（元）Y
最高点	50	10 500
最低点	40	8 800

（2）计算 $y = a + bx$ 中的 a、b 值：

$b = (10\ 500 - 8\ 800)/(50 - 40) = 170$（元）

将 b 代入高点：

$10\ 500 = a + 170 \times 50$

$a = 2\ 000$（元）

或将 b 代入低点：

$8\ 800 = a + 170 \times 40$

$a = 2\ 000$（元）

（3）将 a、b 值代入 $y = a + bx$ 中，则成本性态模型为：

$y = 2\ 000 + 170x$

2. （1）生产用直接材料的实际成本 $= 2\ 500 \times 0.55 = 1\ 375$（元）

直接材料的标准成本 $= 3 \times 400 = 1\ 200$（元）

直接材料成本差异 $= 1\ 375 - 1\ 200 = 175$（元）

（2）直接材料价格差异 $= 2\ 500 \times (0.55 - 0.5) = 125$（元）

直接材料数量差异 $= (2\ 500 - 6 \times 400) \times 0.5 = 50$（元）

直接材料成本差异 $= 125 + 50 = 175$（元）

3. 企业可以通过提高单价、降低单位变动成本、降低固定成本、增加销售量来影响目标利润。

(1) 提高销售单价

设该产品提高后的销售单价为 P，则

4 800P - 4 800×30 - 56 000 = 52 000（元）   P = 52.5 元

计算结果表明，在其他因素不变的情况下，如果销售价格由 50 元提高到 52 元，即销售单价提高 5%，可实现目标利润 52 000 元。

(2) 降低单位变动成本

设该产品单位变动成本为 b，则

4 800×50 - 4 800b - 56 000 = 52 000（元）   b = 27.5 元

计算结果表明，在其他因素不变的情况下，如果单位变动成本下降到 27.5 元，即单位变动成本下降 8.33%，可实现目标利润 52 000 元。

(3) 增加销售量

设该产品的销售量为 x，则

50x - 30x - 56 000 = 52 000（元）   x = 5 400 件

计算结果表明，在其他因素不变的情况下，如果销售量由 4 800 件增加到 5 400 件，即销售增加 12.5%，可实现目标利润 52 000 元。

(4) 降低固定成本总额

设生产该产品的固定成本总额为 a，则

4 800×50 - 4 800×30 - a = 52 000   a = 44 000 元

计算结果表明，在其他因素不变的情况下，如果固定成本由原来的 56 000 元下降到 44 000 元，即固定成本总额降低 21.43%，可实现目标利润 52 000 元。

4. (1) 自制总成本 = 3 000×(20 + 16 + 6) = 126 000（元）

外购总成本 = 3 000×50 = 150 000（元）

150 000 - 126 000 = 24 000（元）

结论：自制总成本小于外购总成本，企业不应外购，应自己生产甲零件，可节约 24 000（元）。

(2) 自制总成本 = 3 000×(20 + 16 + 6) + 3 000 = 129 000（元）

外购总成本 = 3 000×50 = 150 000（元）

150 000 - 129 000 = 21 000（元）

结论：外购总成本大于自制成本，企业应自制甲零件，可节约 21 000 元。

(3) 临界点产量 = 8 000/(50 - 20 - 16 - 6) = 1 000（件）

结论：当甲零件每年需要量小于 1 000 件时，企业应选择外购方式。因为 1 000 件是成本无差别点，小于 1 000 件时外购的成本低于自制成本。超过 1 000 件时，自制成本低于外购成本。

卷七答案

一、单项选择题

1~5：BDDBA   6~10：BACAA   11~15：DDADA   16~20：CDBCA

二、多项选择题

1. ABCDE 2. CD 3. BC 4. ABC 5. BE
6. DE 7. ABCDE 8. ABC 9. BC 10. ABCDE

三、判断题

1. √ 2. × 3. √ 4. × 5. × 6. × 7. √ 8. × 9. √ 10. √

四、名词解释

1. 贡献毛益是指产品销售收入减去以变动成本计算的产品成本后所剩可供抵偿固定成本并创造利润的数额，可按单位产品或企业各种产品计算。

2. 完全成本法是指在组织常规的成本计算过程中，以成本按其经济用途分类为前提条件，将全部生产成本作为产品成本的构成内容，只将非生产成本作为期间成本，并按传统式损益确定程序计量损益的一种成本计算模式。

3. 沉没成本指由于过去决策结果而引起并已经实际支付过款项的成本。

五、简答题

1. 简述差量分析法的原理及应用。

（1）差量分析法是根据两个备选方案的差量收入与差量成本的比较来确定在方案择优的方法。即两个方案比较差量收益，若差量收入大于差量成本，则第一个方案较优，反之亦然。

（2）应用：用差量分析法进行决策分析时，应当只考虑那些会影响备选方案的预期总收入和预期总成本的项目，而应该剔除那些不相关的项目。此外，差量分析法适用于两个备选方案的择优。对于两个以上的备选方案，可以分别两辆比较，从而选出最优方案。

2. 短期经营决策应考虑的成本概念是什么？它们各自包括哪些成本？

短期经营决策应考虑的成本概念是：按费用的发生于所决策的问题相关性进行划分，将成本分为相关成本与无关成本。

（1）相关成本是指与特定决策相关的成本，在做短期决策时必须加以考虑的成本。相关成本包括机会成本、付现成本、重置成本、边际成本、差量成本、可避免成本、可延缓成本和专属成本。

（2）无关成本是指与特定决策不相关的成本。在短期决策中，不能考虑无关成本，否则，可能导致决策失误。无关成本包括沉没成本、联合成本、不可避免成本、不可延缓成本。

六、计算题

1. （1）生产用直接材料的实际成本 = 2 500 × 0.55 = 1 375（元）

直接材料的标准成本 = 3 × 400 = 1 200（元）

直接材料成本差异 = 1 375 - 1 200 = 175（元）

（2）直接材料价格差异 = 2 500 × (0.55 - 0.5) = 125（元）

直接材料数量差异 = (2 500 - 6 × 400) × 0.5 = 50（元）

直接材料成本差异 = 125 + 50 = 175（元）

2. （1）X < 5 000 件

假设自制的固定成本为 a_1 = 12 000 元

单位变动成本为 b_1 = 5 元 ≥ 外购的固定成本为 a_2 = 0 元

单位变动成本为 b_2 = 8 元

成本无差别点业务量=(12 000-0)÷(8-5)=4 000（件）
X<4 000件，应外购
4 000件≤X<5 000件，应自制。
（2）X≥5 000件
假设自制的固定成本为a_1=12 000元，单位变动成本为b_1=5元
外购的固定成本为a_2=0元，单位变动成本为b_2=7元
成本无差别点业务量=(12 000-0)÷(7-5)=6 000（件）
5 000件≤X<6 000件，应外购
X≥6 000件，应自制。

3. 责任成本变动额=96×6 000-100×6 000=-240 00（元）（F）
责任成本变动率=-24 000/(100×6 000)×100%=-4%（F）
计算结果表明，该成本中心的成本降低额为24 000元，降低率为4%。
其原因分析如下：
由于材料价格上升对成本的影响：
(12-10)×8×6 000=96 000（元）（U）
由于材料用量降低对成本的影响：
10×(8×6 000-10×6 000)=-120 000（元）（F）
该成本中心的直接材料成本节约了24 000元。
原因分析与评价：
（1）由于材料采购价格上升致使成本超支了96 000元，这属于一车间的不可控成本，应将此超支责任由该车间转出，转由采购部门承担。
（2）由于材料用量降低使得成本节约了120 000元，属于该中心的取得成绩。

4. ① （1）全部贡献边际指标如下：
单位贡献边际=10-6=4（万元/件）
贡献边际=4×12 500=50 000（万元）
贡献边际率=50 000/125 000×100%=40%
（2）营业利润=50 000-40 000=10 000（万元）
（3）变动成本率=6/10×100%=60%
（4）贡献边际率与变动成本率的关系验证：
贡献边际率+变动成本率=40%+60%=1
②保本量=40 000/(10-6)=10 000（件）
保本额=10×10 000=100 000（元）
③（1）安全边际指标的计算如下：
安全边际量=12 500-10 000=2 500（件）
安全边际额=125 000-100 000=25 000（万元）
安全边际率=2 500/12 500×100%=20%
（2）保本作业率=10 000/12 500×100%=80%
④安全边际率+保本作业率=20%+80%=1
⑤因为安全边际率为20%，所以可以断定该企业恰好处于值得注意与比较安全的临界点。

卷八答案

一、单项选择题

1~5：CDCDD 6~10：BBCCC 11~15：AABDA 16~20：BDDAD

二、多项选择题

1. ABCDE 2. ABCDE 3. ACDE 4. ABCDE 5. ABC
6. ABD 7. ABC 8. ABC 9. AD 10. ABCE

三、判断题

1. √ 2. √ 3. √ 4. × 5. × 6. × 7. √ 8. √ 9. × 10. √

四、名词解释

1. 定性分析法是指由熟悉情况和业务的专家根据个人的经验进行分析判断，提出初步预测意见，然后在进行综合，最后作为预测未来状况和发展趋势的主要依据。

2. 弹性预算指在成本按其性态分类的基础上，以业务量、成本和利润之间的依存关系为依据，按照预算期可预见的各种业务量水平，编制能免够适应不同业务量预算的方法。

3. 责任中心：具有一定的管理权限，并承担相应的经济责任的企业内部责任单位。

五、简答题

1. 分解混合成本有哪几种常用的方法？

成本性态分解是将成本根据其成本性态分解为变动成本和固定成本，即混合成本的分解。

常用的成本性态分解法有：工业工程法、账户分析法、合同确认法和历史成本分析法。

2. 什么是"本—量—利"分析？它的基本公式是什么？

答："本—量—利"分析是在成本性态分析和变动成本法的基础上进一步展开的一种分析方法，着重研究业务量、价格、成本和利润之间的数量关系。其本质是通过对成本、业务量和利润之间的数量关系进行分析，进而确定目标利润或为实现目标利润而应达到的业务量水平。

其基本公式是：

利润 =（单价 – 单位变动成本）× 销售量 – 固定成本

六、计算题

1.

（1）分别按变动成本法和完全成本法计算单位产品成本

单位产品成本	第一年	第二年	第三年
变动成本法（元/件）	4	4	4
完全成本法（元/件）	4 + 24 000/6 000 = 8	4 + 24 000/8 000 = 7	4 + 24 000/4 000 = 10

（2）变动成本法营业利润 = 10 × 6 000 – 4 × 6 000 – 24 000 – 6 000 = 6 000（元）

因为期初存货 = 期末存货 = 0，所以完全成本法下的营业利润 = 6 000（元）

（3）两法营业利润差额 = 0 - 2 000 × 24 000/8 000 = -6 000（元）

2．（1）4月混合成本：y_4 = 90 000 - 65 000 - 23 000 = 2 000（元）

7月混合成本：y_7 = 102 000 - 65 000 - 23 000/200 × 300 = 2 500（元）

$b_{混}$ =（2 500 - 2 000）/（300 - 200）= 5（元）

a = 2 500 - 5 × 300 = 1 000（元）

混合成本性态分析模型为：$y_{混}$ = 1 000 + 5x

（2）总成本性态分析模型为：

$y_{总}$ =（6 500 + 1 000）+（2 300/200 + 5）= 66 000 + 120x

3．（1）变动性制造费用成本差异 = 31 160 - 1 300 × 24 = -40（元）

（2）效率差异 =（4 100 - 1 300 × 3）× 8 = +1 600（元）

（3）耗费差异 =（31 160/4 100 - 8）× 4 100 = -1 640（元）

（4）固定性制造费用预算差异 = 2 000 -（-1 500 + 500）= 3 000（元）

4．解：单位贡献边际 = 20 - 10 = 10（元）

固定成本总额 =（14 - 10）× 1 000 + 1 600 = 5 600（元）

保本销售量 = 5 600/10 = 560（件）

利润目标 =（20 × 1 000 - 560 - 10 × 1 000）× 2 = 8 800（元）

目标销售量 =（5 600 + 8 800）/10 = 1 440（件）

安全边际量 = 1 400 - 560 = 440（件）

卷九答案

一、单项选择题

1~5：BCBAC　6~10：CABDC　11~15：BDBCD　16~20：CCBCC

二、多项选择题

1．ABCDE　2．BCE　3．AC　4．ABCD　5．ABC

6．BCDE　7．ACE　8．ABCD　9．ABCD　10．ACD

三、判断题

1．√　2．×　3．√　4．√　5．√　6．√　7．×　8．×　9．√　10．×

四、名词解释

1．混合成本指介于固定成本和变动成本之间，其总额既随业务量变动又不成正比例的那部分成本。

2．经营决策就是企业等经济组织决定企业的生产经营目标和达到生产经营目标的战略和策略，即决定做什么和如何去做的过程。

3．定量分析法是指运用现代数学方法对有关的数据资料进行加工处理，据以建立能够反映有关变量之间规律性联系的各类预测模型的方法体系。具体方法有趋势外推分析法和因果预测分析法。

五、简答题

1．利润预测中的敏感分析包括单位售价变动影响、固定成本变动的影响、变动成本变动的影响、多种因素同时变动的影响和生产率变动影响的分析。

2. 决策的一般程序由以下几个阶段构成:

（1）提出决策问题，确定决策目标，目标一般应具有以下特点：

一是目标成果可以计量；

二是目标的实现在主、客观上具有现实可能性。

（2）拟定各种可能方案。

（3）广泛搜集与决策有关的信息、注意信息的质量。

（4）对各种方案进行分析、评估和对比。

（5）选定最优方案。这是决策的关键环节。选优的标准主要是指在一定条件下，经济效益最佳的方案。为此就要全面权衡因素的影响。比如资源条件、市场需求等。

（6）组织与监督方案的实施。在方案实施过程中，要建立信息反馈系统。决策者要根据反馈信息，采用各种相应的措施，在执行中，如果由于主客观条件发生了变化，就要对原定方案进行必要的修正，以尽量防止或减少失误。

六、计算题

1.

（1）单位产品成本 $= 10 + 5 + 7 = 22$（元）

（2）期间成本 $= 4\ 000 + 4 \times 600 + 1\ 000 = 7\ 400$（元）

（3）销货成本 $= 22 \times 600 = 13\ 200$（元）

（4）贡献边际 $= 40 \times 600 - (22 \times 600 + 4 \times 600) = 8\ 400$（元）

营业利润 $= 8\ 400 - (4\ 000 + 1\ 000) = 3\ 400$（元）

2. 自制 A 零件

变动成本 $= 19\ 000 - 7\ 000 = 12\ 000$（元）

机会成本 $= 2\ 000$（元）

成本合计 $= 12\ 000 + 2\ 000 = 14\ 000$（元）

外购 A 零件

变动成本 $= 8 \times 2\ 000 = 16\ 000$（元）

机会成本 $= 0$（元）

相关成本合计 $= 0 + 16\ 000 = 16\ 000$（元）

结论：应当安排自制 A 零件，这样可使企业节约 2 000 元（16 000 - 14 000）成本。

3.

（1）计算综合贡献边际率：

品种	单位贡献边际	贡献边际率（%）	销售收入（元）	销售比重（%）
A	620 - 372 = 248	248/620 = 40	620 × 100 = 62 000	62 000/(62 000 + 200 000 + 180 000) = 14.03
B	100 - 50 = 50	50/100 = 50	100 × 2 000 = 200 000	62 000/(62 000 + 200 000 + 180 000) = 45.25
C	60 - 45 = 15	15/60 = 25	60 × 3 000 = 180 000	62 000/(62 000 + 200 000 + 180 000) = 40.72

综合贡献边际率 = 40% × 14.03% + 50% × 45.25% + 25% × 40.72% = 38.4163%

（2）综合保本额 = (237 000 – 1 200)/38.4163% ≈ 613 802（元）

（3）A 品种保本额 = 613 802 × 14.03% = 86 116.4（元）

B 品种保本额 = 613 802 × 45.25% = 277 745.4（元）

C 品种保本额 = 613 802 × 40.72% = 249 940.2（元）

4.（1）贡献毛益率 = (10 – 5)/10 × 100% = 50%

保本销售量 = 200/5 = 40（件）

保本销售额 = 10 × 40 = 400（元）

（2）当销售 100 件产品时，

安全边际 = 10 × 100 – 400 = 600（元）

营业利润 = 1 000 – 500 – 200 = 300（元）

（3）如果单位变动成本提高 1 元，则售价应为 12 元，才能保持原来的贡献毛益率。

计算如下：

6/x × 100% = 50%

解得：x = 12（元）

卷十答案

一、单项选择题

1~5：BAAAD 6~10：CDAAC 11~15：ACBAA 16~20：BDCDA

二、多项选择题

1. ABDE 2. BC 3. ABCE 4. AB 5. ACE

6. AD 7. CDE 8. AD 9. ABCE 10. ABC

三、判断题

1. × 2. × 3. × 4. × 5. × 6. × 7. × 8. √ 9. × 10. √

四、名词解释

1. 成本习性：成本总额与业务量之间的依存关系。其中业务量包括销售量，生产量，生产工时等。

2. 内部转移价格：企业内部各责任中心之间由于相互提供中间产品而进行结算所选用的计价标准，称为内部转移价格，常用的内部转移价格有市场价格、协商价格、双重价格和成本加成。

3. 无关成本：指对决策没有影响的成本，即不属于这个决策方案的成本。如沉没成本，联合成本。

五、简答题

1. 变动成本法的优点和局限性？

优点：

（1）变动成本法更符合配比原则的要求；

（2）能促进企业重视市场；

（3）便于强化成本分析控制；

（4）简化成本核算；

（5）提供有用的管理信息，进行科学预测和短期经营决策。

局限性：

（1）变动成本法所计算出来的单位产品成本，不符合传统的成本观念的要求；

（2）变动成本法不能适应长期决策的需要；

（3）变动成本法会对所得税产生一定的影响。

2. 企业经营管理决策的一般程序是什么？

答：（1）确定决策目标；

（2）对备选方案确定决策分析方法；

（3）收集相关信息资料

（4）选择最优；

（5）及时修正。

六、计算题

1.

（1）1 000×60%＝600（万元）

固定成本＝1 000－600－100＝300（万元）

（2）固定成本＝300＋20＝320（万元）

（3）保本额＝320/（1－60%）＝800（万元）

2.

（1）自制总成本＝3 000×（20＋16＋6）＝126 000（元）

外购总成本＝3 000×50＝150 000（元）

结论：因为自制总成本小于外购总成本，企业应自己生产甲零件，可节约24 000元。

（2）自制总成本＝3 000×（20＋16＋6＋4）＝129 000（元）

外购总成本＝3 000×50＝150 000（元）

结论：因为外购总成本大于自制成本，企业应自制甲零件，可节约21 000元。

（3）临界点产量＝8 000/（50－20－16－6）＝1 000（件）

结论：当甲零件每年需要量大于1 000件时，企业应选择外购方式。

3.

（1）目标利润基数＝20%×600 000＝120 000（元）

（2）保利量＝（400 000＋120 000）/（200－150）＝10 400（件）

（3）实现目标利润的单位变动成本＝200－（400 000＋120 000）/10 000＝148（元）

单位变动成本降低额＝150－148＝2（元）

（4）保本量＝400 000/（200－150）＝8 000（件）

安全边际量＝10 400－8 000＝2 400（件）

安全边际率＝2 400/10 400×100%≈23.08%

4. 收入：

A产品 90 000×20＝180 000（元）

B产品 30 000×30＝900 000（元）

差量收入＝1 800 000－900 000＝900 000（元）

成本：

A 产品（16＋2）×90 000＝1 620 000（元）

B 产品（20＋2）×30 000＝660 000（元）

差量成本＝1 620 000－660 000＝960 000（元）

差量损益＝900 000－960 000＝－60 000（元）

结论：该公司生产 B 产品要比生产 A 产品更为有利，获取的收益要比 A 产品多 60 000 元。

课后试卷试题部分

课后试卷答案部分

参考文献

1. 罗伯特·S. 卡普兰：《高级管理会计》，东北财经大学出版社1999年版。
2. 查尔斯·T. 亨格瑞、斯坎特·M. 达塔、乔治福斯特：《成本与管理会计》，中国人民大学出版社2004年版。
3. 毛付根、王光远等译校：《管理会计国际惯例》，中国人民大学出版社1997年版。
4. 孙茂竹：《管理会计的理论思考与架构》，中国人民大学出版社2002年版。
5. 余绪缨、汪一凡：《管理会计》，辽宁人民出版社2010年版。
6. 卓敏：《管理会计》，中国科学技术大学出版社2010年版。
7. 刘样、曲远洋：《管理会计》，上海财大出版社2017年版。
8. 孙茂竹、支晓强、戴璐：《管理会计学》，中国人民大学出版社2019年版。
9. 胡元林：《管理会计》，立信会计出版社2020年版。

致　谢

　　本教材的编写过程中，得益于财政部规划教材、普通高等学校"十三五"规划教材、高等学校会计核心课程教材系列编委会相关人员对本教材的编写给予了大力支持，特此致谢，具体名单如下（排名不分先后）：

一、学术类成员

　　步丹璐　西南财经大学会计学院
　　曹　越　湖南大学工商管理学院
　　陈　骏　南京审计大学
　　陈朝琳　厦门国家会计学院
　　杜　勇　西南大学经济与管理学院
　　耿云江　东北财经大学会计学院
　　黄莲琴　福州大学经济与管理学院
　　雷　宇　广东财经大学会计学院
　　李　成　厦门大学管理学院会计系
　　廖义刚　江西财经大学会计学院
　　刘媛媛　东北财经大学会计学院
　　权小锋　苏州大学东吴商学院会计系
　　宋晓红　龙岩学院经济与管理学院
　　吴昊旻　石河子大学经管学院会计学系
　　吴育辉　厦门大学管理学院财务学系
　　张伟华　北京工商大学商学院财务系
　　赵子夜　上海财经大学会计学院

二、企业类成员

　　陈亨强　福建中医药大学附属第二人民医院
　　陈永云　集美大学财务处
　　傅中琰　福建林业职业技术学院计划财务处
　　李怀宇　福建星网锐捷通讯股份有限公司
　　连国萍　福建省人民政府发展研究中心
　　梁武全　中核产业基金管理（北京）有限公司

刘　锦	中国航空研究院
施晓莹	漳州市财政局
宋家兴	中国煤炭科工集团天地科技股份有限公司
万爱民	新疆维吾尔自治区新华书店
王伟明	北京兴华会计师事务所（特殊普通合伙）
王文章	中国中煤能源集团有限公司
王欣健	航天科工投资基金管理（北京）有限公司
吴峰宇	华东建筑设计集团股份有限公司
杨淑飞	恒泰证券股份有限公司
游俊红	福建体育职业学院财务处
曾政林	福建诚仕达税务师事务所
郑丽敏	福建医科大学附属南平市第一医院

感谢上述专家学者对本教材编写的支持，但教材的文责还是本人负责，在此一并感谢！

张瑞琛
2021 年 10 月 18 日